W0242155

1001 SNACK

Gregg R. Gillespie

Fotos von Zeva Oelbaum

KÖNEMANN

Copyright © 1997 Gregg R. Gillespie

Photographs copyright © 1997 Black Dog & Leventhal, Inc.
151 West 19th Street
NewYork, NY 1001

Design: Martin Iubin

Typesetting: Brad Walrod/High Text Graphics

Original title: 1001 Snacks for instant gratification

All rights reserved. No part of this book may be reproduced in any form or by any electronic or mechanical means, including information storage and retrieval systems, without written permission from the publisher.

Copyright © 1998 für die deutsche Ausgabe
Könemann Verlagsgesellschaft mbH
Bonner Str. 126, D-50968 Köln

Übersetzung, Redaktion und Satz:
Dr. Jörg Meidenbauer Verlagsbüro, München

Montage: Reproservice Werner Pees, Essen

Herstellungsleitung: Detlev Schaper
Herstellungsassistenz: Nicola Leurs

Druck und Bindung:
Kossuth Printing House, Budapest

Printed in Hungary

ISBN 3-8290-0866-X

10 9 8 7 6 5 4 3 2 1

DANKSAGUNG

Wenn ein so umfangreiches Projekt wie dieses Kochbuch in Angriff genommen wird, gibt es sehr viele Menschen, denen Dank für ihre Mithilfe gebührt. Trotz all der Danksagungen wird bestimmt jemand vergessen. Deshalb möchte ich zuerst all jenen meinen Dank aussprechen, die ich hier vergessen habe zu erwähnen – sie werden wissen, wer gemeint ist. Ich danke ihnen allen, denn ohne sie hätte dieses Buch nie realisiert werden können.

Mein besonderer Dank gilt Gordon Allan, der mich als meine rechte Hand immer über meine Aufgaben auf dem Laufenden hielt, sich um die organisatorischen Details kümmerte und mich an vergessene Dinge erinnerte. Vielen Dank, Gordon. Ohne Deine Hilfe und Geduld (selbst wenn ich fluche und tobe) wäre dies alles nicht möglich gewesen.

Bevor dieses Buch geschrieben wurde, war es J.P. Leventhal, der nun bereits zum dritten Mal meine Arbeit für würdig hielt, veröffentlicht zu werden. JP, Deine Freundschaft bedeutet mir sehr viel.

Ich darf das wichtigste Mitglied meines Teams nicht vergessen: Tess. Sie verdient ein dickes Lob – und eine Handvoll dieser speziellen Hundekuchen.
Vielen Dank an meine Lektorin Pamela Horn und an Mary Goodbody und Alice Thompson für ihre redaktionelle Arbeit. Mein Dank gilt auch Zeva Oelbaum für ihre Fotos und den Foodstylisten Catherine Chatham, Fred Thompson und Bettina Fisher.

INHALT

EINLEITUNG

Alle Projekte, die eine Größenordnung wie dieses Buch haben, sind ein gewagtes Unternehmen. Denn dazu benötigt man Fähigkeiten, die jene eines Kochs überschreiten. Es sind keine besonderen Fertigkeiten in der Küche gefragt. Die Herausforderung liegt vielmehr darin, 1001 Snack-Rezepte in einem Buch zu vereinen. Die meisten Kochbücher beinhalten oft weniger als 250 Rezepte. Ein Buch mit 300 bis 400 Rezepten ist bereits ein „dickes Buch". Aber über 1000?! Keine Aufgabe für Zauderer.

Zunächst mußte ich für den Begriff „Snack" eine akzeptable Definition finden, die sich auf die Rezepte, die auf diesen Seiten Platz finden, anwenden ließ. Eine einheitliche Definition für „Snacks" gibt es nicht. Manche Menschen würden vielleicht einen Schokoriegel oder eine Packung Kartoffelchips als Snack bezeichnen, andere einen Becher Eiscreme, knackige Äpfel oder saftige Orangen. Und sie alle hätten eigentlich recht. Aber auch etwas, dessen Zubereitung kompliziert und aufwendig ist, kann ein Snack sein.

Ein Snack ist kein Appetithäppchen, kein Salat, keine Suppe, kein Hauptgericht oder Nachtisch. Ein Snack ist zugleich alles und nur ein Teil davon. Ein Snack ist etwas, das man zwischen den Hauptmahlzeiten zu sich nimmt, doch manchmal ersetzt er sie auch. Eine Tasse Kaffee und ein Krapfen, den Sie vormittags an Ihrem Schreibtisch verzehren, ist ein Snack, genauso wie ein Hamburger und Pommes Frites, die man nach der Schule, einem nachmittäglichen Einkaufsbummel oder einer Besorgung zu sich nimmt.

Party-Speisen sind Snacks, insbesondere wenn man sie mit den Fingern ißt oder wenn sie zu einem schönen Buffet aufgebaut sind. Kleine Gerichte für ein Frühstück oder einen Brunch gehören nach meiner Definition ebenso zur Gruppe der Snacks.

Nicht jedes Rezept auf den folgenden Seiten wird der Snack-Definition entsprechen, aber jedes beschreibt schnell gekochte oder einfach zubereitete Speisen. Fraglos können manche Rezepte als leichte oder einfache Mahlzeiten serviert werden, während andere für ein Frühstück oder ein Picknick ideal sind. Andere Rezepte wiederum eignen sich bestens als Mahlzeiten für den kleinen Hunger zwischendurch.

Sie finden in diesem Buch viele Rezepte für Dips, Aufstriche, Butter mit verschiedenen Geschmacksrichtungen, Dressings und Füllungen – Rezepte, die aus einfachen Zutaten delikate Speisen machen. Ich habe diese Kreationen so verwendet, wie ich sie am liebsten mag, aber es steht Ihnen natürlich frei, Ihre eigenen Geschmackskompositionen zu schaffen, indem Sie die Rezepte frei und phantasievoll variieren. Ein Salat ist nur so gut wie sein Dressing, ein Appetithäppchen nur so delikat wie sein Belag und ein Sandwich nur so appetitanregend wie seine Füllung.

Auch wenn bei der Entstehung eines Rezeptes der Geschmack an erster Stelle stand, so habe ich doch auch auf die Optik Wert gelegt. Dies ist kein Buch, das Ihnen zeigt, wie man feine Hors d'œuvres oder Teesandwiches zubereitet, auch wenn einige Rezepte zu diesen Gruppen gehören. Achten Sie darauf, wie das Endergebnis aussieht, denn eine gut zubereitete Speise sollte alle Sinne anregen, nicht nur den Geschmackssinn.

Betrachten Sie dieses Buch als ein üppiges Buffet. Suchen Sie sich aus, worauf Sie Lust haben. Füllen Sie Ihren Teller und verwöhnen Sie Ihre Sinne, wann und wie es Ihnen gefällt.

Kapitel 1

DIE KÜCHE FÜR DEN SNACK-KOCH

Der Snack-Koch macht Essen und Kochen zu einem Fest. Für ihn ist es Teil des täglichen Lebens. Er gibt sich keinen übermäßigen Schlemmereien hin, sondern genießt leichte, köstliche Speisen und schätzt sie dafür, daß sie delikat und verlockend, aber nie überladen sind. Er verzehrt sie immer mit Genuß und in Ausgewogenheit mit den regelmäßigen Mahlzeiten. Der Snack-Koch verfügt über eine gut ausgestattete Küche und bereitet die Speisen mit Sorgfalt zu.

Schöne Garnituren für den letzten Schliff

Die in diesem Buch enthaltenen Rezepte sind einfach und leicht zuzubereiten, aber mit etwas mehr Zeit und Sorgfalt kann manchmal aus einer einfachen Speise etwas ganz Besonderes werden. Viele dieser Snacks sind Gerichte für Parties, besonders jene in den Kapiteln „Schnelle Snacks für zwischendurch“ und „Leckere Häppchen für Ihre Gäste“. Richten Sie verschiedene Snacks auf Platten an und garnieren Sie sie mit einer der nachfolgenden Zutaten. So wird aus einem gewöhnlichen Teller mit belegten Brötchen in Minutenschnelle eine einladende und festliche kalte Platte!

Kaufen Sie optisch einwandfreies, farbenfrohes, frisches Gemüse. Waschen Sie es gründlich und, falls notwendig, trocknen Sie es mit einem Geschirrtuch oder mit Küchenpapier ab.

Sellerieröllchen: Die Selleriestangen mit einem scharfen Messer in 10 cm große Stücke schneiden. Jedes Stück in schmale, längliche Streifen schneiden und diese in Eiswasser legen. Die Enden rollen sich dann zusammen. Im Eiswasser liegenlassen, bis sie verwendet werden.

Karottenröllchen: Die Karotten mit einem scharfen Messer oder einem Kartoffelschäler schälen; die Karotten in längliche, papierdünne Streifen schneiden. Die Streifen zu Röllchen formen und mit einem Holzspießchen feststecken. Die Röllchen in Eiswasser legen, bis sie verwendet werden.

Radieschenrosen: Die Radieschenwurzel mit einem scharfen Messer entfernen, den grünen Stengel abschneiden, dabei aber ein kleines Stückchen stehenlassen. Am Wurzelende beginnend in die Radieschen rundherum einschneiden, und zwar so, daß die Scheiben mit dem Stengelende verbunden bleiben. Danach auch Schnitte in Richtung Zentrum arbeiten. Die Radieschen mit dem Wurzelende nach unten in Eiswasser legen, bis sich die dünnen Streifen zusammenrollen und die Radieschen wie Rosen aussehen.

Gefranste Gurken: Salatgurke schälen und mit einer Gabel der Länge nach Linien in die Gurke ritzen, bis sie vollständig mit Rillen bedeckt ist. Die Gurke mit einem scharfen Messer oder Kartoffelschäler in papierdünne Scheiben schneiden. Die Scheiben in Eiswasser legen, bis sie verwendet werden. Dem Eiswasser einen Eßlöffel oder mehr Essig hinzufügen, damit die Gurkenscheiben knackig und hell bleiben.

Gurkenfächer: Große Gewürzgurken oder Essiggurken verwenden. Jede Gurke drei- oder viermal der Länge nach einschneiden, ohne sie ganz durchzuschneiden. Die Gurken auf eine Servierplatte legen und die Scheiben zu einem Fächer auseinanderziehen.

Gehackte Petersilie: Ein Bett aus feingehackter Petersilie ist immer eine schöne Garnitur. Die Petersilienzweige gründlich waschen und das Wasser aus den Zweigen schütteln. Die Petersilie mit einem Messer oder einer Küchenschere in sehr feine Stücke schneiden. Auf einem Teller oder einer Servierplatte verteilen und die garnierten Speisen darauf anrichten.

Geriebene Orangenschale: Die Schale mehrerer unbehandelter Orangen abschälen und dabei die weiße Haut entfernen. Die Schalen in einem elektrischen Zerkleinerer fein zerschneiden. Wenn nur die Schale einer Orange verwendet wird, raspeln Sie diese mit einer Reibe ab. Jede Orangensorte kann dafür verwendet werden, aber Navel-Orangen haben die dickste Schale. Zitronen- und Limettenschalen eignen sich ebenfalls zum Feinreiben.

Wie man Reis kocht

Den Reis mehrmals unter kaltem, fließenden Wasser waschen, bis das Wasser klar abfließt. Den Reis in einen Kochtopf geben und kaltes Wasser hinzufügen, bis der Reis mit 2-3 cm Wasser bedeckt ist (auf 1 Tasse Reis kommen etwa 2 Tassen Wasser). Den Reis bei mittlerer Hitze zugedeckt zum Kochen bringen. Die Hitze reduzieren und den Reis 30 Minuten lang ausquellen lassen - nicht umrühren oder den Deckel abheben. Wenn der Reis gar ist, hinterläßt er eine leichte Kruste auf dem Topfboden.

Die Snack-Speisekammer

Im Folgenden ist eine Liste mit abgepackten, tiefgekühlten oder eingemachten Zutaten zusammengestellt, die Sie für die einfache Zubereitung von Snacks zur Hand haben sollten:

Apfelmus
Artischockenherzen, aus der Dose
Babymaiskölbchen
Balsamessig (Aceto Balsamico)
Blätterteig, tiefgekühlt
Blaubeeren, aus dem Glas
Blaubeeren, tiefgekühlt
Brombeeren, aus dem Glas
Brombeeren, tiefgekühlt
Champignons, ganz und in Stücken
Chilisauce
Cocktailsauce für Meeresfrüchte
Dijonsenf mit Honig
Dijonsenf mit Knoblauch
Eingemachte Pflaumen
Erdbeergelee
Fruchtjoghurt
Gesüßte Kondensmilch
Grüne Oliven, entsteint
Hähnchen, in Stücken
Himbeermarmelade
Joghurt
Johannisbeermarmelade
Kapern
Kartoffeln
Ketchup
Kochsalami
Kokosmilch
Krebsfleisch
Lachs
Leberwurst
Mango, in Scheiben
Mandarinorangen, in Spalten
Paprikaschoten
Pflaumenchutney
Relish
Sardellenfilets
Saure Sahne
Schinken, gekocht
Schinken, roh
Schwarze Oliven, in Scheiben
Thunfisch, in Stücken
Wasserkastanien, gehackt
Weiße Perlzwiebeln

Ein Wort zu Käse

Käse ist für sich allein und in Kombination mit anderen Zutaten besonders gut für die Snack-Küche geeignet. Hier finden Sie eine Liste der beliebtesten Käsesorten, die in einer gut sortierten Lebensmittelabteilung erhältlich sind:

BLAUSCHIMMELKÄSE

Dana Blue

Gorgonzola

Roquefort

Saga Blue

Stilton

FRISCHKÄSE

Bucheron

Hüttenkäse

Doppelrahmfrischkäse

Mascarpone

Neufchâtel

Ricotta

Stracchino

Quark

HARTKÄSE

Parmesan

Pecorino

Romano

Sbrinz

HALBFESTER SCHNITTKÄSE

Appenzeller

Asagio

Brick

Cantal

Chaource

Cheddar

Comté

Danbo

Edamer

Emmentaler

Fontina

Gouda

Gruyère

Jarlsberg

Manchego

Provolone

Raclette

WEICHER SCHNITTKÄSE

Banon

Bel Paese

Bonbel

Boursault

Chesire

Chèvre

Esrom

Explorateur

Handkäse

Havarti

Münster

Port-Salut

Taleggio

Tilsiter

Vacherine Fribourgeois

WEICHKÄSE

Brie

Camembert

Limburger

Liptauer

Mozzarella

Pont-l´Evêque

Saint André

Vacherin Mont d´Or

Kapitel 2

Schnelle Snacks für zwischendurch

Sie wollen einfach und ohne Besteck genießen? Hier finden Sie die richtigen Rezepte dafür. Denn diese Snacks können Sie nicht nur auf einer Platte dekorativ servieren, sondern auch als schnellen Imbiß für zwischendurch anbieten. Ihre Gäste werden sich die Finger lecken nach Ihren köstlichen Kreationen. Denn einfach schmeckt's am besten!

Ananas-Käse-Aufstrich

Ergibt: *6 Portionen*

80 g Frischkäse
110 g Ananas, aus der Dose, abgetropft, zerkleinert
¼ Tasse Pekannüsse, feingehackt
Knäckebrot oder Cracker

Den Frischkäse in einer Schüssel mit einem elektrischen Handrührgerät auf mittlerer Stufe schaumig schlagen. Ananas und Pekannüsse zufügen und auf niedriger Stufe untermischen. Die Mischung abdecken und mindestens 1 Stunde kühl stellen. Den Aufstrich mit Knäckebrot oder Crackern servieren.

Ananas-Käseball

Ergibt: *8-10 Portionen*

220 g Frischkäse
420 g Ananas, aus der Dose, abgetropft, in Stücken
2 Tassen Pekannüsse, feingehackt
¼ Tasse grüner Paprika, feingehackt
2 EL weiße Zwiebel, feingehackt
450 g Ananas, aus der Dose, abgetropft, in Scheiben
Cracker
Zum Garnieren:
½ Tasse Pekannüsse
Maraschino-Kirschen

1. Frischkäse, Ananas, Pekannüsse, Paprika und Zwiebel in einer Schüssel mischen. Abdekken und mindestens 1 Stunde kühl stellen.

2. Die Masse zu einer Kugel formen und in Frischhaltefolie wickeln. Die Kugel vor dem Servieren mindestens 30 Minuten kühl stellen.

3. Ananasscheiben an die Seiten der Kugel drücken und die Pekannußhälften in die Mitte der Ananasscheiben geben. Eine Scheibe Ananas oben auf die Kugel legen und eine Maraschinokirsche in die Mitte setzen. Die Cracker dazu servieren.

Ananas-Spiesschen

Ergibt: *8-10 Portionen*

370 g Ananas, aus der Dose, abgetropft (Saft auffangen), in Stücken
1 EL brauner Zucker
2 EL Sojasauce
1 EL Apfelweinessig
350 g Kochsalami, in 36 Würfel geschnitten
Holzspießchen

1. Ananassaft, braunen Zucker, Sojasauce und Essig in eine Schüssel geben und gut verrühren.

2. Salamiwürfel und Ananasstücke mit einem Backpinsel mit der Ananassaftmischung bestreichen. Je ein Stück Salami und ein Stück Ananas auf ein Holzspießchen stecken und in eine feuerfeste Auflaufform legen.

3. 12 Spießchen auf einmal auf hoher Stufe im Backofen 1-2 Minuten erhitzen, bis die Wurst warm ist. Die fertigen Spießchen zur Seite stellen und warm halten. Den Vorgang mit den restlichen Spießchen wiederholen. Warm servieren.

Tip: Statt der Kochsalami können Sie auch Schweine-, Hühner-, Kalb- oder Truthahnfleisch verwenden.

Antipasti-Platte

Ergibt: *36-48 Portionen*

10 Selleriestangen, ohne Blätter
2 Bund Lauchzwiebeln,
8 große Salatblätter
2 Bund Radieschen
180 g eingelegte schwarze Oliven, abgetropft
180 g eingelegte grüne Oliven, abgetropft
125 g eingelegter Paprika, in Stücken
120 g Sardinenfilets
400 g Artischockenherzen
120 g italienische Salami, in Scheiben
120 g Provolone, in dünnen Scheiben
120 g Cheddar, in dünnen Scheiben
120 g Schinken, in Scheiben
6 kleine Eier, hartgekocht
Paprikapulver
Sonnenblumenöl
Rotweinessig
Knoblauchbrot und Roggenknäckebrot

1. Selleriestangen und Zwiebeln mit einem scharfen Messer in 10-12 cm lange Stücke schneiden. Die Salatblätter auf eine große Platte oder ein Tablett legen. Alle Zutaten so anordnen, daß jeweils 1 oder 2 Zutaten auf einem Blatt liegen. Den Käse zu Kegeln rollen und in eine Ecke legen; die Salami- und Schinkenscheiben können einander überlappen. Die Eier halbieren und mit Paprikapulver bestreuen (oder auch mit fein gemahlenen Mandeln).

2. Öl und Essig auf die Zutaten träufeln, und das Brot auf der Platte anrichten.

3. Mehrere Schalen mit Saucen zum Eintunken bereitstellen. Zu Gemüse und Eiern paßt zum Beispiel eine Käsesauce oder eine cremige Sauce, zu Käse und Fleisch eine Senfsauce. Die Saucen auf einem Tablett anrichten.

Aprikosen-Käseball

Ergibt: *8-10 Portionen*

220 g Frischkäse
½ Tasse Ricotta
2 EL getrocknete Aprikosen, feingehackt, in Brandy eingelegt und abgetropft
1 EL Schalotten, feingehackt
1 TL Zitronensaft
½ TL Currypulver
½ Tasse Vollkorn-Cornflakes, zerrieben
Zum Servieren:
Cracker

1. Frischkäse und Ricotta in einer Schüssel mit einem elektrischen Handrührgerät auf mittlerer Stufe glattrühren. Aprikosen, Schalotten, Zitronensaft und Currypulver zufügen und alles gut verrühren. Die Mischung abdecken und mindestens 2 Stunden kühl stellen, bis die Masse fest ist.

2. Die zerriebenen Vollkorn-Cornflakes in einer flachen Schale verteilen.

3. Die Frischkäsemasse zu einer Kugel formen und in den Cornflakes wälzen, bis diese vollständig mit Bröseln bedeckt ist. Vor dem Servieren mindestens 2 Stunden kühl stellen. Die Cracker dazu reichen.

Tip: Die Aprikosen mindestens 20 Minuten im Brandy einweichen lassen.

Artischocken-Aufstrich

Ergibt: *12 Portionen*

170 g Artischocken, mariniert
1 Tasse geriebener Parmesan
60 ml Mayonnaise
12 Scheiben Pumpernickel

Die Artischocken in einer Schüssel zerdrücken. Käse und Mayonnaise hinzufügen und gut mischen. Den Artischocken-Aufstrich auf den Pumpernickelscheiben verteilen.

Artischocken-Schnitten

Ergibt: *36 Portionen*

450 g fertigen Brötchenteig
¾ Tasse Mozzarella, kleingeschnitten
¾ Tasse Parmesan, gerieben
120 ml fertige italienische oder französische Salatsauce
400 g Artischockenherzen, aus der Dose, abgetropft
110 g grüne Chilischoten, gehackt

1. Den Ofen auf 190 °C vorheizen.

2. Den Brötchenteig in Rechtecke teilen und damit den Boden einer Auflaufform auslegen. Die Nahtstellen glattstreichen. Den Teig 10 Minuten backen, bis er leicht gebräunt ist.

3. Mozzarella, Parmesan, Salat sauce, Artischockenherzen und Chilischoten in einer Schüssel gut mischen. Die Mischung auf den Teigboden geben und weitere 15 Minuten backen, bis der Käse schmilzt. 5 Minuten abkühlen lassen und mit einem Messer in Stücke teilen.

Aufschnittplatte

Ergibt: *16-20 Portionen*

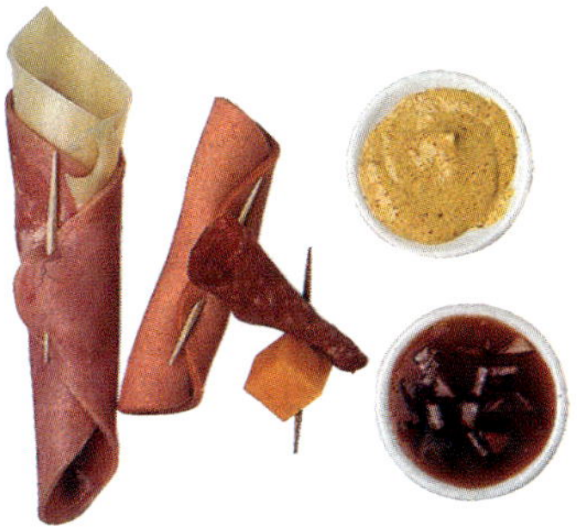

½ Tasse Chili-Dip (s. unten)
½ Tasse scharfe Senfsauce (s. Seite 30)
Salat, geschnitten
110 g Emmentaler, in Scheiben
110 g gekochter Schinken, in Scheiben
110 g Cheddar, in Scheiben
110 g Mortadella, in Scheiben
110 g roher Schinken, in Scheiben
110 g Gouda, in Scheiben
110 g Roastbeef, in Scheiben
110 g Havarti, in Scheiben
110 g Salami, in Scheiben
110 g Hühnerfleisch, in Scheiben
110 g Truthahn, in Scheiben
Zum Servieren:
Baguette oder Cracker

1. Den Dip und die Senfsauce in kleine Schüsseln geben und in die Mitte eines großen viereckigen Tabletts setzen. Den geschnittenen Salat ringförmig um den Rand des Tabletts legen.

2. Den Käse und den Aufschnitt zu Rollen oder Tütchen wickeln und ringförmig um die Schälchen legen, so daß ein Sonnenblumenmuster entsteht. Das Tablett abdecken und mindestens 1 Stunde kühl stellen. Das Baguette oder die Cracker dazu servieren.

Tip: Der Dip und die Sauce können warm oder kalt gereicht werden. Legen Sie möglichst nicht zwei gleiche Zutaten nebeneinander, sondern trennen Sie die Zutaten am besten mit Salat voneinander ab.

Chili-Dip

Ergibt: *1-1 ¼ Tassen*

1 Tasse Chilisauce
1 TL Meerrettich
1 großer Rettich, geraspelt
Salz und Pfeffer

Die Zutaten in einer Schüssel gut verrühren, abdecken und vor dem Servieren mindestens 2 Stunden kühl stellen.

Austern in Schinken

Ergibt: *24 Portionen*

3 EL Meerrettich
220 g gekochter Schinken, in 2 cm breite und 7,5 cm lange Streifen geschnitten
24 frische Austern, aus der Schale genommen
3 EL Butter oder Margarine, geschmolzen
1 EL Zitronensaft
1 Msp. Knoblauchpulver

1. Einen Gitterrost 15 cm von den Heizstäben entfernt in den Grill schieben und den Grill vorheizen.

2. Den Meerrettich auf die Schinkenstreifen streichen. Je eine Auster auf einen Schinkenstreifen legen und den Schinken um die Auster wickeln. Jedes Röllchen mit einem Holzspießchen befestigen und auf ein Backblech legen.

3. Butter, Zitronensaft und Knoblauchpulver in eine Tasse geben und mit einer Gabel verrühren. Die Schinkenröllchen mit einem Teil dieser Mischung bestreichen und 10-15 Minuten grillen, bis die Austern warm sind. Während des Grillens die restliche Buttermischung in regelmäßigen Abständen auf die Röllchen streichen. Sofort servieren.

Tip: Die Holzstäbchen vor dem Grillen 10-20 Minuten in kaltem Wasser einweichen, um ein Anbrennen der Spießchen zu verhindern.

Austern-Spiess

Ergibt: *8-10 Spieße*

2 Tassen Vollkornsemmelbrösel
2 Tassen Bleichsellerie, feingehackt
Salz und Pfeffer
40 Austern, aus der Dose, abgetropft
3 große Eier, verquirlt
3 EL Butter oder Margarine, geschmolzen
Zum Servieren:
Toastbrot

1. Den Grill vorheizen.
2. Semmelbrösel und Bleichsellerie in einer Schüssel mischen und mit Salz und Pfeffer würzen.
3. Die Austern in die verquirlten Eier tauchen und in den Semmelbröseln rollen, bis sie gut mit Semmelbröseln überzogen sind. Je 5 Austern auf einen Holzspieß stecken. Die Spieße auf eine 22 x 30 cm große Backform legen und mit der geschmolzenen Butter bestreichen. Die Spieße 1-2 Minuten grillen, bis sie leicht gebräunt sind, wenden, mit Butter bestreichen und die andere Seite bräunen. Die Austern auf keinen Fall zu lange grillen. Mit dem Toast zusammen sofort servieren.

Tip: Sie können die Austern auch mit Frühstücksspeck umwickeln. Holzspieße vor dem Grillen mindestens 30 Minuten in Wasser legen. Das verhindert, daß sie anbrennen.

Avocado-Lachs-Aufstrich

Ergibt: *12 Portionen*

1 große Avocado
200 g geräucherter Lachs, in Streifen geschnitten
1 EL Zitronen- oder Limettensaft
1 kleine Knoblauchzehe, gehackt
1 TL Zwiebelpulver
4 Tropfen Tabasco
Knäckebrot oder Cracker

Die Avocado schälen, entsteinen, das Fleisch in eine Schale geben und zerdrücken. Lachs, Zitronensaft, Knoblauch, Zwiebelpulver und Tabasco zufügen und alles gut mischen. Den Aufstrich abdecken und bei Zimmertemperatur mindestens 1 Stunde ruhen lassen. Die Cracker oder das Knäckebrot dazu servieren.

Backpflaumen in Frühstücksspeck

Ergibt: *8 Portionen*

8 große Backpflaumen, entsteint
Frischkäse
8 Streifen Frühstücksspeck

1. Den Grill vorheizen.
2. Die Backpflaumen mit einem scharfen Messer halbieren und jeweils etwas Frischkäse auf eine Hälfte geben. Die Hälften wieder zusammenfügen. Um jede Backpflaume einen Streifen Speck wickeln und den Streifen mit einem Holzspießchen befestigen. Die Backpflaumen in Frühstücksspeck auf ein Backblech legen und 3-4 Minuten grillen, bis der Speck knusprig ist. Sofort servieren.

Bergsteiger-Riegel

Ergibt: *16 Riegel*

2 EL Butter oder Margarine
8 EL Erdnußbutter mit Erdnußstücken
5 EL Honig
8 EL fettarmes Milchpulver
5 Tropfen Vanillearoma
2 ½ Tassen Knuspermais

1. Ein tiefes Backblech von 20 x 20 cm gut einfetten.
2. Die Butter, die Erdnußbutter und den Honig in einem Topf verrühren und unter ständigem Rühren bei mittlerer Hitze erwärmen, bis die Mischung glatt und flüssig ist. Den Topf von der Herdplatte nehmen, das Milchpulver und das Vanillearoma zufügen und gut unterrühren. Den Knuspermais gründlich darunter mischen, bis er vollständig mit der Buttermasse überzogen ist.
3. Die Mischung auf das Backblech geben und gleichmäßig verteilen. Mit Alufolie abdecken und die Mischung fest drücken. Zur Seite stellen und abkühlen lassen. Die Masse zum Servieren in Riegelform schneiden.

Bleichsellerie mit Nuss-Füllung

Ergibt: *24 Portionen*

90 g Frischkäse
2 TL Zwiebelsaft
1 Msp. Currypulver
¼ Tasse Mandeln, feingehackt
1-1½ EL süße Sahne
9-10 Selleriestangen, in 10 cm lange Stücke geschnitten
¼ Tasse Erdnüsse, gehackt

1. Käse, Zwiebelsaft, Currypulver und Mandeln in einer Schüssel mit soviel Sahne mischen, daß die Masse eine streichfähige Konsistenz hat.

2. Die Füllung gleichmäßig in die Aushöhlung der Sellerie-streifen geben.

3. Die Erdnüsse in einer flachen Schüssel oder auf einem Teller verteilen. Die Selleriestangen mit der Füllung nach unten in den Erdnüssen wälzen und dann auf einem Teller mit der Frischkäse-füllung nach oben anrichten. Den Teller mit Klarsichtfolie abdecken und bis zum Servieren kühl stellen.

Bleichsellerie mit Schinken-Käse-Füllung

Ergibt: *12 Portionen*

70 g gekochter Schinken, klein-gehackt
90 g Frischkäse
½ TL scharfer Senf
½ TL Tabasco
4 Selleriestangen, in 7 cm lange Stücke geschnitten
Zum Garnieren:
Relish

Schinken, Frischkäse, Senf und Tabasco in einer Schüssel gut verrühren. Die Mischung in die Vertiefung der Selleriestreifen streichen. Die Selleriestreifen abdecken und mindestens 1 Stunde kühl stellen. Mit Relish servieren.

Bourbon-Bällchen

Ergibt: *36 Bällchen*

6 große hartgekochte Eier, gehackt
1 EL Zwiebel oder Schnittlauch, gehackt
1 Tasse gekochter Schinken, feingehackt
1 Msp. schwarzer Pfeffer
3 EL Bourbon-Whiskey
½ Tasse Walnüsse oder Pekannüsse, gemahlen

1. Eier, Zwiebel, Schinken, Pfeffer und Bourbon-Whiskey in eine Schüssel geben und mit einer Gabel verrühren, bis die Mischung eine glatte Konsistenz hat. Stücke vom Teig abtrennen und zu olivengroßen Kugeln formen.

2. Die gemahlenen Nüsse in einer flachen Schale oder auf einem Teller ausbreiten und die Kugeln in den gemahlenen Nüssen rollen, bis sie vollständig überzogen sind. In jede Kugel ein Holzspießchen stecken. Die Kugeln abdecken und bis zum Servieren kühl stellen.

Braunschweiger Kugel

Ergibt: *6-8 Portionen*

220 g Frischkäse
450 g Braunschweiger Leberwurst
¾ Tasse Dillgurken, feingehackt
60 ml Mayonnaise
¼ Tasse Zwiebel, gehackt
2 EL Dillgurkensaft
1 EL Worcestersauce
1 Msp. Knoblauchsalz
3 Tropfen Tabasco
½ Tasse ungesalzene Erdnüsse, gehackt
Cracker

1. Die Hälfte des Frischkäses, die Leberwurst, Gurken, Mayonnaise, Zwiebel, Gurkensaft, Worcestersauce, Knoblauchsalz und Tabasco in einer Schüssel gut mischen. Die Masse dekorativ formen, abdecken und mindestens 3 Stunden kühl stellen.

2. Mit dem übrigen Frischkäse die geformten Stücke bestreichen und mit Erdnüssen garnieren. Die Formen wieder abdecken und mindestens noch 1 Stunde kühl stellen. Die Cracker dazu servieren.

Tip: Für dieses Rezept können Sie auch jede andere Leberwurstsorte verwenden.

Brie-Taschen

Ergibt: *6-8 Taschen*

1 ½ Tassen Mehl
¼ Tasse Haselnüsse, feingehackt
¼ Tasse Pekannüsse, feingehackt
150 g Butter oder Margarine
3-4 EL Eiswasser
2 runde Brie (je 120 g)

1. Den Ofen auf 220 °C vorheizen. Ein Backblech leicht einfetten.

2. Das Mehl und die gehackten Nüsse in einer großen Schüssel miteinander mischen. Die Butter in Stücken darauf geben und gut unterkneten. Das Wasser hinzugeben und unterkneten, bis ein weicher Teig entstanden ist. Den Teig vierteln und jedes Viertel zu einem Kreis von 15 cm Durchmesser ausrollen.

3. 2 Kreise auf das Backblech legen und je einen Brie in die Mitte der Kreise legen. Die Teigkanten mit Wasser bestreichen. Einen zweiten Teigkreis auf den ersten legen und die Kanten fest zusammendrücken, um sie zu versiegeln. Den Vorgang mit dem zweiten Brie und dem verbleibenden Kreis wiederholen.

4. In 20-25 Minuten auf mittlerer Schiene goldbraun backen. Zum Auskühlen auf ein Gitterrost legen. Vor dem Anschneiden etwas auskühlen lassen.

Brie-Törtchen

Ergibt: *16 Törtchen*

1 ½ Tassen Mehl
1 Prise Salz
½ Tasse Walnüsse oder Pekannüsse, gehackt
150 g Butter oder Margarine
3-4 EL Eiswasser
2 runde Brie (je 130 g)

1. Den Ofen auf 220 °C vorheizen.

2. Mehl, Salz und Nüsse in eine Schüssel geben, die Butter in Stücken darauf geben und mit 2 Messern alles gut mischen, bis die Masse krümelig ist. 3 Eßlöffel Wasser zufügen und die Mischung zu einem festen Teig kneten. Falls nötig, etwas mehr Wasser zufügen. Den Teig zu einer Kugel formen und vierteln.

3. Jedes Viertel auf einer leicht bemehlten Arbeitsfläche zu einem Kreis von 15 cm Durchmesser ausrollen. Je einen Brie auf einen Kreis legen und mit einem weiteren Kreis abdecken. Die Kanten der Teigkreise mit Hilfe einer Gabel festdrücken. Mit Nüssen nach Belieben garnieren. Die Törtchen auf ein nicht gefettetes Backblech legen und in 20-25 Minuten auf mittlerer Schiene leicht goldbraun backen. Die Törtchen auf einem Gitterrost etwa 30 Minuten abkühlen lassen, aufschneiden und servieren.

Brunnenkresse-Rollen

Ergibt: *8 Rollen*

1 Laib Weißbrot
Schmelzkäsezubereitung
1 Bund Brunnenkresse
1 kleine Tomate, in dünnen Scheiben
<u>Zum Garnieren:</u>
etwas Brunnenkresse

1. Aus der Mitte des Brotes 8 Scheiben, je ½ cm dick, schneiden. Die Kruste entfernen und die Scheiben quadratisch zurechtschneiden.

2. Auf jedes Quadrat Schmelzkäse streichen. Etwas Brunnenkresse diagonal über das Brot legen und mit dem Brot umwickeln. Mit einem Holzspießchen befestigen.

3. Die Tomaten in Scheiben und dann in Streifen schneiden und jeweils einen Streifen auf jedes Holzspießchen stecken. Vor dem Servieren 1 Stunde kühl stellen. Der Käse ist dann fest, und das Holzspießchen läßt sich leicht entfernen. Mit Brunnenkresse garniert servieren.

Bunte Frischkäse-Bällchen

Ergibt: *16 Bällchen*

220 g Frischkäse
1 TL Gewürzgurken, gehackt
1 TL Zitronensaft
1 TL Mayonnaise mit etwas Senf
Rote-Bete-Saft
Karottensaft
1 Tasse Semmelbrösel
Petersilienblätter
<u>Zum Garnieren:</u>
Salatblätter

1. Käse, Gurken, Zitronensaft und Mayonnaise in einer Schüssel mit einem Löffel verrühren. Jeweils eine kleine Menge der Mischung mit einem Teelöffel zu Kugeln formen. Die Kugeln auf eine Platte oder ein Tablett legen und 1 Stunde kühl stellen.

2. In der Zwischenzeit die Hälfte der Semmelbrösel mit dem Rote-Bete-Saft mischen und gut unterheben, damit sich die Farbe gleichmäßig verteilt. (Nicht zuviel Saft nehmen, damit die Semmelbrösel nicht zu feucht werden.) Die restlichen Semmelbrösel mit dem Karottensaft mischen. Die eine Hälfte der Käsekugeln in den roten Semmelbröseln wälzen und die andere Hälfte in den gelben. Jede Kugel mit einem Blatt Petersilie verzieren. Die Kugeln auf einem Salatbett anrichten.

Camembert-Aufstrich

Ergibt: *15-18 Portionen*

220 g Camembert
110 g weiche Butter
60 ml süße Sahne
1 Tasse geräucherter Schinken, gewürfelt
2 EL Lauchzwiebel, feingehackt
2 TL Schnittlauch, gehackt
<u>Zum Servieren:</u>
Knäckebrot oder Cracker

Käse, Butter und Sahne in einer Schüssel mit einem elektrischen Handrührgerät auf mittlerer Stufe zu einer glatten Masse rühren. Schinken, Zwiebel und Schnittlauch zufügen und gut mischen. Die Mischung auf das Brot oder die Cracker streichen und servieren.

Champignon-Eier

Ergibt: *8 Eier*

4 große hartgekochte Eier, halbiert, Eigelbe herausgenommen
3 EL Champignon-Füllung (s. unten)
¼ Tasse Zwiebel, gehackt
Paprikapulver

Eigelbe, Champignon-Füllung und Zwiebel in eine kleine Schüssel geben und gut mischen. Eine großzügige Menge der Füllung mit einem Spritzbeutel mit großer Sterntülle in jede Eihälfte pressen. Die Eier mit Paprikapulver bestreuen und auf einem Teller, einer Platte oder einem Tablett anrichten. Abdecken und bis zum Servieren kühl stellen.

Champignon-Füllung

Ergibt: *1 ½ Tassen*

6 EL Butter oder Margarine
½ Tasse Schalotten, gehackt
450 g frische Champignons, gehackt
2 EL Petersilie, gehackt
Salz und Pfeffer

1. Die Butter bei mittlerer Hitze in einer Pfanne zerlassen und die Schalotten darin in 3-4 Minuten glasig dünsten. Die Champignons zufügen und 5 Minuten weich dünsten. Weitere 5 Minuten dünsten, bis der größte Teil der Flüssigkeit verdampft ist. Die Hitze reduzieren, die Petersilie zufügen und die Champignons unter Rühren braten, bis sie zu bräunen beginnen.

2. Die Champignons in eine Schüssel geben und mit einer Gabel zerdrücken. Warm servieren oder abdecken und bis zum Servieren kühl stellen.

Tip: Die Füllung schmeckt warm am besten.

Champignon-Pastete

Ergibt: *1 ½ Tassen*

50 g Butter oder Margarine
340 g frische Champignons, geputzt, kleingehackt
1 Knoblauchzehe, zerdrückt
½ TL getrockneter Thymian
1 Msp. weißer Pfeffer, gemahlen
1 EL Amaretto
1¼ Tassen geröstete Mandeln, feingehackt
2 EL weiche Butter
<u>Zum Garnieren:</u>
Lauchzwiebeln, geschnitten
<u>Zum Servieren:</u>
Cracker, Brot

1. Eine kleine Auflaufform mit Backpapier auslegen; an beiden Seiten genug Papier überhängen lassen, damit es später übergeschlagen werden kann.

2. 50 g Butter in einer großen Pfanne bei mittlerer Hitze zerlassen. Die Champignons mit dem Knoblauch darin dünsten, bis der größte Teil der Flüssigkeit verdampft ist. Thymian, Pfeffer und Amaretto einrühren, die Hitze reduzieren und alles köcheln lassen, bis die Champignons trocken sind.

3. Die Mischung mit einem Pürierstab zerkleinern. 1 Tasse Mandeln und 2 Eßlöffel Butter zufügen und glattrühren. Die Mischung in eine kleine Schüssel geben und die restlichen Mandeln unterheben. Die Masse in die Auflaufform geben, gleichmäßig verteilen und das Backpapier darüberschlagen, die Kanten einfalten. Die Mischung andrücken und mit einem anderen Gegenstand beschweren. Vor dem Servieren mindestens 2 Stunden kühl stellen.

4. Die Pastete auf einen Servierteller oder eine Platte stürzen, das Backpapier abziehen und mit Lauchzwiebeln garnieren. Cracker oder Brot dazu reichen.

Champignon-Törtchen

Ergibt: *24 Törtchen*

3 Scheiben weißes Toastbrot
3 Scheiben Vollkorntoastbrot
2 EL Kräuterbutter, geschmolzen (s. S. 67)
1 EL Butter oder Margarine
10 Champignons, feingehackt
½ TL Knoblauchpulver

1. Den Ofen auf 200 °C vorheizen.

2. Aus jeder Toastscheibe mit einer runden, scharfen Ausstechform 4 Kreise ausstechen. Jeden Kreis mit Kräuterbutter bestreichen. Die Kreise mit der gebutterten Seite nach unten auf ein Backblech legen und 5 Minuten backen, bis die Unterseite der Toastscheiben leicht goldbraun ist. Auf dem Backblech abkühlen lassen.

3. Die Butter bei geringer Hitze in einem Topf zerlassen und die Champignons darin in etwa 5 Minuten leicht bräunen lassen. Das Knoblauchpulver darüber streuen und gut verrühren.

4. Etwa einen halben Teelöffel der Champignonmischung auf die ungebutterte Seite der Brotscheiben geben und mit der Rückseite des Löffels leicht andrücken. Die fertigen Champignon-Törtchen mit Klarsichtfolie abdecken und 8-24 Stunden kühl stellen. Kalt oder aufgewärmt servieren.

Tip: Die Törtchen zum Aufwärmen 3-4 Minuten grillen. Sie können auf jedes Törtchen vor dem Aufwärmen einen Streifen Paprika legen und die hier verwendete Kräuterbutter auch durch jede andere Butter ersetzen. Statt Knoblauchpulver können Sie auch Zwiebelpulver verwenden. (Verwenden Sie kein Knoblauch- oder Zwiebelsalz, die Champignons schmekken sonst leicht zu salzig.) In die Champignonmischung können Sie zum Schluß auch etwas Brandy rühren.

Champignons auf Italienische Art

Ergibt: *24 Portionen*

450 g große Champignons, geputzt und entstielt, die Stiele aufheben
60 ml italienisches Salatdressing
1 Tasse Semmelbrösel
¼ Tasse geriebener Parmesan
1 EL Koriandergrün, feingehackt (ersatzweise Petersilie)

1. Einen Gitterrost in die Mitte des Ofens schieben und den Ofen auf 175 °C vorheizen. Eine Auflaufform leicht einfetten.

2. Die Stiele der Champignons fein hacken und in eine Schüssel geben. Salatdressing, Semmelbrösel, Parmesan und Koriandergrün zufügen und gut mischen. Eine großzügige Menge der Füllung in die Champignonköpfe geben.

3. Die Champignons in die Auflaufform geben und ½ cm hoch Wasser zugießen. Die Pilze 18-20 Minuten backen, bis sie weich sind.

CHAMPIGNONS AUF TOAST

ERGIBT: *6 Portionen*

50 g weiche Butter oder Margarine
2-3 EL Butter oder Margarine zusätzlich
130 g ganze Champignons, aus der Dose, abgetropft
1 EL Zitronensaft
2 EL Petersilie, gehackt
1 Msp. weißer Pfeffer
3 Scheiben Toastbrot, leicht getoastet, in 2,5 cm große Quadrate geschnitten
Zum Garnieren:
Brunnenkresse oder Petersilie

1. Die 50 g Butter in einer großen Pfanne bei mittlerer Hitze zerlassen. Champignons, Zitronensaft und Petersilie zufügen. Unter ständigem Rühren erwärmen, bis die Zutaten heiß sind. Mit weißem Pfeffer abschmecken. In eine Schüssel füllen und zur Seite stellen.

2. Die restliche Butter in derselben Pfanne zerlassen. Die Toaststückchen darin in 4-5 Minuten knusprig braten. Die Pfanne vom Herd nehmen. Auf jedes Toaststück einen Champignon setzen und mit einem Holzspießchen befestigen. Die Champignons mit Brunnenkresse oder Petersilie garnieren und servieren.

CHAMPIGNONS MIT GORGONZOLA

ERGIBT: *6 Portionen*

450 g frische Champignons, etwa 4 cm im Durchmesser
¼ Tasse Lauchzwiebeln, gehackt
2 EL Butter oder Margarine
110 g Gorgonzola, zerkrümelt
80 g Frischkäse

1. Den Grill vorheizen.

2. Die Stiele von den Champignons entfernen und fein hacken, in eine Pfanne geben, Zwiebel und Butter zufügen und bei mittlerer Hitze etwa 5 Minuten braten, bis die Zwiebeln weich sind. Die Mischung in eine Schüssel geben, Gorgonzola und Frischkäse zufügen und gut unterrühren.

3. Die Champignonköpfe mit der Mischung füllen und mit der gefüllten Seite nach oben auf ein Backblech legen. 2-3 Minuten grillen, bis die Champignons leicht gebräunt und erwärmt sind.

CHAMPIGNONS MIT HUHN

ERGIBT: *24 gefüllte Champignons*

2 EL Sonnenblumenöl
2 EL Weißweinessig
30 g Gorgonzola, zerkrümelt
etwas frischer Oregano, zerkleinert
1 Knoblauchzehe, zerdrückt
Salz und Pfeffer
1 Tasse gekochtes Hühnerfleisch, feingehackt
2 EL Bleichsellerie, feingehackt
2 EL Schnittlauch, gehackt
2 TL frischer Koriander, gehackt
24 große Champignons
1 EL Butter oder Margarine
½ Tasse Kartoffelchips, zerkrümelt

1. Öl und Essig in einer Schüssel gut verrühren. Gorgonzola, Oregano, Knoblauch, Salz und Pfeffer untermischen. Hühnerfleisch, Sellerie, Schnittlauch und Koriander zufügen und alles mit einer Gabel gut mischen. Mit Klarsichtfolie abdecken und mindestens 30 Minuten oder über Nacht kühl stellen.

2. Die Stiele von den Champignons entfernen. Die Champignons säubern. Butter in einer großen Pfanne bei mittlerer Hitze zerlassen, die Champignons mit der Öffnung nach oben in die Pfanne legen und 3 Minuten braten, bis sie zu bräunen beginnen. Die Pilze aus der Pfanne nehmen und mit der gebräunten Seite nach unten auf ein Backblech legen.

3. In jeden Champignon etwa 2 Teelöffel der gekühlten Hühnerfleischmischung füllen. Die Mischung leicht in die Champignons hineindrücken und etwas zerkrümelte Kartoffelchips darauf geben.

4. Einen Grillrost auf die unterste Schiene schieben und den Grill vorheizen.

5. Die Champignons 2 -3 Minuten auf unterster Schiene grillen, bis sie warm sind. Sofort servieren.

CHEDDAR-BAGUETTE

ERGIBT: *8 Portionen*

2 Tassen geriebener Cheddar
2 EL weißer Portwein oder Sherry
2 EL weiche Butter oder Margarine
1 TL Schalotten, gehackt
1 TL mittelscharfer Senf
1 großes Ei, leicht verquirlt
1 Stange Baguette, der Länge nach halbiert
2 kleine Tomaten, in Viertel geschnitten

1. Den Ofen auf 200 °C vorheizen.

2. Cheddar, Sherry und Butter in einer Schüssel gut mischen. Schalotten, Senf und Ei zufügen und verrühren. Die Baguettehälften mit der Mischung bestreichen, in Alufolie wickeln und auf ein nicht gefettetes Backblech legen. Die Baguette 8-10 Minuten backen, bis der Käse geschmolzen und das Brot warm ist. Die Baguettehälften in Streifen schneiden und, mit einem Tomatenviertel garniert, warm servieren.

Cheddar-Chips

Ergibt: *20 Portionen*

110 g weiche Butter oder Margarine
2 Tassen geriebener Cheddar
2 Spritzer Worcestersauce
1 Spritzer Apfelessig
1 Spritzer Tabasco
Salz und Pfeffer
1 Tasse Mehl
Paprikapulver
scharfe Senfsauce (s. unten)

1. Den Ofen auf 175 °C vorheizen. Ein Backblech leicht einfetten.

2. Alle Zutaten außer Mehl, Paprikapulver und Senfsauce in eine Schüssel geben und mit einem großen Löffel gut mischen. Dann nach und nach das Mehl zugeben und aus den Zutaten einen Teig formen. Den Teig leicht durchkneten und zu einer Rolle von 2,5 cm Durchmesser formen. Den Teig mit einem scharfen Messer in ½ cm breite Scheiben schneiden. Die Scheiben im Abstand von 1 cm auf ein Backblech legen und 12-15 Minuten backen, bis die Kanten leicht gebräunt sind. Dann die Scheiben mit Paprikapulver bestreuen und zum Auskühlen auf ein Gitterrost legen. Die Senfsauce dazu servieren.

Scharfe Senfsauce

Ergibt: *⅔ Tasse*

80 ml Rotweinessig
1 TL Ketchup
1 Msp. Meerrettich
80 ml Sonnenblumenöl
1 EL scharfes Senfpulver
2 Knoblauchzehen, gehackt
Salz und Pfeffer

Alle Zutaten in einer Schüssel mit einem Schneebesen verquirlen. Die Sauce abdecken und vor dem Servieren mindestens 2 Stunden kühl stellen.

Cheddar-Plätzchen

Ergibt: *42-48 Stück*

2 Tassen geriebener Cheddar
70 g weiche Butter oder Margarine
1 TL Worcestersauce
1 Prise Salz
1 Tasse Mehl

1. Cheddar, Butter, Worcestersauce und Salz in einer Schüssel mit einem elektrischen Handrührgerät auf niedriger Stufe verrühren.

2. Das Mehl zufügen und mit einer Gabel unterrühren, so daß ein fester Teig entsteht. Den Teig zu 2 Rollen von je etwa 4 cm Durchmesser formen. Die Teigrollen in Klarsicht- oder Alufolie einwickeln und 8 Stunden oder über Nacht kühl stellen.

3. Den Ofen auf 190 °C vorheizen. Zwei Backbleche leicht einfetten.

4. Die Teigrollen in 1 cm breite Scheiben schneiden. Die Scheiben im Abstand von 1 cm auf die Backbleche legen und in 10-12 Minuten auf mittlerer Schiene hellbraun backen. Auf einem Gitterrost auskühlen lassen.

Cheddar-Reiswaffeln

Ergibt: *60 Waffeln*

¾ Tasse Mehl
1 Msp. Cayennepfeffer
110 g weiche Butter oder Margarine
2 Tassen geriebener Cheddar
1 ½ Tassen Knusperreis

1. Den Ofen auf 175 °C vorheizen.

2. Mehl und Cayennepfeffer in einer Schüssel mischen.

3. Butter und Cheddar in einer großen Schüssel mit einem elektrischen Handrührgerät auf mittlerer Stufe verrühren. Den Knusperreis und die Mehlmischung mit einem Löffel unterheben.

4. Den Teig löffelweise auf ein nicht gefettetes Backblech geben und mit dem Löffelrücken glatt streichen. Die Waffeln 10-12 Minuten auf mittlerer Schiene backen, bis die Ränder zu bräunen beginnen. Auf einem Gitterrost auskühlen lassen.

Cheddar-Rührei

Ergibt: *18 Portionen*

2 große Eier
480 ml Milch
2 Tassen Mehl
1 ½ TL getrockneter Oregano, zerrieben
280 g gewürfelter Cheddar
1 Salami, 15 cm lang, gewürfelt
1 Zwiebel, gehackt
1 grüner Paprika, gehackt
110 g Champignons, aus der Dose, abgetropft und gehackt

1. Einen Gitterrost in die Mitte des Ofens schieben und den Ofen auf 175 °C vorheizen. Eine Auflaufform leicht einfetten.

2. Die Eier in einer Schüssel schaumig schlagen, die Milch zufügen und mit einem Rührbesen untermischen, Mehl und Oregano unterrühren. Cheddar, Salami, Zwiebel, Paprika und Champignons zugeben und gut verrühren. Die Mischung in die Auflaufform geben und 35-40 Minuten backen. Die Eier sind fertig, wenn ein in die Mitte des Rühreis eingeschobenes Messer beim Herausnehmen keine Rückstände aufweist. Das Rührei in Quadrate schneiden und warm servieren.

Cheddar-Törtchen

Ergibt: *36 Törtchen*

2 Tassen geriebener Cheddar
110 g weiche Butter oder Margarine
1 Tasse Mehl
1 TL Schnittlauch, gefriergetrocknet
1 Prise Salz
warmer Krabben-Dip (s. unten)

1. Ein kleines Backblech leicht einfetten.

2. Cheddar, Butter, Mehl, Schnittlauch und Salz in einer Schüssel mit einem elektrischen Handrührgerät auf mittlerer Stufe gut verrühren. Mit einem Löffel Teile vom Teig abtrennen und mit den Händen zu Kugeln von 2,5 cm Durchmesser formen. Die Kugeln auf das Backblech legen, mit Klarsichtfolie abdekken und 8–24 Stunden kühl stellen.

3. Den Ofen auf 200 °C vorheizen.

4. Die Käsetörtchen in 15–20 Minuten goldbraun backen. Mit dem Dip zusammen servieren.

Tip: Um eine andere Geschmacksrichtung zu erzielen, das Salz entweder durch Knoblauch- oder Zwiebelpulver ersetzen. Sie können auch frisch geschnittenen Schnittlauch verwenden. Zum Variieren oder für besondere Anlässe eine kleine grüne Olive in die Mitte des Teiges setzen oder die Törtchen vor dem Backen mit geriebenem Cheddar bestreuen und ein Stück Apfel in die Mitte des Teiges geben.

Warmer Krabben-Dip

Ergibt: *3 Tassen*

450 g Frischkäse
230 g gekochte Krabben, zerkleinert
1 rote Zwiebel, gewürfelt
1 Tomate, gewürfelt
3 kleine Knoblauchzehen, gehackt
4 kleine scharfe Chilis, gewürfelt

Alle Zutaten im Wasserbad unter Rühren erhitzen, bis eine glatte Masse entstanden ist, dann in eine Schüssel geben und warm servieren.

Chili-Nüsse

Ergibt: *225 g*

2 EL Sonnenblumenöl
1 ½ Tassen Pekannüsse, halbiert
1 ½ Tassen Macadamianüsse
1 ½ Tassen Mandeln
1 ½ TL Chilipulver
½ TL Cayennepfeffer
¾ TL Meersalz
½ TL Zucker
1 TL Limettensaft

1. Das Öl in einer Pfanne bei mittlerer Hitze erwärmen. Die Nüsse zufügen und in 6–8 Minuten braun rösten. Dann auf einen Teller geben.

2. Chilipulver, Cayennepfeffer, Salz und Zucker in dieselbe Pfanne geben und bei mittlerer Hitze einige Sekunden erhitzen. Die Nüsse hinzugeben und alles gut mischen. Den Limettensaft über die Nüsse geben und unter gelegentlichem Rühren braten, bis die Flüssigkeit verdampft ist. Die Nüsse auf Küchenpapier abtropfen lassen und noch warm servieren.

Cocktail-Käseball

Ergibt: *20 Portionen*

1 Tasse geriebener Cheddar
220 g Gorgonzola, zerkrümelt
60 ml Thousand Island Dressing
1 großes Ei, hartgekocht, gehackt
2 EL grüne Pfefferkörner, zerstoßen
2 TL Worcestersauce
1 Spritzer Tabasco
1 Tasse Oliven mit Paprikafüllung, gehackt
Zum Servieren:
Cracker

1. Cheddar, Gorgonzola, Dressing, Ei, grünen Pfeffer, Worcestersauce und Tabasco in einer Schüssel zu einer glatten Masse verrühren. Die Mischung zu einer Kugel formen, in Frischhaltefolie wickeln und 2-3 Stunden kühl stellen, bis die Kugel fest ist.

2. Die Oliven in einer flachen Schale verteilen und die Käsekugel darin wälzen, bis sie vollständig damit überzogen ist; auf einer Platte mit Crackern zusammen servieren.

Cocktail-Käsebällchen

Ergibt: *90 Bällchen*

110 g weiche Butter oder Margarine
2 Tassen geriebener Cheddar
1 ½ Tassen Mehl
1 Tüte Zwiebelsuppenmischung
¼ Tasse Petersilie, gehackt

1. Den Ofen auf 200 °C vorheizen

2. Die Butter und den Cheddar in einer Schüssel mit einem elektrischen Handrührgerät auf mittlerer Stufe zu einer glatten Masse verrühren. Das Mehl, die Zwiebelsuppenmischung und die Petersilie zufügen und alles gut mischen.

3. Aus dem Teig Kugeln von der Größe einer Olive formen.

4. Die Kugeln im Abstand von etwa 2,5 cm auf ein nicht gefettetes Backblech legen und in 6-8 Minuten auf mittlerer Schiene goldbraun backen. Warm oder kalt servieren.

Cocktail-Spiesschen
Ergibt: *24 Portionen*

12 Streifen Frühstücksspeck, 15 cm lang
24 kleine, rohe Austern
24 kleine Krabben, geschält und gesäubert
24 kleine weiße Cocktailzwiebeln
24 Holzspieße, 10 cm lang
Frischkäse-Dip (s. unten)
Zum Garnieren:
Senfgräser

1. Den Grill vorheizen.
2. Jeden Speckstreifen mit einem scharfen Messer in Viertel schneiden. Je 1 Auster, 1 Krabbe und 1 Zwiebel auf einen Spieß stecken, je ein Stück Frühstücksspeck dazwischen legen. Die Zutaten auf alle 24 Spießchen gleichmäßig verteilen.
3. Die Spieße auf ein Backblech legen und 3-4 Minuten auf mittlerer Schiene grillen, wenden und die andere Seite weitere 2-4 Minuten grillen, bis der Frühstücksspeck knusprig ist. Die Spieße auf einer Servierplatte, die mit Senfgräsern ausgelegt ist, anrichten. Den Dip dazu servieren.

Frischkäse-Dip
Ergibt: *1 ½ Tassen*

450 g Frischkäse
60 ml Schlagsahne
2 TL frischer Schnittlauch, gehackt
1 Msp. Knoblauchpulver
1 Msp. Zwiebelpulver
1 Msp. Paprikapulver

Die Zutaten in einer Schüssel mit einem Schneebesen zu einer glatten Masse verrühren. Den Dip abdecken und vor dem Servieren mindestens 2 Stunden kühl stellen.

Cocktailwürstchen mit Apfelkompott
Ergibt: *30 Portionen*

2 EL Butter oder Margarine
1 große rote Zwiebel, gehackt
⅔ Tasse Apfelgelee
60 g brauner Zucker
900 g geräucherte Cocktailwürstchen
3 Äpfel, Gehäuse entfernt, geschält und in Streifen geschnitten
1 EL Speisestärke
2 EL warmes Wasser

1. Die Butter bei mittlerer Hitze in einer Pfanne zerlassen und die Zwiebel darin etwa 5 Minuten anbraten, bis sie goldbraun ist. Das Apfelgelee und den braunen Zucker zufügen und gut verrühren. Die Würstchen zufügen, die Hitze auf die Hälfte reduzieren, die Mischung abdecken und etwa 20 Minuten kochen, bis die Masse eindickt; dabei gelegentlich umrühren.
2. Die Äpfel zufügen und den Deckel wieder halb auflegen. Weitere 10 Minuten kochen, bis die Äpfel weich sind. Die in warmem Wasser aufgelöste Speisestärke unter ständigem Rühren zufügen und nochmals 2-3 Minuten kochen, bis die Masse eindickt. Die Sauce in eine Schüssel geben und zusammen mit den Würstchen servieren. Zum Essen kleine Cocktailgabeln oder Holzspießchen bereithalten.

Cocktailwürstchen nach Südstaaten-Art

Ergibt: *40 Portionen*

8 EL Erdnußbutter
¼ Tasse Mango-Chutney
240 ml Hühnerbrühe (s. Seite 288)
2 EL Honig
1 große Knoblauchzehe, zerdrückt
40 kleine Cocktailwürstchen

1. Erdnußbutter, Chutney, Hühnerbrühe, Honig und Knoblauch in einer Pfanne bei geringer Hitze unter ständigem Rühren erwärmen, bis die Mischung die Konsistenz von Ketchup hat.

2. Die Würstchen zufügen und erhitzen. In eine Schüssel geben und servieren. Holzspießchen bereitlegen.

Cocktailwürstchen Süss-Sauer

Ergibt: *60 Portionen*

100 g weißer Zucker
½ Tasse brauner Zucker
3 EL Speisestärke
1 Msp. Gewürznelkenpulver
1 Msp. Zimtpulver
360 ml Orangensaft
60 ml Apfelessig
60 kleine Cocktailwürstchen
Holzspießchen

1. Den Zucker, die Speisestärke, das Gewürznelkenpulver, das Zimtpulver, den Orangensaft und den Apfelessig in eine tiefe Pfanne geben. Abdecken und bei mittlerer Hitze einkochen, bis eine dickflüssige Masse entstanden ist; dabei gelegentlich umrühren.

2. Die Würstchen zufügen und weitere 5 Minuten köcheln lassen. In eine Schüssel geben und servieren. Holzspießchen bereit legen.

Tip: Würziger schmecken die Spießchen, wenn die Holzspießchen einige Tage in ein Glas mit einer geschälten Knoblauchzehe gelegt werden. Das Glas im Kühlschrank aufbewahren.

Cracker-Mix

Ergibt: *900 g*

3 Tassen Käse-Cracker
5 Tassen Cracker
2 Tassen Mini-Brezeln
50 g Salatfix-Mischung
½ TL getrockneter Oregano, zerrieben
120 ml Sonnenblumenöl

1. Die Cracker und die Brezeln in einer Schüssel mischen. Das Salatfix darüber geben und alles gut mischen.

2. Den Oregano und das Öl in einer Schüssel verrühren und langsam über die Cracker-Mischung gießen. Sofort servieren oder in einem luftdichten Behälter aufbewahren.

Datteln mit Frischkäse
Ergibt: *24 Stück*

80 g Frischkäse
50 g Puderzucker
1 EL unbehandelte Orangenschale, gerieben
220 g Datteln, entsteint

1. Frischkäse, Puderzucker und Orangenschale in einer Schüssel mit einer Gabel verrühren.
2. Den Frischkäse in die Datteln füllen und mit einem Löffelstiel in die Höhlung drücken. Die Datteln abdecken und bis zum Servieren kühl stellen.

Tip: Aromatisieren Sie die Frischkäsefüllung mit einigen Tropfen Vanille- oder Bittermandelaroma.

Debreziner Pizza
Ergibt: *6 Portionen*

1 Tasse Debreziner, kleingehackt
280 g Pizzateig (tiefgekühlt)
1 Tasse Mozzarella, gerieben
1 Tasse Provolone, gerieben
2 kleine gelbe Kürbisse, gewürfelt
1 roter Paprika, gehackt
½ Tasse Lauchzwiebeln, gehackt

1. Den Ofen auf 220 °C vorheizen.
2. Die Debreziner in einer Pfanne bei starker Hitze 5-6 Minuten anbraten; das dabei entstandene Fett abgießen.
3. Den Pizzateig nach der Packungsanweisung zubereiten und auf ein Pizzablech geben. Je ½ Tasse Mozzarella und Provolone über den Pizzateig streuen und mit Debreziner, Kürbis, Paprika und Zwiebeln belegen. Den restlichen Käse über die Pizza streuen und 18-24 Minuten backen, bis die Kanten goldbraun sind. Die Pizza aufschneiden und servieren.

Edamer mit Sherry
Ergibt: *8-10 Portionen*

1 ganzer, runder Edamer (etwa 750 g)
50 g weiche Butter oder Margarine
3 EL Sherry oder weißer Portwein
Cracker oder Knäckebrot

1. Das obere Viertel des Käses wie einen Deckel abschneiden und das Innere aushöhlen, dabei eine 1 cm breite Wand stehen lassen.
2. Die ausgehöhlte Käsemasse und den abgeschnittenen Käse reiben und in eine Schüssel geben. Butter und den Sherry oder den weißen Portwein zufügen und alles mit einem elektrischen Handrührgerät auf niedriger Stufe zu einer glatten Masse rühren. Die Masse in die Käsehülle füllen. Mit Crackern oder Knäckebrot servieren.

Ei-Aufstrich

Ergibt: *4 Portionen*

4 große Eier, hartgekocht, mit der Gabel zerdrückt
1 TL scharfer Senf
1 Spritzer Worcestersauce
1 TL Ketchup
½ TL Zwiebelpulver
Salz und Pfeffer
2 Scheiben Vollkorntoastbrot, ohne Rinde

Eier, Senf, Worcestersauce, Ketchup und Zwiebelpulver in einer Schüssel mit einem elektrischen Handrührgerät auf mittlerer Stufe gut verrühren, mit Salz und Pfeffer würzen. Die Mischung abdecken und mindestens 1 Stunde kühl stellen. Die Vollkorntoastscheiben mit der Masse bestreichen, diagonal durchschneiden und servieren.

Ei-Käsebällchen

Ergibt: *12 Portionen*

300 ml Wasser
100 g Butter oder Margarine
½ TL Worcestersauce
1 ½ Tassen Mehl
3 große Eier
1 ½ Tassen geriebener Gouda oder Emmentaler
Käse-Dip für Früchte (s. Seite 50)

1. Den Ofen auf 190 °C vorheizen.

2. Wasser und Butter in einem Topf bei starker Hitze zum Kochen bringen. Die Hitze reduzieren und die Butter vollständig schmelzen lassen. Die Worcestersauce zufügen, den Topf vom Herd nehmen und das Mehl sofort zufügen. Das Mehl mit einem Holzlöffel unterrühren.

3. Die Eier nacheinander zufügen; jedes Ei gut untermischen.

4. Die Hälfte des Goudas dem Teig zufügen und gut untermischen. Den Teig mit zwei nassen Löffeln zu walnußgroßen Kugeln formen. Die Kugeln auf ein nicht gefettetes Backblech legen und den übrigen Käse darüber streuen. Die Kugeln in 20–25 Minuten goldbraun backen, aus dem Ofen nehmen und leicht abkühlen lassen. Die Kugeln mit dem Dip zusammen servieren.

Eier mit Gemüse-Füllung

Ergibt: *8 Portionen*

1 Karotte, gekocht und zerdrückt
1 rote Bete, gekocht, geschält und zerdrückt
½ Tasse grüne Bohnen, gekocht und zerdrückt
60 ml Gorgonzola-Mayonnaise (s. Seite 130)
Salz und weißer Pfeffer
4 große Eier, hartgekocht, halbiert, Eigelbe herausgenommen
Paprikapulver
<u>Zum Garnieren:</u>
Salat, in Streifen geschnitten

1. Karotte, rote Bete, Bohnen und Mayonnaise in eine Schüssel geben und mit einem elektrischen Handrührgerät zu einer glatten Masse rühren, salzen und pfeffern. Die Eigelbe zufügen und mit einer Gabel gut untermischen.

2. Mit Hilfe einer Spritztüte mit großer Sterntülle eine großzügige Menge der Mischung in jede Eihälfte geben. Die gefüllten Eier mit Paprikapulver bestreuen und auf dem geschnittenen Salat anrichten. Sofort servieren oder bis zum Servieren kühl stellen.

Erdnussbutter-Bällchen

Ergibt: *10 Portionen*

4 Cracker, ungesalzen, zerbröselt
4 EL Honig
16 EL Erdnußbutter
8 EL Magermilchpulver

1. Die Crackerkrümel in einer flachen Schale oder auf einem Teller verteilen.

2. Honig, Erdnußbutter und Milchpulver in eine kleine Schüssel geben und gut mischen. Der Masse kleine Stücke entnehmen und zu walnußgroßen Kugeln formen. Jede Kugel in den Bröseln wälzen, bis sie vollständig damit überzogen ist. Die Kugeln auf ein Backblech legen, abdecken und mindestens 4 Stunden kühl stellen, bis diese fest sind.

Erdnussbutter-Cracker

Ergibt: *6-8 Portionen*

6 EL Erdnußbutter mit Nußstücken
6 EL Honig
6 EL Halbbitterschokolade, kleingehackt
Zum Servieren:
Butterkekse

Erdnußbutter und Honig in einer Schüssel mit einer Gabel mischen. Die Halbbitterschokolade zufügen und verrühren. Die Mischung abdecken und mindestens 2 Stunden oder bis zum Servieren kühl stellen. Die Butterkekse dazu reichen.

Erdnussbutter-Käseriegel

Ergibt: *24 Riegel*

8 EL Honig
2 EL Magermilchpulver
8 EL Erdnußbutter mit Stücken
3 Tassen Knusperreis
170 g Frischkäse
2 EL weiche Butter oder Margarine
2 Tassen Cheddar, gerieben

1. Eine Auflaufform mit Frischhaltefolie auslegen und zur Seite stellen.

2. Honig und Milchpulver in einen mittleren Topf geben und unter Rühren zum Kochen bringen. Den Topf vom Herd nehmen und die Erdnußbutter eßlöffelweise einrühren

3. Den Knusperreis zufügen und solange rühren, bis er vollständig mit der Mischung überzogen ist. Das Ganze in die Auflaufform geben, mit Frischhaltefolie abdecken und mindestens 2 Stunden kühl stellen, bis die Masse fest ist.

4. Frischkäse, Butter und geriebenen Cheddar in einer Schüssel mit einem elektrischen Handrührgerät zu einer glatten Masse rühren.

5. Die gekühlte Mischung auf eine Arbeitsfläche stürzen und die Frischhaltefolie abziehen. Die Mischung der Länge nach halbieren, so daß 2 Rechtecke entstehen.

6. 5 Eßlöffel der Frischkäsemischung beiseite stellen; den Rest auf eine der Hälften streichen. Die zweite Hälfte darauf legen. Alles mit Frischhaltefolie abdecken und mindestens 2 Stunden kühl stellen, bis die Masse fest ist.

7. Den Block zum Servieren in 2,5 cm große Quadrate schneiden und die Quadrate diagonal teilen, damit Dreiecke entstehen. Auf jedes Dreieck einen Tupfer Frischkäse geben. Kalt servieren.

Fisch-Bällchen

Ergibt: *8-10 Portionen*

1 ½ Tassen gekochter Fisch (weißfleischige Sorte)
1 Tasse Semmelbrösel
2 EL Zwiebel, gehackt
1 EL Karotten, gerieben
½ TL Zucker
1 großes Ei, verquirlt
Salz und Pfeffer
1 ½ l Fischbrühe (s. unten)
2 EL Mehl
1 EL kaltes Wasser
1 Msp. Schnittlauch, geschnitten
Zwiebel-Dip für Fischgerichte (s. unten)

1. Fisch, Semmelbrösel, Zwiebel, Karotte, Zucker und das Ei in einer Schüssel verrühren. Die Mischung mit Salz und Pfeffer würzen und mit 2 kleinen Löffeln oder einem Portionierer zu Kugeln formen.

2. Die Fischbrühe bei mittlerer Hitze in einem Topf zum Kochen bringen. Die Fisch-Bällchen hineingeben und 40 Minuten ziehen lassen. Dann mit einem Schaumlöffel herausnehmen und in eine Schüssel geben.

3. Das Mehl mit dem Wasser zu einer Paste mischen, etwas Brühe unterrühren und die Mischung in die heiße Brühe geben. Noch einmal aufkochen und unter Rühren auf die Hälfte einkochen lassen. Den Schnittlauch zufügen und die fertige Sauce über die Fisch-Bällchen gießen. Den Dip dazu servieren. Holzspießchen bereitlegen.

Fischbrühe

Ergibt: *2 Liter*

2 Liter Wasser
500 g Fischgräten, Kopf und Flossen
2 TL Salz

1. Alle Zutaten in einen großen Topf geben, den Topf abdecken und alles 1 Stunde sieden lassen. Die Flüssigkeit dann durch ein Sieb in eine Schüssel gießen. Die Fischreste wegwerfen.

2. Die Brühe leicht abkühlen lassen, abdecken und kühl stellen, bis sie gebraucht wird. Die Brühe kann bis zu einem Monat lang eingefroren werden.

Zwiebel-Dip für Fischgerichte

Ergibt: *2⅓ Tassen*

240 ml Sonnenblumenöl
1 Eigelb von einem großen Ei
2 EL Zitronensaft
1 EL Kapern, abgetropft, zerdrückt
1 EL Thunfisch, zerkleinert
6 Sardellenfilets
2 EL Limettensaft
1 EL geriebene unbehandelte Zitronenschale
2 TL Zwiebel, gehackt

1. 60 ml von dem Sonnenblumenöl, das Eigelb und den Zitronensaft in einer Schüssel mit einem elektrischen Handrührgerät verrühren. Dann das restliche Öl unterrühren.

2. Kapern, Thunfisch, Sardellen, Limettensaft, Zitronenschale und Zwiebel mit einer Gabel in einer Schüssel gut verrühren und zu der Masse geben. Gut mischen. Den Dip abdecken und mindestens 2 Stunden kühl stellen.

Fleisch-Bällchen mit Curry

Ergibt: *20-32 Bällchen*

450 g Rinderhackfleisch
2 TL Currypulver
1 Tasse salzige Cracker, zerkrümelt
Salz und Pfeffer
110 g weiche Butter oder Margarine
Zum Garnieren:
Brokkoliröschen
Curry-Dip (s. Seite 44)

1. Rinderhackfleisch, Currypulver und Cracker in einer großen Schüssel mischen und mit Salz und Pfeffer würzen.

2. Die Butter in einer großen Pfanne zerlassen. Das Hackfleisch mit 2 kleinen Löffeln zu Kugeln formen und in der Pfanne braten, bis sie gar sind. Die Kugeln aus der Pfanne nehmen und auf Küchenpapier abtropfen lassen; anschließend mit Brokkoli garnieren und mit dem Dip zusammen servieren. Holzspießchen bereitlegen.

Frankfurter Würstchen im Maisteig

Ergibt: *10 Spieße*

Pflanzenöl zum Fritieren
1 Tasse Maisteig (s. unten)
½ Tasse Mehl
80 ml Wasser
1 großes Ei
½ TL Senfpulver
1 Msp. Paprikapulver
10 Frankfurter Würstchen

1. Das Öl 5 cm hoch in eine schwere, tiefe Pfanne füllen und erhitzen oder eine Friteuse verwenden.

2. Maisteig, Mehl, Wasser, Ei, Senfpulver und Paprikapulver in eine Schüssel geben und zu einem glatten, schweren Teig verrühren.

3. Die Würstchen auf Holzspießchen stecken. Die Würstchen in den Teig tauchen, überschüssigen Teig abtropfen lassen. Die Frankfurter in das heiße Fett geben und in 3-4 Minuten goldbraun fritieren, dabei einmal wenden. Die fertigen Spieße auf Küchenpapier abtropfen lassen und warm oder kalt servieren.

Tip: Die Holzspieße vor dem Fritieren 10-20 Minuten in kaltem Wasser einweichen, um das Anbrennen der Spieße zu verhindern.

Maisteig

Ergibt: *12 Tassen*

4 Tassen Mehl
4 Tassen gelbes Maismehl
1 ½ Tassen Milchpulver
3 EL Backpulver
2 TL Salz
310 g Pflanzenfett

Mehl, Maismehl, Milchpulver, Backpulver und Salz in einer Schüssel mischen. Das Pflanzenfett in die Mischung schneiden und alles zu einem mürben Teig verkneten, bis grobe Klumpen entstanden sind. Die Mischung in einen luftdichten Behälter füllen. (Im Kühlschrank kann man sie bis zu 3 Monaten aufbewahren.)

Tip: Backpulver verliert seine Wirkung nach einer gewissen Zeit. Falls der Maisbrotteig nicht richtig aufgeht, ½ Teelöffel frisches Backpulver zufügen.

Frankfurter Würstchen im Teigmantel

Ergibt: *8 Portionen*

Pflanzenöl zum Fritieren
1 Tasse Mehl
1 großes Ei, verquirlt
180 ml Milch
1 TL Sonnenblumenöl
1 Knoblauchzehe, kleingehackt
4 TL Zwiebel, gehackt
1 Prise Selleriesalz
6 magere Frankfurter Würstchen
Erdnußbuttersauce (s. unten)

1. Das Pflanzenöl 6 cm hoch in eine tiefe Pfanne gießen und erhitzen oder eine Friteuse verwenden.

2. Mehl, Ei, Milch, Öl, Knoblauch, Zwiebel und Selleriesalz in einer Schüssel mit einem großen Löffel mischen.

3. Die Würstchen in 0,5-1 cm breite Scheiben schneiden und im Teig wenden. Die Wurstscheiben nacheinander auf beiden Seiten goldbraun fritieren. Auf einem mit Küchenpapier belegten Kuchengitter abtropfen lassen. Holzspießchen bereitlegen und die Sauce dazu servieren.

Erdnussbutter-Sauce

Ergibt: *1½ Tassen*

120 ml Wasser
5 EL Erdnußbutter
1 kleine Knoblauchzehe, feingehackt
180 ml Orangensaft
1 EL brauner Zucker
1 ½ TL Sojasauce
1 Msp. Cayennepfeffer

Wasser, Erdnußbutter und Knoblauch in einen Topf geben und bei mittlerer Hitze unter Rühren zum Kochen bringen. Von der Herdplatte nehmen und Orangensaft, braunen Zucker, Sojasauce und Cayennepfeffer einrühren. Die Sauce auf Zimmertemperatur abkühlen lassen und bis zum Servieren kühl stellen

Frankfurter Häppchen

Ergibt: *16 Portionen*

4 gekochte, magere Frankfurter Würstchen, in 0,5 cm breite Scheiben geschnitten
220 g Schmelzkäsescheiben, in Würfel geschnitten
220 g Pfirsiche, abgetropft, in Scheiben
80 g Maraschinokirschen, abgetropft
Käse-Dip für Früchte (s. Seite 50)
<u>Zum Servieren</u>:
Cracker

Je eine Wurstscheibe, ein Stück Käse, eine Scheibe Pfirsich und eine Kirsche auf ein Holzspießchen stecken. Die Schale mit dem Dip in die Mitte einer Servierplatte stellen und die Häppchen um die Schale anrichten. Mit Crackern servieren.

Frischkäse-Aufstrich mit Sherry

Ergibt: *6-8 Portionen*

170 g Frischkäse
70 ml Sherry
1 kleine Orange, filetiert, gewürfelt
Paprikapulver
Knäckebrot oder rohes Gemüse

Frischkäse, Sherry, Orangen und Paprikapulver in einer Schüssel mit einem elektrischen Handrührgerät auf mittlerer Stufe zu einer glatten Masse rühren. Die Mischung abdecken und mindestens 1 Stunde kühl stellen. Den Aufstrich auf Knäckebrot oder Gemüse servieren.

Frischkäse-Kräuter-Aufstrich

Ergibt: *6-8 Portionen*

170 g Frischkäse
50 g weiche Butter oder Margarine
1 EL Zwiebel, feingehackt
½ TL getrockneter Salbei
½ TL getrocknetes Bohnenkraut
2 EL Zitronen- oder Limettensaft
Knäckebrot oder frisches Gemüse

Frischkäse und Butter in einer Schüssel mit einem elektrischen Handrührgerät auf mittlerer Stufe zu einer glatten Masse rühren. Zwiebel, Salbei, Bohnenkraut und Zitronensaft zufügen. Die Mischung abdecken und mindestens 1 Stunde kühl stellen. Den Aufstrich mit Knäckebrot oder frischem Gemüse servieren.

Frischkäse-Schnitten

Ergibt: *8 Portionen*

240 g Frischkäse
½ Tasse Schmelzkäsezubereitung
½ TL Senfpulver
180 g Rinderhackfleisch
180 ml Mayonnaise
½ Tasse eingelegte Gewürzgurken, kleingehackt
3 Lauchzwiebeln, geschnitten
½ TL Meerrettich
5 Scheiben Vollkorntoast
5 Scheiben weißes Toastbrot

1. In einer Schüssel Frischkäse, Schmelzkäsezubereitung und Senf mit einem elektrischen Handrührgerät gut verrühren. Die Mischung abdecken und ½-1 Stunde kühl stellen.

2. In der Zwischenzeit in einer anderen Schüssel das Rinderhackfleisch, die Mayonnaise, die Gurken, die grünen Zwiebeln und den Meerrettich mischen. Die Hälfte der Mischung auf die Toastscheiben verteilen und jeweils 4 Toastscheiben aufeinander legen. Die beiden Türme nebeneinander setzen und die restlichen Toastscheiben darauf legen.

3. Das Ganze oben und an den Rändern gleichmäßig mit der gekühlten Käsemischung bestreichen und einen Laib formen. Die Oberseite mit Oliven, grünen Zwiebeln, Radieschen oder ähnlichem verzieren. Bis zum Servieren kühl stellen. Dann mit einem scharfen Messer in Stücke schneiden.

Frischkäse-Stangen

Ergibt: *8-10 Stangen*

1 Tasse Mehl
160 ml Pflanzenöl
170 g Frischkäse
2 EL Selleriesamen
Selleriesalz zum Bestreuen
Curry-Dip (s. unten)

1. Den Ofen auf 190 °C vorheizen. Ein Backblech leicht einfetten.

2. Das Mehl in eine Schüssel geben. Den Frischkäse dazugeben und mit dem Pflanzenöl zu einem weichen Teig verkneten. Den Teig auf einer bemehlten Fläche ½ cm dick ausrollen und mit Selleriesamen und Selleriesalz bestreuen. Den Teig in 12 cm lange Streifen schneiden. Jeden Streifen zu einer Spirale drehen und auf ein Backblech legen.

3. Die Streifen 4-6 Minuten backen, bis sie leicht goldbraun sind. Zum Abkühlen auf ein Kuchengitter legen. Den Dip dazu servieren.

Curry-Dip

Ergibt: *1 ½ Tassen*

240 g Frischkäse
60 ml saure Sahne
2 EL Chutney
1 EL Currypulver
1 EL Brandy
1 Msp. Ingwerpulver

Die Zutaten mit einem Pürierstab zu einer glatten Masse mixen. Vor dem Servieren mindestens 1 Stunde kühl stellen.

Frischkäse-Windräder

Ergibt: *60 Stück*

160 ml Mayonnaise
240 g Frischkäse
1 Tasse Walnüsse, feingehackt
450 g Toastbrot, ohne Rinde, der Länge nach in 8 Scheiben geschnitten

1. Mayonnaise, Frischkäse und Walnüsse in einer Schüssel zu einer glatten Masse rühren.

2. Die Toastscheiben auf eine Arbeitsfläche legen und mit einer Teigrolle so dünn wie möglich ausrollen. Die Scheiben mit der Frischkäsemischung bestreichen und von der Längsseite her zusammenrollen. In Frischhaltefolie einwickeln und 1-2 Stunden kühl stellen, bis der Frischkäse fest ist. In 1 cm breite Streifen schneiden und servieren.

Fritierte Käse-Bällchen

Ergibt: *20 Bällchen*

Pflanzenöl zum Fritieren
1 Tasse Mehl
½ TL Knoblauchpulver
1 Msp. Salz
240 ml Wasser
120 ml Sonnenblumenöl
4 große Eier
½ Tasse geriebener Parmesan
1 EL Zwiebel, gehackt
2 EL Worcestersauce

1. Das Öl 6 cm hoch in eine Pfanne gießen und erhitzen oder eine Friteuse verwenden.

2. Mehl, Knoblauchpulver und Salz in einer Schüssel mischen. 60 ml Wasser hinzugeben und alles zu einer Paste verkneten.

3. Das restliche Wasser und das Sonnenblumenöl in einem Topf zum Kochen bringen. Dann die Mehlpaste zufügen und unter ständigem Rühren kochen, bis sich die Masse vom Topfboden löst. Den Topf vom Herd nehmen und die Eier nacheinander unterrühren. Den Käse, die Zwiebel und die Worcestersauce zufügen und gut mischen.

4. Die Masse mit einem Löffel in das heiße Fritieröl geben und in 2-3 Minuten goldbraun fritieren. Die Bällchen gelegentlich wenden; fritierte Käsebällchen auf Küchenpapier abtropfen lassen. Noch warm servieren.

Fritierte Krabben

Ergibt: *6 Portionen*

300 g gekochte Krabben (tiefgekühlt)
1 Tasse Mehl
Pflanzenöl zum Fritieren
1 Tasse scharfer Dip für Meeresfrüchte (s. unten)
Zum Garnieren:
Salatblätter

1. Die Krabben waschen und zwischen 2 Lagen Küchenpapier gut trocken tupfen. Die Krabben dann in einen Gefrierbeutel geben und das Mehl zufügen. Den Beutel leicht schütteln, so daß die Krabben mit Mehl überzogen werden. Die bemehlten Krabben dann auf Küchenpapier geben und überschüssiges Mehl abschütteln.

2. Das Pflanzenöl 4 mm hoch in eine Pfanne geben und erhitzen. Die Krabben in die Pfanne legen, ohne daß sie sich berühren. (Eventuell nicht alle Krabben auf einmal in die Pfanne geben.) Dann in 2-4 Minuten goldbraun fritieren und auf Küchenpapier abtropfen lassen. Die Krabben auf einer mit Salat ausgelegten Platte servieren. Den Dip dazu reichen und Holzspießchen bereitlegen.

Scharfer Dip für Meeresfrüchte

Ergibt: *1 Tasse*

240 ml Mayonnaise
½ TL Currypulver
2 TL Chilisauce

Mayonnaise, Currypulver und Chilisauce in einer kleinen Schüssel gut verrühren. Den Dip abdecken und mindestens 2 Stunden kühl stellen.

Fritierte Maisbällchen

Ergibt: *40-45 Bällchen*

Pflanzenöl zum Fritieren
700 g Mais, abgetropft
2 große Eier
240 ml Milch
1 EL Sonnenblumenöl
3 Tassen Mehl
2 EL Backpulver
Salz und Pfeffer
4 EL Lauchzwiebeln, gehackt
2 TL frischer Schnittlauch, gehackt
Rindfleisch-Dip (s. unten)

1. Das Pflanzenöl 6 cm hoch in eine große Pfanne gießen und das Öl auf 230 °C erhitzen.
2. Mais, Eier, Milch und Sonnenblumenöl in einer Schüssel mit einem elektrischen Handrührgerät auf mittlerer Stufe verrühren. Das Mehl und das Backpulver nach und nach zugeben. Die Mischung mit Salz und Pfeffer würzen. Die Lauchzwiebeln und den Schnittlauch mit einem Löffel unterheben.
3. Die Mischung teelöffelweise in das heiße Fett geben und 3-4 Minuten goldbraun fritieren. Die fertigen Rösti herausnehmen und auf Küchenpapier abtropfen lassen. Zusammen mit dem Dip noch warm servieren.

Rindfleisch-Dip

Ergibt: *2½ Tassen*

240 ml saure Sahne oder Joghurt
220 g Frischkäse
70 g Rinderhackfleisch
½ TL Selleriesalz
½ TL Zwiebelsaft
½ Tasse Pekannüsse, gehackt

1. Den Ofen auf 160 °C vorheizen. Eine feuerfeste Auflaufform leicht einfetten.
2. Die Zutaten mit einem elektrischen Handrührgerät auf mittlerer Stufe gut verrühren und in die Auflaufform geben. 30 Minuten backen, bis der Dip warm ist.

Früchte in Schinken

Ergibt: *32 Spießchen*

80 g Frischkäse
1 EL Orangenmarmelade
150 g gekochter Schinken, dünne Scheiben, in 2,5 cm breite und 10 cm lange Streifen geschnitten
2 Papayas, geschält, entkernt, geachtelt
2 Kiwis, geschält, in Scheiben

1. Frischkäse und Marmelade in einer Schüssel mit einem elektrischen Handrührgerät auf mittlerer Stufe glattrühren.
2. Die Frischkäsemischung auf die Schinkenstreifen streichen. Je ein Stück Frucht (Papaya oder Kiwi) auf einen Schinkenstreifen legen, den Schinken um die Papaya oder Kiwi wickeln. Die Röllchen mit Holzspießchen befestigen, auf einen Teller legen, mit Alufolie abdecken und mindestens 2 Stunden kühl stellen. Gekühlt servieren.

Früchte-Kebap

Ergibt: *24 Spießchen*

240 g Ananas, aus der Dose, in Scheiben
320 g Mandarine, aus der Dose, in Scheiben
240 g Aprikose, aus der Dose, in Hälften
240 g Maraschinokirschen
200 g Backpflaumen, entsteint
¼ Tasse Honig, leicht erwärmt
1 TL Zitronen- oder Limettensaft
3 EL Kirschsaft
Orangensauce (s. unten)

1. Den Grill vorheizen und ein Backblech einfetten.

2. Den Saft der Früchte abgießen, nur die Maraschinokirschen nicht abgießen. Die Ananasscheiben vierteln. Die Früchte abwechselnd auf Holzstäbchen spießen und auf das Blech legen.

3. Honig, Zitronensaft und Kirschsaft in eine Tasse geben und gut verrühren. Einen Teil der Mischung über die Früchte gießen und die Früchte in etwa 12 cm Abstand von den Grillstäben entfernt 1½ -2 Minuten grillen, bis die Kanten der Früchte zu bräunen beginnen.

4. Die Früchte einmal wenden, erneut mit der Flüssigkeit bestreichen und eine weitere Minute grillen. Noch warm auf einem Tablett servieren. Die Orangensauce dazu reichen.

Tip: Die Früchtestäbchen kalt servieren. Variieren Sie die Früchte nach Ihrem Geschmack.

Orangensauce

Ergibt: *1¼ Tassen*

50 g Zucker
1 ½ EL Speisestärke
60 ml Orangensaft
1 EL geriebene unbehandelte Orangenschale
1 EL weiche Butter oder Margarine
240 ml Wasser

Die Zutaten mit einem elektrischen Handrührgerät in einer Schüssel gut verquirlen. Alles in einen Topf gießen und bei mittlerer Hitze zum Kochen bringen. Die Hitze reduzieren und die Flüssigkeit in etwa 3-4 Minuten eindicken lassen. Die Orangensauce in ein Glas mit Deckel füllen und bis zum Servieren kühl stellen.

Tip: Die Konsistenz der Sauce läßt sich durch Zugabe von Wasser verändern. Soll die Sauce dickflüssiger sein, länger kochen lassen.

Früchte-Mischung

Ergibt: *6 Portionen*

250 g Mandarinenstücke, aus der Dose
4 Tassen Erdbeeren
1 kleine Wassermelone
1 Honigmelone (Kantalupe)
1 Zuckermelone
2 Bananen, in Scheiben
2 Äpfel, gewürfelt
Joghurt mit Zitronengeschmack

1. Die Mandarinenstücke abgießen. Erdbeeren waschen und entstielen.

2. Die Wassermelone mit einem scharfen Messer im Zickzackmuster halbieren. Die Kerne und einen Teil des Melonenfleisches herauslösen, eine 2 cm breite Wand belassen. Das herausgelöste Wassermelonenfleisch in Stücke schneiden. Die Melonenhälften mit Erdbeeren füllen.

3. Die Honigmelone und die Zuckermelone halbieren, die Kerne entfernen und soviel Fleisch wie möglich aus den Hälften löffeln. Die Stücke der verschiedenen Melonensorten in die Wassermelonenhälften geben. Die Bananenscheiben und die Apfelstücke ebenfalls auf die Wassermelonenhälften legen. Den Joghurt dazu servieren.

Früchte-Party-Mix

Ergibt: *6 Portionen*

2 Tassen geröstete Erdnüsse
1 Tasse Rosinen
1 Tasse getrocknete Aprikosen, gehackt
½ Tasse Kokosraspel
1 Eiweiß von einem großen Ei
2 EL Wasser
½ Tasse Zucker
1 TL Zimt, gemahlen
½ TL Ingwerpulver
½ TL Muskatnuß, gemahlen

1. Einen Gitterrost in die Mitte des Backofens schieben und den Ofen auf 135 °C vorheizen. Eine Auflaufform leicht einfetten.

2. Erdnüsse, Rosinen, Aprikosen und Kokosraspel in einer großen Schüssel gut mischen.

3. Das Eiweiß in einer Schüssel mit dem Wasser schaumig schlagen. Zucker, Zimt, Ingwerpulver und Muskatnuß zufügen und gut unterrühren. Die Masse über die Erdnußmischung gießen und gut durchrühren, damit sie sich gleichmäßig verteilt.

4. Die Masse gleichmäßig in der Auflaufform verteilen und 50-55 Minuten backen, bis der Eiweißüberzug fest wird und die Nüsse leicht gebräunt sind. Dabei häufig durchrühren. Die Auflaufform auf einem Gitterrost abkühlen lassen. Den Früchte-Partymix abgekühlt servieren oder in einem luftdichten Behälter aufbewahren.

Früchte-Riegel

Ergibt: *24 Riegel*

100 g brauner Zucker
8 EL Honig
24 EL Erdnußbutter
170 g gemischte Trockenfrüchte
5 Tassen Vollkorn-Cornflakes

1. Den braunen Zucker und den Honig in einer großen, tiefen Pfanne mischen und bei mittlerer Hitze unter Rühren zum Kochen bringen. Die Pfanne vom Herd nehmen und die Erdnußbutter unterrühren, bis die Masse glatt ist.

2. 5 Eßlöffel der Trockenfrüchte zurückbehalten und den Rest in die Erdnußbuttermischung geben. Die Vollkorn-Cornflakes zufügen und gut mischen. Die Masse in eine tiefe, viereckige Form geben und flach drücken. Die zurückbehaltenen 5 Eßlöffel Trockenfrüchte darauf streuen. Klarsichtfolie direkt auf die Früchte legen. Fest andrücken und mindestens 2 Stunden kühl stellen. Die Klarsichtfolie abziehen und mindestens noch 2 weitere Stunden kühl stellen. Zum Servieren in Streifen schneiden.

Früchte-Spiesse

Ergibt: *16 Spieße*

220 g bis 450 g Honigmelone
16 Trauben, ohne Kerne
16 Aprikosenhälften
16 Orangenscheiben, mit Schale
Käse-Dip für Früchte (s. unten)
16 Holzspieße

Aus der Honigmelone mit einem Portionierer oder einem Teelöffel 16 Kugeln ausstechen. Je eine Traube, eine Aprikosenhälfte und eine Orangenscheibe auf ein Holzspieß stecken. Mit einem Stück Melone abschließen. Die Spieße mit dem Dip servieren.

Käse-Dip für Früchte

Ergibt: *2 ⅓ Tassen*

250 g Hüttenkäse
160 ml Milch
2 TL frischer Schnittlauch, gehackt
2 TL Balsam-Essig
½ TL Salz

Die Zutaten mit einem Pürierstab zu einer weichen Masse verquirlen. Den Dip abdecken und mindestens 2 Stunden oder über Nacht kühl stellen.

Früchtetraum

Ergibt: *6 Portionen*

¾ Tasse Ananas, abgetropft, in Stücken
¾ Tasse frische Himbeeren
¾ Tasse Bananen, in Scheiben
1 Tasse Pfirsiche, gewürfelt
240 ml saure Sahne oder Himbeerjoghurt
2 EL brauner Zucker
1 Msp. Zimt, gemahlen
<u>Zum Servieren:</u>
Brot oder ungesalzene Cracker

1. Ananas, Himbeeren, Bananen und Pfirsiche in einer großen Schüssel mit einem Löffel mischen. Abdecken und 1 Stunde kühl stellen.

2. Saure Sahne, Zucker und Zimt in einer kleinen Schüssel mit einer Gabel oder einem Löffel solange rühren, bis sich der Zucker aufgelöst hat. Die Mischung abdecken und 1 Stunde kühl stellen.

3. Die gekühlte Sahne-Mischung mit einem Schneebesen aufschlagen. Die Früchtemischung hinzugeben und gut unterrühren. Alles in eine Schüssel geben und diese in eine mit Eiswürfeln gefüllte, größere Schüssel setzen. Das Brot oder die Cracker dazu reichen.

Garnelen-Spiesschen

Ergibt: *6 Portionen*

900 g Riesengarnelen, geschält
3 EL Rotweinessig
3 EL Sonnenblumenöl
1 Knoblauchzehe, zerdrückt
1 TL frischer Oregano, geschnitten
1 Msp. Knoblauchpulver
1 EL frische Petersilie, gehackt
1 rote Zwiebel, geschnitten
Salz und Pfeffer
15-18 Streifen Frühstücksspeck, halbiert (Anzahl von den Garnelen abhängig)

1. Bis auf den Frühstücksspeck alle Zutaten in einer großen Schüssel mischen. Die Mischung abdecken und 8-12 Stunden kühl stellen. Die Garnelen herausnehmen und zur Seite stellen.

2. Die entstandene Flüssigkeit in einen kleinen Topf gießen und bei mittlerer Hitze auf 240 ml einkochen.

3. Den Grill vorheizen. Ein Blech leicht einfetten.

4. Jede Garnele mit Salz und Pfeffer würzen, mit einem halben Streifen Frühstücksspeck umwickeln und auf das gefettete Backblech legen. Die Garnelen 3-4 Minuten grillen, bis der Frühstücksspeck knusprig ist. Zum Servieren die Sauce in eine kleine Schale geben und in die Mitte einer Platte oder eines Tabletts stellen. Die Garnelen auf einem Salatbett anrichten. Holzspießchen bereitlegen.

Gebackene Jakobsmuscheln

Ergibt: *40 Teigtaschen*

2 Knoblauchzehen, zerdrückt
2 EL weiche Butter oder Margarine
240 g gekochte Jakobsmuscheln, gehackt
½ Tasse Cheddar, gerieben
30 ml Worcestersauce
Salz und Pfeffer
600 g salziger Mürbeteig (gekühlt)

1. Den Ofen auf 230 °C vorheizen. 2 Backbleche leicht einfetten.

2. Den Knoblauch in einem kleinen Topf in der Butter in 1-2 Minuten weich dünsten. Den Topf vom Herd nehmen und die restlichen Zutaten, abgesehen vom Mürbeteig, zufügen.

3. Den Mürbeteig etwa ½ cm dick ausrollen. Kreise oder Herzen von 5 cm Durchmesser ausstechen.

4. Die Ränder der ausgestochenen Kreise oder Herzen mit einem Backpinsel mit Wasser bestreichen, einen Teelöffel der Muschelmischung in die Mitte geben und eine entsprechende Form darauf legen. Die Ränder zum Verschließen fest zusammendrücken. Die fertigen Herzen und Kreise mit einer Gabel oben leicht einstechen und im Abstand von 2,5 cm auf ein Backblech legen.

5. In 8-10 Minuten auf mittlerer Schiene goldbraun backen. Vor dem Servieren zum Abkühlen auf ein Kuchengitter legen.

Gebackene Krabben

Ergibt: *4 Portionen*

120 ml Erdnußöl
2 Knoblauchzehen, feingehackt
2 EL Mexikanische Gewürzmischung
2 EL Grapefruitsaft
1 EL Honig
1 EL Sojasauce
450 g Krabben, geschält
Zitronenscheiben
Pumpernickel

1. Öl, Knoblauch, Gewürzmischung, Grapefruitsaft, Honig und Sojasauce in einer Auflaufform gut mischen. Die Krabben unterrühren, abdecken und mindestens 1 Stunde kühl stellen, jedoch nicht länger als 4 Stunden.

2. Einen Gitterrost in die Mitte des Backofens schieben und den Ofen auf 230 °C vorheizen.

3. Die Krabben 8-10 Minuten backen, bis sie rosafarben werden und auch in der Mitte gar sind. Die Krabben mit Zitronenscheiben garnieren und mit Pumpernickel servieren.

Gebackene Walnüsse

Ergibt: *18-20 Portionen*

3 Tassen Walnußhälften
1 ½ EL Butter oder Margarine
2 EL geriebener Parmesan oder Romano

1. Den Ofen auf 190 °C vorheizen.

2. Die Walnüsse gleichmäßig in einer Auflaufform verteilen und Butterstückchen darüber streuen. In 18-20 Minuten auf mittlerer Schiene goldbraun backen, dabei öfter durchrühren, damit die Nüsse gleichmäßig mit Butter überzogen werden.

3. Den Käse über die Nüsse streuen, die Nüsse vorsichtig durchrühren und auf einer doppelten Lage Küchenkrepp auf Zimmertemperatur abkühlen lassen.

Tip: Mit einem Sieb läßt sich der Käse gleichmäßiger über die Nüsse streuen.

Gefüllte Backpflaumen

Ergibt: *16 Stück*

60 g Frischkäse
1 TL Apfel- oder Ananassaft, ungesüßt
2 EL Pekannüsse, gehackt
16 große Backpflaumen, entsteint
Käse-Dip für Früchte (s. Seite 50)

Den Frischkäse, den Apfelsaft und die Pekannüsse in einer kleinen Schüssel mischen. Jede Backpflaume mit der Mischung füllen. Den Dip zu den Backpflaumen servieren.

Tip: Legen Sie als Dekoration eine dünne Scheibe Erdbeere oder Kiwi unter jede Backpflaume.

Gefüllte Gurken

Ergibt: *18-20 Portionen*

2 Salatgurken
Meersalz
80 g Frischkäse
2 EL Zwiebel, gehackt
1 Msp. Paprikapulver
1 EL French Dressing
6 EL Paprikakäse
¼ Tasse Bleichsellerie, gehackt
½ TL Worcestersauce
120 ml Mayonnaise

1. Mit einer Gabel die Gurken der Länge nach ritzen. Die Gurken mit einem scharfen Messer der Länge nach halbieren und das Innere der Gurken mit einem Löffel entfernen, damit eine Vertiefung entsteht. Die Gurken mit der Schnittfläche nach unten auf Küchenkrepp legen.

2. Frischkäse, Zwiebel, Paprikapulver und French Dressing in einer Schüssel mit einem elektrischen Handrührgerät auf niedriger Stufe zu einer glatten Masse rühren.

3. Paprikakäse, Sellerie und Worcestersauce in einer Schüssel mischen. Beiden Mischungen je 60 ml Mayonnaise zufügen und zu einer glatten Masse rühren.

4. In je zwei Gurkenhälften eine der beiden Füllungen streichen.

5. Die Gurkenhälften zusammenfügen, fest in Frischhaltefolie wickeln und vor dem Servieren mindestens 2 Stunden kühl stellen.

6. Zum Servieren die Gurken auswickeln und in 1 cm breite Streifen schneiden.

Gefüllte rote Bete

Ergibt: *8 Stück*

8 kleine, ganze rote Bete, gekocht
2 hartgekochte Eier, kleingehackt
1 Msp. Senfpulver
1 TL eingelegte Gewürzgurken, gehackt
1 ½ EL Mayonnaise
¼ TL Chilisauce
Salz und Pfeffer
8 kleine Oliven mit Paprikafüllung

1. Die rote Bete mit einem Löffel aushöhlen. Das Innere für eine andere Gelegenheit aufheben.

2. Eier, Senf, Gewürzgurken, Mayonnaise und Chilisauce in einer Schüssel verrühren. Die Mischung mit Salz und Pfeffer würzen und mit einer Gabel gut mischen. Die Füllung mit einem Löffel in die rote Bete geben und eine Olive darauf setzen.

Gefüllte Weinblätter

Ergibt: *100 Röllchen*

470 ml Maisöl
6 große, Zwiebeln, feingehackt
480 g Tomaten, aus der Dose
1 Selleriestange, 15 cm lang, feingehackt
1 grüner Paprika, feingehackt
2 Knoblauchzehen, zerdrückt
1 Msp. Cayennepfeffer
Salz und schwarzer Pfeffer, gemahlen
2 Tassen Langkornreis
950 ml Wasser
240 ml Tomatensauce
4 EL Zitronensaft
450 g Weinblätter, aus dem Glas, abgetropft
1 Msp. Knoblauchsalz

1. Das Öl in einer großen Pfanne bei mittlerer Hitze erhitzen und die Zwiebeln darin in 5-6 Minuten glasig dünsten. Die Tomaten, den Sellerie, die grüne Paprika, den Knoblauch und den Cayennepfeffer unterrühren. Mit Salz und Pfeffer abschmecken.

2. Die Hitze stark reduzieren und weitere 5 Minuten kochen lassen, häufig umrühren. Den Reis, 240 ml Wasser, 120 ml Tomatensauce und einen Eßlöffel Zitronensaft zufügen. Abdecken und 20-25 Minuten köcheln lassen, bis das Wasser vollständig verkocht ist. Die Mischung in eine Schüssel geben und 8 Stunden oder über Nacht kühl stellen.

3. Die Weinblätter auf einer Arbeitsfläche mit den Adern nach oben ausbreiten. Einen Eßlöffel der Mischung auf jedes Weinblatt geben und fest zusammenrollen, die Seiten dabei einschlagen. Die Weinblätter dicht aneinander in eine große Auflaufform geben und mit einer großen Platte beschweren. Die übrigen 710 ml Wasser, die restlichen 120 ml Tomatensauce, 3 Eßlöffel Zitronensaft und das Knoblauchsalz zufügen. Die Weinblätter bei geringer Hitze 30 Minuten köcheln lassen, bis die Flüssigkeit fast völlig verdampft ist.

4. Die Weinblätter auf eine Platte oder einen Teller legen und 8 Stunden oder über Nacht kühl stellen. Kalt servieren.

Gefüllter Bleichsellerie

Ergibt: *8 Portionen*

1 Tasse Avocado, geschält, entsteint und zerdrückt
2 EL Meerrettich
½ TL Chilisauce
Salz und Pfeffer
16 Selleriestangen (je etwa 12 cm lang)
Paprikapulver oder Nüsse, feingehackt

1. Avocado, Meerrettich und Chilisauce in einer Schüssel verrühren. Die Mischung mit Salz und Pfeffer würzen und mit einer Gabel gut mischen.

2. Die Füllung mit einem Löffel oder einem Messer in die Selleriestangen geben und Paprikapulver oder die Nüsse darüber streuen. Mit Klarsichtfolie abdecken und vor dem Servieren mindestens 2 Stunden kühl stellen.

Tip: Servieren Sie die Selleriestangen mit einer sahnigen Füllung oder einer Käsefüllung.

Gegrillter Knoblauch

Ergibt: *8 Portionen*

8 große Knollen Knoblauch
50 g Butter oder Margarine
4 Zweige frischer Rosmarin
dunkles Brot, in Scheiben

1. Einen Holzkohle-, Gas- oder Elektrogrill vorheizen.

2. Die äußere Schale der Knoblauchknollen entfernen. Je zwei Knollen in die Mitte eines großen Stücks Alufolie legen, jeweils einen Eßlöffel Butter und einen Zweig Rosmarin zufügen und die Folie zu Päckchen verschließen.

3. Die Päckchen etwa 40 Minuten grillen, bis die Zehen weich sind. Den Knoblauch auspacken, in Zehen teilen und auf das Brot gedrückt servieren.

Gemüse mit Dip

Ergibt: *8 Portionen*

2 EL Speisestärke
600 ml fertige Pizzasauce mit Käse
110 g Salami, in feinen Stücken
1 EL getrocknete Zwiebel, gehackt
1 TL frischer Oregano, zerrieben
450 g Schmelzkäsezubereitung
1 EL frische Petersilie, feingehackt
1 Spritzer Tabasco
<u>Zum Dippen:</u>
Brotstückchen, Pilze, Cocktailtomaten, Bleichselleriestücke und grüner Paprika in Streifen

1. Die Speisestärke und 120 ml Pizzasauce in einem Topf verrühren und bei mittlerer Hitze zum Kochen bringen. Die restliche Pizzasauce, Salami, Zwiebel und Oregano zufügen und alles unter Rühren 1 Minute aufkochen.

2. Den Topf von der Platte nehmen und die Schmelzkäsezubereitung löffelweise unterrühren. Petersilie und Tabasco hinzugeben.

3. Die Sauce in einen Fonduetopf geben und warm halten. Brotstückchen, Pilze, Cocktailtomaten, Bleichsellerie und Paprikastreifen dazu reichen.

GEMÜSE-RÜHREI

ERGIBT: *8 Portionen*

3 EL Olivenöl, kaltgepreßt
1 große Knoblauchzehe, gehackt
3 Tassen Grünkohl, feingehackt
2 Tomaten, gewürfelt
½ Tasse Bleichsellerie, gehackt
½ Tasse grüner Paprika, gehackt
1 Tasse Mais, aus der Dose
Süßstoff
1 TL getrockneter Dill, zerrieben
Salz und Pfeffer
4 große Eier, verquirlt
Salat, in Streifen geschnitten
Estragon-Dressing (s. unten)

1. Das Öl in einer großen Pfanne erhitzen. Den Knoblauch hineingeben und etwa 1 Minute unter Rühren anbraten. Kohl, Tomaten, Sellerie, Paprika und Mais zufügen. Mit Süßstoff, Dill, Salz und Pfeffer würzen. Das Gemüse in 5-8 Minuten weich dünsten. Gelegentlich umrühren.

2. Die verquirlten Eier über das Gemüse gießen. Die Hitze reduzieren und alles braten, bis die Eier gestockt sind. Die gestockte Eimischung auf einen Teller stürzen und in 8 Teile schneiden. Auf einem Salatbett servieren. Das Dressing dazu reichen.

ESTRAGON-DRESSING

ERGIBT: *2 Tassen*

1 großes Ei
2 TL getrockneter Estragon, zerrieben
1 ½ TL getrocknete Petersilie, zerrieben
1 ½ TL Senfpulver
2 EL Zitronensaft
4 kleine Knoblauchzehen, gehackt
3 Lauchzwiebeln, feingehackt
80 ml Estragonessig
360 ml Pflanzenöl
Salz und Pfeffer

1. Ei, Estragon, Petersilie, Senfpulver, Zitronensaft, Knoblauch und Lauchzwiebeln mit einem Pürierstab zu einer glatten Masse verquirlen.

2. Den Essig zufügen. Dann die Mischung auf niedriger Stufe weiter rühren und das Öl langsam zugießen, bis es ganz aufgenommen ist und eine glatte, hellgrüne Masse entstanden ist. Mit Salz und Pfeffer würzen.

Gemüse-Teller

Ergibt: *12 Portionen*

450 g frischer grüner Spargel
1-2 EL Butter oder Margarine
1 kleiner Blumenkohl, in Röschen geteilt
2 Tassen Salatgurken, in dünnen Scheiben
1 Tasse Karotten, diagonal in Scheiben geschnitten
220 g Champignons, aus der Dose, abgetropft
220 ml Mayonnaise oder fertiges Salat-Dressing
1 Kopfsalat
170 g marinierte Artischockenherzen
140 g Oliven mit Paprikafüllung
170 g eingelegte Jalapeño-Chilischoten, abgetropft
470 g eingelegte rote Bete, abgetropft
450 g frische Cocktailtomaten
110 g Mozzarella, in Scheiben
110 g Provolone, in Scheiben
110 g Salami, in Scheiben
Zum Servieren:
verschiedene Brotsorten

1. Den Spargel säubern und die harten Endstellen mit einem Messer abschneiden. Den Spargel 1-2 Minuten in Butter dünsten, auf Küchenpapier abtropfen lassen, kurz in Eiswasser tauchen und erneut auf Küchenpapier abtropfen lassen.

2. Wasser in einem Topf zum Kochen bringen und den Blumenkohl darin 2-3 Minuten blanchieren. Das Wasser abgiessen und die Blumenkohlröschen mit kaltem Wasser abschrecken. Wasser abgießen.

3. Spargel, Blumenkohlröschen, Gurkenscheiben, Karotten und Champignons in eine 3 l fassende Auflaufform legen. Etwas Mayonnaise oder Salatdressing auf jede Gemüsesorte geben. Mindestens 8 Stunden oder über Nacht kühl stellen. Erneut etwas Mayonnaise über das Gemüse geben und mindestens 1 Stunde stehen lassen. Die entstandene Flüssigkeit abgießen.

4. Eine Platte oder ein Serviertablett mit Salatblättern auslegen und alle Zutaten darauf anrichten. Den Käse und die Salami mit dem Brot dazu reichen.

Getreidesnack-Mix

Ergibt: *8 Tassen*

2 Tassen Frühstücksgetreide mit Zimtgeschmack
2 Tassen Pekannüsse
1 Tasse ganze Mandeln
1 Tasse chinesische Instant-Eiernudeln
Eiweiß von 2 großen Eiern
400 g Zucker

1. Den Ofen auf 150 °C vorheizen. Ein Backblech leicht einfetten.

2. Frühstücksgetreide, Pekannüsse, Mandeln und Eiernudeln in einer großen Schüssel gut verrühren und gleichmäßig auf dem Backblech verteilen.

3. Die Eiweiße und den Zucker mit dem Schneebesen verrühren und über die Nuß-Mandel-Mischung geben. Die Mischung 40 Minuten backen, dabei häufig wenden, damit die Zutaten nicht aneinander kleben. Vor dem Servieren auf Backpapier erkalten lassen.

Gorgonzola-Aufstrich

Ergibt: *15 Portionen*

240 g Gorgonzola
220 g weiche Butter oder Margarine
60 ml Amaretto
½ Tasse Pekannüsse, gehackt
Zum Servieren:
Knäckebrot oder Cracker

Den Gorgonzola und die Butter in einer Schüssel mit einem elektrischen Handrührgerät auf hoher Stufe zu einer glatten Masse verrühren. Den Amaretto und die Pekannüsse zufügen und gut untermischen. Mit dem Knäckebrot oder den Crackern servieren.

Gorgonzola-Ball

Ergibt: *10-12 Portionen*

240 g Frischkäse
120 g Gorgonzola, zerkrümelt
6 Scheiben Frühstücksspeck, geröstet, zerkrümelt
3 EL süße Sahne
1 EL Meerrettich aus dem Glas
1 TL Worcestersauce
1 Packung Nachos (Maischips)

1. Frischkäse, Gorgonzola, Frühstücksspeck, Sahne, Meerrettich und Worcestersauce in einer Schüssel mit einem elektrischen Handrührgerät auf mittlerer Stufe zu einer glatten Masse rühren.

2. Die Masse zu einer Kugel formen, abdecken und mindestens 2 Stunden kühl stellen, bis die Kugel fest ist.

3. Die Nachos mit der breiten Seite in die Kugel stecken, so daß die Nachos wie Stacheln wirken.

Gorgonzola-Bällchen

Ergibt: *40 Bällchen*

10 Scheiben Blätterteig (tiefgekühlt)
60 g Butter oder Margarine
3 EL Gorgonzola, zerkrümelt

1. Den Ofen auf 200 °C vorheizen. Ein Backblech leicht einfetten. Den Blätterteig auftauen.

2. Die Blätterteigscheiben trennen, in je 4 Teile schneiden und auf das Backblech legen.

3. Die Butter und den Gorgonzola in einen Topf geben und bei geringer Hitze unter Rühren erwärmen, bis die Butter geschmolzen ist und sich mit dem Gorgonzola vermischt hat. Die Blätterteigteile mit der Mischung bestreichen. Die Teigecken hochziehen, zusammendrücken und zu Kugeln formen. In 12-15 Minuten auf mittlerer Schiene goldbraun backen.

Gorgonzola-Chips

Ergibt: *12-16 Portionen*

240 g Gorgonzola
110 g weiche Butter
1 großes Ei
1 TL weißer Pfeffer, gemahlen
2 ½ Tassen Mehl
¾ Tasse Pekannüsse oder Haselnüsse, gehackt

1. Den Gorgonzola und die Butter in eine Schüssel geben und mit einem elektrischen Handrührgerät auf mittlerer Stufe glattrühren. Ei und Pfeffer unterheben. Das Mehl zufügen und die Masse zu einem festen Teig verkneten.

2. Den Teig auf eine bemehlte Arbeitsfläche geben und zu einer Rolle von etwa 4 cm Durchmesser formen. Die Rolle in Klarsichtfolie wickeln und minde- stens 2 Stunden kühl stellen, bis der Teig fest ist.

3. Den Ofen auf 220 °C vorheizen.

4. Den Teig mit einem scharfen Messer in 0,5 cm dicke Scheiben schneiden und im Abstand von etwa 2,5 cm auf ein nicht gefettetes Backblech legen. Mit den Nüssen bestreuen. Die Chips 8-10 Minuten backen, bis sie leicht gebräunt sind.
Sofort servieren.

Gorgonzola-Haselnuss-Aufstrich

Ergibt: *12-15 Portionen*

450 g Frischkäse
240 g Gorgonzola, zerkrümelt
2 TL Paprika, gehackt
½ Tasse Haselnüsse, feingehackt
Zum Servieren:
Knäckebrot oder Cracker

1. Den Frischkäse in einer Schüssel mit einem elektrischen Handrührgerät auf mittlerer Stufe cremig rühren. Gorgonzola, Paprika und Haselnüsse zufügen und alles gut verrühren. Die Mischung abdecken und mindestens 24 Stunden kühl stellen.

2. Mindestens 1 Stunde vor dem Servieren aus dem Kühlschrank nehmen. Den Aufstrich mit den Crackern oder mit dem Knäckebrot servieren.

Tip: Sie können den Aufstrich in einem verschließbaren Glas bis zu 10 Tagen im Kühlschrank aufbewahren.

Gorgonzola-Schnitten

Ergibt: *48 Schnitten*

120 g Gorgonzola, zerkrümelt
2 EL weiche Butter oder Margarine
1 EL Schalotten, gehackt
80 g Frischkäse
1 großes Ei
2 Tassen Mehl
1 Prise Salz
12 EL Pflanzenfett
3-4 EL Eiswasser
geriebener Cheddar
Paprikapulver zum Bestreuen

1. Den Ofen auf 220 °C vorheizen.

2. Gorgonzola, Butter, Schalotten, Frischkäse und das Ei in einer Schüssel zu einer glatten Mischung rühren. Abdecken und etwa 5 Minuten in das Gefrierfach stellen, bis die Masse fest ist.

3. Mehl, Salz und Pflanzenfett in einer anderen Schüssel mischen. Das Pflanzenfett mit Knethaken oder 2 scharfen Messern in das Mehl unterarbeiten, bis ein krümeliger Teig entstanden ist. Etwa 3 Eßlöffel Eiswasser über den Teig geben und unterkneten, bis der Teig eine feste Konsistenz hat. Eventuell mehr Wasser zufügen. Den Teig zu einer Kugel formen und halbieren.

4. Den Teig auf einer leicht bemehlten Arbeitsfläche zu zwei Rechtecken von je 20 x 30 cm ausrollen. Die Füllung gleichmäßig auf den Rechtecken verteilen, dabei nur die Hälfte der Rechtecke bedecken und die andere Hälfte darüberschlagen. Die Kanten festdrücken; etwaige Luftblasen vorsichtig herausdrücken.

5. Die Rechtecke mit einem Teigrädchen oder einem Messer in 2,5 cm großeQuadrate schneiden und auf ein nicht gefettetes Backblech legen, mit Cheddar und Paprikapulver bestreuen und 12-15 Minuten auf mittlerer Schiene backen, bis die Schnitten leicht gebräunt sind.

Guacamole-Mus
Ergibt: *8 Portionen*

60 ml kaltes Wasser
1 Päckchen gemahlene weiße Gelatine
60 ml kochendes Wasser
1 große Avocado, geschält und entsteint
1 ½ EL Zitronensaft
120 ml saure Sahne
¾ TL Chilipulver
1 Spritzer Tabasco
Zum Garnieren:
Salatblätter
Tomatenscheiben
Zum Servieren:
Cracker oder Brot

1. Das kalte Wasser und die Gelatine in einer Schüssel mit einem elektrischen Handrührgerät mischen, bis die Gelatine gut durchgeweicht ist. 3 Minuten quellen lassen, dann das kochende Wasser zufügen und gut verquirlen. Avocado, Zitronensaft, saure Sahne, Chilipulver und Tabasco zufügen und alles pürieren, bis eine glatte Masse entstanden ist.

2. Eine Ringform mit Öl leicht einfetten und die Mischung hineingeben. Abdecken und mindestens 8 Stunden oder über Nacht kühl stellen.

3. Das Mus aus der Form auf einen Servierteller oder eine Platte stürzen. Die Form dabei kurz in heißes Wasser tauchen und den Rand vorsichtig mit einem Messer lösen. Die Salatblätter und die Tomatenscheiben um das Mus herum anrichten und mit dem Brot oder den Crackern zusammen servieren.

Gurken in Schinken
Ergibt: *48 Scheiben*

240 g Frischkäse
170 g geräucherter Schinken, aufgeschnitten
8 mittelgroße Dillgurken

1. Je 1 Eßlöffel Frischkäse auf eine Scheibe Schinken streichen. Auf den Rand jeder Schinkenscheibe eine Dillgurke legen und die Gurke fest in den Schinken wickeln. Die Kanten fest aufeinander pressen. Auf eine Platte legen, abdecken und mindestens 2 Stunden kühl stellen.

2. Jede Rolle in 6 gleich große Scheiben schneiden und servieren.

Gurken mit Krebsfleisch

Ergibt: *8 Portionen*

2 große Salatgurken, geschält und der Länge nach halbiert
1 Tasse Krebsfleisch oder Thunfisch
½ Tasse Gewürzgurken, kleingehackt
1 EL Zitronensaft
½ TL Zwiebelsaft
2 EL Frischkäse
2 große Champignons, geputzt und in feine Scheiben geschnitten

1. Die Enden der Gurken mit einem scharfen Messer abschneiden und die Gurken in 7,5 cm lange Stücke schneiden.

2. Das Innere der Gurken mit einem kleinen Löffel aushöhlen. Die restlichen Zutaten, außer den Champignons, in einer Schüssel mit einer Gabel gut mischen. Die Mischung mit einem Löffel oder einem Messer in die Gurkenhälften füllen und die Gurken auf eine Platte legen, abdecken und mindestens 2 Stunden kühl stellen.

3. Kurz vor dem Servieren die Gurkenscheiben in 2,5 cm breite Streifen schneiden, auf einer Platte oder einem Tablett anrichten und auf jeden Streifen eine Champignonscheibe legen.

Tip: Man kann die Krebsfleischfüllung durch einen anderen sahnigen Aufstrich oder durch Käseaufstrich ersetzen.

Gurken mit Krebsfleisch-Salat

Ergibt: *36 Stück*

4 ½ EL Mayonnaise
2 ½ EL frischer Zitronensaft
5 TL Dijonsenf
1 Spritzer Tabasco
Salz
1 Tasse Krebsfleisch, gekocht
¼ Tasse Bleichsellerie, fein geschnitten
1 EL frischer Schnittlauch, gehackt
2 kleine Salatgurken (je etwa 15 cm lang)

1. Mayonnaise, Zitronensaft, Senf und Tabasco in einer Schüssel mit einer Gabel verrühren und die Mischung mit Salz würzen. Krebsfleisch, Bleichsellerie und den Schnittlauch unterrühren. Die Mischung mit Klarsichtfolie abdecken und 4 Stunden oder über Nacht kühl stellen.

2. Die Gurken unter fließendem Wasser gut waschen und mit den Zinken einer Gabel Rillen in die Gurkenschale ritzen. Gurken kühl stellen.

3. Die Gurken mit einem scharfen Messer in etwa 1 cm dicke Stücke schneiden. Die Gurkenscheiben auf einer Platte oder einem Tablett anrichten und jeweils einen Teelöffel Krebsfleischfüllung darauf geben.

Gurken mit Lachs

Ergibt: *6 Portionen*

2 Salatgurken
120 g geräucherter Lachs, in Scheiben
3 oder 4 Zwiebeln, geschnitten
1 Msp. weißer Pfeffer
1 Msp. Knoblauchpulver
Zum Garnieren:
Zitronenschale
frische Petersilie, gehackt

1. Die Gurken mit einem scharfen Messer in 0,5 cm dicke Scheiben schneiden. Den Lachs mit einem Messer oder einer runden Ausstechform in Kreise von der Größe der Gurkenscheiben ausschneiden.

2. Eine runde Scheibe Lachs auf jede Gurkenscheibe legen und ein Stück Zwiebel auf den Lachs legen. Den Pfeffer und das Knoblauchpulver mischen und über die Gurkenscheiben streuen. Mit einem Stück Zitronenschale und etwas Petersilie garnieren und servieren.

Hackfleisch-Röllchen

Ergibt: *6 Portionen*

900 g mageres Rinderfleisch, gehackt
3 Knoblauchzehen, zerdrückt
1 TL Pfeffer
½ TL Pimentpulver
1 TL Salz
120 ml Mineralwasser

1. Hackfleisch, Knoblauch, Pfeffer, Piment und Salz in einer Schüssel gut mischen. Das Mineralwasser nach und nach zufügen und kneten, bis eine glatte, elastische Masse entstanden ist.

2. Dem Teig Teile entnehmen und zu 8-10 cm langen Röllchen von 2,5 cm Durchmesser formen. Auf eine Platte legen, abdecken und mindestens 24 Stunden kühl stellen.

3. Die Rollen 1 Stunde vor dem Grillen aus dem Kühlschrank nehmen.

4. Den Grill vorheizen.

5. Die Rollen auf mittlerer Schiene etwa 10 Minuten grillen, dabei des öfteren vorsichtig wenden. Sie dürfen dabei nicht brechen.

Hafer-Plätzchen

Ergibt: *10-12 Plätzchen*

450 g Schokolade mit Mandeln oder weiße Schokolade
12 EL Erdnußbutter
270 g dünne Haferplätzchen

1. Die Schokolade im Wasserbad langsam schmelzen, dabei umrühren, bis eine glatte Masse entstanden ist.

2. Die Erdnußbutter gleichmäßig auf der Hälfte der Haferplätzchen verteilen und je ein zweites Plätzchen darauf legen. Dann jedes der Plätzchen auf einer Seite in die geschmolzene Schokolade tauchen und auf einem mit Backpapier ausgelegten Blech trocknen lassen. Sobald die Schokolade auf der einen Seite fest ist, die andere Seite eintauchen. (Die Schokolade solange im Wasserbad warm halten.) Die Plätzchen vor dem Servieren vollständig trocknen lassen.

Tip: Tauchen Sie eine Seite der Plätzchen in helle und die andere Seite in dunkle Schokolade.

Haselnuss-Ecken

Ergibt: *16 Portionen*

4 Scheiben Pumpernickel
½ Tasse geriebener Cheddar
½ Tasse Haselnüsse, gehackt

1. Einen Gitterrost in 10 cm Abstand von den Heizstäben in den Grill schieben und den Grill vorheizen.

2. Die Pumpernickelscheiben auf ein Backblech legen und mit dem Käse und den Nüssen belegen. Die belegten Pumpernickelscheiben etwa 3-4 Minuten grillen, bis der Käse schmilzt; dann diagonal in je vier Teile schneiden. Sofort servieren.

Herings-Spiesschen

Ergibt: *8 Spießchen*

1 Tasse eingelegte Heringsfilets
16 weiße Cocktailzwiebeln
Zum Servieren:
Paprikasauce (s. unten)

Den Hering gründlich abtropfen lassen und mit einem scharfen Messer in 8 gleich große Stücke schneiden. Auf Holzspießchen zwischen zwei Cocktailzwiebeln jeweils ein Stück Hering stecken. Die Spieße bis zum Servieren kühl stellen. Den Dip dazu servieren.

Paprikasauce

Ergibt: *1 Tasse*

120 ml Milch
120 ml süße Sahne
1 ½ EL Mehl, Speisestärke oder Pfeilwurzelmehl
2 EL Paprika, feingehackt
Salz und Pfeffer

1. Milch und Sahne in einem Topf vermischen und das Mehl langsam unterrühren, damit sich keine Klümpchen bilden. Die Mischung auf mittlerer Stufe zum Kochen bringen. Die Hitze reduzieren, und die Sauce unter Rühren in etwa 2-3 Minuten eindicken lassen. Den Topf vom Herd nehmen.

2. Die feingehackte Paprika unterrühren und die Sauce mit Salz und Pfeffer abschmecken. Heiß servieren.

Hot-Dog-Häppchen

Ergibt: *4 Hot-Dogs*

4 magere Frankfurter Würstchen
2 Scheiben Toastbrot, ohne Rinde
2 Scheiben Vollkorntoastbrot, ohne Rinde
2 TL gebräunte Butterpaste (s. unten)
2 TL Butter oder Margarine, geschmolzen
<u>Zum Servieren:</u>
Senf-Dip (s. unten)

1. Den Ofen auf 160 °C vorheizen. Ein Backblech leicht einfetten.

2. Je ein Würstchen auf eine Toastscheibe legen und mit ½ Teelöffel gebräunter Butterpaste bestreichen. Das Brot um die Würstchen wickeln, jede Rolle in 4 gleiche Stücke schneiden und mit einem Holzspießchen befestigen. Die Hot-Dog-Häppchen auf das Blech legen, mit der geschmolzenen Butter bestreichen und 8–10 Minuten backen. Noch warm servieren. Den Dip dazu reichen.

Tip: Ersetzen Sie die gebräunte Butterpaste durch eine andere Butterpaste, um eine andere Geschmacksvariante zu erzielen.

Gebräunte Butterpaste

Ergibt: *1 Tasse*

110 g Butter
1 EL Petersilie, feingehackt
1 EL Kapern
1 EL Apfelessig
Salz und weißer Pfeffer

1. Die Butter bei mittlerer Hitze in einem kleinen Topf bräunen.

2. Den Topf vom Herd nehmen und die Petersilie, die Kapern und den Essig zufügen. Mit Salz und Pfeffer würzen und gut verrühren. Die Paste in eine Schüssel geben, abdecken und mindestens 2 Stunden kühl stellen.

Senf-Dip

Ergibt: *1 Tasse*

240 ml Mayonnaise
2 EL scharfer Senf
2 Spritzer Worcestersauce
1 Msp. Knoblauchpulver
weißer Pfeffer

Die Zutaten in einer kleinen Schüssel gut verrühren. Den Dip abdecken und vor dem Servieren mindestens 2 Stunden kühl stellen.

Hot-Dog-Kebap

Ergibt: *8-10 Spießchen*

8 gekochte magere Frankfurter Würstchen, in vier Teile geschnitten
64 Oliven mit Paprikafüllung
64 Würfel Cheddar (2,5 cm groß)
64 eingelegte Zwiebeln
64 Scheiben eingelegte saure Gurken (0,5 cm breit)
Zum Servieren:
Kreolische Sauce (s. unten)

Ein Würstchenstück in die Mitte jedes 10 cm langen Holzspießes stecken. Auf jede Seite eine Olive, einen Cheddarwürfel, eine Zwiebel und zum Abschluß eine Gurkenscheibe stecken. Den Dip zu den Spießen reichen.

Kreolische Sauce

Ergibt: *1 ¼ Tassen*

120 ml Milch
120 ml süße Sahne
1 ½ EL Mehl, Speisestärke oder Pfeilwurzelmehl
1 EL Zwiebeln, feingehackt
¼ Tasse Tomatenmark
2 EL grüner Paprika, feingehackt
Salz und Pfeffer

Milch und Sahne in einen Topf geben und das Mehl unterrühren. Darauf achten, daß keine Klumpen entstehen. Die Mischung auf mittlerer Stufe zum Kochen bringen. Die Hitze reduzieren und die Flüssigkeit unter Rühren in etwa 2-3 Minuten eindicken lassen. Zwiebeln, Tomatenmark und Paprika unterrühren und die Sauce mit Salz und Pfeffer würzen. Heiß servieren.

Honig-Nuss-Aufstrich

Ergibt: *4 Portionen*

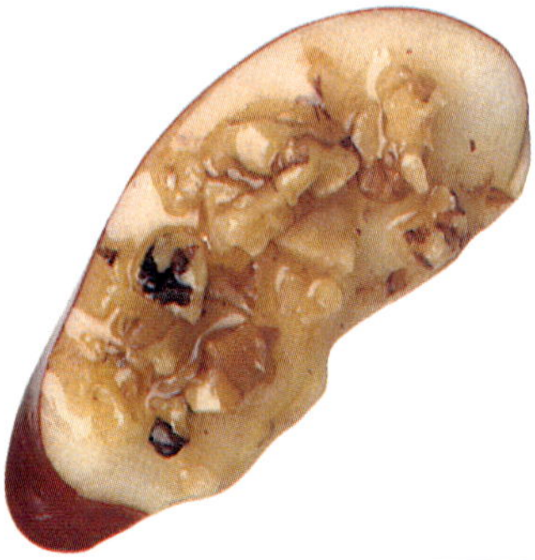

8 EL Honig
2 EL Zitronen- oder Limettensaft
2 EL Walnüsse oder Pekannüsse, gehackt
Vollkornbrot oder frische Früchte

Honig, Zitronensaft und Nüsse in einer Schüssel mischen, abdecken und mindestens 2 Stunden kühl stellen. Den Aufstrich auf die Früchte oder das Vollkornbrot streichen.

Hot-Dogs mit Kräuterbutter

Ergibt: *8 Hot-Dogs*

2 EL Kräuterbutter (s. unten)
4 Scheiben Toastbrot, ohne Rinde
4 Scheiben Vollkorntoastbrot, ohne Rinde
8 magere Frankfurter Würstchen
2 TL Butter oder Margarine, geschmolzen
16 Oliven mit Paprikafüllung

1. Den Ofen auf 160 °C vorheizen. Ein Backblech leicht einfetten.

2. Die Kräuterbutter auf den Toastscheiben verteilen. Je ein Würstchen diagonal auf eine Toastscheibe legen, die gegenüberliegenden Ecken des Toasts über die Würstchen falten und den Toast mit einem Holzspießchen befestigen. Die Außenseiten der Hot-Dogs mit der geschmolzenen Butter bestreichen. Die Hot-Dogs auf ein Backblech legen.

3. Die Hot-Dogs 8–10 Minuten backen. Zum Abschluß je eine Olive auf ein Holzspießchen stecken und die Hot-Dogs warm servieren.

Tip: Verwenden Sie eine andere Butterzubereitung, um eine andere Geschmacksvariante zu erzielen.

Kräuterbutter

Ergibt: *½ Tasse*

110 g weiche Butter
1 Msp. frischer Majoran, gehackt
1 Msp. frischer Rosmarin, gehackt
Salz und weißer Pfeffer

Butter, Majoran und Rosmarin in einer kleinen Schüssel mit einer Gabel gut mischen und mindestens 2 Stunden an einen warmen Platz stellen, bis die Butter ganz weich ist. Umrühren, mit Salz und Pfeffer würzen und bis zum Servieren kühl stellen.

Hot-Dogs scharf

Ergibt: *24 Hot -Dogs*

450 g geriebener Cheddar
1 Tasse Relish (sweet pickle oder eine andere Sorte)
240 ml Gorgonzola-Mayonnaise (s. Seite 130)
120 ml Chilisauce
60 ml Dijonsenf
24 Frankfurter Würstchen
<u>Zum Servieren:</u>
24 Hot-Dog-Brötchen

1. Einen Gitterrost in die Mitte des Ofens schieben und den Ofen auf 175 °C vorheizen.

2. Cheddar, Relish, Mayonnaise, Chilisauce und Senf in eine Schüssel geben und gut verrühren.

3. Die Würstchen der Länge nach aufschneiden. Die Käsefüllung in die Öffnung geben und die Würstchen leicht zusammenpressen.

4. Die Würstchen in Alufolie wickeln und 4–5 Minuten backen, bis sie heiß sind. Sofort mit Hot-Dog-Brötchen servieren.

Tip: Brötchen innen etwas aushöhlen und die Würstchen hineinlegen. In Alufolie wickeln und gemeinsam backen. Man kann die Hot-Dogs auch gut im voraus zubereiten und erst kurz vor dem Servieren erwärmen.

Hühnchen in Aspik

Ergibt: *8 Portionen*

2 Päckchen gemahlene weiße Gelatine
1 l heiße Hühnerbrühe (s. Seite 288)
½ Tasse gekochter Schinken, gewürfelt
1 Tasse gekochtes Hühnerfleisch, gewürfelt
1 Paprika, kleingehackt
½ Tasse Brokkoli, kleingeschnitten
1 Msp. Knoblauchpulver
Zum Garnieren:
Salat, Petersilie und Mayonnaise

1. Die Gelatine in einer Tasse in 60 ml Hühnerbrühe streuen und quellen lassen.

2. Die restliche Brühe mit der aufgelösten Gelatine in einem Topf aufkochen, bis die Flüssigkeit homogen ist. Schinken, Hühnerfleisch, Paprika, Brokkoli und Knoblauchpulver in die Flüssigkeit rühren. Die Mischung in kleine Formen gießen und mindestens 8 Stunden kühl stellen, bis der Aspik erstarrt ist.

3. Den fertigen Aspik aus den Formen stürzen, auf einem Salatbett anrichten und mit Petersilie und Mayonnaise garnieren.

Hühner-Aufstrich

Ergibt: *12 Portionen*

560 g gekochtes Hühnerfleisch, zerkleinert
360 ml saure Sahne
½ TL Pfeffer
1 TL getrockneter Thymian
4 TL weißer Anislikör
12 Scheiben Vollkorntoastbrot, getoastet

Hühnerfleisch, saure Sahne, Pfeffer, Thymian und Anislikör mit einem Pürierstab zu einer glatten Masse verquirlen. Abdekken und mindestens 1 Stunde kühl stellen. Den Aufstrich auf den Toastscheiben verteilen und servieren.

Hühner-Bällchen

Ergibt: *20 Bällchen*

½ Tasse Cashewkerne oder Pekannüsse, feingehackt
60 g Cheddar
½ Tasse gekochtes Hühnerfleisch, feingehackt
1 kleine Zwiebel, gehackt
2 EL trockener Sherry oder weißer Portwein
Salz und Pfeffer

1. Die Nüsse in einer flachen Schale ausbreiten.

2. Die restlichen Zutaten in eine Schüssel geben und gut mischen. Die Masse mit einem Löffel zu Kugeln formen und diese in den Nüssen wälzen. Auf ein Tablett legen, abdecken und mindestens 2 Stunden kühl stellen. Kalt servieren.

Hühner-Hors d'Œuvres I

Ergibt: *35 Bällchen*

Pflanzenöl zum Fritieren
140 g weißes Hühnerfleisch, zerkleinert
360 ml Chili-con-Queso-Dip (s. Seite 114)
1 großes Ei, leicht verquirlt
½ Tasse Semmelbrösel
2 EL grüner Paprika, feingehackt
2 EL Zwiebeln, feingehackt
1 Spritzer Tabasco
60 ml saure Sahne
1 Msp. getrockneter Estragon, zerrieben

1. Pflanzenöl 4 cm hoch in eine große, tiefe Pfanne gießen und stark erhitzen oder eine Friteuse verwenden.

2. Das Hühnerfleisch, 60 ml des Chili con Queso-Dips, das Ei, die Semmelbrösel, die Paprika, die Zwiebeln und den Tabasco in einer großen Schüssel gut mischen. Aus der Masse kleine Stücke zu olivengroßen Kugeln formen.

3. Die Kugeln nacheinander vorsichtig in das Öl geben und 2-4 Minuten fritieren, bis sie bräunen. Mit einem Schaumlöffel aus dem Öl heben und auf Küchenpapier abtropfen lassen.

4. Den restlichen Dip, die saure Sahne und den Estragon in einen kleinen Topf geben und bei mittlerer Hitze unter ständigem Rühren erwärmen, bis eine glatte Masse entstanden ist. Die Sauce zu den Kugeln servieren.

Hühner-Hors d'Œuvres II

Ergibt: *35 Bällchen*

80 g Frischkäse
140 g Hühnerfleisch, feingehackt
5 EL Apfel, ungeschält, kleingehackt
¼ Tasse Walnüsse oder Pekannüsse
¼ Tasse Petersilie, gehackt
½ TL Worcestersauce
1 Msp. Cayennepfeffer
geröstete Weizenkeime

1. Den Frischkäse in einer Schüssel mit einem elektrischen Handrührgerät auf niedriger Stufe zu einer glatten Masse rühren. Hühnerfleisch, Apfel, Walnüsse, Petersilie, Worcestersauce und Cayennepfeffer zufügen und gut mischen. Abdecken und mindestens 2 Stunden kühl stellen.

2. Die Weizenkeime in einer flachen Schale verteilen. Die Hühnerfleischmischung zu walnußgroßen Kugeln formen. Die Kugeln in den Weizenkeimen wälzen, bis sie vollständig überzogen sind. Auf eine Platte legen und mindestens 1 Stunde kühl stellen.

Hühner-Käse-Bällchen

Ergibt: *30 Bällchen*

1 Tasse gekochtes Hühnerfleisch, feingehackt
5 EL geriebener Gruyère
¼ Tasse Bleichsellerie, feingehackt
3 EL Mayonnaise
1 EL Petersilie, gehackt
1 Msp. getrockneter Estragon, zerrieben
Tabasco
Salz und Pfeffer

1. Den Ofen auf 175 °C vorheizen. Ein Backblech leicht einfetten.

2. Hühnerfleisch, Gruyère, Bleichsellerie, Mayonnaise, Petersilie und Estragon in einer Schüssel mischen, mit Salz und Pfeffer würzen. Die Mischung zu walnußgroßen Kugeln formen. Die Kugeln auf das Backblech legen und 8-10 Minuten backen, bis sie leicht gebräunt sind.

HÜHNER-TORTILLAS

ERGIBT: *12 Röllchen*

3 Tassen Hühnerfleisch, gekocht und feingehackt
240 ml Wasser
1 Packung Taco-Gewürzmischung
Pflanzenöl
12 Tortillafladen (18 cm Durchmesser)
Zum Servieren:
saure Sahne

1. Hühnerfleisch, Wasser und Gewürzmischung in einer großen Pfanne bei starker Hitze zum Kochen bringen und 10 Minuten unter Rühren köcheln lassen, bis die Masse eindickt.

2. Öl etwa 1 cm hoch in eine andere Pfanne gießen und bei mittlerer Hitze stark erhitzen.

3. Die Hühnerfleischmischung in die Mitte der Tortillas geben. Die Tortillas zu einer festen Rolle wickeln und mit der Naht nach unten mit Hilfe einer Zange nacheinander im Öl fritieren. Saure Sahne dazu servieren.

HÜHNERFLÜGEL „TERIYAKI“

ERGIBT: *48 Portionen*

24 Hühnerflügel
240 ml Sojasauce
¾ Tasse Schalotten, gehackt
3 EL Zucker
4 TL Sonnenblumenöl
1 große Knoblauchzehe, gehackt
1 EL Ingwer, gerieben

1. Die Hühnerflügel gründlich waschen. Das Fleisch mit einem scharfen Messer vom Gelenk lösen und die Spitzen abschneiden.

2. Sojasauce, Schalotten, Zucker, Öl, Knoblauch und Ingwer in einer großen Schüssel mit einem Schneebesen mischen. Die Hühnerflügel zufügen und mit der Sauce überziehen. Die Schüssel abdecken und mindestens 1 Stunde oder über Nacht kühl stellen.

3. Den Ofen auf 175 °C vorheizen.

4. Die Hühnerflügel aus der Marinade nehmen, die Marinade zur Seite stellen. Die Hühnerflügel auf ein Backblech legen und 25–30 Minuten backen; währenddessen mehrmals wenden und mit Marinade bestreichen. Die Hühnerflügel in den letzten 15 Minuten nicht mehr wenden. Warm servieren.

Hühnerleber in Frühstücksspeck

Ergibt: *6 Portionen*

120 ml Sojasauce
3 EL Sherry oder weißer Portwein
2 Knoblauchzehen, gehackt
1 Prise Zwiebelpulver
Salz und Pfeffer
340 g Hühnerleber, gesäubert und halbiert
200 g Wasserkastanien
240 g magere Frühstücksspeckstreifen, halbiert

1. Den Grill vorheizen.

2. Sojasauce, Sherry, Knoblauch und Zwiebelpulver in einen Topf geben und bei mittlerer Hitze zum Kochen bringen. Die Mischung mit Salz und Pfeffer würzen, zur Seite stellen und leicht abkühlen lassen. Abdecken und mindestens 2 Stunden kühl stellen.

3. Je ein Stück Hühnerleber und ein Stück Wasserkastanie zusammendrücken, einen Streifen Frühstücksspeck darum wickeln und auf ein Holzspießchen stekken. Die Spießchen 8-10 Minuten grillen, bis der Speck knusprig und die Leber nicht mehr rosa ist. Sofort servieren und die Sauce dazu reichen.

Hühnerleber-Pastete

Ergibt: *6 Portionen*

710 ml Wasser
450 g Hühnerleber, gesäubert
2 hartgekochte Eier, mit einer Gabel zerdrückt
1 große Zwiebel, feingehackt
1 Msp. Knoblauchpulver
Salz und Pfeffer
2 EL weiche Butter oder Margarine
Zum Garnieren:
Petersilienblätter, Brokkoliröschen

1. Das Wasser in einem Topf zum Kochen bringen. Die Hühnerleber hineingeben und 5-8 Minuten kochen, bis die Leber nicht mehr rosa ist. Das Wasser abgießen.

2. Die Leber kleinhacken und dann mit einer Gabel zerdrücken. Die zerdrückte Hühnerleber, die Eier, die Zwiebel und das Knoblauchpulver in einer Schüssel mischen und mit Salz und Pfeffer würzen.

3. Die Butter zufügen und gut unterrühren. Die Mischung in eine Ringform von 7,5 cm Durchmesser geben, mit Klarsichtfolie abdecken und mindestens 4 Stunden kühl stellen. Aus der Form nehmen. Zum Servieren mit Petersilie und Brokkoli garnieren.

Hummer-Aufstrich

Ergibt: *4-6 Portionen*

1 Tasse Hummerfleisch, gekocht und feingehackt
1 EL Butter, geschmolzen
1 EL Mayonnaise
1 EL French Dressing
1 TL Zitronensaft
Salz und Pfeffer
Zum Servieren:
Pumpernickel oder Vollkorncracker

Hummer, Butter, Mayonnaise, French Dressing, Zitronensaft, Salz und Pfeffer in einer Schüssel mit einem elektrischen Handrührgerät auf niedriger Stufe mischen. Den Aufstrich abdecken und mindestens 1 Stunde kühl stellen.
Mit Pumpernickel oder Crackern servieren.

Hüttenkäse-Aufstrich

Ergibt: *6-8 Portionen*

120 g Hüttenkäse
¼ Tasse und 2 EL Bleichsellerie, feingehackt
¼ Tasse und 1 EL Lauchzwiebeln
2 EL grüne Oliven, entsteint, feingehackt
1 Msp. Paprikapulver
Salz und Pfeffer
Vollkornbrot oder frische Früchte

Hüttenkäse, Bleichsellerie, Lauchzwiebeln, Oliven und Paprikapulver in einer Schüssel mit einem elektrischen Handrührgerät auf mittlerer Stufe zu einer glatten Masse rühren.

Die Mischung mit Salz und Pfeffer würzen, abdecken und mindestens 1 Stunde kühl stellen. Den Aufstrich auf Vollkornbrot oder frische Früchte streichen.

Tip: Dieser Aufstrich schmeckt besonders gut auf Ananas-, Apfel- oder Birnenscheiben.

Hüttenkäse-Eier

Ergibt: *8 Eier*

4 hartgekochte Eier, halbiert, Eigelbe herausgenommen
¼ Tassen Hüttenkäsefüllung (s. unten)
2 EL Gewürzgurken, feingehackt
Paprikapulver

Eigelbe, Füllung und Gewürzgurken in einer Schüssel mischen. Eine großzügige Menge der Füllung mit einem Spritzbeutel mit großer Sterntülle in jede Eihälfte pressen. Die Eier auf einen Teller, eine Platte oder ein Tablett legen, mit Paprikapulver bestreuen und bis zum Servieren kühl stellen.

Hüttenkäsefüllung

Ergibt: *2 Tassen*

220 g Hüttenkäse
¼ Tasse schwarze Oliven, feingehackt
½ Tasse grüner Paprika, kleingeschnitten
½ Tasse roter Paprika, kleingeschnitten
½ TL Zwiebelsaft

Die Zutaten in einer Schüssel mit einem elektrischen Handrührgerät auf mittlerer Stufe verrühren. Die Mischung abdecken und mindestens 2 Stunden kühlen.

Jalapeño-Käse-Häppchen

Ergibt: *64 Häppchen*

4 Tassen geriebener Cheddar
4 große Eier, leicht verquirlt
1 TL Schalotten, gehackt
4 Jalapeño-Chilischoten, entkernt, entstielt und gehackt

1. Einen Gitterrost in die Mitte des Ofens schieben und den Ofen auf 175 °C vorheizen.

2. Cheddar, Eier, Schalotten und Jalapeños in einer Schüssel mit einer Gabel mischen. Die Masse gleichmäßig in einer Auflaufform verteilen und 28-30 Minuten backen, bis sich oben eine goldbraune Kruste gebildet hat. Auf einem Gitterrost 5 Minuten abkühlen lassen und in 2,5 cm große Quadrate schneiden.

Jalapeños mit Peperoni-Füllung

Ergibt: *6 Portionen*

1 EL Pflanzenöl
1 EL Zwiebeln, feingehackt
1 Knoblauchzehe, feingehackt
80 g Peperoni, feingehackt
2 EL Frischkäse
1 EL saure Sahne
Salz
12 Jalapeño-Chilischoten, quer halbiert und entkernt

1. Das Öl bei mittlerer Hitze in einer Pfanne erwärmen und Zwiebeln und Knoblauch darin 3 Minuten dünsten, bis die Zwiebeln glasig sind. Peperoni zufügen und 5 Minuten unter Rühren braten. Leicht abkühlen lassen.

2. Frischkäse und saure Sahne zufügen und gut mischen, mit Salz würzen. Die Jalapeños mit der Mischung füllen und 30 Minuten kühl stellen. Servieren.

Jamaikanische Käse-Bällchen

Ergibt: *48-60 Bällchen*

80 g Frischkäse
2 EL Mayonnaise
1 Tasse gekochtes Hühnerfleisch, feingehackt
1 Tasse Mandeln, feingehackt
1 EL Chutney
1 EL Currypulver
½ Tasse Kokosraspel

1. Frischkäse und Mayonnaise in eine Schüssel geben und verrühren. Hühnerfleisch, Mandeln, Chutney und Currypulver zufügen und gut mischen.

2. Dem Teig kleine Stücke entnehmen und zu walnußgroßen Kugeln formen.

3. Die Kokosraspel in einer flachen Schale oder auf einem Teller ausbreiten und die Kugeln darin wälzen, bis sie damit vollständig überzogen sind. Abdecken und bis zum Servieren kühl stellen.

KALTER NUDELSALAT

ERGIBT: *6 Portionen*

2 EL Sesamöl
220 g Glasnudeln, gekocht,
3 EL Erdnußbutter
70 ml Wasser
70 ml Sojasauce
3 EL Rotweinessig
1 EL Zucker
1 Msp. getrocknete rote Chilis, feingehackt
6 Selleriestangen, sehr dünn geschnitten

1. 1 Eßlöffel Sesamöl über die warmen Nudeln geben und gut untermischen. Abdecken und mindestens 1 Stunde kühl stellen.

2. Erdnußbutter und Wasser in einer Schüssel mischen, das Wasser dabei eßlöffelweise unter ständigem Rühren zufügen, bis eine glatte Masse entstanden ist. Das übrige Sesamöl, Sojasauce, Essig, Zucker und Chilis zufügen und gut untermischen.

3. Die Erdnußbuttermischung zu den Nudeln geben und unterheben, Sellerie darauf geben und servieren.

KARTOFFEL-SPIESSCHEN

ERGIBT: *8 Spießchen*

16 kleine weiße Kartoffeln, aus der Dose
4 Scheiben gekochter Schinken, halbiert
4 Scheiben verschiedener Aufschnitt, halbiert
Zum Servieren:
½ Tasse Chili-Dip (s. Seite 19)

Jede Kartoffel in einen Schinken- oder Wurststreifen wickeln. Die Streifen mit Holzspießchen befestigen. Die Spießchen auf ein Tablett legen, abdecken und bis zum Servieren kühl stellen. Den Dip dazu reichen.

TIP: Servieren Sie den Chili-Dip heiß oder kalt dazu.

Kartoffelrösti mit Schnittlauch

Ergibt: *12 Rösti*

6 junge Kartoffeln, gepellt
1 Zwiebel, geviertelt
240 ml Wasser
2 große Eier, verquirlt
2 EL Schnittlauch, gehackt
1 EL Mehl
½ TL Salz
½ TL Paprikapulver
1 Msp. Backpulver

1. Eine große flache Pfanne einfetten und stark erhitzen.

2. Die Hälfte der Kartoffeln in eine Schüssel raspeln.

3. Die andere Hälfte geraspelt mit der Zwiebel in Wasser legen, gut verrühren und dann zu den geriebenen Kartoffeln hinzugeben. Eier, Schnittlauch, Mehl, Salz, Paprikapulver und Backpulver zufügen und gut mischen, so daß ein fester Teig entsteht.

4. 2-3 Eßlöffel der Masse in die heiße Pfanne geben und bei mittlerer Hitze braten, bis die Kanten zu bräunen beginnen, wenden und in weiteren 3 Minuten goldbraun braten. Sofort servieren.

Tip: Die Rösti schmecken sehr gut zu Fleisch, Fisch oder Geflügel.

Käse in Blätterteig

Ergibt: *30 Stück*

Pflanzenöl zum Fritieren
120 g Cheddar
220 g Blätterteig (tiefgekühlt)
<u>Zum Servieren:</u>
Cocktailsauce für Meeresfrüchte (s. unten)

1. Pflanzenöl 6 cm hoch in eine tiefe Pfanne füllen und erhitzen oder eine Friteuse verwenden. Blätterteig auftauen.

2. Den Cheddar mit einem scharfen Messer in 30 Würfel schneiden. Die Blätterteigscheiben voneinander trennen und mit einem scharfen Messer in 30 gleiche Teile schneiden. Jeden Cheddarwürfel in ein Stück Blätterteig einwickeln und in 3-4 Minuten goldbraun fritieren. Auf Küchenpapier abtropfen lassen und den Dip dazu servieren.

Cocktailsauce für Meeresfrüchte

Ergibt: *¼ Tasse*

1 Spritzer Knoblauchsaft
¾ TL Limettensaft
3 EL Bleichsellerie, gehackt
1 Schuß Tabasco
1 Msp. Cayennepfeffer
1 Msp. Meerrettich aus dem Glas

Die Zutaten in einer Schüssel mit einer Gabel mischen. Die Cocktailsauce abdecken und mindestens 2 Stunden kühl stellen.

Käse-Bällchen auf Pumpernickel

Ergibt: *24 Bällchen*

220 g weiche Butter oder Margarine
1 ¼ Tassen feingeriebener Edamer
1 TL Kreuzkümmel, gemahlen
1 TL Kreuzkümmel
1 Msp. Cayennepfeffer
weißer Pfeffer
1 ½ Tassen Semmelbrösel
Zum Servieren:
kleine, runde Pumpernickelscheiben
Zum Garnieren:
Salatblätter

1. Die Butter in einer Schüssel mit einem elektrischen Handrührgerät auf niedriger Stufe schaumig rühren. Geriebenen Edamer und ganzen Kümmel unterrühren und mit Cayennepfeffer und weißem Pfeffer abschmecken. Die Mischung abdecken und mindestens 30 Minuten kühl stellen.

2. Dem Teig kleine Stücke entnehmen und zu walnußgroßen Kugeln formen. Die Bällchen in den Semmelbröseln rollen, bis sie vollständig überzogen sind. Abdecken und kühl stellen, bis sie fest sind. Die Bällchen auf je einer Scheibe Pumpernickel anrichten und mit einem Salatblatt garnieren.

Käse-Bällchen mit Erdnüssen

Ergibt: *60 Bällchen*

2 Tassen geriebener Cheddar
220 g weiche Butter oder Margarine
3 Tassen Mehl
1 Msp. Cayennepfeffer
1 Tasse gesalzene Erdnüsse, feingehackt

1. Cheddar und Butter in einer Schüssel mit einem elektrischen Handrührgerät auf niedriger Stufe glattrühren. Mehl und Cayennepfeffer zufügen und gut mischen. Die Masse zu einer Kugel formen und mindestens 2 Stunden kühl stellen.

2. Den Ofen auf 200 °C vorheizen.

3. Dem Teig kleine Stücke entnehmen und zu walnußgroßen Kugeln formen.

4. Die Erdnüsse in einer flachen Schale oder auf einem Teller verteilen. Die Kugeln auf einer Seite in die Erdnüsse drücken; mit den Erdnüssen nach oben auf ein nicht gefettetes Backblech legen. 12-14 Minuten auf mittlerer Schiene backen, bis die Kugeln goldbraun sind. Sofort servieren.

Käse-Ecken

Ergibt: *48 Stück*

450 g geriebener Gouda oder milder Cheddar
1 großes Ei
1 Prise Salz
220 g Blätterteig (tiefgekühlt)
50 g Butter oder Margarine

1. Den Ofen auf 200 °C vorheizen. Mehrere Backbleche leicht einfetten. Den Blätterteig auftauen lassen.

2. Gouda, Ei und Salz in einer Schüssel mischen.

3. Die Blätterteigscheiben auf einer Arbeitsfläche ausbreiten, mit Butter bestreichen und in 5 cm breite und 12 cm lange Streifen schneiden. Jeweils 1 Eßlöffel der Gouda-Ei-Mischung auf ein Ende der Streifen geben. Den Streifen zweimal zusammenfalten, so daß zuerst ein Viereck und dann ein Dreieck entsteht. Das überstehende Ende mit Butter bestreichen und einschlagen, um das Dreieck zu verschließen. Alle Streifen auf diese Weise zu Dreiecken formen.

4. Die Dreiecke im Abstand von etwa 2,5 cm auf die gefetteten Backbleche legen und mit der übrigen Butter bestreichen. Dann in 12–15 Minuten auf mittlerer Schiene goldbraun und knusprig backen. Warm servieren.

Käse-Fleisch-Toast

Ergibt: *6 Toasts*

450 g Pfeffersalami, gewürfelt
450 g mageres Rinderfleisch, gehackt
½ Tasse Schalotten, feingehackt
900 g Toast-Schmelzkäsescheiben, in Würfel geschnitten
1 kleine Packung Roggen- oder Vollkorntoastbrot
grüne Oliven, in Scheiben geschnitten

1. Einen Gitterrost in die Mitte des Ofens schieben und den Ofen auf 180 °C vorheizen.

2. Pfeffersalami, Rinderhackfleisch und Schalotten in eine große Pfanne geben und bei mittlerer Hitze 10 Minuten braten, bis das Hackfleisch nicht mehr rosa ist. Den Schmelzkäse zufügen und schmelzen lassen.

3. Die Mischung auf die Toastscheiben geben, die Olivenscheiben obenauf legen und 5–8 Minuten backen, bis der Käse Blasen wirft. Sofort servieren.

Tip: Verwenden Sie statt Toastbrot Pumpernickel.

Käse-Happen

Ergibt: *12 Portionen*

140 g Schmelzkäsezubereitung
1 Tasse Cracker, zerkrümelt
60 g Butter oder Margarine
2 TL Zwiebeln, gehackt
½ TL Worcestersauce
½ Tasse Petersilie, gehackt
Gurkenscheiben
Cracker

1. Schmelzkäse, zerkrümelte Cracker, Butter, Zwiebeln und Worcestersauce in einer Schüssel mit einem elektrischen Handrührgerät gut verrühren. Die Masse mit den Händen zu einer großen Kugel formen.

2. Die Kugel in der Petersilie wälzen und mit Klarsichtfolie abdecken. 8–12 Stunden oder über Nacht kühl stellen. Auf einer Platte mit Gurkenscheiben, die um die Käsekugel gelegt werden, anrichten. Die zusätzlichen Cracker dazu reichen.

Käse-Hot-Dogs

Ergibt: *8 Hot-Dogs*

470 ml Wasser
8 Frankfurter Würstchen
8 Scheiben weißes Toastbrot oder Roggentoastbrot
2 EL weiche Butter
1 ½ TL scharfer Senf
8 Scheiben Schmelzkäse
60 g Butter, geschmolzen

1. Einen Gitterrost auf die unterste Ebene des Ofens schieben und den Grill vorheizen. Ein Backblech bereitstellen.

2. Das Wasser in einem Topf zum Kochen bringen. Die Würstchen hineingeben und 4 -7 Minuten abgedeckt bei mittlerer Hitze ziehen lassen.

3. In der Zwischenzeit die Toastscheiben buttern und mit einer dünnen Schicht Senf bestreichen. Die Toastscheiben auf das Backblech legen und auf jede eine Scheibe Schmelzkäse legen. Die Würstchen aus dem Wasser nehmen, das Wasser weggießen. Je ein Würstchen diagonal auf eine Toastscheibe legen. Die gegenüberliegenden Ecken der Toastscheibe aufeinander legen, so daß der Toast die Würstchen umhüllt. Alles mit einem Holzspießchen befestigen. Die Toastscheiben außen mit der geschmolzenen Butter bestreichen und 12 Minuten grillen, bis die Kanten zu bräunen beginnen. Sofort servieren.

Käse-Hot-Dogs mit Chili

Ergibt: *12 Hot-Dogs*

220 g Rindfleisch, gehackt
1 Packung Chili-Gewürzmischung
170 g Tomatenmark
240 ml Wasser
450 g Kidney-Bohnen, aus der Dose, abgetropft
1 TL Senf
12 Frankfurter Würstchen
12 Hot-Dog-Brötchen
¾ Tasse geriebener Cheddar

1. Einen Gitterrost in die Mitte des Ofens schieben und den Ofen auf 200 °C vorheizen.

2. Das Hackfleisch in einer beschichteten Pfanne bei mittlerer Hitze anbraten. Das Fett abgießen. Chili-Gewürzmischung, Tomatenmark, Wasser, Bohnen und Senf zufügen und etwa 10 Minuten braten, dabei häufig rühren, bis die Mischung erhitzt ist.

3. Je ein Würstchen in ein Hot-Dog-Brötchen legen, Chili-Mischung und etwa 1 Teelöffel Cheddar darauf geben. Die Brötchen in Alufolie einwickeln und 12-15 Minuten im Ofen backen.

Käse-Nuss-Cracker

Ergibt: *30-36 Cracker*

450 g geriebener Gouda
170 g Frischkäse
1 Tasse Pekannüsse, feingehackt
2 große Knoblauchzehen, zerdrückt
Paprikapulver
Zum Servieren:
Cracker

1. Gouda, Frischkäse, Pekannüsse und Knoblauch in einer Schüssel mit einem elektrischen Handrührgerät verrühren.

2. Die Mischung auf eine Arbeitsfläche geben und zu Rollen von etwa 4 cm Durchmesser formen. Die Rollen in Paprikapulver wälzen, in Frischhaltefolie wickeln und mindestens 2 Stunden kühl stellen. Zum Servieren die Rollen in 1 cm breite Streifen schneiden.

Käse-Pizza

Ergibt: *8-10 Portionen*

500 g Hefeteig (tiefgekühlt)
2 Tassen geriebener Cheddar
50 g Butter oder Margarine, geschmolzen
2 große Eier, verquirlt
3 EL frischer Schnittlauch, gehackt
1 Msp. Knoblauchpulver
1 Msp. Zwiebelpulver

1. Den Hefeteig nach Packungsanweisung auftauen. Den Teig in eine Schüssel geben, abdecken und an einem warmen Platz gehen lassen, bis er sich verdoppelt hat.

2. Einen Gitterrost in die Mitte des Ofens schieben und den Ofen auf 175 °C vorheizen.

3. Den Teig auf eine leicht bemehlte Arbeitsfläche geben und halbieren. Jede Hälfte zu einem Kreis von 25 cm Durchmesser ausrollen und auf ein Backblech legen.

4. Cheddar, Butter, Eier, Schnittlauch, Knoblauchpulver und Zwiebelpulver in einer Schüssel gut mischen. Die Mischung auf den Teigkreisen verteilen und 25-30 Minuten backen, bis die Teigkanten goldbraun sind. Die Pizzen aufschneiden und servieren.

Käse-Plätzchen

Ergibt: *50 Plätzchen*

1 ¾ Tassen Mehl
2 ½ Tassen Knusperreis
½ TL Cayennepfeffer
1 Prise Salz
2 Tassen geriebener Cheddar
220 g weiche Butter oder Margarine

1. Den Ofen auf 175 °C vorheizen. Ein Backblech leicht einfetten.

2. Mehl, Knusperreis, Cayennepfeffer und Salz in einer Schüssel mischen.

3. Cheddar und Butter in einer Schüssel mit einem elektrischen Handrührgerät auf mittlerer Stufe glattrühren. Die Mehlmischung mit einem Löffel unterrühren, so daß ein weicher Teig entsteht. Dem Teig kleine Stücke entnehmen und zu walnußgroßen Kugeln rollen.

4. Die Kugeln im Abstand von etwa 2,5 cm auf das Backblech legen und mit dem Rücken einer Gabel flach drücken. Die Käseplätzchen in 12-15 Minuten goldbraun backen; auf einem Gitterrost auskühlen lassen.

Käse-Plätzchen mit Erdnüssen

Ergibt: *60 Plätzchen*

2 Tassen geriebener Cheddar
220 g weiche Butter oder Margarine
3 Tassen Mehl
1 Msp. Cayennepfeffer
1 Tasse gesalzene Erdnüsse, feingehackt

1. Cheddar und Butter in einer Schüssel mit einem elektrischen Handrührgerät zu einer lockeren Masse verrühren. Mehl und Cayennepfeffer zufügen und mit einer Gabel glattrühren. Die Mischung abdecken und mindestens 4 Stunden kühl stellen.

2. Den Ofen auf 200 °C vorheizen.

3. Dem Teig kleine Stücke entnehmen und zu walnußgroßen Kugeln formen.

4. Gehackte Erdnüsse in einer flachen Schale oder auf einem Teller verteilen. Die Kugeln in den Erdnüssen rollen, so daß sie zur Hälfte damit bedeckt sind; mit dieser Seite nach oben im Abstand von etwa 4 cm auf ein nicht gefettetes Backblech legen. Die Plätzchen in 12-14 Minuten auf mittlerer Schiene goldbraun backen und auf einem Gitterrost abkühlen lassen.
Warm oder kalt servieren.

Käse-Spiesschen

Ergibt: *8 Spießchen*

200 g Emmentaler
8 kleine Cocktailtomaten
8 große, grüne oder schwarze Oliven, entsteint
Miesmuschel-Dip (s. unten)

Emmentaler mit einem scharfen Messer in 2,5 cm große Würfel schneiden. Dann auf ein Holzspießchen jeweils eine Cocktailtomate, ein Stück Emmentaler und eine Olive stecken. Die Spießchen auf ein Tablett legen und bis zum Servieren kühl stellen. Den Dip dazu servieren.

Miesmuschel-Dip

Ergibt: *1¾ Tassen*

300 g Miesmuscheln, gehackt
80 g Frischkäse
2 TL Angostura Bitter
1 EL saure Sahne
1 Spritzer Worcestersauce
1 Msp. scharfer Senf

Die Zutaten mit einem Pürierstab zu einer glatten Masse verquirlen. Vor dem Servieren mindestens 1 Stunde kühl stellen.

Käse-Stangen mit Brandy

Ergibt: *36 Stück*

450 g Frischkäse
2 Tassen geriebener Cheddar
2 Tassen geriebener Gouda
60 ml Brandy
1 Msp. Ingwerpulver
3 EL geröstete Sesamsamen
½ Tasse Pekannüsse, grobgehackt
½ Tasse Petersilie, gehackt
Zum Servieren:
Cracker, rohes Gemüse oder frische Früchte

1. Frischkäse, Cheddar und Gouda in einer Schüssel mit einem elektrischen Handrührgerät auf niedriger Stufe mischen. Den Brandy und das Ingwerpulver zufügen und die Masse glattrühren. Abdecken und mindestens 1 Stunde kühl stellen.

2. Die Sesamsamen, die gehackten Pekannüsse sowie die Petersilie jeweils in einer flachen Schüssel verteilen.

3. Die Käsemischung dritteln. Jedes Drittel zu einer Rolle von 5 cm Durchmesser formen. Eine Rolle in den Sesamsamen wälzen, eine in den Pekannüssen und eine in der Petersilie. Jede Rolle in Frischhaltefolie wickeln und mindestens 8 Stunden kühl stellen, bis sie fest ist. Die Käsestangen mit Crackern, Gemüse oder Früchten servieren.

Käse-Stangen mit Petersilie

Ergibt: *18 Stück*

50 g Butter oder Margarine
2 EL geriebener Gouda
1 EL süße Sahne
1 EL Petersilie, gehackt
1 TL Senf
6 Scheiben Pumpernickel oder Baguette

1. Den Grill vorheizen.

2. Butter in einer Schüssel mit einem elektrischen Handrührgerät auf mittlerer Stufe schaumig rühren. Gouda, Sahne, Petersilie und Senf zufügen. Die Mischung auf die Brote streichen, jedes Brot in 3 Teile schneiden und auf ein Backblech legen. Die Brote auf mittlerer Schiene in 3–4 Minuten goldbraun grillen.

Käse-Waffeln

Ergibt: *48 Stück*

1 ½ Tassen geriebener Gouda
100 g Champignons aus der Dose, abgetropft, in Scheiben geschnitten
60 ml Mayonnaise
1 EL Zwiebeln, feingehackt
1 Msp. Cayennepfeffer
2 TL Worcestersauce
½ TL scharfer Senf
6 Waffeln

1. Den Grill vorheizen.

2. Gouda, Champignons, Mayonnaise, Zwiebeln, Cayennepfeffer, Worcestersauce und Senf in einer Schüssel mischen. Die Mischung auf den Waffeln verteilen, dabei einen Rand von 1 cm frei lassen. Die Waffeln auf ein nicht gefettetes Backblech legen und 3 Minuten auf der oberen Schiene grillen, bis der Käse schmilzt. Jede Waffel in 8 Teile schneiden und warm servieren.

Käseball I

Ergibt: *12 Portionen*

150 g Schmelzkäsezubereitung
1 Tasse Cracker, zerkrümelt
60 g Butter oder Margarine
2 EL Zwiebel, gehackt
½ EL Worcestersauce
½ Tasse Petersilie, gehackt
Zum Servieren:
Gurkenscheiben
Cracker

1. Schmelzkäse, Crackerkrümel, Butter, Zwiebeln und Worcestersauce mit einem elektrischen Handrührgerät in einer Schüssel glattrühren. Die Masse mit den Händen zu einer großen Kugel formen und dann in der Petersilie rollen. Mit Klarsichtfolie abdecken und 8-12 Stunden oder über Nacht kühl stellen.

2. Die Kugel in der Mitte einer dekorativen Schale oder Platte mit Gurkenscheiben und Crackern anrichten und servieren.

Tip: Um die Geschmacksrichtung zu ändern, können Sie die Worcestersauce durch Knoblauchöl ersetzen.

Käseball II

Ergibt: *8 Portionen*

8 Scheiben Frühstücksspeck, geröstet und zerkrümelt
1 EL Zwiebel, gerieben
1 ½ Tassen geriebener Cheddar
½ Tasse Pekannüsse, gehackt
120 ml Mayonnaise
Pekannüsse, halbiert
Zum Servieren:
Cracker

1. Frühstücksspeck, Zwiebeln, Cheddar, gehackte Pekannüsse und Mayonnaise in einer Schüssel verrühren.

2. Die Masse mit leicht bemehlten Händen zu einer Kugel formen. Die Käsekugel in Frischhaltefolie wickeln und mindestens 4 Stunden kühl stellen, bis die Masse fest ist.

3. Die Pekannußhälften in einem dekorativen Muster in die Kugel drücken. Die Cracker dazu servieren.

Käseteig-Bällchen

Ergibt: *6-8 Portionen*

240 ml Wasser
110 g Butter oder Margarine
1 Prise Salz
1 ½ Tassen Mehl
4 große Eier
1 Tasse geriebener Emmentaler

1. Den Ofen auf 200 °C vorheizen. Ein Backblech leicht einfetten.

2. Wasser, Butter und Salz in einen Topf geben und bei starker Hitze unter Rühren zum Kochen bringen. Das Mehl auf einmal zugeben und kräftig unterrühren, bis die Masse einen Kloß bildet und sich von den Topfwänden löst. Den Topf vom Herd nehmen und die Eier nacheinander zufügen. Jedes Ei gut untermischen, bevor das nächste zugefügt wird. Den Topf wieder auf die Herdplatte stellen, den Emmentaler zufügen und rühren, bis er geschmolzen ist.

3. Den Teig teelöffelweise auf das Backblech geben und in 18-20 Minuten auf mittlerer Schiene goldbraun backen, bis die Bällchen aufgehen. Die Bällchen vor dem Servieren auf einem Gitterrost 5 Minuten abkühlen lassen.

Kaviar-Eier

Ergibt: *8 Eier*

4 hartgekochte Eier, halbiert, Eigelbe herausgenommen
4 Eigelb
¼ Tasse Kaviaraufstrich (s. unten)
2 Tropfen frischer Zitronensaft
1 EL Petersilie, gehackt
Paprikapulver

Eigelbe, Kaviaraufstrich, Zitronensaft und Petersilie mischen. Mit einem Spritzbeutel mit großer Sterntülle eine großzügige Menge der Füllung in jede Eihälfte drücken. Mit Paprikapulver bestreuen und auf einem Teller, einer Platte oder einem Tablett anrichten. Bis zum Servieren kühl stellen.

Kaviaraufstrich

Ergibt: *1 Tasse*

80 g Kaviar
1 hartgekochtes Ei, zerdrückt
180 ml fertiges Salatdressing, italienisches Dressing oder Vinaigrette
1 EL Zwiebel, gehackt
1 EL Piment, gemahlen

Die Zutaten in einer Schüssel mit einem Löffel gut mischen. Abdecken und mindestens 1 Stunde kühl stellen.

Knabber-Mischung

Ergibt: *12 Tassen*

420 g Knuspermais
500 g Knusperreis
650 g Knusperweizen
2 Tassen Salzstangen
280 g gesalzene Erdnüsse
1 TL getrockneter Majoran
1 TL getrocknetes Bohnenkraut
1 EL italienische Kräutermischung
1 EL Räuchersalz
½ TL Knoblauchpulver
½ TL Zwiebelpulver
1 Msp. Cayennepfeffer
340 g Butter, in kleine Stücke geschnitten

1. Den Ofen auf 120 °C vorheizen.

2. Getreideprodukte, Salzstangen und Erdnüsse in einer Schüssel mischen.

3. Majoran, Bohnenkraut, italienische Kräuter, Räuchersalz, Knoblauchpulver, Zwiebelpulver und Cayennepfeffer in einer kleinen Schüssel gut mischen. Das Ganze über die Getreidemischung geben und gut vermischen. Die Mischung auf ein tiefes Backblech geben und die Butter darüber verteilen.
45 Minuten auf unterster Schiene backen, dabei gelegentlich vorsichtig wenden, damit die Mischung nicht zerbröselt. Auf dem Blech abkühlen lassen und in großen Frischhaltebeuteln aufbewahren. Je nach Lust und Laune eine Handvoll der Knabbermischung essen.

Tip: Die Mischung in zwei Arbeitsgängen backen.

Knabber-Mischung mit Crackern

Ergibt: *10 Portionen*

280 g Cracker
1 Tasse Pekannußhälften
110 g Butter
200 g Zucker
8 EL Honig
5 Tropfen Vanillearoma
1 TL Natron

1. Einen Gitterrost in die Mitte des Ofens schieben und den Ofen auf 120 °C vorheizen.

2. Cracker und Pekannüsse in einer Schüssel mischen und in eine Auflaufform geben.

3. Die Butter bei mittlerer Hitze in einem kleinen Topf zerlassen. Zucker und Honig zufügen, die Mischung zum Kochen bringen und 5 Minuten kochen lassen, ohne zu rühren. Den Topf vom Herd nehmen und Vanillearoma und Natron sofort zufügen. Die Mischung vorsichtig und schnell rühren und über die Cracker gießen. Das Ganze mischen und etwa 1 Stunde backen, dabei alle 15 Minuten durchrühren, bis die Masse knusprig und goldbraun ist.

4. Die Knabbermischung auf Backpapier legen und abkühlen lassen. Die Masse dann in Stücke brechen. Servieren oder in einem luftdicht verschließbaren Behälter aufbewahren.

Tip: Die Zucker-Honig-Mischung ist sehr heiß. Seien Sie beim Verarbeiten vorsichtig.

Knabber-Mischung mit Croutons

Ergibt: *10-12 Portionen*

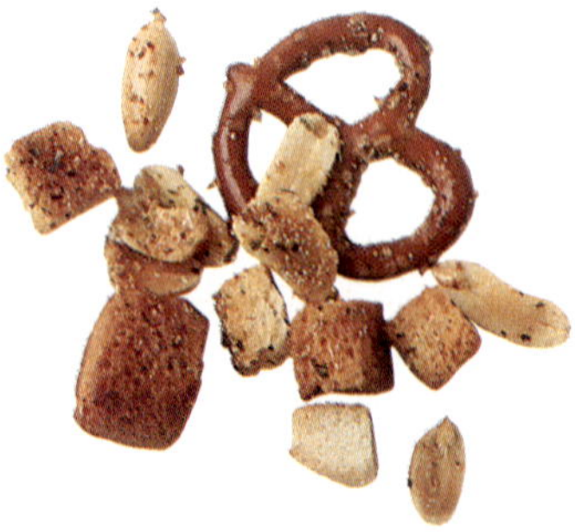

110 g Butter oder Margarine
2 EL Worcestersauce
4 Tassen Kräutercroutons
1 Tasse gesalzene Erdnüsse
1 Tasse Mini-Brezeln

1. Einen Gitterrost in die Mitte des Ofens schieben und den Ofen auf 150 °C vorheizen.

2. Butter in einem kleinen Topf bei geringer Hitze zerlassen. Den Topf vom Herd nehmen und die Worcestersauce unterrühren. Croutons, Erdnüsse und Brezeln in eine große Schüssel geben und mischen. Die Butter in einem feinen Strahl darüber gießen und gut untermischen. In eine Auflaufform füllen und 12-15 Minuten backen, bis die Mischung leicht gebräunt und knusprig ist; gelegentlich umrühren. Abkühlen lassen und sofort servieren oder in einen luftdichten Behälter füllen.

Knabber-Mischung mit Kokosnuss

Ergibt: *3 Tassen*

2 Tassen Kokosraspel
½ Tasse Pekannüsse, gehackt
½ Tasse Haselnüsse, gehackt

Die Zutaten in einen Behälter geben. Den Behälter verschließen und schütteln, um alles gut zu mischen. Im Kühlschrank bis zum Servieren aufbewahren.

Knabber-Mischung mit Marshmallows

Ergibt: *12 Tassen*

4 Tassen Popcorn
2 Tassen Knuspergetreide
2 Tassen Mini-Marshmallows
1 Tasse halbbittere Schokolade, gehackt
1 Tasse Vollmilch-Schokolade, gehackt
1 Tasse ungesalzene Erdnüsse
1 Tasse Rosinen

Popcorn, Knuspergetreide, Marshmallows, gehackte Schokolade, Erdnüsse und Rosinen in einer großen Schüssel mischen. Die Mischung in einem luftdicht verschließbaren Behälter bis zum Servieren aufbewahren.

Knabber-Mischung mit Nüssen

Ergibt: *10 Tassen*

2 Tassen Haferflocken
2 Tassen Knusperweizen
2 Tassen Reiswaffeln, zerkleinert
2 Tassen Nußmischung
150 g Margarine
1 TL Worcestersauce
½ TL Knoblauchsalz

1. Einen Gitterrost in die Mitte des Ofens schieben und den Ofen auf 120 °C vorheizen.

2. Haferflocken, Knusperweizen, Reiswaffeln und Nüsse in eine große Schüssel geben und gut mischen.

3. Margarine, Worcestersauce und Knoblauchsalz in einer kleinen Schüssel mit einer Gabel verrühren. Die Mischung in die große Schüssel geben und gleichmäßig verteilen. Die Knabbermischung in eine nicht gefettete Auflaufform füllen und 1 Stunde backen, bis die Masse leicht gebräunt ist; dabei gelegentlich umrühren. Die Knabbermischung sofort servieren.

Tip: Verwenden Sie statt Knusperweizen und Nußmischung Rosinen und Erdnüsse. Die Knabbermischung schmeckt warm am besten, kann aber auch in Gefrierbeuteln im Kühlschrank aufbewahrt werden.

Knabber-Mischung mit Rosinen

Ergibt: *12 Tassen*

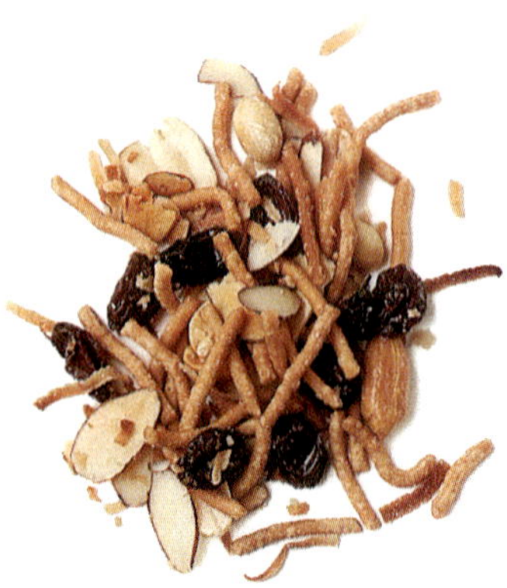

110 g Butter oder Margarine
60 ml Sojasauce
2 Tassen ganze Mandeln
4 Tassen gesalzene Erdnüsse
2 Tassen Rosinen
80 g chinesische Instant-Eiernudeln
¼ Tasse Sesamsamen, geröstet
100 g Kokosraspel

1. Einen Gitterrost in die Mitte des Ofens schieben und den Ofen auf 190 °C vorheizen.

2. Die Butter in einer großen Pfanne bei mittlerer Hitze zerlassen. Sojasauce und Mandeln zufügen und etwa 3 Minuten unter ständigem Rühren anbraten. Erdnüsse, Rosinen, Nudeln und Sesamsamen zufügen, die Hitze reduzieren und weitere 10 Minuten unter ständigem Rühren braten, bis die Nudeln gebräunt sind.

3. Die Pfanne vom Herd nehmen, die Kokosraspel untermischen und die Mischung gleichmäßig in einer Auflaufform verteilen. 10 Minuten backen, bis die Knabbermischung leicht gebräunt ist. Auf Küchenkrepp geben und etwas abkühlen lassen. Sofort servieren oder in einem luftdicht verschlossenen Behälter aufbewahren.

Knabber-Mischung mit Röstzwiebeln

Ergibt: *12 Tassen*

3 Tassen Knuspermais
6 Tassen Popcorn, gepoppt
1 Msp. Knoblauchsalz
50 g Butter oder Margarine, geschmolzen
2 Tassen Pommes Frites
1 Tasse Röstzwiebeln

1. Einen Gitterrost in die mittlere Schiene des Ofens schieben und den Ofen auf 160 °C vorheizen.

2. Knuspermais, Popcorn und Knoblauchsalz in eine Schüssel geben und mischen. Die geschmolzene Butter darüber gießen und alles gut mischen, damit alles mit Butter überzogen ist.

3. Die Mischung in eine Auflaufform füllen und etwa 5 Minuten backen. Pommes Frites und Röstzwiebeln zufügen, mischen und weitere 5 Minuten backen, bis die Mischung leicht bräunt. Sofort servieren.

Knabber-Mischung mit Zimtgeschmack

Ergibt: *10-12 Portionen*

3 EL Butter oder Margarine, geschmolzen
½ TL Zimtpulver
4 Tassen Knusperweizen
1 Tasse Mini-Brezeln
8 EL Nußmischung
8 EL Rosinen

1. Einen Gitterrost in die Mitte des Ofens schieben und den Ofen auf 120 °C vorheizen.

2. Butter und Zimtpulver in einer Tasse miteinander gut mischen.

3. Knusperweizen, Brezeln, Nüsse und Rosinen in einer großen Schüssel mischen. Die geschmolzene Butter in einem feinen Strahl über die Mischung geben und verteilen, bis alle Zutaten mit der Butter überzogen sind. In eine Auflaufform geben und 20 Minuten backen. Umrühren und weitere 5 Minuten backen. Aus dem Ofen nehmen und abkühlen lassen. Währenddessen mehrere Male umrühren.

Knabber-Mischung scharf

Ergibt: *10-11 Tassen*

5 EL Worcestersauce
1 Spritzer Tabasco
1 TL Knoblauchpulver
1 TL Zwiebelpulver
2 Tassen Cornflakes
2 Tassen Reiswaffeln, zerkrümelt
2 Tassen Käsegebäck
2 Tassen Salzstangen, in Stücke gebrochen
1 Tasse Knuspermais
1 Tasse Pinienkerne
200 g Butter oder Knoblauchbutter

1. Einen Gitterrost in die Mitte des Ofens schieben und den Ofen auf 120 °C vorheizen. Eine Auflaufform mit Butter oder Knoblauchbutter einfetten.

2. Worcestersauce, Tabasco Knoblauch- und Zwiebelpulver in einer Tasse mischen.

3. Die übrigen Zutaten in einer großen Schüssel mischen. Butter oder Knoblauchbutter schmelzen und über die Mischung gießen; alle Zutaten gleichmäßig damit überziehen. Die Worcestersauce unter Rühren langsam einfließen lassen, bis sie gleichmäßig verteilt ist.

4. Die Mischung in die Auflaufform füllen und etwa 1 Stunde backen, bis sie gebräunt und knusprig ist. Zum Abkühlen auf einer Arbeitsfläche verteilen und mit Küchenkrepp abdecken. In einem luftdicht verschließbaren Behälter aufbewahren.

Knoblauch-Roggentoast
Ergibt: *24 Stück*

1 Packung Roggenvollkorntoastbrot
110 g Knoblauchbutter (s. unten)
½ Tasse geriebener Parmesan oder Romano

1. Einen Grillrost mit 10 cm Abstand von den Heizstäben in den Grill schieben und den Grill vorheizen. Ein Backblech leicht einfetten.

2. Die eine Seite der Toastscheiben leicht bräunen. Die ungetoastete Seite gleichmäßig mit Knoblauchbutter bestreichen und mit Parmesan bestreuen, 2-3 Minuten grillen, bis die Toasts braun sind. Warm servieren.

Knoblauchbutter
Ergibt: *110 g*

110 g Butter
2 Knoblauchzehen, gehackt
Salz und weißer Pfeffer

Die Butter in einem kleinen Topf bei mittlerer Hitze zerlassen. Den Knoblauch zufügen, die Mischung mit Salz und Pfeffer würzen und unter Rühren etwa 5 Minuten kochen. Die Knoblauchbutter durch ein Sieb in eine kleine Schale gießen, abdecken und bis zum Verwenden kühl stellen.

Kokosnuss-Käse-Bällchen
Ergibt: *12 Portionen*

170 g Roquefort
110 g geriebener Cheddar
240 g Frischkäse
110 g Kokosraspel

1. Roquefort, Cheddar und Frischkäse in einer Schüssel mit einem elektrischen Handrührgerät auf mittlerer Stufe mischen. Abdecken und mindestens 1 Stunde kühl stellen.

2. Die Kokosraspel in einer flachen Schale verteilen. Den Teig zu walnußgroßen Kugeln formen. Die Kugeln in den Kokosraspeln wälzen, bis sie gleichmäßig damit überzogen sind.

KRABBEN MIT DILL

ERGIBT: *8-10 Portionen*

360 ml Mayonnaise
8 EL saure Sahne
5 EL Zitronensaft
2 ½ EL Zucker
1 große rote Zwiebel, dünn geschnitten
2 EL getrockneter Dill, zerrieben
900 g Krabben, geschält und gesäubert

Mayonnaise, saure Sahne, Zitronensaft, Zucker, Zwiebel und Dill in einer Schüssel mischen. Krabben zufügen. Abdecken und mindestens 8 Stunden kühl stellen. Mit Holzspießchen servieren.

KRABBEN-AUFSTRICH

ERGIBT: *6 Portionen*

130 g Krabben, aus der Dose
3 EL Mayonnaise
1 EL Bleichsellerie, feingehackt
1 EL Chilisauce
2 TL Schnittlauch, gehackt
Knäckebrot oder Cracker

1. Die Krabben abgießen und in ein Sieb geben. Unter fließendem kalten Wasser waschen und auf Küchenkrepp zum Trocknen ausbreiten.

2. Mayonnaise, Bleichsellerie, Chilisauce und Schnittlauch in einer Schüssel gut mischen. Abdecken und mindestens 2 Stunden kühl stellen. Den Aufstrich auf Knäckebrot oder Cracker streichen.

KRABBEN-BÄLLCHEN MIT KOKOSNUSS

ERGIBT: *30 Bällchen*

450 g Krabben, geschält, gesäubert, sehr feingehackt
2 große Eier
¼ Tasse Kokosnuß, gerieben
1 EL Speisestärke
1 TL Koriander, gemahlen
240 ml Sonnenblumenöl

1. Krabben, Eier, Kokosnuß, Speisestärke und Koriander in einer Schüssel gut mischen, abdecken und 30 Minuten kühl stellen.

2. In einem Wok oder einer schweren Pfanne das Öl stark erhitzen. Dem Teig mit einem kleinen Löffel kleine Stücke entnehmen und zu walnußgroßen Kugeln formen. Die Kugeln von jeder Seite 3 Minuten braten, bis sie leicht gebräunt sind. Auf Küchenkrepp abtropfen lassen und sofort servieren.

KRABBEN-BÄLLCHEN

SEHR FEIN

ERGIBT: *48 Bällchen*

3 Scheiben frischer Ingwer, geschält
3 Lauchzwiebeln, nur den weißen Teil, in 2,5 cm lange Streifen geschnitten
12 Wasserkastanien, grobgehackt
720 g Krabben, geschält, geputzt und grobgehackt
2 Eiweiße von kleinen Eiern
4 ½ TL trockener Sherry
4 ½ TL Speisestärke, in ¼ Tasse Wasser aufgelöst
4 dicke Scheiben hartes Weißbrot, zu Semmelbröseln gemahlen
6 Tassen Pflanzenöl zum Fritieren
Zum Servieren:
süß-saure Sauce (s. unten)

1. Den Ingwer reiben. Die Lauchzwiebeln, den geriebenen Ingwer und die Wasserkastanien in eine Schüssel geben und mit einem Pürierstab zerkleinern. (Die Mischung soll nicht zu fein werden.)

2. Die Krabben zufügen und die Mischung mit einem elektrischen Handrührgerät auf mittlerer Stufe zu einer Paste rühren. Die Eiweiße untermischen. Dann den Sherry und die aufgelöste Speisestärke unterrühren. Die Mischung abdecken und mindestens 2 Stunden kühl stellen.

3. Die Semmelbrösel in einer flachen Schale oder auf einem tiefen Teller verteilen.

4. Die Krabbenmischung zu walnußgroßen Kugeln formen. Jede Kugel in den Semmelbröseln wälzen, bis sie vollständig überzogen ist.

5. Das Öl in einer großen gußeisernen Pfanne oder in einer Friteuse (auf 160 °C) erhitzen. Die Bällchen in kleinen Portionen in 6–8 Minuten leicht braun fritieren, dabei häufig wenden. Die Bällchen auf Küchenkrepp abtropfen lassen und abdecken, um sie warm zu halten, während die anderen Bällchen fritiert werden. Die Sauce dazu reichen.

SÜSS-SAURE SAUCE

ERGIBT: *420 ml*

60 ml Sonnenblumenöl
6 EL Ketchup
6 EL Zucker
6 EL Rotweinessig
6 EL Ananassaft
1 EL Speisestärke, in 6 EL Wasser aufgelöst
¾ TL Salz

Öl und Ketchup in einem kleinen Topf bei mittlerer Hitze unter ständigem Rühren kochen, bis sich die Masse dunkel färbt. Zucker, Rotweinessig, Ananassaft, aufgelöste Speisestärke und Salz zufügen und mit einem Schneebesen gut verrühren. Die Mischung weitere 2 Minuten unter ständigem Rühren kochen, bis sie eindickt. Die Sauce in eine Schüssel füllen und auf Zimmertemperatur abkühlen lassen.

Krabben-Schiffchen

Ergibt: *6 Stück*

280 g Brokkoliröschen (tiefgekühlt), gehackt
240 g ganze, neue Kartoffeln, aus dem Glas, abgetropft und kleingehackt
130 g Krabben, abgetropft
1 Selleriestange, grobgehackt
½ Tasse geriebener Cheddar
60 ml Mayonnaise oder Salatdressing
2 TL Limettensaft
3 große grüne Paprika
Salatblätter
Zum Garnieren;
frische Petersilie, gehackt

1. Brokkoli, Kartoffeln, Krabben, Sellerie, Cheddar, Salatdressing und Limettensaft in eine Schüssel geben und gut verühren.

2. Die Paprika der Länge nach halbieren und aushöhlen. Die Hälften auf die Salatblätter legen und jede Paprikahälfte mit der Krabbenmischung füllen. Mit der Petersilie garnieren und servieren.

Tip: Verwenden Sie statt Krabbenfleisch Garnelen.

Krabbencreme-Muffins

Ergibt: *4 Portionen*

1 Tasse Bleichsellerie, kleingeschnitten
1 EL Butter oder Margarine
300 g Krabbencremesuppe
420 g gekochte Krabben, geputzt
120 ml saure Sahne oder Joghurt
1 EL geriebene unbehandelte Zitronenschale
1 Spritzer Angostura Bitter
4 Muffins, geteilt und getoastet
1 Msp. Paprikapulver

1. Bleichsellerie und Butter in eine große Pfanne geben. Den Sellerie etwa 5 Minuten dünsten.

2. Krabbencremesuppe, Krabben, Zitronenschale und Angostura zufügen. Alles zum Kochen bringen und auf die getoasteten Muffins geben. Mit Paprikapulver bestreuen und sofort servieren.

Tip: Ersetzen Sie die Krabben durch Krebsfleisch.

Krebsfleisch-Aufstrich

Ergibt: *6 Portionen*

1 Tasse Krebsfleisch, zerkleinert
2 EL süße Sahne
1 EL Meerrettich aus dem Glas
Zum Servieren:
Knäckebrot oder Cracker

Krebsfleisch, süße Sahne und Meerrettich in einer Schüssel mit einem elektrischen Handrührgerät auf niedriger Stufe zu einer glatten Masse rühren. Die Mischung abdecken und mindestens 1 Stunde kühl stellen. Den Aufstrich mit Knäckebrot oder Crackern servieren.

Krebsfleisch-Aufstrich mit Brandy

Ergibt: *6-8 Portionen*

1 ⅓ Tassen Krebsfleisch, zerkleinert
2 TL frischer Schnittlauch, gehackt
2 TL Brandy
2 TL Chilisauce
Zum Servieren:
Knäckebrot oder rohes Gemüse

Krebsfleisch, Schnittlauch, Brandy und Chilisauce in einer Schüssel mischen. Abdecken und mindestens 1 Stunde kühl stellen. Den Aufstrich mit dem Brot oder dem Gemüse servieren.

Krebsfleisch-Bällchen

Ergibt: *48 Bällchen*

1 Tasse Lauchzwiebeln, feingehackt
1 Avocado, feingewürfelt
2 große Eier
½ Tasse milde Salsa
Salz und Pfeffer
900 g frisches Krebsfleisch
¼ Tasse Semmelbrösel
Pflanzenöl
Mehl
Zum Garnieren:
1 kleiner grüner Paprika, feingehackt

1. Lauchzwiebel und Avocado in einer Schüssel mischen.
2. Eier und Salsa in einer anderen Schüssel mischen und mit Salz und Pfeffer würzen. Krebsfleisch und Semmelbrösel zufügen, gut unterrühren und mit der Avocadomasse mischen.
3. Aus der Mischung walnußgroße Kugeln formen. Die Kugeln auf ein mit Pergamentpapier ausgelegtes Backblech legen, abdecken und mindestens 4 Stunden kühl stellen.
4. Pflanzenöl etwa 5 cm hoch in eine schwere Pfanne füllen und erwärmen oder in einer Friteuse auf 190 °C erhitzen.
5. Mehl in einer flachen Schale verteilen und die Bällchen im Mehl wälzen, bis sie vollständig überzogen sind. Die Bällchen nacheinander in 3-4 Minuten goldbraun fritieren und auf Küchenkrepp abtropfen lassen. Warm servieren und mit Paprika garnieren.

Krebsfleisch-Nuss-Aufstrich

Ergibt: *6 Portionen*

¾ Tasse Krebsfleisch, feingehackt
2 große Eier, hartgekocht, zerkleinert
2 EL Butter, geschmolzen
2 TL Brandy
2 Tropfen Bittermandelaroma
<u>Zum Servieren:</u>
Cracker oder rohes Gemüse

Krebsfleisch, Eier, Butter, Brandy und Bittermandelaroma in einer Schüssel mit einem elektrischen Handrührgerät auf niedriger Stufe zu einer glatten Masse rühren. Die Mischung abdecken und mindestens 1 Stunde kühl stellen. Den Aufstrich mit den Crackern oder mit Gemüse servieren.

Krebsfleisch-Salat

Ergibt: *4 Portionen*

80 ml Chilisauce
120 ml Mayonnaise
1 TL Zwiebel, feingehackt
½ TL Zucker
1 Spritzer Worcestersauce
Salz und weißer Pfeffer
Friséesalat
2 Tassen gekochtes Krebsfleisch
4 Tomaten, geviertelt
4 große Eier, hartgekocht, geviertelt
<u>Zum Garnieren:</u>
24 Oliven mit Paprikafüllung

1. Chilisauce, Mayonnaise, Zwiebeln, Zucker und Worcestersauce in einer Schüssel mit einem Pürierstab zu einer glatten Masse verquirlen, mit Salz und Pfeffer würzen.

2. Den Salat auf 4 Tellern verteilen. Krebsfleisch, Tomaten und Eier darauf geben und die Sauce darüber gießen. Den Salat mit Oliven garniert servieren.

Krebsfleisch-Spiesschen
Ergibt: *24 Spießchen*

450 g frisches Krebsfleisch
1 Msp. Senfpulver
60 ml trockener Sherry
1 Tasse Semmelbrösel
12 Scheiben magerer Frühstücksspeck, halbiert
3 EL scharfer Senf

1. Einen Grillrost 7,5 cm von den Grillstäben entfernt einlegen und den Grill vorheizen.

2. Krebsfleisch, Senfpulver, Sherry und Semmelbrösel in einer Schüssel mit einer Gabel verrühren.

3. Dem Teig Stücke entnehmen und zu walnußgroßen Kugeln formen. Jede Kugel in einen halben Streifen Frühstücksspeck wickeln und auf ein Holzspießchen stecken. Die Spießchen 10 Minuten grillen, bis der Speck knusprig ist, dabei einmal wenden. Auf Küchenpapier abtropfen lassen und sofort servieren oder im Ofen bei 90 °C warmhalten. Den Senf dazu reichen.

Tip: Weichen Sie die Holzspießchen 10-20 Minuten in kaltem Wasser ein, um ein Anbrennen zu vermeiden.

Krebsfleisch-Tortillas
Ergibt: *8 Tortillas*

8 kleine Tortillafladen
1 Tasse Krebsfleischfüllung (s. unten)
2 Scheiben Cheddar, in 8 Streifen
Salat, in Streifen

1. In jeden Tortillafladen 2 Eßlöffel der Krebsfleischfüllung geben. Die Tortillas aufrollen, die Seiten dabei einschlagen. Einen Cheddarstreifen über die Naht jeder Rolle legen und mit einem Holzspießchen befestigen.

2. Die Rollen in eine feuerfeste Form legen, in den vorgeheizten Ofen schieben. Darauf achten, daß der Käse weich wird, aber noch nicht schmilzt. Herausnehmen und zur Seite stellen, bis der Käse wieder fest wird. Die Holzspießchen entfernen und die Tortillas auf einem Salatbett servieren.

Tip: Füllen Sie die Tortillas mit anderen Meeresfrüchten, Fleisch oder Käse.

Krebsfleisch-Füllung
Ergibt: *1 Tasse*

1 Tasse Krebsfleisch
2 EL süße Sahne
1 EL Meerrettich aus dem Glas
Salz und Pfeffer

Die Zutaten in eine Schüssel geben und gut verrühren. Die Mischung abdecken und mindestens 2 Stunden kühl stellen.

Lachs in Mürbeteig

Ergibt: *20 Stück*

TEIG
2 Tassen Mehl
½ TL Salz
100 g Pflanzenfett
3-4 EL Eiswasser
1 Eiweiß, verquirlt

FÜLLUNG
2 EL weiche Butter oder Margarine
½ Tasse Lauchzwiebeln, nur den grünen Teil, gehackt
200 g Lachs, in Streifen
1 Msp. getrockneter Dill
3 Eigelb von großen Eiern, verquirlt
1 Tasse saure Sahne oder Joghurt
Salz und Pfeffer
Zum Servieren:
Kräutermayonnaise (s. unten)

1. Einen Gitterrost in die Mitte des Ofens schieben und den Ofen auf 230 °C vorheizen. 2 Muffinbackbleche (ersatzweise 20 kleine runde Backformen) leicht einfetten.

2. Für den Teig Mehl und Salz in eine Schüssel geben und mit einem Schneebesen mischen. Das Pflanzenfett in Stücke schneiden und zufügen. Mehl und Fett mit zwei Messern zu einem krümeligen Teig verarbeiten. Dann soviel Eiswasser zufügen, daß ein weicher Teig entsteht.

3. Den Teig auf einer bemehlten Arbeitsfläche ½ cm dick ausrollen. Mit einer Ausstechform Kreise von 7-8 cm Durchmesser ausstechen. Die Teigkreise in die Vertiefungen des Muffinbackblechs oder in die Backformen drücken, mit dem verschlagenen Eiweiß bestreichen und in 3-4 Minuten goldbraun backen. Das Muffinblech bzw. die Backformen aus dem Ofen nehmen und die Temperatur auf 175 °C reduzieren.

4. Für die Füllung die Butter in einer kleinen Pfanne bei mittlerer Hitze zerlassen. Die Lauchzwiebeln zufügen und 1-2 Minuten dünsten. Den Lachs zufügen und 1 weitere Minute dünsten. Die Pfanne vom Herd nehmen und den Dill zufügen.

5. Eigelbe und saure Sahne in einen Topf geben, mit Salz und Pfeffer würzen und im Wasserbad 15 Minuten langsam heiß werden lassen, bis die Masse eindickt.

6. Die Lachsfüllung in die Teigförmchen geben und die Eigelbmischung darüber gießen. 6-8 Minuten backen, bis die Eigelbmasse gestockt ist. Die Kräutermayonnaise dazu servieren.

Kräutermayonnaise

Ergibt: *120 ml*

120 ml Mayonnaise
1 Spritzer Zitronensaft
1 TL Petersilie, feingehackt
1 TL Schnittlauch, gehackt
1 TL getrockneter Kerbel, zerrieben
1 Msp. getrockneter Thymian

Die Zutaten in einer Schüssel glatt rühren. Die Kräutermayonnaise abdecken und vor dem Servieren mindestens 24 Stunden kühl stellen.

Tip: Verwenden Sie andere Kräuter, um die Geschmacksrichtung zu variieren.

Lachs mit Zuckermelone

Ergibt: *24 Spießchen*

24 Würfel Zuckermelone (je 6 cm Kantenlänge)
2 EL Zitronen- oder Limettensaft
24 dünne Streifen geräucherter Lachs (2,5 x 7,5 cm)
230 g grüne Trauben, ohne Kerne

1. Zuckermelone in einer Schüssel vorsichtig mit dem Zitronensaft verrühren.

2. Je einen Lachsstreifen um einen Melonenwürfel wickeln, mit einem Holzspießchen fixieren und die Würfel auf einem Tablett anrichten. Das Tablett mit den Trauben garnieren. Mit Klarsichtfolie abdekken und vor dem Servieren mindestens 6 Stunden kühl stellen.

Lachs-Cocktail

Ergibt: *6 Portionen*

DRESSING
120 ml Mayonnaise
2 TL süße Sahne
2 EL Salsa (milde oder scharfe Tomatensauce; Fertigprodukt)
1 EL grüner Paprika, gehackt
1 EL roter Paprika, gehackt
1 EL Zwiebel, gehackt
2 EL Meerrettich aus dem Glas
Eiweiß von 2 hartgekochten Eiern
1 EL Oliven mit Paprikafüllung, kleingehackt
Salz und Pfeffer

FÜLLUNG
Saft einer Zitrone
500 g geräucherter Lachs, in Streifen
2 Tomaten, gehackt
Eigelb von 2 hartgekochten Eiern, zerkleinert
6 äußere Blätter eines Blattsalates
2 Tassen Blattsalat, in Streifen geschnitten
60 g Emmentaler, gewürfelt

1. Zubereitung des Dressings: Alle Zutaten in eine hohe Schüssel geben und mit einem Handrührgerät gut verquirlen. Dann mindestens 2 Stunden kühl stellen.

2. Zubereitung der Füllung: Etwas Zitronensaft über den Lachs träufeln. Die Tomaten mit den Eigelben mischen und den Lachs unterheben.

3. Je ein Salatblatt in ein Cocktailglas legen und tief hinein drücken. Die Salatstreifen und den Lachs gleichmäßig auf die Cocktailgläser verteilen. Das Dressing auf den Lachs und die Salatstreifen geben und etwas Emmentaler darüber streuen.

Lachs-Eier

Ergibt: *16 Stück*

8 hartgekochte Eier, halbiert, Eigelbe herausgenommen
100 g geräucherter Lachs, in Stücken
½ Tasse Sellerieblätter, feingehackt
½ Tasse Mandeln, gehackt
2 EL grüner Paprika, gehackt
1 Msp. scharfer Senf
Mayonnaise
Salz und Pfeffer
Zum Garnieren:
Brunnenkresse

1. Eigelbe, Lachs, Sellerieblätter, Mandeln, Paprika, Senf und Mayonnaise in einer Schüssel mischen. Die Masse mit Salz und Pfeffer würzen und mit einer Gabel kräftig durchrühren.

2. In jede Eiweißhälfte eine großzügige Menge der Füllung geben. Die Eier mit Brunnenkresse garnieren und servieren.

Tip: Für festliche Anlässe die Eier mit einer Spritztüte mit Sterntülle füllen und jede Eihälfte zusätzlich mit Nüssen bestreuen und mit einem Stück Kiwi garnieren.

Lachs-Kuchen

Ergibt: *4 Portionen*

3 große Eier
1 EL Mehl
2 TL Zitronensaft
1 Prise Salz
etwas weißer Pfeffer
340 g Mais, abgetropft
220 g Lachs, in Streifen
Zum Servieren:
Käsesauce (s. Seite 114) oder Paprikasauce (s. Seite 64)

1. Eine Pfanne bei mittlerer Hitze erwärmen.

2. Eier, Mehl, Zitronensaft, Salz und Pfeffer in einer Schüssel mit einem elektrischen Handrührgerät auf mittlerer Stufe verrühren. Mais und Lachs zufügen und gleichmäßig unterrühren.

3. Eine Kelle der Mischung in die Pfanne geben und mit der Rückseite eines Löffels leicht flach drücken. Die Kuchen auf jeder Seite in 3 Minuten goldbraun braten. Warm servieren und eine der Saucen dazu reichen.

Tip: Verwenden Sie statt Mais ein anderes Gemüse.

Lachs-Röllchen

Ergibt: *32 Röllchen*

220 g Lachs, in Streifen geschnitten
1 TL Meerrettich aus dem Glas
2 EL Zitronen- oder Limettensaft
1 TL Zwiebel, feingehackt
60 ml Mayonnaise
350 g Blätterteig (tiefgekühlt)
Paprikapulver

1. Einen Gitterrost in die Mitte des Ofens schieben und den Ofen auf 250 °C vorheizen.

2. Lachs, Meerrettich, Zitronensaft, Zwiebeln und Mayonnaise in einer Schüssel gut mischen.

3. Den Blätterteig nach Packungsanweisung auftauen. Den Teig halbieren und zwei Kreise von 20 cm Durchmesser ausrollen. Die Lachsmischung gleichmäßig auf den Kreisen verteilen und jeden Kreis in 16 Segmente schneiden. Jedes Segment von der breiten Seite her aufrollen und die fertigen Rollen auf ein Backblech legen. Jede Rolle mit einer Gabel einstechen und mit Paprikapulver bestreuen. Die Rollen in 12-15 Minuten leicht braun backen. Vor dem Servieren auf einem Gitterrost abkühlen lassen.

Lachs-Toast

Ergibt: *48 Toaststreifen*

80 g Frischkäse
2 EL Mayonnaise
220 g geräucherter Lachs, feingehackt
½ Tasse Bleichsellerie, feingehackt
1 Msp. scharfer Senf
1 Spritzer Angostura Bitter
16 Scheiben Toastbrot, ohne Rinde, je in drei Streifen geschnitten

Frischkäse und Mayonnaise in einer Schüssel glattrühren. Lachs, Bleichsellerie, Senf und Angostura unterrühren. Die Mischung auf den Toaststreifen verteilen und die Streifen servieren.

Lammfleisch-Bällchen

Ergibt: *20-24 Bällchen*

450 g Lammfleisch, gehackt
1 großes Ei, verquirlt
1 Tasse Semmelbrösel
1 Knoblauchzehe, zerdrückt
1 Msp. getrockneter Estragon, zerrieben
Salz und Pfeffer
120 ml saure Sahne oder Joghurt
2 EL Bleichsellerie, feingehackt
2 EL Gurke, feingehackt
1 EL Petersilie, feingehackt oder ½ TL getrocknete Petersilie

1. Einen Gitterrost in die Mitte des Ofens schieben und den Ofen auf 175 °C vorheizen.

2. Lammhackfleisch, Eier, Semmelbrösel, Knoblauch und Estragon in einer Schüssel miteinander mischen, salzen und pfeffern. Die Masse mit 2 kleinen Löffeln zu Kugeln formen und diese in eine 20 x 30 cm große Auflaufform legen. Die Kugeln in 15-18 Minuten braun backen. Auf Küchenpapier abtropfen lassen und warm halten.

3. Saure Sahne, Bleichsellerie, Gurke und Petersilie mischen und in eine Schüssel geben. Die Fleischbällchen mit der Sauce zusammen servieren. Holzspießchen bereitlegen.

Leberwurst-Bällchen

Ergibt: *8-10 Bällchen*

200 g Leberwurst
80 g Frischkäse
½ Tasse grüner Paprika, gehackt
1 Msp. Knoblauch
Salz und Pfeffer
½ Tasse eingelegte Gewürzgurken, gehackt
Zum Servieren:
scharfe Senfsauce (s. Seite 30)

1. Leberwurst, Frischkäse, Paprika und Knoblauch in einer Schüssel mischen und mit Salz und Pfeffer würzen. Das Ganze abdecken und 1 Stunde kühl stellen.

2. Die Mischung mit 2 kleinen Löffeln zu Kugeln formen. Jede Kugel in den gehackten Gewürzgurken rollen und nebeneinander auf ein Tablett legen. 2 Stunden kühl stellen. Die Sauce dazu reichen und Holzspießchen bereitlegen.

Liptauer Brotaufstrich

Ergibt: *2 Tassen*

240 g Frischkäse
110 g weiche Butter oder Margarine
2 EL Schalotten, feingehackt
1 ½ TL Sardellenpaste
1 TL Dijonsenf
1 TL Kapern, gehackt
1 TL Kümmel
1 TL Paprikapulver, edelsüß
Zum Servieren:
Cracker, Knäckebrot oder Gemüse

1. Frischkäse und Butter in einer Schüssel mit einem elektrischen Handrührgerät auf niedriger Stufe glattrühren. Schalotten, Sardellenpaste, Senf, Kapern, Kümmel und Paprikapulver zufügen und untermischen. Abdecken und mindestens 4 Stunden kühl stellen.

2. Den Liptauer Brotaufstrich mit Crackern, Brot oder Gemüse servieren.

Mandel-Pastete

Ergibt: *400 g*

240 g reifer Brie, Rinde entfernt
160 g Butter
½ Tasse Mandeln, gemahlen
2 EL Amaretto
Zum Servieren:
Cracker oder Brot

1. Eine kleine ovale Auflaufform mit Klarsichtfolie auslegen und soviel überhängen lassen, daß die Folie oben geschlossen werden kann.

2. Brie, Butter, Mandeln und Amaretto in einer Schüssel mit einem elektrischen Handrührgerät auf mittlerer Stufe verrühren. Die Masse in die Auflaufform geben und die Klarsichtfolie darüber falten. Die Masse zusammendrücken und mit Dose beschweren; dann mindestens 2 Stunden, am besten über Nacht, kühl stellen. Aus der Form nehmen und mit den Crackern oder dem Brot servieren.

Marinierte Champignons
Ergibt: *12 Portionen*

450 g frische Champignons
120 ml Olivenöl
3 EL Zitronen- oder Limettensaft
1 Knoblauchzehe, zerdrückt
1 Prise Salz
1 Prise Pfeffer
2 Prisen getrockneter Kerbel, zerrieben

1. Champignons mit einem scharfen Messer am Ansatz entstielen, mit einer weichen Bürste oder einem Tuch säubern und in ein Glas mit Deckel geben.

2. Die restlichen Zutaten in einen Topf geben und bei mittlerer Hitze zum Kochen bringen. Die heiße Ölmischung sofort über die Champignons gießen. Den Deckel auflegen und abkühlen lassen. Sobald das Glas angefaßt werden kann, den Deckel fest verschließen und das Glas auf den Kopf stellen. Auf Zimmertemperatur abkühlen lassen und mindestens 2 Tage kühl stellen.

3. Die marinierten Champignons abgießen und mit Holzspießchen servieren.

Tip: Marinieren Sie auf die gleiche Art kleine gekochte Kartoffeln.

Marmorierte Eier
Ergibt: *10 Eier*

10 kleine Eier
2 EL schwarzer Tee
2 EL Salz
1 EL schwarzer Pfeffer
5 ganze Sternanise
2 EL Sojasauce

1. Die Eier in einem Topf mit Wasser bei mittlerer Hitze zum Kochen bringen. Die Hitze reduzieren und die Eier 10 Minuten kochen lassen. Das Wasser abgießen und die Eier unter kaltem Wasser abschrecken. Die Eierschale mit einem Löffel aufklopfen, aber nicht entfernen.

2. Die Eier wieder in den Topf geben, mit Wasser bedecken, Tee, Salz, Pfeffer, Sternanis und Sojasauce zufügen und zum Kochen bringen. Die Hitze reduzieren und alles 20 Minuten kochen lassen. Das Wasser abgießen, die Eier schälen und servieren.

Matzen-Bällchen
Ergibt: *12 Bällchen*

6 große Eier, gut verquirlt
180 ml Wasser
1 Msp. Salz
3 EL Hühnerfett, geschmolzen und auf Zimmertemperatur abgekühlt
3 Tassen Matzen, zerkrümelt

1. Eier, Wasser, Salz, Hühnerfett und Matzen in einer Schüssel gut verrühren. Die Mischung abdecken und mindestens 2 Stunden kühl stellen.

2. Kleine Teile des Teiges entnehmen und zu walnußgroßen Kugeln formen.

3. 1 Liter Wasser in einem Topf zum Kochen bringen. Die Kugeln im Wasser in 15 Minuten zugedeckt ziehen lassen. Das Wasser abgießen. Servieren.

Melonen-Bällchen

Ergibt: *8 Portionen*

1 kleine Wassermelone
2 Kantalupe
1 Honigmelone
Zum Garnieren:
Salatblätter

Melonen mit einem scharfen Messer halbieren und die Kerne entfernen. Mit einem kleinen Löffel möglichst viele Kugeln aus dem Melonenfleisch ausstechen. Die Melonenkugeln in eine große Schale legen oder in einer ausgehöhlten Melone servieren. Mit Salatblättern garnieren und bis zum Servieren kühl stellen. Kleine Gabeln oder Holzspießchen bereitlegen.

Mexikanische Pizza-Bällchen

Ergibt: *36 Bällchen*

- **450 g grobe Mettwurst, zerkleinert**
- **220 g Schmelzkäsezubereitung mit Paprika**
- **2 Tassen Pizza-Fertigteigmischung**
- **1 EL weiche Butter oder Margarine**
- **1 EL getrockneter Oregano, gerieben**
- **½ TL getrocknetes Basilikum, gerieben**
- **1 TL Knoblauchpulver**
- **Butter, geschmolzen**

1. Den Ofen auf 175 °C vorheizen. Ein Backblech leicht einfetten.

2. Mettwurst und Schmelzkäse in einer Schüssel gut mischen. Teigmischung, Butter, Oregano, Basilikum und Knoblauchpulver zufügen und mit den Händen zu einem schweren Teig kneten.

3. Aus dem Teig walnußgroße Kugeln formen. Die Kugeln auf das Backblech legen, mit der geschmolzenen Butter bestreichen und 18-20 Minuten auf mittlerer Schiene backen, bis sie braun sind.

Miesmuscheln im Teigmantel

Ergibt: *24 Stück*

- **2 ¼ Tassen Mehl**
- **1 ½ TL Backpulver**
- **1 Prise Salz**
- **1 großes Ei**
- **120 ml Milch**
- **2 EL weiche Butter oder Margarine**
- **1 TL Zwiebel, gefriergetrocknet**
- **1 Prise Pfeffer**
- **280 g Klaffmuscheln oder Miesmuscheln aus der Dose (die Flüssigkeit in eine Schüssel abgetropft)**

1. Mehl, Backpulver und Salz in einer Schüssel mischen.

2. Das Ei in einer anderen Schüssel mit einem elektrischen Handrührgerät auf höchster Stufe schaumig schlagen. Milch, Butter, Zwiebel, Pfeffer und die Muschelflüssigkeit zufügen und gut untermischen. Die trockenen Zutaten zufügen und das Ganze zu einer glatten Masse rühren. Die Muscheln zufügen und vorsichtig unterheben.

3. Eine beschichtete Pfanne erhitzen. Die Masse eßlöffelweise in die Pfanne geben und in 2-3 Minuten goldbraun braten, dabei einmal wenden.

Mini-Pizza

Ergibt: *20 kleine Pizzen*

220 g Blätterteig (tiefgekühlt)
2 EL Butter oder Margarine
1 Knoblauchzehe, gehackt
1 EL grüner Paprika, gehackt
1 EL roter Paprika, gehackt
160 ml Tomatensauce
370 g gekochtes Hühnerfleisch, zerkleinert
2 EL frischer Oregano, zerrieben
3 EL geriebener Parmesan

1. Den Ofen auf 220 °C vorheizen. Ein Backblech leicht einfetten.

2. Den Blätterteig auftauen lassen und in 20 gleichgroße Stücke teilen. Die einzelnen Stücke im Abstand von 2-3 cm auf das gefettete Backblech legen.

3. Butter in einer Pfanne bei mittlerer Hitze zerlassen, Knoblauch und Paprika 5-6 Minuten darin dünsten. Die Tomatensauce zufügen und die Mischung weitere 10 Minuten unter Rühren kochen lassen. Den Topf vom Herd nehmen und das Hühnerfleisch und den Oregano zufügen.

4. Die Mischung gleichmäßig auf dem Blätterteig verteilen, auf jedes Teilchen Parmesan streuen und 8-10 Minuten auf mittlerer Schiene backen, bis die Ränder zu bräunen beginnen. Warm servieren.

Mortadella-Spiesschen

Ergibt: *9 Spießchen*

1 Scheibe Mortadella, 2,5 cm dick, ohne Haut
9 kleine weiße Cocktailzwiebeln
9 kleine Cocktailtomaten
9 Cracker
<u>Zum Servieren:</u>
Gartengemüse-Dip (s. unten)

1. Die Mortadellascheibe mit einem scharfen Messer zweimal in einer Richtung und zweimal im 90-Gradwinkel dazu durchschneiden, um 9 Würfel zu erhalten. Je eine weiße Cocktailzwiebel, eine Cocktailtomate und ein Stück Mortadella auf ein Holzspießchen stecken.

2. Jeden Spieß auf einen Cracker legen und auf einem Salatbett anrichten. Sofort servieren oder im Kühlschrank aufbewahren. Den Dip dazu servieren.

Gartengemüse-Dip

Ergibt: *1¼ Tassen*

240 g Hüttenkäse
2 EL saure Sahne
1 EL grüner Paprika, gehackt
1 EL roter Paprika, gehackt
1 EL Lauchzwiebeln, gehackt nur vom grünen Teil
1 EL Radieschen, gehackt
1 Msp. Selleriesalz

Hüttenkäse und saure Sahne mit einem elektrischen Handrührgerät glatt rühren. Die restlichen Zutaten zufügen und gut mischen. Mit Klarsichtfolie abdecken und mindestens 1 Stunde oder über Nacht kühl stellen.

Tip: Für festliche Anlässe einen Squash (Kürbisart) aushöhlen und den Dip im Squash servieren.

Mozzarella-Bagels

Ergibt: *10 Portionen*

2 TL Olivenöl
1 Zwiebel, feingehackt
220 ml Pizzasauce
½ TL getrockneter Oregano, zerrieben
1 Prise Knoblauchpulver
Salz und Pfeffer
10 Bagels oder kleine 8Brötchen, halbiert
1 Tasse Mozzarella, kleingeschnitten
220 g Champignons aus der Dose, in Scheiben

1. Das Olivenöl auf mittlerer Stufe in einer Pfanne erhitzen und die Zwiebel darin 5 Minuten anbraten, bis sie weich und leicht gebräunt ist. Pizzasauce, Oregano und Knoblauchpulver zufügen, mit Salz und Pfeffer würzen und gut mischen. Die Hitze reduzieren und die Sauce etwa 25 Minuten köcheln lassen. Die Mischung auf Zimmertemperatur abkühlen lassen.

2. Einen Grillrost 15 cm von den Heizstäben entfernt in den Ofen schieben und den Grill vorheizen.

3. Die Bagel- oder Brötchenhälften mit Sauce bestreichen und mit Mozzarella und Champignons belegen. Auf den Grillrost legen und 3-4 Minuten grillen, bis der Käse Blasen wirft. Warm servieren.

Münster-Taschen

Ergibt: *36 Stück*

80 g Frischkäse
110 g weiche Butter oder Margarine
1 ½ Tassen Mehl
2 große Eier
2 Tassen geriebener Münster-Käse
1 EL Zwiebeln, gerieben
1 Spritzer Tabasco
schwarzer Pfeffer
1 Eiweiß von einem großen Ei, verquirlt
Sesamsamen

1. Frischkäse und Butter in einer Schüssel glatt rühren. Das Mehl nach und nach zugeben, bis es vollständig aufgenommen ist. Die Mischung zu einer Kugel formen, in Frischhaltefolie einwickeln und mindestens 2 Stunden kühl stellen.

2. Den Ofen auf 190 °C vorheizen.

3. Die Eier in einer kleinen Schüssel schaumig schlagen. Münster-Käse, Zwiebeln und Tabasco untermischen. Mit Pfeffer würzen.

4. Eine Arbeitsfläche leicht mit Mehl bestäuben und den gekühlten Teig 3 mm dick ausrollen. Möglichst viele Kreise von 6-7 cm Durchmesser mit einer runden Form aus dem Teig ausstechen. Die Teigreste zusammenkneten, den Teig erneut ausrollen und weitere Kreise ausstechen, bis der gesamte Teig verarbeitet ist.

5. Auf jeden Kreis 1 Teelöffel Käsefüllung geben, die Kreise zusammenklappen und die Kanten fest zusammendrücken. Die fertigen Taschen im Abstand von 2,5 cm auf ein nicht gefettetes Backblech legen, mit Eiweiß bestreichen und mit Sesamsamen bestreuen. Die Münster-Taschen in 20-25 Minuten auf mittlerer Schiene hellbraun backen, auf einem Gitterrost abkühlen lassen und noch warm oder bei Zimmertemperatur servieren.

Nacho-Dip

Ergibt: *24 Portionen*

220 g mageres Rindfleisch, gehackt
220 g grobe Mettwurst
1 große rote Zwiebel, feingehackt
Tabasco zum Abschmecken
450 g gewürztes Bohnenpüree, aus der Dose
110 g grüne Chilis, feingehackt
3 Tassen geriebener Gouda
180 ml Tacosauce
Zum Garnieren:
Lauchzwiebeln, gehackt
Zum Servieren:
saure Sahne
8 Tassen Tortilla-Chips

1. Einen Gitterrost in die Mitte des Ofens schieben und den Ofen auf 200 °C vorheizen. Eine große Auflaufform leicht einfetten.

2. Rinderhackfleisch und grobe Mettwurst in einer Pfanne bei mittlerer Hitze 6–8 Minuten braten, bis das Fleisch nicht mehr rosa ist. Die Zwiebel zufügen, die Hitze auf höchste Stufe stellen und die Zwiebeln unter ständigem Rühren glasig braten. Die Pfanne vom Herd nehmen, das Fett abgießen und die Mischung mit Tabasco würzen. Gut umrühren.

3. Das Bohnenpüree in die Auflaufform füllen, das Fleisch und die Chilis darauf geben und mit Gouda bestreuen. 20–25 Minuten backen, bis der Käse schmilzt und zu bräunen beginnt. Mit Lauchzwiebeln garnieren und mit saurer Sahne und Tortillas servieren.

Nachos mit Krebsfleisch-Dip

Ergibt: *16 Portionen*

720 g Frischkäse
2 EL Mayonnaise
1 Spritzer Tabasco
1 TL Zitronensaft (wenn nötig)
¼ Tasse Lauchzwiebeln, feingehackt
¼ Tasse Bleichsellerie, feingehackt
1 Msp. Paprikapulver
Salz und Pfeffer
450 g schwarze Oliven, entsteint, feingehackt
220 g Krebsfleisch, abgetropft und zerkleinert
Zum Servieren:
Tortilla-Chips

1. Frischkäse, Mayonnaise und Tabasco in einer Schüssel mit einem elektrischen Handrührgerät auf mittlerer Stufe zu einer glatten Masse rühren. Die Mischung sollte eine etwas dickere Konsistenz als Mayonnaise haben. Den Zitronensaft eventuell zufügen, um die Mischung zu verdünnen.

2. Lauchzwiebeln und Bleichsellerie zufügen, gut untermischen und mit Paprikapulver, Salz und Pfeffer würzen. Oliven und Krebsfleisch zufügen und vorsichtig unterheben. Die Tortilla-Chips dazu reichen.

Oliven in Käse

Ergibt: *6 Portionen*

2 Tassen geriebener Cheddar
1 ½ Tassen Mehl
110 g weiche Butter oder Margarine
110 g Oliven mit Paprikafüllung

1. Cheddar, Mehl und Butter in einer Schüssel gut mischen. Dem Teig Teile entnehmen und zu walnußgroßen Kugeln formen. Jede Kugel flach drücken und je eine Olive in die Mitte geben. Die Käsemischung um die Olive schließen und die Naht glatt streichen. Die Kugeln auf eine gefriergeeignete Platte legen, mit Alufolie abdecken und mindestens 4 Stunden ins Gefrierfach stellen, bis sie fest sind.

2. Den Ofen auf 190 °C vorheizen. Ein Backblech leicht einfetten.

3. Die Kugeln auf das Backblech legen und in 8-10 Minuten auf mittlerer Schiene goldbraun backen. Auf einem Gitterrost abkühlen lassen.

Oliven in Speck

Ergibt: *8 Spießchen*

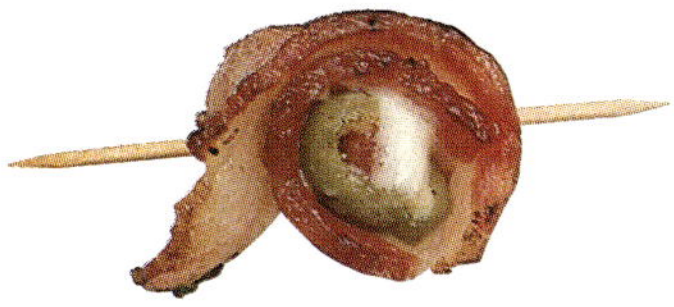

8 große Oliven mit Paprikafüllung
Frischkäse
8 Streifen Frühstücksspeck

1. Den Grill vorheizen.

2. Oliven halbieren und etwas Frischkäse auf eine der Hälften geben. Die Hälften wieder zusammensetzen. Der Frischkäse hält sie zusammen. Jede Olive in einen Speckstreifen wickeln und die Rollen mit einem Holzspießchen befestigen. Die Frühstücksspeckrollen auf ein Backblech legen und in 3-4 Minuten knusprig grillen. Sofort servieren.

Orientalische Bällchen

Ergibt: *24-30 Bällchen*

Pflanzenöl
220 g gekochter Schinken, feingehackt
1 EL Zwiebeln, feingehackt
3 große Eier, leicht verquirlt
3 Scheiben Toastbrot, ohne Rinde, gewürfelt
2 EL Mehl
1 Tasse Vermicelli-Nudeln, in 1 cm langen Stücken

1. Pflanzenöl 6 cm hoch in eine tiefe Pfanne gießen und bei mittlerer Hitze erwärmen oder in einer Friteuse auf 190 °C erhitzen.

2. Schinken, Zwiebeln, Eier und Toastbrot in einer Schüssel mischen. Soviel Mehl unterrühren, daß eine feste Masse entsteht.

3. Die Vermicelli-Nudeln in einer flachen Schale verteilen. Dem Teig Stücke entnehmen und zu walnußgroßen Kugeln formen. Die Kugeln in den Vermicelli rollen, bis sie vollständig überzogen sind und in 3-4 Minuten goldbraun fritieren. Auf Küchenkrepp abtropfen lassen und warm servieren.

Orientalische Fleischbällchen

Ergibt: *35-40 Fleischbällchen*

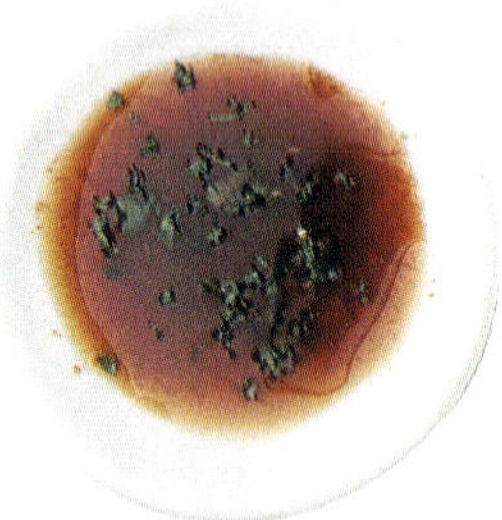

450 g mageres Schweinefleisch, gehackt
¼ Tasse Reiswaffeln, zerrieben
1 großes Ei
60 ml Milch
2 EL Zwiebeln, gehackt
3 EL Wasser
Salz und Pfeffer
5 EL Butter oder Margarine
Zum Servieren:
1 Tasse Orientalischer Dip (s. unten)

1. Schweinehackfleisch, Reiswaffeln, Ei, Milch, Zwiebeln und Wasser in einer großen Schüssel mischen und mit Salz und Pfeffer würzen. Die Mischung mit 2 kleinen Löffeln zu Kugeln formen.

2. Die Butter bei mittlerer Hitze in einer Pfanne zerlassen. Die Fleischbällchen in der Butter wenden und in 10-12 Minuten von allen Seiten braten. Die Fleischbällchen auf Küchenpapier abtropfen lassen und noch warm servieren. Holzspießchen bereit legen. Orientalischen Dip dazu reichen.

Orientalischer Dip

Ergibt: *1 ¼ Tassen*

120 ml Sojasauce
120 ml Wasser
3 EL Sherry
1 EL frischer Ingwer, gehackt
1 Knoblauchzehe, kleingehackt
1 EL brauner Zucker
½ TL Senfpulver

Die Zutaten in einem kleinen Topf auf mittlerer Stufe unter Rühren erhitzen, bis der Zucker geschmolzen ist. Die Hitze reduzieren und 15-20 Minuten köcheln lassen, bis die Flüssigkeit eindickt. Warm servieren.

Pakoras

Ergibt: *8 Portionen*

1 Tasse getrocknete gelbe Erbsenhälften
Pflanzenöl zum Fritieren
¾ Tasse Mehl
1 TL Currypulver
1 Msp. Pimentpulver
1 Prise Salz
1 Spritzer Tabasco
½ Tasse Zwiebeln, feingehackt
½ Tasse grüner Paprika, feingehackt
½ Tasse Bleichsellerie, feingehackt
1 EL getrocknete Pfefferminze, zerrieben
Semmelbrösel
Zum Servieren:
Chutney

1. Wasser in einen Topf geben und zum Kochen bringen. Die Erbsen zufügen. Die Hitze reduzieren und die Erbsen, halb zugedeckt, etwa 2 Stunden köcheln lassen, bis sie weich sind. Das Wasser abgießen und die Erbsen zum Abkühlen zur Seite stellen.

2. Das Öl in einer schweren Pfanne oder in einer Friteuse erhitzen. (Die Friteuse auf 190 °C einstellen.)

3. In der Zwischenzeit Mehl, Currypulver, Pimentpulver und Salz in einer Schüssel mischen. Die Mischung zu den Erbsen geben. Tabasco, Zwiebeln, Paprika, Bleichsellerie und Pfefferminze zufügen und alles gut verrühren.

4. Die Semmelbrösel in einer flachen Schale oder auf einem Teller ausbreiten. Je 1 Teelöffel der Erbsenmischung auf die Semmelbrösel geben und darin wälzen, bis sie vollständig überzogen ist.

5. Jede Kugel in 2-3 Minuten gleichmäßig goldbraun fritieren. Die Kugeln heiß servieren. Das Chutney dazu reichen.

Tip: Geben Sie nicht zu viele Kugeln auf einmal in das heiße Öl.

Paprika mit Käse-Füllung

Ergibt: *8-10 Portionen*

1 Tasse grüne Erbsen, gekocht
240 g Hüttenkäse
½ TL Zwiebel, gerieben
Salz und weißer Pfeffer
8 kleine ganze Paprika, geputzt
Zum Garnieren:
mit Butter gemischte Semmelbrösel
geschnittener Salat

1. Den Ofen auf 175 °C vorheizen. Ein Backblech leicht einfetten.

2. Erbsen, Hüttenkäse und Zwiebeln in einer Schüssel mischen und mit Salz und Pfeffer würzen. Die Mischung mit einem kleinen Löffel in die Paprika füllen und diese auf das Backblech legen. Die Semmelbrösel darüber streuen.

3. Die Paprika 4-5 Minuten backen, bis die Semmelbrösel bräunen. Die Paprika aus dem Ofen nehmen, abkühlen lassen und in 2,5 cm breite Streifen schneiden. Auf geschnittenem Salat anrichten und servieren.

Paprika mit Lachs-Füllung

Ergibt: *8 Portionen*

1 ½ Tassen Lachsfüllung (s. unten)
8 kleine ganze Paprika, ausgehöhlt
mit Butter gemischte Semmelbrösel
Zum Garnieren:
in Streifen geschnittener Salat

1. Den Ofen auf 175 °C vorheizen. Ein Backblech leicht einfetten.

2. Die Lachsfüllung mit einem Löffel in die Paprika geben und die Paprika auf das Backblech legen. 4 Minuten backen. Dann mit den Semmelbröseln bestreuen und weiter backen, bis die Semmelbrösel zu bräunen beginnen.

3. Abkühlen lassen und in 2,5 cm breite Streifen schneiden. Die Streifen auf einem Salatbett servieren.

Lachsfüllung

Ergibt: *1¼ Tassen*

½ Tasse Lachs, kleingewürfelt
½ Tasse Pfefferschinken, feingehackt
¼ Tasse Krebsfleisch, fein zerkleinert
Mayonnaise (nach Geschmack)
Salz und Pfeffer

Die Zutaten in eine Schüssel geben und gut mischen. Abdecken und mindestens 2 Stunden kühl stellen.

Paprika mit Reis-Füllung

Ergibt: *8-10 Portionen*

2 Tassen weißer oder wilder Reis, gekocht
½ Tasse Frühstücksspeck, gehackt, in der Pfanne ausgelassen
¼ Tasse grüne Erbsen, gekocht
8 kleine ganze Paprika
mit Butter gemischte Semmelbrösel
Zum Garnieren:
geschnittener Salat

1. Den Ofen auf 175 °C vorheizen. Ein Backblech leicht einfetten.

2. Reis, Frühstücksspeck und Erbsen in einer kleinen Schüssel mischen. Die Masse mit einem Löffel in die Paprika füllen und die Paprika mit Holzspießchen verschließen.

3. Die Paprika auf ein Backblech legen und 4 Minuten backen, dann mit den Semmelbröseln bestreuen und weitere 3-4 Minuten backen, bis die Brösel bräunen. Abkühlen lassen und in 2-3 cm breite Streifen schneiden. Auf in Streifen geschnittenem Salat servieren.

Paprika-Käse-Eier

Ergibt: *8 Stück*

4 hartgekochte Eier, halbiert, Eigelbe herausgenommen
¼ Tasse Frischkäse-Aufstrich (s. unten)
2 EL grüner Paprika, feingehackt
1 EL roter Paprika, feingehackt
Paprikapulver

Eigelbe, Frischkäse-Aufstrich, roten und grünen Paprika mit einer Gabel gut verrühren. Eine großzügige Menge der Füllung mit einem Spritzbeutel mit großer Sterntülle in jede Eihälfte pressen. Die gefüllten Eier mit Paprikapulver bestreuen und bis zum Servieren kühl stellen.

Frischkäse-Aufstrich

Ergibt: *1¾ Tassen*

80 g Frischkäse
½ Tasse Paprika, gehackt
6 EL Mayonnaise
½ Tasse Walnüsse, feingehackt

1. Frischkäse, Paprika und Mayonnaise in einer Schüssel mit einem elektrischen Handrührgerät auf mittlerer Stufe verrühren.

2. Die Mischung kräftig aufschlagen und die Walnüsse unterrühren. Abdecken und mindestens 1 Stunde kühl stellen.

Parmesan-Cracker

Ergibt: *550 g*

110 g Butter oder Margarine
400 g Cracker
Knoblauchsalz zum Abschmecken
½ Tasse geriebener Parmesan

1. Butter bei geringer Hitze in einer Pfanne zerlassen. Cracker zufügen und umrühren, bis die Cracker die gesamte Butter aufgesogen haben.

2. Die Pfanne vom Herd nehmen und die Cracker mit Knoblauchsalz und Parmesan bestreuen. Warm oder kalt servieren.

Party-Mix

Ergibt: *6-7 Tassen*

300 g Cracker
300 g Käsegebäck
420 g Mini-Brezeln
170 g geröstete Erdnüsse
50 ml fertige Salatsauce
½ TL Pfeffer
240 ml Sonnenblumenöl

1. Cracker, Käsegebäck, Mini-Brezeln und Erdnüsse in einer Schüssel mischen.

2. Salatsauce mit Pfeffer würzen und gleichmäßig über die trockenen Zutaten träufeln. Etwa 60 ml Öl über die Mischung gießen, durchmischen und weitere 60 ml Öl zufügen und mischen. Das restliche Öl auf die gleiche Weise zufügen. Die Mischung in einem luftdicht verschließbaren Behälter aufbewahren oder sofort servieren.

Party-Mix mit Erdnüssen

Ergibt: *10 Tassen*

110 g Butter oder Margarine
1 ½ Tassen italienische Gewürzmischung
8 Tassen Cornflakes
1 ½ Tassen Mini-Brezeln
1 ½ Tassen Erdnüsse, gesalzen
½ Tasse geriebener Parmesan oder Romano

1. Einen Gitterrost in die Mitte des Ofens schieben und den Ofen auf 160 °C vorheizen. Die Butter in eine Auflaufform geben und im Ofen schmelzen lassen, während er sich aufheizt.

2. Die Auflaufform aus dem Ofen nehmen und die italienische Gewürzmischung in die geschmolzene Butter einstreuen. Cornflakes, Mini-Brezeln und Erdnüsse zufügen und gut mit der geschmolzenen Butter überziehen.

3. Den Parmesan darüber streuen, mischen und etwa 20 Minuten backen, bis der Käse leicht bräunt; dabei gelegentlich umrühren. Vor dem Servieren vollständig abkühlen lassen.

Tip: Bewahren Sie den Party-Mix in Gefrierbeuteln. Mit Margarine ist er haltbarer als mit Butter. Verwenden Sie also Margarine, wenn Sie ihn im voraus zubereiten.

Party-Mix mit Käsegeschmack

Ergibt: *10-12 Portionen*

3 EL Butter oder Margarine, geschmolzen
1 Prise Cayennepfeffer
1 EL Worcestersauce
½ Tasse geriebener Parmesan
2 Tassen Pommes Frites
350 g Röstzwiebeln
2 Tassen Cornflakes
1 Tasse Mini-Brezeln

1. Einen Gitterrost in die Mitte des Ofens schieben und den Ofen auf 120 °C vorheizen.

2. Butter, Cayennepfeffer, Worcestersauce und Parmesan in einer Auflaufform von etwa 22 x 30 cm gut mischen.

3. Pommes Frites, Röstzwiebeln, Cornflakes und Brezeln in einer großen Schüssel mischen und dann in die Auflaufform füllen. Gut umrühren, damit alles mit der Mischung überzogen ist. 45 Minuten backen. Alle 15 Minuten umrühren. Vor dem Servieren in der Form etwas abkühlen lassen.

Pekannüsse in Datteln

Ergibt: *36 Früchte*

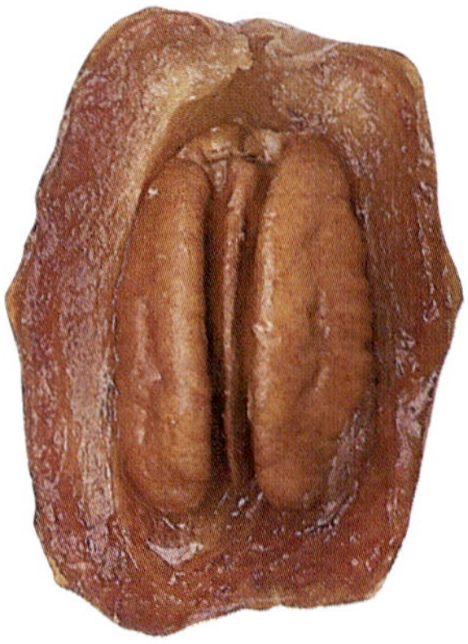

36 frische Datteln, entsteint
60 ml Brandy
2 EL Orangensaft, frisch gepreßt
36 Pekannußhälften

1. Datteln in ein fest verschließbares Glas geben und Brandy und Orangensaft zufügen. Das Glas verschließen und mindestens 24 Stunden kühl stellen, gelegentlich wenden.

2. Die Datteln abgießen. Eine Pekannußhälfte in jede Dattel drücken. Auf einem Teller oder einer Platte anrichten und servieren.

Pfefferschinken-Ball

Ergibt: *1 Kugel*

220 g Pfefferschinken, kleingeschnitten
3 EL Oliven mit Paprikafüllung, gehackt
1 EL mittelscharfer Senf
Tabasco zum Abschmecken
80 g Frischkäse
2 TL Milch
Zum Garnieren:
Petersilie
Zum Servieren:
Cracker

1. Pfefferschinken, Oliven und Senf in einer Schüssel mischen und mit Tabasco abschmecken. Die Mischung mit den Händen zu einer großen Kugel formen.

Die Kugel mit Klarsichtfolie abdecken und mindestens 2 Stunden kühl stellen.

2. Den Frischkäse und die Milch in einer Schüssel mit einem elektrischen Handrührgerät auf mittlerer Stufe verrühren. Die Kugel mit der Frischkäsemischung überziehen und wieder abdekken. Nochmals kühl stellen, bis die Kugel fest ist. Zum Servieren mit der Petersilie garnieren. Die Cracker dazu reichen.

Tip: Bedecken Sie für festliche Anlässe die Oberfläche der Kugel mit Brunnenkresse.

Pizza-Bagels

Ergibt: *24 Stück*

220 ml Tomatensauce mit Basilikum
12 Bagels oder kleine Brötchen, halbiert
450 g Mozzarella, in 24 Scheiben geschnitten

1. Den Ofen auf 175 °C vorheizen.

2. Tomatensauce auf den Bagels oder den Brötchen verteilen und auf jede Hälfte eine Scheibe Mozzarella legen. Die Bagels auf ein Backblech legen und 10-12 Minuten auf mittlerer Schiene backen, bis der Käse schmilzt und die Bagels hellbraun sind.

Pizza-Muffins

Ergibt: *8 Stück*

220 ml Tomatensauce
2 EL grüner Paprika, feingehackt
1 EL Zwiebeln, feingehackt
1 Msp. Kerbel
4 Muffins, halbiert und getoastet
8 Scheiben Emmentaler oder Provolone, halbiert, 10 cm breit

1. Einen Grillrost 10 cm von den Heizstäben entfernt in den Ofen schieben und den Grill vorheizen.

2. Tomatensauce, Paprika, Zwiebeln und Kerbel in einer Schüssel mischen. Die Mischung auf die Muffins geben und die Muffins 2-3 Minuten grillen, bis sie heiß sind.

3. Auf jede Hälfte eine Scheibe Emmentaler geben. Die Muffins weiter grillen, bis der Käse schmilzt. Aus dem Ofen nehmen, vierteln und servieren.

Popcorn mit Knoblauchgeschmack

Ergibt: *12 Portionen*

50 g weiche Butter oder Margarine
8 Tassen frisch gepopptes Popcorn
1 EL Knoblauchpulver
1 EL geriebener Parmesan

1. Die Butter in einem kleinen Topf bei geringer Hitze zerlassen.

2. Popcorn in eine Schüssel geben und die geschmolzene Butter unter Wenden darüber gießen. Knoblauchpulver und Parmesan zufügen und gut untermischen, bis das Popcorn gleichmäßig damit überzogen ist.

Popcorn-Knabber-Mischung

Ergibt: *1 große Schüssel*

8 Tassen Popcorn
2 Tassen Goldfischli
1 Tasse Croutons, geröstet
1 Tasse Mini-Brezeln, ungesalzen
2 EL Butter oder Margarine, geschmolzen
1 TL Worcestersauce
½ TL Knoblauchpulver
½ TL Zwiebelpulver
½ TL Chilipulver

1. Den Ofen auf 175 °C vorheizen. Ein tiefes Backblech leicht einfetten.

2. Popcorn, Goldfischli, Croutons und Brezeln in eine Schüssel geben und gut mischen.

3. Butter, Worcestersauce, Knoblauch-, Zwiebel- und Chilipulver in einer Tasse mischen. Die Mischung in einem dünnen Strahl über die Popcornmischung gießen. Das Ganze auf dem Backblech verteilen und höchstens 15 Minuten backen, bis das Popcorn zu bräunen beginnt. Den Ofen ausschalten, die Knabbermischung einmal umrühren und im Ofen bei leicht geöffneter Tür 1 Stunde abkühlen lassen. Sofort servieren oder in einem luftdichten Behälter aufbewahren.

Räucherfisch-Aufstrich

Ergibt: *12-15 Häppchen*

340 g Räucherfisch, zerkleinert
80 g Frischkäse
3 EL süße Sahne oder Kondensmilch
1 EL Zitronen- oder Limettensaft
1 kleine Knoblauchzehe, kleingehackt
Zum Servieren:
Roggenbrot oder Pumpernickel

Räucherfisch, Frischkäse, Sahne, Zitronensaft und Knoblauch in einer Schüssel verrühren. Die Mischung abdecken und mindestens 2 Stunden kühl stellen. Den Aufstrich mit Brot servieren.

Reis-Bällchen

Ergibt: *10 Bällchen*

700 ml Sonnenblumenöl
Cracker, fein zerkrümelt
120 ml Tomatensauce
2 Tassen gekochter Reis
½ Tasse geriebener Parmesan oder Romano
1 Tasse gekochtes Hühnerfleisch, gehackt
1 Tasse Semmelbrösel
2 große Eier
Salz und Pfeffer

1. Das Öl in einer großen Pfanne auf mittlerer Stufe erhitzen.

2. Die Crackerkrümel in einer flachen Schüssel oder auf einem Teller verteilen.

3. Tomatensauce, Reis, Parmesan, Hühnerfleisch, Semmelbrösel und Eier in einer großen Schüssel mischen, mit Salz und Pfeffer abschmecken. Mit einem kleinen Löffel dem Teig walnußgroße Portionen entnehmen und zu Kugeln formen. Die Kugeln in den Crackerkrümeln wälzen, bis sie vollständig überzogen sind.

4. Die Kugeln in kleinen Portionen in 3–4 Minuten goldbraun fritieren. Auf Küchenkrepp abtropfen lassen und warm servieren.

Relish-Käse-Eier

Ergibt: *8 Stück*

4 hartgekochte Eier, halbiert, Eigelbe herausgenommen
¼ Tasse Frischkäse-Aufstrich (s. Seite 108)
3 EL Relish mit süßen Gurken (oder ein anderes Relish)
Paprikapulver

Eigelbe, Frischkäseaufstrich und Relish mit einer Gabel in einer Schüssel verrühren. Eine großzügige Menge der Füllung mit einem Spritzbeutel mit großer Sterntülle in jede Eihälfte geben. Die gefüllten Eier mit Paprikapulver bestreuen, abdecken und bis zum Servieren kühl stellen.

Tip: Relish ist eine pikante Würzsauce, die es in verschiedenen Geschmacksrichtungen in gut sortierten Supermärkten gibt.

Rinderschinken-Snack

Ergibt: *8 Spießchen*

8 Scheiben luftgetrockneter Rinderschinken, in 6 cm große Quadrate geschnitten
½ Tasse Chutney-Butter (s. unten)
8 Oliven mit Paprikafüllung

Die Chutney-Butter gleichmäßig auf jedem Stück Rinderschinken verteilen. Den Schinken mit einem Holzspießchen befestigen. Eine Olive auf jedes Spießchen stecken und auf einem Tablett anrichten. Abdecken und bis zum Servieren kühl stellen.

Tip: Verwenden Sie für dieses Rezept einen anderen Aufschnitt und eine andere Füllung oder zubereitete Butter.

Chutney-Butter

Ergibt: *¼ Tasse*

60 g Butter
2 EL Chutney, zerdrückt

In einer kleinen Tasse die Butter cremig rühren. Das Chutney zugeben und gut unterrühren.

RINDFLEISCH-BÄLLCHEN

ERGIBT: *8 Bällchen*

1 TL Zwiebeln, feingehackt
80 g Frischkäse
Salz und Pfeffer
½ Tasse luftgetrockneter Rinderschinken, feingehackt
Zum Servieren:
Chili-con-Queso-Dip (s. unten)

1. Zwiebeln und Frischkäse in einer kleinen Schüssel verrühren und mit Salz und Pfeffer würzen. Die Mischung abdecken und 1 Stunde kühl stellen.

2. Die Mischung mit 2 kleinen Löffeln zu Kugeln formen. Die Kugeln im Rinderschinken rollen. Auf einem Tablett anrichten. Den Dip dazu servieren.

CHILI-CON-QUESO-DIP

ERGIBT: *2 Tassen*

1 Tasse Schmelzkäsezubereitung
½ Tasse geriebener Cheddar
60 ml Kondensmilch
1 Tomate, gehackt
1 grüne Chili, gehackt
½ TL Knoblauchpulver

Die Schmelzkäsezubereitung und den geriebenen Cheddar im Wasserbad bei geringer Hitze erwärmen und zu einer glatten Masse verrühren. Kondensmilch, Tomate, Chili und Knoblauchpulver zufügen, abdecken und 30 Minuten einkochen, bis der Dip eine dickflüssige Konsistenz erhält. Falls gewünscht, zum Verdünnen des Dips Milch zufügen. Warm servieren.

RINDFLEISCH-REIS-FLADEN

ERGIBT: *8 Fladen*

1 Tasse wilder Reis
3 Eier, verquirlt
1 Tasse geriebener Emmentaler
80 g geräucherter Rinderschinken, gewürfelt
Zum Servieren:
Käsesauce (s. unten)

1. Den Reis nach Packungsanweisung kochen.

2. Eine Pfanne stark erhitzen.

3. Alle Zutaten in einer Schüssel mit dem Reis mischen. Dann 2-3 Eßlöffel der Masse in die heiße Pfanne geben und 3 Minuten braten, bis die Kanten zu bräunen beginnen, wenden und die andere Seite ebenfalls 2 Minuten braten. Die Käsesauce dazu servieren.

TIP: Geben Sie eventuell etwas Pflanzenöl in die Pfanne, um ein Anbraten der Fladen zu vermeiden.

KÄSESAUCE

ERGIBT: *1 Tasse*

240 ml Milch
1 ½ EL Mehl, Speisestärke oder Pfeilwurzelmehl
⅔ Tasse geriebener Gruyère oder Emmentaler
Salz und Pfeffer

1. Milch in einen kleinen Topf geben und Mehl nach und nach unterrühren, bis eine glatte Masse entstanden ist.

2. Die Mischung bei mittlerer Hitze zum Kochen bringen. Die Hitze reduzieren und unter ständigem Rühren 2-3 Minuten kochen, bis die Mischung eindickt. Den Topf vom Herd nehmen.

3. Gruyère einrühren und die Sauce mit Salz und Pfeffer würzen.

Romano-Törtchen

Ergibt: *10 Törtchen*

⅔ Tasse geriebener Parmesan oder Romano
60 ml Mayonnaise
4 Lauchzwiebeln, gehackt, nur den grünen Teil
½ TL Knoblauchpulver
½ TL getrocknetes Basilikum, zerrieben
½ TL Oregano
280 g Blätterteig (tiefgekühlt)

1. Den Ofen auf 200 °C vorheizen. Den Blätterteig auftauen lassen.

2. Parmesan, Mayonnaise, Lauchzwiebeln, Knoblauchpulver, Basilikum und Oregano in einer Schüssel mit einem Schneebesen mischen.

3. Den Blätterteig teilen und auf eine Arbeitsfläche legen. Den Teig zu Kreisen von etwa 12 cm Durchmesser ausstechen. Die Kreise im Abstand von 2-3 cm auf nicht gefettete Backbleche legen. Je 1 Eßlöffel der Mischung auf jeden Kreis geben. Einen Rand von etwa 1 cm frei lassen. Die Törtchen in 10-12 Minuten auf mittlerer Schiene goldbraun backen.

Tip: Streuen Sie zusätzlich Parmesan oder Romano über die Törtchen, um den Käsegeschmack zu verstärken.

Rosinen-Snack

Ergibt: *1¼ Tassen*

1 Tasse Rosinen
3 EL Sonnenblumenkerne
3 EL Kokosraspel
1 EL halbbittere Schokolade, feingehackt

Die Zutaten in einen Behälter geben; diesen verschließen und die Zutaten durch Schütteln gut mischen. Die Mischung bis zum Servieren im Kühlschrank aufbewahren.

Rührei in Paprika

Ergibt: *8 Portionen*

8 große Eier
Salz
8 kleine, ganze rote Paprika, gesäubert
Zum Garnieren:
geröstete Semmelbrösel
geschnittener Salat

1. Einen Gitterrost in die Mitte des Ofens schieben und den Ofen auf 175 °C vorheizen. Ein Backblech leicht einfetten.

2. Jedes Ei einzeln in einer kleinen Schüssel verquirlen, je eine Prise Salz hinzufügen und in eine Paprika gießen. Die Paprika auf das Backblech setzen und etwa 6-7 Minuten backen, bis das Ei gestockt ist. Mit den Semmelbröseln bestreuen, abkühlen lassen und in 2,5 cm breite Streifen schneiden. Zum Servieren auf einem Salatbett anrichten.

Rumaki

Ergibt: *12 Spießchen*

12 Hühnerlebern
2 EL Brandy
1 Msp. Ingwerpulver
60 ml Sojasauce
12 Streifen Frühstücksspeck, halbiert
250 g Wasserkastanien, aus der Dose

1. Den Grill vorheizen.

2. Die Hühnerleber waschen und halbieren. Brandy, Ingwerpulver und Sojasauce mischen und die Leber in diese Sauce tauchen.

3. Den Frühstücksspeck auf Holzspießchen stecken und ein Ende hängen lassen. Eine Hühnerleber aufspießen und danach wieder den Speck. Eine Wasserkastanie darauf stecken und dann das Speckende. (Der Frühstücksspeck formt so ein S um die Leber und die Wasserkastanie.) Sämtliche Zutaten auf diese Weise aufspießen.

4. Die Rumaki 8–10 Minuten grillen, bis der Frühstücksspeck knusprig und die Leber gar ist.

Salami-Spiesschen

Ergibt: *8 Spießchen*

4 Scheiben Salami
3 EL Bier-Käse-Aufstrich (s. unten)
8 kleine Oliven mit Paprikafüllung

2 Scheiben Salami auf eine Arbeitsfläche legen und die Hälfte des Aufstrichs gleichmäßig darauf verteilen. Die anderen 2 Salamischeiben darauf legen und die Doppeldecker in Viertel schneiden. Eine Olive und je ein Salamiviertel auf ein Holzspießchen stecken.

Bier-Käse-Aufstrich

Ergibt: *950 g*

450 g geriebener Cheddar
450 g geriebener Emmentaler
1 ½ TL Senfpulver
1 kleine Knoblauchzehe, gehackt
½ TL Steaksauce
240 ml Bier

Die Zutaten in einer Schüssel mischen und zu einer glatten, streichfähigen Masse rühren. Den Aufstrich abdecken und mindestens 2 Stunden kühl stellen.

Salat-Rollen

Ergibt: *8 Rollen*

8 biegsame Salatblätter
½ Tasse gekochter Jasminreis
¼ Tasse frischer Schnittlauch, gehackt
3 EL saure Sahne
½ TL scharfer Senf
½ Tasse Krabben, geputzt, feingehackt
12 dünne Scheiben Emmentaler, in breiten Streifen

1. Den Salat gründlich waschen und trocken tupfen. Die Salatblätter zwischen Küchenpapier legen und 1 Stunde kühl stellen.

2. Reis, Schnittlauch, saure Sahne, Senf und Krabben in eine Schüssel geben und gut verrühren. Das Ganze abdecken und 1 Stunde kühl stellen.

3. Die Salatblätter in 24 Streifen von 6 cm Länge und 2,5 cm Breite schneiden. Die festen Rippen der Blätter herausschneiden. Die Streifen auf ein Brett legen, jeweils etwa ½ Teelöffel der Krabbenfüllung darauf geben. Die Streifen zusammenrollen und die Enden einstecken.

4. Die Emmentalerstreifen auf ein Brett legen, je eine Salatrolle auf einen Streifen legen und den Käse um die Rolle wickeln. Die Enden der Käsestreifen einstekken und die Rollen 1 Stunde kühl stellen. Kalt servieren.

Salat-Sandwiches

Ergibt: *24 Sandwiches*

2 Tassen Kopfsalat, kleingeschnitten
4 Karotten, feingerieben
½ Tasse helle Rosinen
½ Tasse Pekannüsse, gehackt
120 ml Mayonnaise
24 Scheiben Pumpernickel
weiche Butter oder Margarine

1. Kopfsalat, Karotten, Rosinen, Pekannüsse und Mayonnaise in einer Schüssel gut mischen.

2. Die Pumpernickelscheiben mit Butter bestreichen und die Salatmischung darauf geben.

Salat-Schiffchen

Ergibt: *6 Portionen*

80 g gekochter Schinken, in Scheiben
80 g Hühnerbrust, gekocht und in Scheiben
80 g Truthahnbrust, gekocht und in Scheiben
2 große Selleriestangen, in feine Scheiben geschnitten
¾ Tasse Relish (sweet pickle oder eine andere Sorte)
180 ml Mayonnaise
1 Baguette
60 g weiche Butter oder Margarine
1 TL scharfer Senf
<u>Zum Garnieren:</u>
Cocktailtomaten, halbiert
Sellerieblätter

1. 5 Fleischscheiben beiseite legen. Die übrigen Scheiben in kleine Stücke schneiden und in eine Schüssel geben. Den Sellerie, das Relish und die Mayonnaise hinzufügen. Abdecken und 1 Stunde kühl stellen.

2. Eine Vertiefung in die Baguette schneiden, indem Sie mit einem scharfen Messer 2 lange, parallele Schnitte machen und den oberen Teil des Brotes abheben. Die Baguette bis auf eine 1 cm dicke Wand innen aushöhlen. Das Innere für eine andere Gelegenheit aufheben.

3. Die Butter mit dem Senf verrühren und die Baguette innen damit bestreichen. Die beiseite gelegten Fleischscheiben in die Vertiefung legen und die gekühlte Mischung darauf verteilen. Die Baguette mit den Cocktailtomaten und den Sellerieblättern garnieren, in Stücke schneiden und servieren.

Sardellen-Bällchen

Ergibt: *8 Bällchen*

40 g Sardellenpaste
2 große hartgekochte Eier, mit der Gabel zerdrückt
1 Spritzer Worcestersauce
1 Prise Cayennepfeffer
¼ Tasse frische Petersilie, gehackt
<u>Zum Servieren:</u>
einige schöne Kopfsalatblätter

1. Alle Zutaten in einer kleinen Schüssel gut mischen. Mit 2 kleinen Löffeln aus der Masse Kugeln formen. Nebeneinander auf ein Tablett legen und 1 Stunde kühl stellen.

2. Auf einem Salatbett kalt servieren. Holzspießchen bereitlegen.

Sardellen-Eier

Ergibt: *12 Stück*

6 hartgekochte Eier, halbiert, Eigelbe herausgenommen
2 EL Joghurt mit Capuccinogeschmack
3 Tassen Salat, geschnitten
12 Sardellenfilets, flachgedrückt
Paprikastreifen
12 Kapern

1. Eigelbe und Joghurt in einer kleinen Schüssel mischen. Die Füllung mit einem flachen Messer vorsichtig in die Eiweißhälften drücken.

2. Den geschnittenen Salat auf einem Teller oder einer Platte in Form eines Nestes anrichten. Je ein Sardellenfilet, einen Streifen Paprika und eine Kaper auf eine Eihälfte legen.

Tip: Bereiten Sie diesen Snack mit Vinaigrette-Salatdressing statt mit Joghurt.

Sardellenbutter-Eier

Ergibt: *8 Stück*

4 große hartgekochte Eier, halbiert, Eigelbe herausgenommen
¼ Tasse Sardellenbutter (s. unten)
1 TL Petersilie, gehackt
Paprikapulver

1. Eigelbe mit Butter und Petersilie in einer kleinen Schüssel mischen. Mit einer Spritztüte mit großer Sterntülle eine großzügige Menge der Füllung in jede Eihälfte drücken.

2. Etwas Paprikapulver darüber streuen. Auf einem Teller oder einer Platte anrichten.

Sardellenbutter

Ergibt: *¼ Tasse*

60 g Butter
1 TL Sardellenpaste
1 Spritzer Zitronen- oder Limettensaft

Butter in einer kleinen Schüssel mit einer Gabel weich und cremig rühren. Sardellenpaste und Zitronensaft unterheben und gut mischen.

Scharfe Fava-Bohnen
Ergibt: *20 Portionen*

3 Tassen junge Fava-Bohnen, geputzt
2 ganze Sternanisse
Salz und Pfeffer
Meersalz

Bohnen und Anis in einen Topf geben, mit Salz und Pfeffer würzen, mit Wasser bedecken und bei starker Hitze zum Kochen bringen. Die Bohnen in etwa 15 Minuten weich kochen, abgießen, in eine Schüssel geben mit Meersalz bestreuen und mindestens 2 Stunden kühl stellen.

Schinken-Frischkäse-Rollen
Ergibt: *8 Rollen*

80 g Frischkäse
3 EL Meerrettich aus dem Glas
8 Scheiben gekochter Schinken, in Quadraten von etwa 6 cm
Zum Servieren:
Meerrettichsauce (s. Seite 122)

Frischkäse und Meerrettich in einer kleinen Schüssel verrühren. Die Mischung gleichmäßig auf dem Schinken verteilen. Jede Scheibe Schinken zusammenrollen, mit einem Holzspießchen befestigen und auf einem Serviertablett anrichten. Abdecken und bis zum Servieren kühl stellen. Die Sauce dazu reichen.

Tip: Verwenden Sie statt Schinken einen anderen Aufschnitt.

Schinken-Gurken-Häppchen
Ergibt: *8 Rollen*

3 EL Butter oder Margarine
8 Scheiben gedörrtes Rindfleisch
2 EL scharfer Senf
8 große Gewürzgurken
Zum Servieren:
verschiedene Brote

1. Butter bei mittlerer Hitze in einer Pfanne zerlassen. Das getrocknete Rindfleisch mit Senf bestreichen. Eine Gewürzgurke auf jede Rindfleischscheibe legen. Das Rindfleisch um die Gurke wickeln und mit einem Holzspießchen befestigen.
2. Die Wickel in der Pfanne braten, dabei öfter wenden. Sofort servieren. Das Brot dazu reichen.

Schinken-Käse-Häppchen

Ergibt: *12-16 Stück*

1 ½ Tassen gekochter Räucherschinken, feingehackt
240 ml saure Sahne
¼ Tasse geriebener Gouda oder Emmentaler
4 EL Cracker, zerrieben
2 EL Butter oder Margarine, geschmolzen
1 TL Kümmel
6 große Eier

1. Den Ofen auf 190 °C vorheizen. Ein tiefes Backblech leicht einfetten.

2. Räucherschinken, saure Sahne, Gouda, zerbröselte Cracker, Butter und Kümmel in eine Schüssel geben und gut verrühren.

3. Die Eier in einer Schüssel mit einem elektrischen Handrührgerät auf höchster Stufe schlagen, bis eine helle, dickflüssige Masse entstanden ist. Die Eier unter die Schinkenmischung heben und alles auf das Backblech geben. Die Mischung in 15-17 Minuten braun backen, aus dem Ofen nehmen und in kleine Quadrate schneiden.

Schinken-Mais-Bällchen

Ergibt: *24-36 Bällchen*

Pflanzenöl
2 Tassen gekochter Schinken, kleingehackt
200 g Mais aus der Dose, abgetropft
2 große Eier, leicht verquirlt
4 EL Mayonnaise
1 TL Senf
2 Tassen Semmelbrösel

1. Öl 5 cm hoch in eine schwere Pfanne füllen und bei mittlerer Hitze erwärmen oder in einer Friteuse auf 190 °C erhitzen.

2. Schinken, Mais, Eier, Mayonnaise und Senf in einer Schüssel mischen. 1 Tasse Semmelbrösel hinzufügen und gut unterrühren.

3. Die übrigen Semmelbrösel in einer flachen Schale verteilen. Die Mischung zu walnußgroßen Kugeln formen. Die Bällchen in den Semmelbröseln wälzen, bis sie vollständig überzogen sind. Die Bällchen in 2-3 Minuten goldbraun fritieren, auf Küchenkrepp abtropfen lassen und warm servieren.

Schinken-Nuss-Bällchen

Ergibt: *16-20 Portionen*

450 g Frischkäse
2 Tassen geriebener Cheddar
70 g Frühstücksschinken, kleingeschnitten
2 EL Paprika, gehackt
2 TL Worcestersauce
2 TL Zwiebel, gerieben
1 TL Senfpulver
1 TL Zitronensaft
¾ TL Paprikapulver
2 Spritzer Tabasco
2 Tassen Pekannüsse, Walnüsse oder Haselnüsse, gehackt
Zum Servieren:
Cracker

1. Frischkäse, Cheddar und Schinken in einer Schüssel mit einem elektrischen Handrührgerät auf mittlerer Stufe zu einer glatten Masse rühren. Paprika, Worcestersauce, Zwiebeln, Senf, Zitronensaft, Paprikapulver und Tabasco zufügen und gut untermischen. Die Mischung abdecken und 2-3 Stunden kühl stellen, bis die Masse fest ist.

2. Die Masse halbieren und zu 2 Kugeln formen.

3. Die Nüsse in einer flachen Schale verteilen und die beiden Kugeln darin wälzen, bis sie ganz überzogen sind. Auf eine Platte legen und mit den Crackern servieren.

Tip: Rollen Sie die Kugeln in verschiedenen Nüssen.

Schinken-Röllchen „Hawaii“

Ergibt: *8-10 Röllchen*

120 ml Mayonnaise
1 EL Kondensmilch oder süße Sahne
½ TL Meerrettich aus dem Glas
1 große Birne, in Stücke geschnitten
1 Selleriestange, in Scheiben
320 g Mandarinenscheiben, abgetropft
2 Kiwis, geschält, in Scheiben
½ Tasse Pekannüsse, gehackt
½ Tasse Kokosraspel
8-10 Scheiben gekochter Schinken
Petersilie
Zum Servieren:
Meerrettichsauce (s. unten)

1. Mayonnaise, Kondensmilch oder Sahne und Meerrettich in einer Schüssel gut miteinander verrühren. Dann mit allen restlichen Zutaten bis auf den Schinken und die Petersilie mischen. Die Mischung abdecken und 1 Stunde kühl stellen.

2. Jeweils 2-3 Eßlöffel der Masse auf jede Scheibe Schinken geben und die Scheibe zu einem Kegel zusammenrollen. Das Ganze mit einem Holzspießchen befestigen. Die Schinkenkegel auf einem Bett aus Petersilie radförmig auf einer Platte anrichten. Die Sauce dazu servieren.

Meerrettichsauce

Ergibt: *1¼ Tassen*

120 ml süße Sahne
80 ml Mayonnaise
¼ Tasse Meerrettich
1 EL Zucker
1 TL Salz
1 Spritzer Tabasco

Die Sahne mit einem elektrischen Handrührgerät in einer Schüssel schaumig schlagen. Dann die restlichen Zutaten unter Rühren zufügen und die Mischung steif schlagen. Abdecken und bis zum Servieren kühl stellen.

Schinken-Röllchen mit Zwiebeln

Ergibt: *10 Bällchen*

80 g Frischkäse
80 g geräucherter Schinken, in 10 Scheiben
10 dünne Lauchzwiebeln, geputzt

Frischkäse gleichmäßig auf den Schinkenscheiben verteilen. Je eine Lauchzwiebel auf die Kante einer Schinkenscheibe legen und fest einrollen. Die Röllchen mit Holzspießchen befestigen. Die Röllchen abdecken und bis zum Servieren kühl stellen. Die Holzspießchen vor dem Servieren entfernen.

Schinken-Stangen

Ergibt: *16 Stangen*

4 Scheiben Toastbrot, ohne Rinde
2 EL Butter oder Margarine, geschmolzen
geriebener Parmesan zum Bestreuen
16 dünne Scheiben geräucherter Schinken
3 EL Senf oder Meerrettich
Jalapeño-Dip (s. unten)

1. Den Grill vorheizen.

2. Jede Toastbrotscheibe in 4 gleich große Streifen schneiden. Die Streifen mit einem Backpinsel mit der geschmolzenen Butter bestreichen, mit Parmesan bestreuen und goldbraun rösten. Auf einem Kuchengitter auskühlen lassen.

3. Schinken auf eine glatte Arbeitsfläche legen und mit dem Senf bestreichen. Dann die Brotstreifen in den Schinken wickeln; auf jeder Seite noch etwas Brot herausstehen lassen. Die Schinkenstangen vor dem Servieren mindestens 1 Stunde kühl stellen. Zum Servieren den Dip in die Mitte einer Platte stellen und die Stangen um die Schale legen.

Jalapeño-Dip

Ergibt: *2 Tassen*

2 EL Butter oder Margarine
450 g Schmelzkäse
2 frische Jalapeño-Chilischoten, gewaschen, entstielt, entkernt und kleingeschnitten
1 Tomate, geschält und kleingehackt

1. Butter in einem Topf bei geringer Hitze zerlassen. Käse zufügen und unter Rühren schmelzen lassen, bis eine glatte Masse entsteht.

2. Jalapeños und Tomate unterrühren und gut mischen. Noch warm servieren.

Tip: Halten Sie die Jalapeños vor dem Schneiden unter kaltes Wasser und trocknen Sie sie mit Küchenpapier ab, um ihnen etwas von ihrer Schärfe zu nehmen.

Schmorgurken
Ergibt: *6 Portionen*

2 EL Sonnenblumenöl
6 kleine Salatgurken, geschält, in 2,5 cm breiten Scheiben
2 EL Sojasauce
1 TL Zucker

1. Öl in einer Pfanne bei mittlerer Hitze etwa 1 Minute erwärmen. Die Gurken zufügen und 1-2 Minuten braten, dabei häufig wenden, damit alle Gurkenstücke gleichmäßig mit Öl überzogen sind. Sojasauce zufügen und weitere 2 Minuten braten, die Gurken wieder häufig wenden. Zucker zufügen, die Hitze reduzieren, die Pfanne abdecken und alles 15-20 Minuten köcheln lassen, bis die Gurken weich sind. Gelegentlich umrühren.

2. Die Schmorgurken vor dem Servieren 5 Minuten abkühlen lassen.

Sellerie-Mayonnaise-Eier
Ergibt: *8 Stück*

4 hartgekochte Eier, halbiert, Eigelbe herausgenommen
3 EL Limburger Käseaufstrich (s. unten)
¼ Tasse Bleichsellerie, feingewürfelt
eingelegte Gewürzgurken, feingehackt
Paprikapulver

Eigelbe mit dem Käseaufstrich und dem Bleichsellerie in einer kleinen Schüssel mischen. Eine großzügige Menge der Füllung mit einem Spritzbeutel mit großer Sterntülle in die Eihälften drücken. Mit gehackten Gewürzgurken und Paprikapulver bestreuen und auf einem Teller, einer Platte oder einem Tablett anrichten. Bis zum Servieren kühl stellen.

Limburger Käseaufstrich
Ergibt: *½ Tasse*

110 g Limburger
60 g weiche Butter
2 EL frischer Schnittlauch, geschnitten
1 Msp. Salz

Die Zutaten mit einem elektrischen Handrührgerät in einer Schüssel auf mittlerer Stufe gut verrühren. Abdecken und mindestens 1 Stunde kühl stellen.

Sellerie-Ringe

Ergibt: *16 Portionen*

1 Bund Bleichsellerie
1 ¼ Tassen scharfe Hühnchenfüllung (s. unten)

1. Die Blätter und die harten weißen Stellen mit einem scharfen Messer vom Bleichsellerie entfernen. Kleine Stangen paarweise anordnen. In jede Selleriestange etwas Füllung geben und die Stangen aufeinanderpressen.

2. Auf eine Platte oder einen Teller legen und mindestens 1 Stunde kühl stellen. Die Selleriestangen mit einem scharfen Messer in Scheiben schneiden und kreisförmig überlappend auf einem Teller oder einer Platte anrichten.

Scharfe Hühnchenfüllung

Ergibt: *1 Tasse*

1 Tasse gekochtes Hühnerfleisch, kleingeschnitten
2 EL knusprig gerösteter Frühstücksspeck, feingewürfelt
2 Tropfen Tabasco
1 EL Zitronen- oder Limettensaft
Mayonnaise oder Frischkäse zum Binden

Hühnerfleisch, Frühstücksspeck, Tabasco und Zitronensaft in einer kleinen Schüssel mischen. Soviel Mayonnaise oder Frischkäse zufügen, daß eine cremige, streichfähige Masse entsteht. Die Mischung abdecken und mindestens 2 Stunden kühl stellen.

Snack-Röllchen

Ergibt: *10 Stück*

300 g Blätterteig (tiefgekühlt)
10 Würfel Cheddar, 2,5 cm groß
10 Würfel Hühnerfleisch, gekocht, 2,5 cm groß
10 Würfel gekochter Schinken, 2,5 cm groß
10 große schwarze Oliven, entsteint
110 g geriebener Parmesan oder Romano

1. Den Ofen auf 190 °C vorheizen. Ein Backblech leicht einfetten. Den Blätterteig auftauen.

2. Den Blätterteig in 40 Quadrate schneiden und diese zu schmalen Streifen ziehen. Je einen Streifen um die Cheddarwürfel, die Hühnerfleischwürfel, die Schinkenwürfel und die Oliven wickeln.

3. Den geriebenen Parmesan in einer flachen Schüssel verteilen und jede Rolle im Käse wälzen. Die fertigen Rollen auf das gefettete Backblech legen und in 6-8 Minuten auf mittlerer Schiene goldbraun backen. Sofort servieren.

Spaghetti mit Würstchen

Ergibt: *12 Portionen*

12 Wiener Würstchen
50 g Butter oder Margarine
1 Tasse Zwiebeln, gehackt
½ Tasse grüner Paprika, gehackt
450 g Spaghetti, gekocht
450 ml fertige Tomatensauce mit Basilikum
1 Tasse Mozzarella, kleingeschnitten
500 g Mais aus der Dose
Salz und Pfeffer
1 Tasse geriebener Parmesan

1. Einen Gitterrost in die Mitte des Ofens schieben und den Ofen auf 175 °C vorheizen.

2. Wiener Würstchen in 4 cm breite Scheiben schneiden.

3. Butter in einem Topf bei mittlerer Hitze zerlassen. Zwiebeln und Würstchen zufügen und unter Rühren braten, bis die Zwiebeln glasig sind. Paprika zufügen und etwa 1 Minute braten. Spaghetti, Tomatensauce, Mozzarella und Mais zufügen, mit Salz und Pfeffer würzen und gut mischen. Die Mischung in eine Auflaufform füllen, mit Parmesan bestreuen und 30-40 Minuten backen.

Spargel im Schlafrock

Ergibt: *48 Stücke*

12 Scheiben Weißbrot, ohne Rinde
½ Tassse Roquefort-Butter (s. unten)
12 Spargelstangen, in Butter gedünstet
110 g Butter
Zum Garnieren:
geschnittener Salat

1. Den Ofen auf 190 °C vorheizen.

2. Brotscheiben auf einer glatten Fläche mit einem Teigroller 0,5 cm dick ausrollen. Roquefort-Butter gleichmäßig auf den Brotscheiben verteilen. Jeweils eine Spargelstange auf den Rand einer Brotscheibe legen und fest in das Brot einwickeln.

3. Butter bei geringer Hitze in einer kleinen Pfanne zerlassen. Die Brotrollen in der Butter wenden, bis sie vollständig überzogen sind. Dann mit der Naht nach unten auf ein Backblech legen und in 10-12 Minuten goldbraun backen. Jede Rolle mit einem scharfen Messer in 4 gleiche Teile schneiden und auf in Streifen geschnittenem Salat servieren.

Roquefort-Butter

Ergibt: *¾ Tasse*

110 g Butter
¼ Tasse Roquefort
1 Spritzer Worcestersauce

Butter in einer kleinen Schüssel mit einer Gabel weich und cremig rühren. Roquefort und Worcestersauce zufügen und alles gut mischen.

Spargel-Häppchen

Ergibt: *12-24 Stück*

340 g Spargel, geschält
170 g Frischkäse
50 g Gorgonzola
1 TL Zitronensaft
Zum Servieren:
Cracker

1. Die Spargelstangen in 2,5 cm große Stücke schneiden.

2. Die Spargelstücke in einem Topf mit Wasser bedecken und weich garen. Das Wasser abgießen.

3. Frischkäse, Gorgonzola und Zitronensaft in eine Schüssel geben und mit einem elektrischen Handrührgerät auf mittlerer Stufe glattrühren. Die Käsemischung auf die Cracker streichen und mit den Spargelstücken garnieren.

Spargel-Schinken-Rollen

Ergibt: *8 Rollen*

60 ml fertiges Salat Dressing oder Mayonnaise
½ TL scharfer Senf
16 Spargelstangen, geputzt
French Dressing
16 dünne Scheiben geräucherter Schinken

1. Salatdressing und Senf in einer Tasse mischen und kühl stellen.

2. Den Spargel in eine flache Schale legen und French Dressing darüber gießen, bis die Spargelstangen bedeckt sind. Zugedeckt 4 Stunden kühl stellen.

3. Den geräucherten Schinken auf eine Arbeitsfläche legen und die Senf-Dressing-Mischung auf jeder Scheibe gleichmäßig verteilen. Jeweils eine Spargelstange auf eine Scheibe Schinken legen und fest zusammenrollen. Vor dem Servieren 1 Stunde kühl stellen.

4. Das restliche Senf-Dressing zu den Spargel-Schinken-Rollen servieren.

Speck auf Indische Art

Ergibt: *16 Rollen*

16 Streifen Frühstücksspeck
⅓ Tasse indisches Chutney
3 EL geriebener Parmesan

1. Den Grill vorheizen.

2. Jede Scheibe Frühstücksspeck mit Chutney bestreichen. Den Frühstücksspeck zu einer Rolle formen und die Rolle mit einem Holzspießchen befestigen. Die Röllchen 5-6 Minuten grillen, dabei mehrmals wenden, bis der Speck von allen Seiten knusprig ist. Den Parmesan darüber streuen und servieren.

Speck mit Erdnussbutter

Ergibt: *16 Rollen*

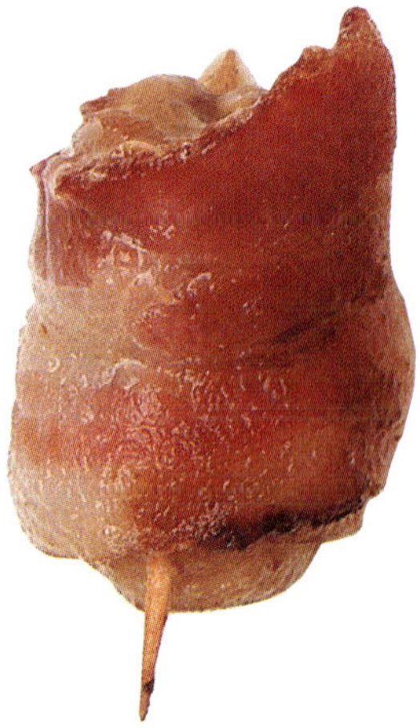

16 Streifen Frühstücksspeck
5 EL Erdnußbutter

1. Den Grill vorheizen.
2. Die Erdnußbutter auf die Frühstücksspeckstreifen streichen. Die Streifen zusammenrollen und die Rollen mit einem Holzspießchen befestigen. Auf ein Blech legen und den Frühstücksspeck grillen, bis er knusprig ist. Sofort servieren.

Speck-Eier

Ergibt: *8 Stück*

4 hartgekochte Eier, halbiert, Eigelbe herausgenommen
¼ Tasse Endivienfüllung mit Frühstücksspeck (s. unten)
¼ Tasse knusprig gebratener Frühstücksspeck, zerkrümelt
etwas Paprikapulver

Eigelbe, Endivienfüllung und Frühstücksspeck in einer Schüssel mischen. Eine großzügige Menge der Füllung in jede Eihälfte häufen. Die Eier auf einem Teller, einer Platte oder einem Tablett anrichten und mit Paprikapulver bestreuen. Bis zum Servieren kühl stellen.

Endivienfüllung mit Frühstücksspeck

Ergibt: *½ Tasse*

5 EL knuspriger Frühstücksspeck, feingehackt
3 EL Endiviensalat, gehackt
1 Msp. Paprikapulver
2 Tropfen Zitronensaft

Alle Zutaten in eine Schüssel geben und mit einer Gabel gut verrühren.

Speck-Häppchen

Ergibt: *24 Rollen*

24 Scheiben Toastbrot, ohne Rinde
weiche Butter oder Margarine
230 g Frühstücksspeck, geröstet und zerkrümelt
½ Tasse geriebener Parmesan oder Romano
¼ Tasse Petersilie, gehackt
1 Msp. Paprikapulver
1 Msp. Cayennepfeffer

1. Den Grill vorheizen.

2. Die Toastscheiben mit Butter bestreichen. In die Mitte jedes Toasts einen schmalen Streifen Frühstücksspeck geben. Die Toastscheiben mit Parmesan, Petersilie, Paprikapulver und Cayennepfeffer bestreuen.

3. Jede Toastscheibe so fest wie möglich zusammenrollen und mit einem Holzspießchen befestigen. Die Rollen in 2-3 Minuten leicht goldbraun grillen. Noch warm servieren.

Tip: Legen Sie die Holzspießchen vor dem Grillen in kaltes Wasser, um ein Anbrennen zu verhindern.

Speck-Röllchen

Ergibt: *24 Rollen*

24 Scheiben Toastbrot, ohne Rinde
Butter oder Margarine, geschmolzen
Gorgonzola-Mayonnaise (s. Seite 130)
½ Tasse Zwiebeln, feingehackt
½ Tasse geriebener Parmesan oder Romano
1 Msp. Cayennepfeffer
230 g Frühstücksspeck

1. Den Ofen auf 200 °C vorheizen. Eine Arbeitsfläche mit Backpapier belegen.

2. Die Toastscheiben auf einer Seite mit einem Backpinsel mit der geschmolzenen Butter bestreichen, mit der gebutterten Seite nach unten auf das Backpapier legen. Die Mayonnaise auf die obere Seite der Toastscheiben streichen. Zwiebelwürfel in die Mitte der Toastscheiben geben und mit Parmesan und Cayennepfeffer bestreuen.

3. Die Toastscheiben so fest wie möglich zusammenrollen. Um jedes Ende einen Streifen Frühstücksspeck wickeln und mit einem Holzspießchen befestigen. Die Röllchen auf ein nicht gefettetes Backblech legen und 8-12 Minuten backen, bis der Frühstücksspeck knusprig ist. Sofort servieren.

Speck-Sandwich

Ergibt: *8 Sandwiches*

8 Scheiben Toastbrot
2 EL Butter oder Margarine, geschmolzen
¼ Tasse Gorgonzola-Mayonnaise (s. unten)
2 EL weiche Butter oder Margarine
2 Tassen geriebener Cheddar
2 TL Zwiebeln, feingehackt
1 Msp. Cayennepfeffer
8 Streifen knusprig gerösteter Frühstücksspeck, zerkrümelt

1. Einen Gitterrost in die Mitte des Ofens schieben, und den Ofen auf 175 °C vorheizen. Die Toastscheiben mit der geschmolzenen Butter bestreichen und mit der gebutterten Seite nach oben auf ein Backblech legen.

2. Mayonnaise, Butter, Cheddar, Zwiebeln und Cayennepfeffer mit einem Löffel gut verrühren. Den Frühstücksspeck unterrühren. Die Mischung gleichmäßig auf den Toastscheiben verteilen und 5–8 Minuten backen, bis der Käse geschmolzen ist.

Gorgonzola-Mayonnaise

Ergibt: *1 Tasse*

80 g Frischkäse
120 ml Mayonnaise
2 EL Gorgonzola, zerbröckelt
2 EL Apfelsaft

Frischkäse und Mayonnaise mit einem elektrischen Handrührgerät auf mittlerer Stufe gut verrühren. Gorgonzola und Apfelsaft mit einer Gabel unterheben und gut verrühren. Vor dem Servieren mindestens eine halbe Stunde kühl stellen.

Tip: Um den Apfelgeschmack zu verstärken, geben Sie feingehackten Apfel zu.

Speck-Sardellen-Röllchen

Ergibt: *16 Röllchen*

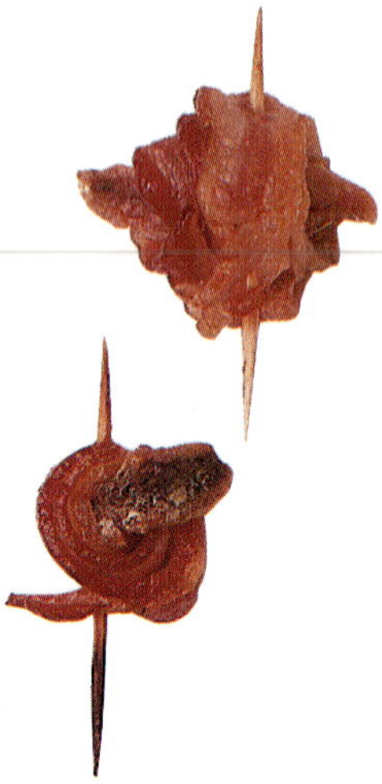

8 Streifen Frühstücksspeck, halbiert
8 Sardellenfilets, halbiert
gezogene Buttersauce (s. unten)

1. Den Grill vorheizen.

2. Je ein Stück Sardellenfilet auf ein Stück Frühstücksspeck legen und fest zusammenrollen. Jede Rolle mit einem Holzspießchen befestigen und in die Buttersauce tauchen. Die Röllchen grillen, bis der Frühstücksspeck knusprig ist, dabei mindestens einmal wenden.

Gezogene Buttersauce

Ergibt: *1 ¾ Tassen*

60 g Butter
3 EL Mehl
350 ml kochendes Wasser
1 Prise Salz

60 g Butter in einem kleinen Topf bei mittlerer Hitze zerlassen. Das Mehl nach und nach unterrühren, bis eine glatte Masse entstanden ist. Das heiße Wasser zufügen. Unter Rühren 5 Minuten kochen. Die restliche Butter unterrühren, salzen und sofort servieren.

Speck-Stangen

Ergibt: *30 Stangen*

1 Tasse geriebener Emmentaler
8 Scheiben Frühstücksspeck, geröstet und zerkrümelt
750 ml Mayonnaise
1 EL Schalotten, gerieben
1 Prise Selleriesalz
10 Scheiben Toastbrot, ohne Rinde, in je 3 Streifen geschnitten

1. Den Ofen auf 160 °C vorheizen. Ein Backblech leicht einfetten.

2. Emmentaler, Frühstücksspeck, Mayonnaise, Schalotten und Selleriesalz in eine Schüssel geben und mit einer Gabel gut verrühren. Die Mischung bis in die Ecken gleichmäßig auf den Toaststreifen verteilen und auf das gefettete Backblech legen. Die Streifen 8-10 Minuten auf mittlerer Schiene backen, bis der Käse schmilzt. Sofort servieren.

Spinat-Schnitten

Ergibt: *12 Schnitten*

240 ml Milch
50 g Butter oder Margarine, geschmolzen
2 große Eier
½ Tasse Schalotten, feingehackt
1 Tasse Mehl
1 TL Backpulver
1 Tasse frischer Spinat, gehackt
450 g geriebener Cheddar

1. Einen Gitterrost in die Mitte des Ofens schieben und den Ofen auf 175 °C vorheizen. Ein tiefes Backblech leicht einfetten.

2. Milch, Butter, Eier, Schalotten, Mehl und Backpulver in einer Schüssel gut mischen. Spinat und Cheddar zufügen. Die Mischung auf das Backblech geben und in 30-35 Minuten goldbraun backen. Auf einem Gitterrost abkühlen lassen und zum Servieren in kleine Quadrate schneiden.

Sportler-Riegel

Ergibt: *24 Riegel*

110 g Butter oder Margarine
16 EL Erdnußbutter
1 ½ Tassen Carob-Schokolade, zerkleinert
1 Tasse Weizenkeime
1 Tasse Kokosraspel
1 Tasse Walnüsse, gehackt
8 EL Sesamsamen
8 EL Sonnenblumenkerne

1. Butter, Erdnußbutter und Carob-Schokolade in einem kleinen Topf bei mittlerer Hitze unter ständigem Rühren erwärmen.

2. Weizenkeime, Kokosraspel, Walnüsse, Sesamsamen und Sonnenblumenkerne in einer großen Schüssel mischen. Die Buttermischung in einem feinen Strahl darüber gießen und gut untermischen. Die Masse in eine Auflaufform geben, mit Frischhaltefolie abdecken und zusammendrücken. Die Mischung kühl stellen, bis sie fest ist.

3. Mit einem scharfen Messer in Riegel schneiden. Zum Aufbewahren jeden Riegel in Alufolie einwickeln.

Süsser Knusper-Mais-Snack
Ergibt: *10 Tassen*

100 g weißer Zucker
100 g brauner Zucker
8 EL Honig
½ TL Salz
110 g Butter oder Margarine
6 Tassen Knuspermais
1 Tasse Rosinen
1 Tasse ungesalzene Erdnüsse
½ TL Natron

1. Einen Gitterrost in die Mitte des Ofens schieben und den Ofen auf 120 °C vorheizen. Ein Backblech leicht einfetten.

2. Weißen und braunen Zucker, Honig, Salz und Butter in einem Topf mischen, bei mittlerer Hitze zum Kochen bringen und 5 Minuten kochen.

3. In der Zwischenzeit Knuspermais, Rosinen und Erdnüsse in einer großen Schüssel mischen.

4. Die Honig-Mischung vom Herd nehmen, das Natron zufügen und über den Knuspermais gießen. Dabei ständig rühren, damit der Knuspermais gleichmäßig mit der Honig-Mischung überzogen wird.

5. Die Masse auf das Backblech geben und etwa 15 Minuten backen, bis sie leicht gebräunt ist. Warm servieren oder in einem verschließbaren Behälter aufbewahren.

Teigtaschen mit Krabbenfüllung
Ergibt: *20 Teigtaschen*

425 g salziger Mürbeteig (gekühlt)
20 mittelgroße Krabben, gekocht
Zum Servieren:
¾ Tasse Dillkraut-Dip (s. unten)

1. Den Ofen auf 230 °C vorheizen. Ein Backblech leicht einfetten.

2. Den fertigen Teig ausrollen und möglichst viele Kreise von 7,5 cm Durchmesser ausstechen. Die Teigreste zusammenkneten und erneut Kreise ausstechen, bis der Teig aufgebraucht ist. Jede Krabbe in den Dip tauchen und auf einen Kreis legen. Die Kanten des Teigs mit Wasser befeuchten und zu halbrunden Taschen zusammenklappen. Die Ränder mit einer Gabel fest andrücken. Die Teigtaschen auf das Backblech legen und in 8-10 Minuten goldbraun backen. Dann auf einem Salatbett auf einem Teller oder einer Platte anrichten. Den Dip dazu servieren.

Dillkraut-Dip
Ergibt: *1 ½ Tassen*

180 ml Mayonnaise
180 ml saure Sahne oder Joghurt
2 EL Zwiebeln, gehackt
2 ½ TL Dillkraut, gehackt
Salz und Pfeffer

Die Zutaten in einer Schüssel gut verrühren. Den Dip abdecken und vor dem Servieren mindestens 2 Stunden oder über Nacht kühl stellen.

Teigtaschen mit Leber

Ergibt: *8 Teigtaschen*

1 Packung Brötchenteig (für 8 Brötchen)
2 EL Butter oder Margarine
230 g Hühnerleber
½ Tasse Champignons, in Scheiben geschnitten
60 ml Brandy

1. Brötchenteig in 8 gleiche Teile teilen und in Backformen von 6 cm Durchmesser drücken. Nach Packungsanweisung backen.

2. Butter bei mittlerer Hitze in einer kleinen Pfanne zerlassen. Hühnerleber und Champignons darin weich dünsten. Die Hitze reduzieren, den Brandy hinzugeben und gut umrühren. Die Mischung in die gebackenen Teigtaschen füllen und heiß servieren.

Teufelseier

Ergibt: *22 Stück*

11 Eier, hartgekocht
60 ml Mayonnaise
4 TL Dijonsenf
1 EL Meerrettich aus dem Glas
½ Tasse schwarze Oliven, gehackt
Zum Garnieren:
Oliven mit Paprikafüllung

1. Von den Eiern oben und unten ein kleines Stück abschneiden, damit sie aufrecht stehen können. Die Eier in der Mitte durchschneiden und die Eigelbe herausnehmen. Die Eiweißhälften beiseite stellen.

2. Die Eigelbe, die oberen und unteren Teile der Eiweiße, die Mayonnaise, den Senf und den Meerrettich in einer Schüssel gut miteinander verrühren. Die schwarzen Oliven untermischen und die Füllung mit einer Spritztüte mit Sterntülle in die Eiweißhälften pressen. Jedes Ei mit einer gefüllten Olive verzieren. Die Eier auf einer Platte anrichten und servieren.

Tip: Schneiden Sie mit einem kleinen scharfen Messer einen Zickzackrand in die Eier.

Thunfisch-Aufstrich

Ergibt: *6-8 Portionen*

180 g Thunfisch, zerkleinert
80 g Frischkäse
1 Msp. getrocknete Chillies, gehackt
3-4 Scheiben Vollkorntoastbrot, ohne Rinde

Thunfisch, Frischkäse und Chillies in einer Schüssel gut mischen. Die Masse abdecken und mindestens 1 Stunde kühl stellen. Den Aufstrich auf das Toastbrot geben. Die Scheiben diagonal durchschneiden.

Thunfisch-Pizza
Ergibt: *6 Pizzastücke*

Pizzateig (für 6 Böden von 11 cm Durchmesser)
120 ml Sonnenblumenöl
⅓ Tasse Zwiebeln, gehackt
2 große Knoblauchzehen, zerdrückt
500 g pürierte Tomaten, aus der Dose
2 TL frischer Oregano, zerrieben
3 EL frische Petersilie, gehackt
380 g Thunfisch, aus der Dose, mit einer Gabel zerdrückt
220 g Mozzarella, zerkleinert
110 g Provolone, gerieben

1. Den Ofen auf 220 °C vorheizen. 3 Backbleche leicht einfetten und je zwei Pizzateigstücke auf ein Blech legen.

2. Das Öl in einer Pfanne erhitzen und die Zwiebeln und den Knoblauch darin in 4-5 Minuten weich dünsten. Die Tomaten zufügen und unter Rühren 10 Minuten kochen lassen. Vom Herd nehmen und die Kräuter untermischen.

3. Die Pizzasauce mit einem großen Löffel gleichmäßig auf den Pizzen verteilen. Den Thunfisch darauflegen und mit Mozzarella und Provolone bestreuen. Die Pizzen 18-20 Minuten auf mittlerer Schiene backen, bis der Rand goldbraun ist. Heiß servieren.

Thunfisch-Toast
Ergibt: *24 Toasts*

180 ml Mayonnaise
1 EL frisch gepreßter Orangensaft
½ kleine Zwiebel, feingehackt
½ TL Salz
3 Tassen Weißkohl, feingeschnitten (1 kleiner Kopf)
70 g Thunfisch, aus der Dose
1 Selleriestange, feingeschnitten
1 kleine Paprika, gehackt
¼ Tasse Walnüsse, gehackt
weiche Butter oder Margarine
24 Scheiben Roggentoastbrot, getoastet

1. Mayonnaise, Orangensaft, Zwiebel und Salz mischen. Die Mischung ins Gefrierfach stellen, bis die restlichen Zutaten vorbereitet sind.

2. Kohl, Thunfisch, Sellerie und Walnüsse in einer Schüssel miteinander mischen.

3. Die Butter gleichmäßig auf dem Toast verteilen. Den Thunfisch- mit der Mayonnaisemischung aus dem Gefrierfach verrühren und jeweils 1-1½ Eßlöffel der Masse auf den Toastscheiben verteilen und servieren.

Tofu in Erdnussauce
Ergibt: *4 Portionen*

450 g fester Tofu
100 ml Erdnußbuttersauce

1. Den Ofen auf 175 °C vorheizen.

2. Den Tofu in Würfel schneiden, auf ein nicht gefettetes Backblech legen und die Sauce darüber gießen. 12-15 Minuten auf mittlerer Schiene backen.

Tip: Erdnußbuttersauce gibt es in Asien-Läden. Sie können auch Erdnußbutter und Sojasauce zu einer dünnflüssigen Sauce verrühren.

Tomate-Ei-Häppchen

Ergibt: *8 Stück*

2 große Tomaten, in je 4 Scheiben
5 große Eier, hartgekocht, in 24 Scheiben
8 große Oliven mit Paprikafüllung, in Scheiben
80 g Frischkäse
3 EL French Dressing
Zum Garnieren:
Brunnenkresse

1. Die Tomatenscheiben auf ein Brett legen und je 3 Eischeiben darauf legen. Mit Olivenscheiben garnieren.

2. Frischkäse und French Dressing in eine Schüssel geben und mit einem Löffel verrühren. Die Frischkäsefüllung in einen Spritzbeutel mit großer Sterntülle geben und auf jedes Häppchen eine großzügige Menge der Füllung spritzen oder als Dip daneben stellen. Häppchen mit Brunnenkresse garnieren und zum Servieren auf einem Tablett, einer Platte oder einem Teller anrichten.

Tomaten mit Lachsfüllung

Ergibt: *6 Stück*

220 g geräucherter Lachs, zerkleinert
2 große hartgekochte Eier, kleingehackt
½ Tasse Bleichsellerie, gehackt
¼ Tasse Gurken, kleingehackt
2 EL Zwiebeln, feingehackt
2 EL frische Petersilie, gehackt
80 ml Mayonnaise
Zitronensaft
Salz und Pfeffer
6 Tomaten
Knoblauch- oder Zwiebelpulver

1. Den Grill vorheizen. Ein tiefes Backblech von 30 x 20 x 5 cm leicht einfetten.

2. Lachs, Eier, Bleichsellerie, Gurken, Zwiebeln, Petersilie und Mayonnaise in eine Schüssel geben. Mit Zitronensaft, Salz und Pfeffer würzen und gut mischen.

3. Von den Tomaten einen Deckel abschneiden und innen aushöhlen. Die Innenseite der Tomaten mit Knoblauch- oder Zwiebelpulver bestreuen und in jede Tomate Lachsfüllung geben. Die Tomaten auf das Backblech legen und 5-7 Minuten auf oberster Schiene grillen. Sofort servieren.

Tomaten-Sandwich

Ergibt: *16 Stück*

½ Tasse zerkleinerter Schinken oder Leberwurst
3 EL Mayonnaise-Ei-Dressing (s. unten)
½ TL Zwiebeln, gehackt
2 große Tomaten
Zum Garnieren:
Mayonnaise
etwas Petersilie
8 Roggentoastbrothälften, getoastet

1. Schinken, Salatdressing und gehackte Zwiebeln in eine Schüssel geben und mit einer Gabel zerdrücken, bis eine weiche Paste entsteht.

2. Die Tomaten mit einem scharfen Messer halbieren, die Hälften nochmals vierteln, so daß jede Tomate in 8 Scheiben von etwa ½ cm geschnitten ist.

3. Die Schinkenmischung auf je eine Tomatenscheibe streichen und eine zweite Scheibe darauf legen. Das Ganze mit etwas Mayonnaise und einem Petersilienblatt verzieren. Je 2 Tomaten-Sandwiches auf eine Toasthälfte legen und servieren.

Tip: Sie können die Sandwiches im voraus zubereiten, kühl stellen und erst kurz vor dem Servieren auf die Toasthälften legen.

Mayonnaise-Ei-Dressing

Ergibt: *1 Tasse*

120 ml Mayonnaise
120 ml Barbecuesauce
1 EL Zitronensaft
1 Ei, hartgekocht, mit einer Gabel zerdrückt

Mayonnaise, Barbecue-Sauce und Zitronensaft in einer kleinen Schüssel mit einem elektrischen Handrührgerät auf mittlerer Stufe verquirlen. Das Ei zufügen und gut unterrühren. Das Dressing abdecken und mindestens 2 Stunden kühl stellen. Vor dem Servieren noch einmal durchrühren.

Tortilla-Häppchen

Ergibt: *72 Stück*

240 g Frischkäse
110 g grüne Chillis, aus der Dose, abgetropft und gehackt
110 g eingelegte Paprikaschoten, abgetropft und gehackt
½ Tasse schwarze Oliven, gehackt
12 Tortillafladen (15 cm Durchmesser)
Miramontes-Salsa (s. unten)

1. Frischkäse, Chillies, eingelegte Paprikaschoten und Oliven in eine Schüssel geben und mit einer Gabel gut verrühren.

2. Einen gehäuften Eßlöffel der Mischung auf jeden Tortillafladen geben und die Fladen eng zusammenrollen. Mit der Naht nach unten auf ein Tablett legen, abdecken und mindestens 2 Stunden kühl stellen. Dann jeden Fladen in 2,5 cm breite Stücke schneiden und mit der Salsa zusammen servieren.

Miramontes-Salsa

Ergibt: *4 Tassen*

60 ml Olivenöl
2 große grüne Paprika, geputzt, ausgehöhlt und feingehackt
4 kleine gelbe Chilischoten, geputzt, ausgehöhlt und feingehackt
2 große rote Zwiebeln, geschält und feingehackt
900 g Tomaten, aus der Dose
680 g Tomatensauce, aus der Dose
Salz und Pfeffer

1. In einer großen Pfanne 2 Eßlöffel Öl erhitzen. Die Paprika und die Chilischoten 5 Minuten darin dünsten. In eine Schüssel geben und zur Seite stellen. Das restliche Öl in die Pfanne geben und erhitzen. Die Zwiebeln 5 Minuten darin dünsten. Die Paprika und die Chilischoten wieder zufügen und gut unterrühren.

2. Die Tomaten und die Tomatensauce zufügen und mit Salz und Pfeffer würzen, abdecken und bei geringer Hitze 2 Stunden kochen lassen. Auf Zimmertemperatur abkühlen lassen und vor dem Servieren mindestens 4 Stunden kühl stellen.

Tropische Cracker

Ergibt: *8-12 Portionen*

240 g Frischkäse
220 g Ananas aus der Dose, abgetropft, in Stücken
2 Tassen geriebener Cheddar
½ Tasse Pekannüsse, gehackt
½ Tasse getrocknete Aprikosen, gehackt
2 TL kandierter Ingwer, gehackt
Zum Servieren:
Cracker

1. Frischkäse und Ananasstücke in einer Schüssel mit einer Gabel zu einer glatten Masse rühren. Cheddar, Pekannüsse, Aprikosen und Ingwer zufügen und mischen. Die Mischung abdecken und etwa 2 Stunden kühl stellen, bis sie fest ist.

2. Die Mischung zu einer Rolle von etwa 4 cm Durchmesser formen und auf einem Tablett mit Crackern servieren.

Tip: Sie können die Rolle mit gerösteten Sesamsamen, geriebenen Nüssen oder gehackter Petersilie überziehen.

Tropische Knabbermischung

Ergibt: *5 Tassen*

1 ½ Tassen Pekannüsse oder ungesalzene Erdnüsse
½ Tasse Korinthen
1 Tasse Rosinen
½ Tasse Kokosraspel
½ Tasse getrocknete Ananas, gewürfelt
½ Tasse getrocknete Papaya, gewürfelt
⅛ Tasse getrocknete Kirschen oder Preiselbeeren

Nüsse, Korinthen, Rosinen, Kokosraspel, Ananas, Papaya und Kirschen in eine Dose mit Deckel füllen. Den Deckel schließen und das Ganze durch Schütteln gut mischen. Bis zum Servieren kühl stellen.

Tropischer Aufstrich

Ergibt: *6-8 Portionen*

80 g Frischkäse
2 EL Ananasmarmelade
⅓ Tasse Kokosraspel
Zum Servieren:
frische Früchte oder Cracker

Frischkäse und Ananasmarmelade in einer Schüssel mischen. Kokosraspel zufügen und unterrühren. Die Mischung abdecken und mindestens 1 Stunde kühl stellen. Den Aufstrich mit Früchten oder Crackern servieren.

Tip: Dieser Aufstrich schmeckt sehr gut auf Früchtebrot, wie beispielsweise Bananen- oder Preiselbeerbrot.

Überbackene Kartoffelchips

Ergibt: *6-8 Portionen*

1 Packung Kartoffelchips
¼ Tasse geriebener Parmesan
Zum Servieren:
Rote-Bohnen-Dip (s. unten)

1. Den Ofen auf 200 °C vorheizen. Ein Backblech leicht einfetten.

2. Die Kartoffelchips gleichmäßig auf dem Backblech verteilen und mit Parmesan bestreuen. Etwa 5 Minuten backen, bis die Chips heiß sind. Aus dem Ofen nehmen, etwas abkühlen lassen und servieren. Den Dip dazu reichen.

Rote-Bohnen-Dip

Ergibt: *2 ¾ Tassen*

240 g Frischkäse
450 g rote Bohnen, abgetropft
1 kleine rote Zwiebel, feingehackt
2 EL trockener Sherry oder weißer Portwein
1 kleine Knoblauchzehe, kleingehackt
1 Spritzer Tabasco

Die Zutaten mit einem Pürierstab zerkleinern. Abdecken und vor dem Servieren mindestens 2 Stunden kühl stellen.

Vollkornkekse mit Erdnussbutter

Ergibt: *72 Stück*

1 Laib Weizenvollkornbrot, ohne Rinde und die dünnen Scheiben in 4 cm breite Streifen geschnitten
32 EL Erdnußbutter
120 ml Sonnenblumenöl
3 EL brauner Zucker
2 EL Honig
1 ½ Tassen Weizenkeime
Zum Garnieren:
Erdnüsse

1. Den Ofen auf 120 °C vorheizen.

2. Die Brotscheiben auf ein nicht gefettetes Backblech legen und 45-50 Minuten backen, bis die Brotscheiben leicht gebräunt und trocken sind.

3. Erdnußbutter, Öl, braunen Zucker und Honig in einem kleinen Topf bei mittlerer Hitze erwärmen, dabei gelegentlich umrühren, bis eine glatte Masse entstanden ist.

4. Die Weizenkeime auf einer großen Lage Backpapier ausbreiten. Die Brotscheiben auf beiden Seiten zuerst in die Erdnußmischung drücken und dann in die Weizenkeime. Die Schnitten auf einem Gitterrost trocknen lassen und mit Erdnüssen garnieren.

Wasserkastanien im Teigmantel

Ergibt: *36 Bällchen*

½ Tasse neutrale Fertigteigmischung
220 g Salami, kleingehackt
1 Tasse geriebener Cheddar
180 g Wasserkastanien, aus der Dose, abgetropft, geviertelt

1. Den Ofen auf 200 °C vorheizen.

2. Teigmischung, Salami und Cheddar in einer Schüssel verrühren. Dem Teig kleine Stücke entnehmen und zu olivengroßen Kugeln formen.

3. Je eine Wasserkastanie in die Mitte einer Kugel drücken und den Teig um die Kastanie schließen. Die Kugeln im Abstand von etwa 1 cm auf ein nicht gefettetes Backblech legen und in 12-15 Minuten auf mittlerer Schiene goldbraun backen. Sofort servieren.

Weihnachts-Käseball

Ergibt: *8-12 Portionen*

450 g Frischkäse
220 g Gorgonzola
1 EL Zwiebeln, gehackt
2 EL roter Paprika, feingehackt
Zum Garnieren:
1 Bund Petersilie, gehackt
einige Streifen rote Paprika
Zum Servieren:
Cracker oder frische Früchte in Scheiben

1. Frischkäse, Gorgonzola, Zwiebeln und Paprika in einer Schüssel mit einem elektrischen Handrührgerät auf niedriger Stufe verrühren. Die Mischung abdecken und mindestens 1 Stunde kühl stellen.

2. Die Mischung zu einer Kugel formen, in Klarsichtfolie wickeln und mindestens 2 Stunden kühl stellen, bis sie fest ist.

3. Die Petersilie in einer flachen Schüssel oder auf einem Teller verteilen und die Käsekugel darin rollen, bis sie vollständig damit überzogen ist. Die Paprikastreifen in Form von Blättern auf die Kugel legen und mit Crackern oder frischen Früchten servieren.

Wildreis-Bällchen

Ergibt: *15 Bällchen*

1 Tasse gekochter wilder Reis
80 g Frischkäse
1 Lauchzwiebel, nur den grünen Teil, in Scheiben
1 TL Currypulver
1 Msp. Cayennepfeffer
½ Tasse Mango-Chutney
Zum Garnieren:
gehackte Pekannüse

1. Reis, Frischkäse, Lauchzwiebel, Currypulver und Cayennepfeffer in einer Schüssel mit einem elektrischen Handrührgerät auf mittlerer Stufe verrühren. Das Chutney zufügen und gut mischen.

2. Die Masse zu walnußgroßen Kugeln formen.

3. Die Pekannüsse in einer flachen Schüssel oder auf einem Teller verteilen.

4. Die Kugeln in den Pekannüssen wälzen, auf einen Teller oder ein Tablett legen, abdecken und mindestens 2 Stunden kühl stellen, bis sie fest sind.

Tip: Die Kugeln statt in den Pekannüssen in gerösteten Sesamsamen oder in gehackter Petersilie wälzen.

Windbeutel

Ergibt: *48 Stück*

½ Tasse Mehl
1 Prise Salz
50 g Butter oder Margarine
120 ml Wasser
2 große Eier
¼ Tasse fein geriebener Edamer
2 ½ Tassen Pflaumen-Käse-Füllung (s. unten)

1. Den Ofen auf 230 °C vorheizen. 2 Backbleche leicht einfetten.

2. Mehl und Salz in einer Schüssel gut mischen.

3. Butter und Wasser in einen Topf geben und bei starker Hitze kochen lassen, bis die Butter schmilzt. Die Hitze reduzieren und das Mehl auf einmal zufügen. Die Mehlmischung rühren, bis ein glatter, dicker Teigkloß entstanden ist.

4. Den Topf vom Herd nehmen, ein Ei zufügen und gut verrühren. Den Edamer dazugeben und unterrühren, bis er geschmolzen ist. Das andere Ei zufügen und verrühren, bis ein weicher Teig entstanden ist.

5. Den Teig teelöffelweise im Abstand von etwa 2,5 cm auf die Backbleche geben und 8 Minuten backen. Die Temperatur auf 200 °C reduzieren und die Windbeutel in weiteren 8 Minuten goldbraun backen. Auf einem Gitterrost abkühlen lassen.

6. Nach dem Abkühlen die Windbeutel aufschneiden, dabei nicht ganz durchschneiden. In jeden Windbeutel eine großzügige Menge derPflaumen-Käse-Füllung geben und servieren.

Pflaumen-Käse-Füllung

Ergibt: *3 ½ Tassen*

2 ½ Tassen Pflaumen, entsteint und grob gehackt
2 ½ TL Zitronensaft
450 g Frischkäse
¾ Tasse Pekannüsse, gehackt

1. Pflaumen und Zitronensaft in einen Topf geben und mit Wasser bedecken. Die Pflaumen in 5–6 Minuten weich kochen.

2. Die gekochten Pflaumen abgießen und mit einem Pürierstab zerkleinern. Den Frischkäse nach und nach zufügen und unterrühren, bis eine weiche Masse entstanden ist. Die gehackten Pekannüsse zufügen und mit einem Handrührgerät unterrühren. Die Füllung abdecken und mindestens 3 Stunden kühl stellen.

Tip: Die Füllung eignet sich auch als Brotaufstrich.

Wonton Süss-Sauer

Ergibt: *50 Stück*

SAUCE
4 EL Zucker
60 ml Weißweinessig
4 EL Ketchup
240 ml und 2 EL Wasser
2 EL Speisestärke
½ Tasse grüner Paprika, gehackt
3 EL Ananas, aus der Dose, abgetropft und zerdrückt

TEIG
340 g Wonton-Teigblätter
Öl zum Fritieren

1. Zucker, Weißweinessig, Ketchup und 240 ml Wasser in einem Topf bei mittlerer Hitze langsam zum Kochen bringen.

2. Die Speisestärke mit 2 Eßlöffeln Wasser in einer kleinen Schale verrühren, in den Topf geben und die Masse eindicken lassen. Paprika und Ananas zufügen und untermischen.

Würstchen in Bierteig

Ergibt: *24 Stück*

SAUCE
⅓ - ½ Tasse Senfpulver
120 ml klarer Weißweinessig
100 g Zucker
Eigelb von einem großen Ei

WÜRSTCHEN
¾ Tasse Mehl
120 ml Bier
1 EL Sonnenblumenöl
Eiweiß von einem großen Ei
Pflanzenöl zum Fritieren
24 Cocktailwürstchen

1. Senfpulver und Essig miteinander verrühren, abdecken und bei Zimmertemperatur mindestens 8 Stunden oder über Nacht stehen lassen.

2. Die Senfmischung, den Zucker und das Eigelb in einem kleinen Topf gut verrühren und bei geringer Hitze zum Kochen bringen; auf die Konsistenz einer Salatsauce einkochen lassen. Die Sauce abdecken und bis zum Servieren kühl stellen. (Ergibt etwa 320 ml.)

3. Mehl, Bier und Öl in einer Schüssel mit einem elektrischen Handrührgerät auf mittlerer Stufe verrühren.

4. Das Eiweiß in einer Schüssel mit einem elektrischen Handrührgerät auf mittlerer Stufe steif, jedoch nicht schnittfest schlagen und unter den Bierteig heben.

5. Pflanzenöl 1,5 cm hoch in eine Pfanne füllen und stark erhitzen.

6. Die Cocktailwürstchen mit einem Spieß in den Bierteig tauchen und überschüssigen Teig ablaufen lassen. Nacheinander in die Pfanne geben, den Spieß entfernen und auf jeder Seite 1 Minute goldbraun braten. Mit einer Zange aus dem Öl nehmen und auf Küchenpapier abtropfen lassen. Die Würstchen mit der Sauce zusammen servieren.

Zucchini-Schnitten

Ergibt: *100 Schnitten*

1 Tasse neutrale Fertigteigmischung
4 große Eier
½ Tasse Zwiebeln, feingehackt
½ Tasse geriebener Parmesan
120 ml Sonnenblumenöl
2 EL Petersilie, feingehackt
1 kleine Knoblauchzehe, feingehackt
½ TL getrockneter Oregano, zerrieben
4 Tassen Zucchini, in dünne Scheiben geschnitten
Salz und schwarzer Pfeffer

1. Den Ofen auf 190 °C vorheizen. Ein tiefes Backblech leicht einfetten.

2. Teigmischung, Eier, Zwiebeln, Parmesan, Öl, Petersilie, Knoblauch und Oregano in einer großen Schüssel verrühren, Zucchini daruntermischen; mit Salz und Pfeffer würzen.

3. Die Mischung auf das Backblech geben und in 25-30 Minuten auf mittlerer Schiene gold-goldbraun backen. Die Zucchini-Mischung ist fertig gebacken, wenn an einem in die Mitte gestochenen Holzstab keine Teigreste haften bleiben. Leicht abkühlen lassen, in 2,5 cm große Quadrate schneiden und servieren.

Zwiebel-Toast

Ergibt: *32 Stück*

120 ml Mayonnaise
2 EL geriebener Parmesan oder Romano
2 TL Lauchzwiebeln, grobgehackt
1 TL Dijonsenf
2 EL Butter oder Margarine
8 Scheiben Pumpernickel, geviertelt

1. Einen Grillrost 10 cm von den Heizstäben entfernt in den Grill schieben und den Grill vorheizen.

2. Mayonnaise, Parmesan, Lauchzwiebeln und Senf in eine Schüssel geben und gut mischen.

3. Die Butter bei mittlerer Hitze in einer großen Pfanne zerlassen und den Pumpernickel darin von einer Seite rösten. Das Brot nicht wenden. Die Käsemischung auf die nicht geröstete Seite des Brotes streichen und die Scheiben auf den Grillrost legen. 3-4 Minuten grillen, bis die Käsemischung zu bräunen beginnt. Noch warm servieren.

Zwiebeln in Speck

Ergibt: *16 Spießchen*

16 kleine weiße Cocktailzwiebeln
8 Streifen Frühstücksspeck, halbiert
3 EL geriebener Parmesan

1. Den Grill vorheizen.

2. Jede Cocktailzwiebel in einen halben Streifen Frühstücksspeck wickeln und auf ein Holzspießchen stecken. Die Spießchen 3-4 Minuten grillen, bis der Speck knusprig ist. Die fertigen Spießchen mit Parmesan bestreuen und servieren.

Kapitel 3

LECKERE HÄPPCHEN FÜR IHRE GÄSTE

Die Rezepte in diesem Kapitel sind äußerst vielseitig. Verschiedenste Geschmacksrichtungen werden miteinander kombiniert. Hier finden Sie Rezepte für Kanapees und Cocktailsandwiches, mit denen Sie Ihre Gäste überraschen können. Vielseitige Buttermischungen und Aufstriche machen aus einer einfachen Scheibe Weißbrot oder Vollkornbrot etwas Besonderes. Damit werden Ihre Kreationen zu einem Erlebnis für Sie und Ihre Gäste.

Apfel-Käse-Kanapees

Ergibt: *8 Kanapees*

8 dünne Apfelscheiben, halbiert
2 EL Zitronensaft
8 Scheiben Toastbrot
60 g Käsebutter (s. unten)
1 Tasse Apfel-Käse-Füllung (s. unten)
Zum Garnieren:
Sellerieblätter

1. Die Apfelscheiben beidseitig mit Zitronensaft bestreichen und zur Seite stellen.

2. Mit Plätzchenformen aus dem Brot verschiedene Formen ausstechen.

3. Das Brot gleichmäßig mit Butter bestreichen und die Füllung darauf verteilen. Mit Sellerieblättern garnieren.

Käsebutter

Ergibt: *110 g*

110 g Butter
¼ Tasse geriebener Parmesan

Butter in einer kleinen Schüssel geschmeidig rühren. Käse unterheben und gut verrühren.

Apfel-Käse-Füllung

Ergibt: *1 ¼ Tasse*

110 g Roquefort
2 EL weiche Butter
1 Apfel, geschält, entkernt und feingehackt
1 EL schwarze Johannisbeeren (nach Belieben)

Roquefort und Butter in einer Schüssel mischen und cremig rühren. Apfelstückchen und Johannisbeeren zufügen und alles gut verrühren. Mindestens 1 Stunde kühl stellen.

Austern-Kanapees

Ergibt: *32 Kanapees*

8 Scheiben Toastbrot, ohne Rand
60 g Zitronenbutter (s. unten)
32 Austern, geräuchert
3 EL Kaviaraufstrich (s. Seite 83)

Die Toastscheiben vierteln und mit Butter bestreichen. Eine geräucherte Auster in die Mitte jedes Viertels setzen. Etwas Aufstrich um die Auster geben und sofort servieren.

Zitronenbutter

Ergibt: *120 g*

120 g Butter oder Margarine
2 EL Zitronensaft
weißer Pfeffer

In einem kleinen Kochtopf die Butter bei mittlerer Hitze zerlassen. Vom Herd nehmen, mit Zitronensaft und Pfeffer abschmecken und gut verrühren. Abdecken und mindestens 1 Stunde kühl stellen.

Backpflaumen-Kanapees

Ergibt: *32 Kanapees*

8 Scheiben Weißbrot, ohne Rand
2 EL Senfbutter (s. Seite 176)
1 Tasse Backpflaumen-Füllung (s. unten)
1 Karotte, gerieben
2 EL Pekan- oder Walnüsse, gehackt

Die Brotscheiben mit Butter bestreichen. Die Füllung darauf verteilen und mit den geriebenen Karotten und gehackten Nüssen bestreuen. Vierteln, abdecken und mindestens 1 Stunde kühl stellen.

Backpflaumen-Füllung

Ergibt: *1 ¾ Tassen*

1 Tasse Backpflaumen, entsteint, gedünstet
120 ml Mayonnaise
¼ Tasse Walnüsse, feingehackt

Backpflaumen und Mayonnaise in eine Schüssel geben und mit einem elektrischen Handrührgerät auf mittlerer Stufe glattrühren. Walnüsse zufügen und unterheben. Zum Binden eventuell etwas mehr Mayonnaise zufügen und verrühren. Abdecken und mindestens 1 Stunde kühl stellen.

Baked-Beans-Kanapees

Ergibt: *8 Kanapees*

½ Tasse weiße Bohnen in Tomatensauce, aus der Dose
1 EL Salsa
8 Scheiben Weißbrot
2 EL Baked-beans-Butter (s. unten)
8 Scheiben Frühstücksspeck
Zum Garnieren:
8 kleine Jalapeño-Chilischoten mit Stiel (nach Belieben)

1. Einen Gitterrost in die Mitte des Ofens schieben und den Ofen auf 200 °C vorheizen.
2. Weiße Bohnen und Salsa in einer kleinen Schüssel mischen.
3. Das Brot gleichmäßig mit Baked-beans-Butter bestreichen. Die Rinde entfernen und jede Scheibe zu einem Zylinder zusammenrollen. Jede Brotrolle mit einer Scheibe Frühstücksspeck umwickeln und mit einem Holzspießchen befestigen. Die Rollen in eine Auflaufform legen und 4–6 Minuten backen, bis der Frühstücksspeck knusprig ist. Zum Garnieren auf jedes Holzspießchen eine kleine Jalapeño-Chilischote stecken. Zusammen mit der Salsa-Mischung servieren.

Baked-beans-Butter

Ergibt: *180 g*

60 g Butter
½ Tasse Baked beans (weiße Bohnen in Tomatensauce, aus der Dose), püriert

Die Butter in einer kleinen Schüssel geschmeidig rühren. Die Bohnen zufügen und unterheben, bis alles gut vermischt ist.

Bries-Kanapees

Ergibt: *8 Kanapees*

8 Scheiben Roggentoastbrot
2 EL Käsebutter (s. Seite 144)
¾ Tasse Eier-Bries-Aufstrich (s. unten)
Zum Garnieren:
8 Spargelspitzen, gekocht

Die Brotscheiben gleichmäßig mit Käsebutter bestreichen. Die Eier-Bries-Füllung in einer gleichmäßigen Schicht auf die Scheiben auftragen. Mit Spargel garnieren und servieren.

Eier-Bries-Aufstrich

Ergibt: *2 Tassen*

4 große Eier, hartgekocht und zerdrückt
20 g Frischkäse
1 TL Mayonnaise
1 Spritzer Ketchup
½ Tasse Bries, gekocht, in dünnen Scheiben
¼ Tasse Preßschinken, gehackt
Worcestersauce
Salz und Pfeffer

Eier, Frischkäse, Mayonnaise und Ketchup in einer Schüssel gut mischen. Bries und Schinken zugeben, mit Worcestersauce, Salz und Pfeffer abschmecken und gut verrühren. Abdecken und mindestens 1 Stunde kühl stellen.

Champignon-Kanapees

Ergibt: *8 Kanapees*

8 Scheiben italienisches Weißbrot, 1 cm dick
60 g Champignon-Butter (s. Seite 148)
1 Tasse Champignon-Füllung (s. Seite 26)
Zum Garnieren:
frische Petersilie, gehackt

Die Brotscheiben mit Butter bestreichen und die Füllung auftragen. Mit Petersilie garnieren und servieren.

Corned-Beef-Kanapees

Ergibt: *8 Kanapees*

8 Scheiben Toastbrot, ohne Rand
2 EL Olivenbutter (s. Seite 157)
½ Tasse Corned-Beef-Füllung (s. unten)
2 EL Champignons, gehackt

1. Den Ofen auf 220 °C vorheizen.
2. Die Brotscheiben gleichmäßig mit Olivenbutter bestreichen.
3. Füllung und Champignons in einer kleinen Schüssel mischen. Auf das Brot streichen und jede Scheibe zu einem Zylinder zusammenrollen. Mit einem Holzspießchen befestigen. Auf ein Backblech legen und 3–5 Minuten auf mittlerer Schiene backen, bis die Brotrollen goldbraun sind. Dabei die Rollen einmal wenden. Warm servieren.

Corned-Beef-Füllung

Ergibt: *1 Tasse*

1 Tasse Corned Beef aus der Dose, gehackt
1 Prise Gewürznelken, gerieben
1 Prise Muskatblüte
60 ml süße Sahne

Corned Beef, Gewürznelken, Muskatblüte und Sahne gut verrühren. Abdecken und mindestens 2 Stunden kühl stellen.

Ei-Endivien-Kanapees

Ergibt: *16 Kanapees*

8 Scheiben Toastbrot
¼ Tasse Ei-Aufstrich mit Erdnußbutter (s. unten)
1 Tasse Endivien-Füllung mit Frühstücksspeck (s. Seite 128)
<u>Zum Garnieren:</u>
¼ Tasse Frühstücksspeck, zerkrümelt

Die Toastbrote längs oder diagonal halbieren und mit der Eimasse bestreichen. Die Füllung darauf verteilen und mit dem zerkrümelten Frühstücksspeck garnieren. Sofort servieren.

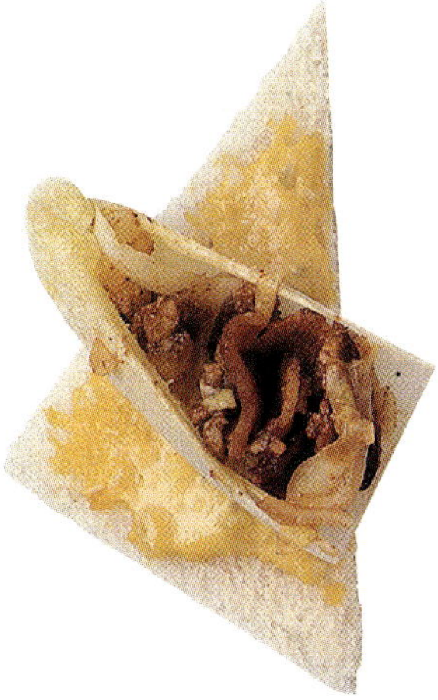

Ei-Aufstrich mit Erdnussbutter

Ergibt: *1 Tasse*

3 große Eier, hartgekocht und zerdrückt
3 EL Gewürzgurken, gehackt
2 EL cremige Erdnußbutter
½ TL Senf
Mayonnaise

Eier, Gurken, Erdnußbutter und Senf in einer Schüssel mit einem elektrischen Handrührgerät auf mittlerer Stufe verrühren. So viel Mayonnaise zufügen, daß die Masse bindet. Alle Zutaten gut mischen. Mindestens 1 Stunde abgedeckt kühl stellen.

Ei-Sardellen-Kanapees

Ergibt: *8 Kanapees*

8 Scheiben Toastbrot
70 g Sardellenbutter (s. Seite 119)
4 große Eier, hartgekocht
Zum Garnieren:
Petersilie, gehackt

1. Mit einer runden Plätzchenform von 5–6 cm Durchmesser 8 Kreise aus dem Brot ausstechen. Gleichmäßig mit Butter bestreichen.

2. Die Eier mit einem Eierschneider in Scheiben schneiden (Die Teile, die nur aus Eiweiß bestehen, nicht verwenden). Die Eierscheiben leicht versetzt auf die Brotkreise legen. Mit Petersilie garnieren und sofort servieren.

Eier-Salat-Kanapees

Ergibt: *32 Kanapees*

8 Scheiben Vollkorntoastbrot, ohne Rand
2 EL Champignonbutter (s. unten)
¾ Tasse Spinat-Ei-Füllung (s. unten)

1. Das Brot mit verschiedenen Plätzchenformen (z. B. Herz, Pik, Kreuz und Karo) zu 32 Kanapees ausstechen.

2. Die Kanapees gleichmäßig mit Butter bestreichen. Die Füllung darauf verteilen und sofort servieren.

Champignonbutter

Ergibt: *110 g*

60 g Butter
¼ Tasse Champignons, feingehackt

Die Butter in einer kleinen Schüssel geschmeidig rühren. Die Champignons zufügen und gut mischen.

Spinat-Ei-Füllung

Ergibt: *1 ½ Tassen*

½ Tasse frischer Spinat, gehackt
2 EL Sellerieblätter, gehackt
1 kleine rote Zwiebel, gewürfelt
4 Eier, hartgekocht und zerdrückt
Mayonnaise
Salz und Pfeffer

Spinat, Sellerie, Zwiebel und Eier in einer Schüssel gut mischen. So viel Mayonnaise zufügen, bis die Masse bindet; dann mit Salz und Pfeffer abschmecken. Abdecken und mindestens 1 Stunde kühl stellen.

Emmentaler-Kanapees

Ergibt: *16 Kanapees*

8 Scheiben Toastbrot
2 EL Zwiebelbutter (s. Seite 171)
¼ Tasse Gorgonzola-Mayonnaise (s. Seite 130)
12 dünne Scheiben Zwiebeln, halbiert
12 Scheiben Emmentaler, halbiert
Zum Garnieren:
1 EL Gewürzgurken, feingehackt

1. Den Ofen auf 200 °C vorheizen. Ein Backblech leicht einfetten.

2. Mit einer Plätzchenform von 5–6 cm Durchmesser 24 Brotkreise ausstechen.

3. Die Kreise mit Butter bestreichen und mit je einer Zwiebelscheibe belegen. Einen Tupfer Mayonnaise darauf geben. Eine Scheibe Emmentaler auf die Mayonnaise legen. Die Brote auf das Backblech legen und 3–4 Minuten auf mittlerer Schiene backen, bis der Käse schmilzt. Mit gehackten Gurken garnieren und warm servieren.

Erdnuss-Bananen-Kanapees

Ergibt: *16 Kanapees*

2 große Bananen, in dünnen Scheiben
2 EL Zitronensaft
4 Scheiben Vollkornbrot, ohne Rinde, getoastet
60 g Chutney-Butter (s. Seite 113)
1 ¼ Tassen Erdnuß-Bananen-Füllung (s. unten)
Zum Garnieren:
Petersilie

1. Die Bananenscheiben mit Zitronensaft beträufeln und zur Seite stellen.

2. Die Toastscheiben gleichmäßig mit Butter bestreichen. Die Füllung darauf verteilen und die Toastscheiben vierteln. Mehrere Bananenscheiben übereinander in die Mitte jedes Rechtecks drücken. Mit Petersilie garnieren und servieren.

Erdnuss-Bananen-Füllung

Ergibt: *1 ½ Tassen*

80 g Frischkäse
4 EL grobe Erdnußbutter
2 große Bananen, püriert

Frischkäse, Erdnußbutter und Bananen in einer Schüssel mit einem Handrührgerät auf hoher Stufe glattrühren. Abdecken und mindestens 2 Stunden kühl stellen.

Tip: Wenn diese Füllung als Belag für Süßspeisen verwendet wird, Schokoladensirup darüber gießen.

Erdnussbutter-Kanapees, scharf

Ergibt: *32 Kanapees*

3 EL cremige Erdnußbutter
1 ½ EL Mayonnaise oder Salatdressing
1 ½ EL Chilisauce
3 Streifen knuspriger Frühstücksspeck, zerkrümelt
8 Scheiben Weißbrot, leicht getoastet, in Kreisformen ausgestochen
Zum Garnieren:
4 Oliven mit Paprikafüllung, in Scheiben
gesalzene Erdnüsse, grobgehackt

In einer Schüssel Erdnußbutter Mayonnaise, Chilisauce und Frühstücksspeck gut mischen. Die Brotkreise damit bestreichen. Mit Oliven garnieren und mit gehackten Erdnüssen bestreuen.

Erdnussbutter-Karotten-Kanapees

Ergibt: *16 Kanapees*

4 Scheiben Vollkornbrot, ohne Rinde
60 g Schinkenbutter (s. unten)
1 ¼ Tassen Erdnußbutter-Karotten-Füllung (s. unten)
1 mittelgroße Karotte, in dünnen Scheiben
Zum Garnieren:
Karottengrün

Das Brot gleichmäßig mit Butter bestreichen. Die Füllung auf die Brotscheiben auftragen und die Brote in Rechtecke schneiden. Mehrere Karottenscheiben übereinander in die Mitte jedes Rechtecks drücken. Mit Karottengrün garnieren und servieren.

Schinkenbutter

Ergibt: *1 Tasse*

110 g Butter
110 g Kochschinken, feingehackt
2 große Eier, hartgekocht, püriert

Die Butter in einer Schüssel geschmeidig rühren. Schinken und Eier unterheben und gut mischen.

Erdnussbutter-Karotten-Füllung

Ergibt: *1 ¼ Tassen*

16 EL cremige Erdnußbutter
1 kleine Karotte, gerieben

Die Erdnußbutter in einer Schüssel geschmeidig rühren. Die Karotten zufügen und gut untermischen. Abdecken und mindestens 1 Stunde kühl stellen.

Erdnussbutter-Schinken-Kanapees

Ergibt: *16 Kanapees*

4 Scheiben Vollkornbrot, ohne Rinde
¼ Tasse Schinkenbutter (s. Seite 150)
1 ¼ Tassen Erdnußfüllung (s. unten)
8 große Erdbeeren, halbiert
Zum Garnieren:
Erdnüsse, gehackt

Die Brotscheiben gleichmäßig mit Butter bestreichen. Die Füllung auftragen und die Scheiben vierteln. In die Mitte jedes Viertels eine halbe Erdbeere drücken, mit gehackten Erdnüssen garnieren und servieren.

Erdnuss-Füllung

Ergibt: *1 ¼ Tassen*

80 g Frischkäse
1 Tasse gesalzene Erdnüsse, grobgehackt
½ Tasse Petersilie, gehackt

Den Käse in einer Schüssel geschmeidig rühren. Erdnüsse und Petersilie zufügen und gut untermischen. Abdecken und mindestens 1 Stunde kühl stellen.

Erdnussplitter-Kanapees

Ergibt: *8 Kanapees*

4 Scheiben Toastbrot, ohne Rand
60 g Melasse-Butter (s. unten)
1 ¼ Tassen Erdnußbutter-Füllung (s. unten)
Zum Garnieren:
Erdnüsse, gehackt

Die Toastscheiben mit Butter bestreichen. Die Füllung darauf verteilen und mit den gehackten Erdnüssen bestreuen. Diagonal durchschneiden und servieren.

Melasse-Butter

Ergibt: *210 g*

60 g Butter
150 g Melasse

Die Butter in einer Schüssel geschmeidig rühren. Die Melasse zufügen und gut mischen.

Erdnussbutter-Füllung

Ergibt: *1 ¼ Tassen*

60 g Butter
1 Tasse Erdnußsplitter, fein
Milch

Die Butter in einer Schüssel geschmeidig rühren. Erdnußsplitter und Milch zufügen; gut mischen. Abdecken und mindestens 1 Stunde kühl stellen.

Tip: Verwenden Sie für einen volleren, süßeren Geschmack statt Milch Weinbrand.

Finnische Kanapees

Ergibt: *12 Kanapees*

3 EL Butter oder Margarine
1 ½ TL Zwiebeln, gehackt
2 EL Champignons, gehackt
2 EL Mehl
80 ml Milch
80 ml süße Sahne
2 EL geriebener Emmentaler
2 große Eigelbe, verquirlt
1 Tasse geräucherter Schellfisch, zerteilt
1 Prise Cayennepfeffer
6 Bagels oder kleine Brötchen
½ Tasse geriebener Romano oder Parmesan
mit Butter gemischte Semmelbrösel

1. Den Ofen auf 200 °C vorheizen. Ein Backblech leicht einfetten.

2. Die Butter in einem Kochtopf bei mittlerer Hitze zerlassen. Zwiebeln und Champignons zufügen und in 3–5 Minuten weich dünsten. Das Mehl unter Rühren zufügen; darauf achten, daß sich keine Klümpchen bilden.

3. Milch und Sahne dazugießen und unter ständigem Rühren bei starker Hitze zum Kochen bringen. Vom Herd nehmen und den Emmentaler und die Eigelbe unterrühren. Den geräucherten Schellfisch zugeben. Mit Cayennepfeffer abschmecken.

4. Die Bagels oder Brötchen halbieren, mit der Füllung bestreichen und auf das Backblech legen. Mit Romano und Semmelbröseln bestreuen. 3–5 Minuten auf mittlerer Schiene backen, bis die Semmelbrösel bräunen. Warm servieren.

Frischkäse-Kanapees

Ergibt: *8 Kanapees*

2 EL Olivenöl
4 Scheiben Vollkornbrot
80 g Frischkäse
1 EL Mayonnaise
1 TL Sardellen, gehackt
½ TL Petersilie, gehackt

1. Das Öl in einer Bratpfanne auf mittlerer Stufe erhitzen und das Brot auf jeder Seite 1–2 Minuten bräunen. Mit einer runden Plätzchenform von 6–7 cm Durchmesser 8 Kreise aus dem Brot ausstechen.

2. Frischkäse und Mayonnaise in einer Schüssel gut mischen. Sardellen und Petersilie zufügen und verrühren. 1 Teelöffel Füllung auf jeden Kreis geben und vorsichtig eine Pyramide daraus formen. Vor dem Servieren mindestens 2 Stunden kühl stellen.

Gewürzgurken-Kanapees

Ergibt: *16 Kanapees*

4 Scheiben Vollkornbrot, getoastet, ohne Rinde
60 g Roquefort-Butter (s. Seite 126)
1 Tasse Karotten-Gewürzgurken-Füllung (s. unten)
2 Dill-Gewürzgurken, in dünnen Streifen
Zum Garnieren:
Petersilie, gehackt
Schnittlauch

Die Brotscheiben gleichmäßig mit Butter bestreichen. Die Füllung auftragen und die Brotscheiben vierteln. Auf jedes Viertel eine Gurkenscheibe legen und mit Petersilie und Schnittlauch garnieren.

Karotten-Gewürzgurken-Füllung

Ergibt: *2 Tassen*

1 Tasse Karotten, gerieben
½ Tasse Gewürzgurken, feingehackt
120 ml Mayonnaise

Karotten, Gewürzgurken und Mayonnaise in einer Schüssel gut mischen. Bis zur Verwendung abgedeckt kühl stellen.

Gurken-Oliven-Kanapees

Ergibt: *32 Kanapees*

16 Scheiben Roggenbrot
60 g Sardellenbutter (s. Seite 119)
1 ¼ Tassen Oliven-Backpflaumen-Gurken-Füllung (s. unten)
16 Scheiben rote Bete, gekocht
Zum Garnieren:
Petersilienzweige
Minzezweige

1. Die Brotscheiben gleichmäßig mit Butter bestreichen. Die Füllung darauf geben und je eine Scheibe rote Bete in die Mitte legen.
2. Jede Brotscheibe diagonal halbieren und mit Petersilie und Minze garniert servieren.

Oliven-Backpflaumen-Gurken-Füllung

Ergibt: *1 ½ Tassen*

170 g Frischkäse
¼ Tasse schwarze oder grüne Oliven, entsteint, feingehackt
¼ Tasse Backpflaumen, entsteint, feingehackt
¼ Tasse Gurken, feingehackt
¼ Tasse Pekannüsse, feingehackt

Frischkäse, Oliven, Backpflaumen, Gurken und Pekannüsse in einer Schüssel mit einem elektrischen Handrührgerät auf niedriger Stufe glattrühren. Mindestens 2 Stunden abgedeckt kühl stellen.

Hähnchen-Kanapees

Ergibt: *16 Kanapees*

8 Scheiben Weißbrot, ohne Rinde
3 EL Sardellenbutter (s. Seite 119)
8 Scheiben Hühnerfleisch
Zum Garnieren:
Sardellenpaste
Sardellenfilets, zusammengerollt

1. Die Brotscheiben gleichmäßig mit Butter bestreichen. Mit einer runden Plätzchenform von 5–6 cm Durchmesser mindestens 16 Kreise aus dem Brot ausstechen.

2. Die gleiche Anzahl Kreise aus dem Hühnerfleisch ausstechen. Jeden Brotkreis mit einem Kreis aus Hühnerfleisch belegen. Etwas Sardellenpaste in die Mitte geben und ein zusammengerolltes Sardellenfilet darauf anrichten. Sofort servieren.

Hühnchen-Kanapees scharf

Ergibt: *12 Kanapees*

8 Scheiben Vollkornbrot
60 g Schinkenbutter (s. Seite 150)
2 Tassen scharfe Hühnchenfüllung (s. Seite 125)
Oliven mit Paprikafüllung, in Scheiben
Zum Garnieren:
2 EL Petersilie, gehackt

1. Die Brotscheiben gleichmäßig mit Butter bestreichen. Die Füllung darauf verteilen.

2. Mit einer runden Plätzchenform von 5 cm Durchmesser 24 Kreise aus dem Brot ausstechen. 12 Stapel mit je 2 Kreisen bilden. Die Stapel leicht zusammenpressen. Eine Olivenscheibe in die Mitte jedes Stapels geben. Mit Petersilie garnieren. Abdekken und mindestens 2 Stunden kühl stellen. Kalt servieren.

Hühnerleber-Kanapees

Ergibt: *8 Kanapees*

8 Scheiben rundes Toastbrot
110 g Roquefort-Butter (s. Seite 126)
1 Tasse gedünstete Hühnerleber, feingehackt
¼ Tasse knuspriger Frühstücksspeck, zerkrümelt
8 Scheiben Salatgurke, geachtelt
2 Tomaten, in dünnen Scheiben

1. Die Brotscheiben mit Butter bestreichen.

2. Hühnerleber und Frühstücksspeck in einer Schüssel gut mischen. Auf den Brotscheiben verteilen. Die Gurkenachtel mit der Spitze nach innen auf den Rand der Brote legen. Je eine Tomatenscheibe in die Mitte legen und sofort servieren.

Hummer-Roquefort-Kanapees

Ergibt: *12 Kanapees*

4 Scheiben Weißbrot
2 EL Hummerbutter (s. unten)
1 ¼ Tassen Roquefort-Nuß-Füllung mit gehackten Oliven (s. unten)
2 EL Pekan- oder Walnüsse, gehackt

Das Brot gleichmäßig mit Butter bestreichen. Die Füllung auftragen. Aus jeder Brotscheibe 3 Kreise mit einer runden Plätzchenform von 5 cm Durchmesser ausstechen. Mit den gehackten Nüssen bestreuen und servieren.

Roquefort-Nuss-Füllung mit gehackten Oliven

Ergibt: *¼ Tasse*

50 g Roquefort
¾ Tasse Walnüsse, gemahlen
⅓ Tasse grüne Oliven, gehackt
Salz und Pfeffer

Den Käse in einer kleinen Schüssel weich rühren. Walnüsse und Oliven zufügen, mit Salz und Pfeffer würzen und gut mischen. Abdecken und mindestens 1 Stunde kühl stellen.

Hummerbutter

Ergibt: *180 g*

60 g Butter
½ Tasse Hummerfleisch, zerkleinert
1 Spritzer Zitronensaft

Die Butter in einer kleinen Schüssel geschmeidig rühren. Hummer und Zitronensaft zufügen und unterheben.

Hüttenkäse-Kanapees

Ergibt: *16 Kanapees*

1 kleine Salatgurke, geschält, in 5 cm großen Stücken
16 Scheiben Weißbrot
60 g Paprika-Butter (s. Seite 170)
1 ¼ Tassen Hüttenkäsefüllung (s. Seite 72)
16 Tomatenscheiben
Zum Garnieren:
Brunnenkresse

1. Mit einem kleinen Löffel das Innere der Gurke aushöhlen und die Gurke in sehr dünne Scheiben schneiden. Jede Scheibe sollte ein Loch in der Mitte haben.

2. Mit einer runden Plätzchenform Kreise aus dem Brot ausstechen und diese gleichmäßig mit Butter bestreichen. 1 Tasse der Füllung auf den Kreisen verteilen und jeden Kreis mit einer Tomatenscheibe belegen. Auf jede Tomatenscheibe eine Gurkenscheibe legen und etwas von der übrigen Füllung in die Mitte jeder Gurkenscheibe geben. Mit Brunnenkresse garnieren.

Indische-Schinken-Kanapees

Ergibt: *16 Kanapees*

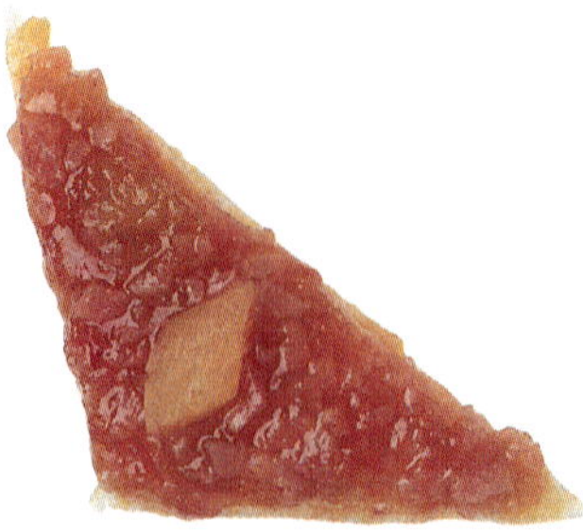

2 Scheiben Vollkornbrot, ohne Rinde
2 Scheiben Weißbrot, ohne Rinde
2 EL Aprikosenbutter (s. unten)
1 Tasse Schinken-Chutney-Sandwich-Füllung (s. Seite 175)
8 Scheiben Pfirsiche, aus der Dose
8 Scheiben Aprikosen, aus der Dose

Die Brotscheiben gleichmäßig mit Butter bestreichen. Die Füllung darauf verteilen. Jede Scheibe vierteln; die Hälfte der Viertel mit einer Pfirsichspalte belegen, die andere Hälfte mit einer Aprikosenspalte garnieren. Sofort servieren.

Aprikosenbutter

Ergibt: *180 g*

60 g Butter
½ Tasse gedünstete Aprikosen, püriert

Die Butter in einer kleinen Schüssel geschmeidig rühren. Die Aprikosen unterheben und gut mischen.

Tip: Frische und eingeweckte Aprikosen zusammen mit etwas Wasser in einen Topf geben. Bei mittlerer Hitze zu einer Masse von der Konsistenz eines Apfelmuses einkochen lassen. Abkühlen lassen.

Italienische Olivenkanapees

Ergibt: *8 Kanapees*

8 Scheiben italienisches Weißbrot, 1 cm dick
80 g Olivenbutter (s. unten)
1 Tasse Käsefüllung mit grünen Oliven (s. Seite 174)
Zum Garnieren:
Petersilie, gehackt
16 Oliven mit Paprikafüllung, in dünnen Scheiben

Die Brotscheiben mit Butter bestreichen und die Füllung auftragen. Mit Petersilie bestreuen und mit den Olivenscheiben garnieren. Mindestens 1 Stunde abgedeckt kühl stellen.

Olivenbutter

Ergibt: *80 g*

60 g Butter
2 EL schwarze oder grüne Oliven, feingehackt
1 Spritzer Zitronen- oder Limettensaft

Die Butter in einer kleinen Schüssel geschmeidig rühren. Oliven und Zitronensaft zufügen und gut mischen.

Kanapees „Balkan“

Ergibt: *16 Kanapees*

16 Scheiben Roggenbrot
60 g Sardellenbutter (s. Seite 119)
1 Tasse Balkan-Füllung (s. unten)
1 Auberginescheibe, gekocht, 1 cm groß gewürfelt
Zum Garnieren:
Minzeblätter

Die Brotscheiben gleichmäßig mit Butter bestreichen. Die Füllung auf der Hälfte der Brotscheiben verteilen und mit Auberginenwürfeln bestreuen. Zum Garnieren Minzeblätter vorsichtig in die Füllung stecken. Mit den restlichen 8 Brotscheiben bedecken. Die Kanapees diagonal durchschneiden und sofort servieren.

Balkan-Füllung

Ergibt: 1 Tasse

3 EL Frischkäse
2 TL Roquefort
3 ½ EL Pistazien, gehackt
⅓ Tasse schwarze Oliven, entsteint, gehackt
⅓ Tasse Datteln, entkernt, gehackt

Die beiden Käsesorten in einer kleinen Schüssel verrühren. Pistazien, Oliven und Datteln zufügen und gut mischen. Abdecken und mindestens 1 Stunde kühl stellen.

Kanapees „Mediterran“

Ergibt: *4 Kanapees*

4 Scheiben Vollkorntoastbrot, ohne Rand
¼ Tasse Baked-beans-Butter (s. Seite 145)
1 Tasse Käse-Füllung „Mediterran“ (s. unten)
2 EL Käsefüllung mit grünen Oliven (s. Seite 174)
4 ganze Datteln, entkernt
¼ Tasse Kopfsalat, in Streifen
2 EL Pistazien, gemahlen
Zum Garnieren:
Zitronenspalten

1. Die Brotscheiben gleichmäßig mit Baked-beans-Butter bestreichen. Die Käse-Füllung „Mediterran“ auftragen.

2. Die Oliven-Käse-Füllung in die entkernten Datteln geben. Etwa 1 Eßlöffel Kopfsalat auf jede Brotscheibe häufen und eine Dattel in die Mitte legen. Mit Pistazien bestreuen und mit einer Zitronenspalte garniert servieren.

Käse-Füllung „Mediterran“

Ergibt: *2 ¼ Tassen*

240 g Frischkäse
¼ Tasse getrocknete Datteln, entkernt, feingehackt
½ Tasse frische Datteln, feingehackt
¼ Tasse Rosinen, 15 Minuten in warmem Wasser eingeweicht, abgetropft
1 TL Zitronensaft

Frischkäse, getrocknete und frische Datteln, Rosinen und Zitronensaft in einer mittelgroßen Schüssel mit einem elektrischen Handrührgerät auf mittlerer Stufe glattrühren. Abdecken und mindestens 2 Stunden kühl stellen.

Kanapees mit Eier-Füllung

Ergibt: *8 Kanapees*

1 EL Butter oder Margarine
4 große Eier, verquirlt
Salz
8 Scheiben Weißbrot, ohne Rinde
2 EL Brunnenkresse-Butter (s. unten)
2 Cocktailtomaten, in dünnen Scheiben

1. Den Ofen auf 220 °C vorheizen.

2. Die Butter in einer Bratpfanne auf mittlerer Stufe zerlassen. Die Eier zufügen und die Hitze reduzieren. 5–6 Minuten braten, dabei öfters umrühren. Das Rührei abdecken und abkühlen lassen.

3. Die Brote gleichmäßig mit Brunnenkresse-Butter bestreichen. Das Rührei auf den Toastscheiben verteilen und das Brot zusammenrollen. Mit einem Holzspießchen befestigen. Auf ein Backblech legen und 3–4 Minuten auf mittlerer Schiene backen, bis das Brot leicht getoastet ist. Auf jedes Holzspießchen eine Tomatenscheibe stecken und warm servieren.

Brunnenkresse-Butter

Ergibt: *60 g*

60 g Butter
2 EL frische Brunnenkresse, feingehackt

Die Butter in einer kleinen Schüssel geschmeidig rühren. Die Brunnenkresse zufügen und untermischen.

Käse-Kanapees

Ergibt: *32 Kanapees*

1 Tasse geriebener Emmentaler
240 ml Mayonnaise
80 g Frischkäse
120 ml saure Sahne
2 EL scharfer Senf
1 EL Zitronensaft
170 g Krebsfleisch (tiefgekühlt)
8 Scheiben weißes Toastbrot oder Vollkorntoastbrot, ohne Rinde, geviertelt

1. Einen Grillrost etwa 12 cm von den Heizstäben entfernt einlegen und den Grill vorheizen.

2. Emmentaler, Mayonnaise, Frischkäse, saure Sahne, Senf und Zitronensaft in einer Schüssel mit einem elektrischen Handrührgerät auf mittlerer Stufe glatt rühren. Das aufgetaute Krebsfleisch zufügen und gut unterheben. Die Brotscheiben mit der Mischung bestreichen, vierteln und auf ein Backblech legen. 3–4 Minuten grillen, bis der Käse Blasen wirft. Warm servieren.

Käse-Nuss-Kanapees

Ergibt: *32 Kanapees*

16 Scheiben Weißbrot
60 g Sesambutter (s. unten)
1 Tasse Käse-Nuß-Füllung mit Rosinen (s. unten)
32 Pekannüsse, halbiert
32 Blätter Minze

Mit einer runden Plätzchenform 16 Kreise ausstechen und diese halbieren. Die Halbmonde gleichmäßig mit Butter bestreichen. In die Mitte die Halbmonde etwas Füllung geben und eine halbe Pekannuß und ein Minzblatt hineinstecken. Sofort servieren.

Sesambutter

Ergibt: *60 g*

60 g Butter
2 EL Sesamsamen, geröstet

Die Butter in einer kleinen Schüssel geschmeidig rühren. Die Sesamsamen zufügen und alles gut mischen.

Käse-Nuss-Füllung mit Rosinen

Ergibt: *1 ¼ Tassen*

60 g Gruyère, gerieben
¾ Tasse Walnüsse, gemahlen
2 EL pürierter Brie
Salz und Pfeffer
½ Tasse Rosinen
Zum Garnieren:
Walnüsse, gehackt

Gruyère, gemahlene Walnüsse und Brie in einer Schüssel mit einem Löffel verrühren und mit Salz und Pfeffer würzen. Gut mischen und abgedeckt mindestens 1 Stunde kühl stellen. Rosinen und gehackte Walnüsse über die gekühlte Masse streuen, leicht andrücken und sofort verwenden.

Käse-Oliven-Kanapees

Ergibt: *16 Kanapees*

8 Scheiben Toastbrot
60 g Olivenbutter (s. Seite 157)
1 Tasse Käsefüllung mit grünen Oliven (s. Seite 174)
¼ Tasse Frühstücksspeck, zerkleinert
8 Zitronenspalten

Die Toastscheiben halbieren, so daß 16 Dreiecke entstehen. Die Olivenbutter gleichmäßig auf die Toastscheiben streichen, dann die Füllung darauf verteilen und die Dreiecke mit dem zerkleinerten Frühstücksspeck garnieren. Eine Zitronenspalte auf jedes Kanapee legen und bis zum Servieren abgedeckt kühl stellen.

Käse-Tomaten-Kanapees

Ergibt: *12 Kanapees*

3 EL Olivenöl
12 Kreise aus Weißbrot, 9 cm Durchmesser
170 g Gouda
1 Prise Salz
1 Msp. Paprikapulver
2 große Tomaten, in 12 Scheiben
Zum Garnieren:
grüne Paprika oder Tomaten, gewürfelt

1. Den Ofen auf 190 °C vorheizen.

2. In einer Bratpfanne 1 Eßlöffel Öl auf mittlerer Stufe erhitzen und die Brotkreise 1-2 Minuten einseitig rösten, bis sie auf der Unterseite etwas braun werden.

3. Den Gouda in eine Schüssel grob reiben. Salz und Paprikapulver zufügen und zur Seite stellen. Die Brotkreise auf der nicht gerösteten Seite mit den restlichen 2 Eßlöffeln Olivenöl bestreichen und mit je einer Tomatenscheibe belegen. Mit der Gouda-Mischung bestreuen und auf ein Backblech legen.
3–4 Minuten auf mittlerer Schiene backen, bis der Käse schmilzt. Mit gewürfeltem Paprika oder Tomaten garnieren.

Kaviar-Garnelen-Kanapees

Ergibt: *16 Kanapees*

8 Riesengarnelen, gekocht
½ Tasse French Dressing
1 EL Zitronensaft
16 Scheiben Toastbrot, getoastet
60 ml Mayonnaise
55 g roter oder schwarzer Kaviar
Zum Garnieren:
Zitronenspalten
Kopfsalat, in Streifen

1. Die Garnelen der Länge nach halbieren. In eine Schüssel geben und das French Dressing zufügen. Vorsichtig mischen und mindestens 2 Stunden, jedoch nicht länger als 4 Stunden kühl stellen.

2. Zitronensaft auf die Toastscheiben träufeln, dann mit Mayonnaise bestreichen. Eine Garnele mit der flachen Seite nach unten in einem leichten Bogen in die Mitte legen. Je ½ Teelöffel Kaviar in die Rundung geben und mit einer Zitronenspalte garnieren. Auf einem Salatbett servieren.

Kaviar-Kanapees

Ergibt: *16 Kanapees*

16 kleine, runde Cracker
2 EL Zitronensaft
1 Tasse einfache Kaviar-Füllung (s. unten)

Auf jeden Cracker Zitronensaft träufeln; dann auf ein Tablett legen. Jeweils 1 Löffel Füllung in die Mitte geben und mit einer Zitronenspalte garnieren. Bis zum Servieren kühl stellen.

Einfache Kaviar-Füllung

Ergibt: *1 Tasse*

170 g roter oder schwarzer Kaviar
2 EL Zwiebeln, gehackt
2 EL Zitronensaft

Kaviar, Zwiebel und Zitronensaft in einer Schüssel vorsichtig mischen. Mindestens 1 Stunde kühl stellen.

Kräuter-Käse-Kanapees

Ergibt: *12–14 Kanapees*

225 g Camembert
110 g weiche Butter oder Margarine
1 EL Zwiebeln, gehackt
½ TL Sardellenpaste
1 TL Paprikapulver, edelsüß
¾ TL Kümmel, zerstoßen
1 Msp. Senf
2 rote oder grüne Paprika, halbiert oder geviertelt
6 oder 7 dünne Scheiben Pumpernickel

1. Camembert, Butter, Zwiebel, Sardellenpaste, Paprikapulver, Kümmel und Senf in einer Schüssel mit einem elektrischen Handrührgerät auf mittlerer Stufe glattrühren. Abdecken und mindestens 2 Stunden kühl stellen.

2. Mit verschiedenen Plätzchenformen von etwa 2 cm Durchmesser 12–14 Paprikastückchen ausstechen.

3. Die Brotscheiben mit der Camembertbutter bestreichen und diagonal durchschneiden. Je ein Paprikastückchen in die Mitte legen und servieren.

Krebs-Champignon-Kanapees

Ergibt: *18 Kanapees*

9 Scheiben Weißbrot
2 EL Sardellenbutter (s. Seite 119)
220 g gekochtes Krebsfleisch, zerteilt
230 g Champignons in Scheiben, aus der Dose, abgetropft
60 ml süße Sahne
4 Tropfen Tabasco
1 Prise Cayennepfeffer
½ Tasse geriebener Romano oder Parmesan
mit Butter gemischte Semmelbrösel

1. Den Ofen auf 220 °C vorheizen.

2. Die Brotscheiben mit Butter bestreichen. Mit einer rautenförmigen Plätzchenform je 2 Rauten aus jeder Brotscheibe ausstechen.

3. Krebsfleisch, Champignons, Sahne, Tabasco und Cayennepfeffer in einer kleinen Schüssel gut verrühren. Die Masse auf die Rauten streichen und mit Käse und Semmelbröseln bestreuen. Auf ein Backblech legen und 8–10 Minuten auf mittlerer Schiene backen, bis die Semmelbrösel bräunen. Warm servieren.

Krebs-Kanapees

Ergibt: *32 Kanapees*

16 Scheiben Roggenbrot mit Kümmel
¼ Tasse Gorgonzola-Butter (s. unten)
1 ¼ Tassen Krebsfleisch-Meerrettich-Füllung (s. unten)
8 Zitronenscheiben, halbiert
8 Limettenscheiben, halbiert
Zum Garnieren:
Brunnenkresse
Petersilienzweige

1. Das Brot gleichmäßig mit Butter bestreichen. Die Füllung darauf verteilen und die Brote halbieren.

2. Eine Hälfte der Kanapees mit Zitronenscheiben, die andere mit Limettenscheiben belegen. Mit Brunnenkresse und Petersilie garnieren.

Gorgonzola-Butter

Ergibt: *¼ Tasse*

60 g Butter
2 EL Gorgonzola, zerkrümelt
1 TL Schnittlauch, gehackt

Die Butter in einer kleinen Schüssel geschmeidig rühren. Gorgonzola und Schnittlauch unterheben.

Krebsfleisch-Meerrettich-Füllung

Ergibt: *1 ¼ Tassen*

1 Tasse gekochtes Krebsfleisch, gehackt
2 EL süße Sahne
1 EL Meerrettich aus dem Glas
Salz und Pfeffer

Krebsfleisch, Sahne und Meerrettich in einer Schüssel mischen und mit Salz und Pfeffer abschmecken. Mindestens 2 Stunden abgedeckt kühl stellen.

Krebsfleisch-Kanapees

Ergibt: *12 Kanapees*

4 Scheiben Vollkornbrot
4 Scheiben Weißbrot
¼ Tasse Krebsfleisch-Butter (s. unten)
1 ½ Tassen Krebsfleisch-Füllung (s. unten)
1 Tasse Käse-Nuß-Füllung (s. Seite 141)
Zum Garnieren:
schwarze Oliven, in Scheiben
2 EL Petersilie, gehackt

1. Die Brotscheiben gleichmäßig mit Butter und mit der Krebsfleisch-Füllung bestreichen.

2. Mit einer runden Plätzchenform von 5 cm Durchmesser aus jeder Scheibe 3 Kreise ausstechen. Jeweils einen hellen und einen dunklen Kreis aufeinanderlegen. Jedes Kanapee sollte aus 2 Scheiben bestehen. Die Scheiben vorsichtig zusammendrücken.

3. Die Seiten der Kanapees mit der Käse-Nuß-Füllung bestreichen, abdecken und mindestens 2 Stunden kühl stellen. Jedes Kanapee mit einer Olivenscheibe belegen und mit gehackter Petersilie bestreuen.

Krebsfleisch-Butter

Ergibt: *2 Tassen*

220 g Butter
1 Tasse gekochtes Krebsfleisch, zerteilt
1 Prise Paprikapulver
1 EL Zitronensaft

Die Butter in einer kleinen Schüssel geschmeidig rühren. Krebsfleisch, Paprikapulver und Zitronensaft zufügen und gut mischen.

Krebsfleisch-Füllung

Ergibt: *1 ½ Tassen*

1 ⅓ Tassen gekochtes Krebsfleisch, zerteilt
2 TL grüner Paprika, gehackt
2 TL roter Paprika, gehackt
2 TL Worcestersauce
2 TL Salsa (würzige Tomatensauce)
Salz und Pfeffer

Krebsfleisch, Paprika, Worcestersauce und Salsa in einer kleinen Schüssel mischen und mit Salz und Pfeffer abschmekken. Umrühren, abdecken und mindestens 2 Stunden kühl stellen.

Krebsfleisch-Kanapees scharf

Ergibt: *8 Kanapees*

340 g Krebsfleisch, in Streifen
120 ml Salatdressing oder Mayonnaise
2 TL Meerrettich, frisch gerieben
1 TL Worcestersauce
½ TL Dijonsenf
8 flache Mürbeteigböden, fertig oder selbstgemacht
½ Tasse Currysauce
2 EL mit Butter gemischte Semmelbrösel

1. Den Ofen auf 200 ° C vorheizen. Ein Backblech leicht einfetten.

2. Krebsfleisch, Salatdressing, Meerrettich, Worcestersauce und Senf in einer kleinen Schüssel mischen.

3. Die Mürbeteigböden mit einer großzügigen Menge der Mischung füllen und auf das Backblech legen. Currysauce darauf löffeln und mit Semmelbröseln bestreuen. Die Kanapees 3-4 Minuten goldbraun backen.

Currysauce

Ergibt: *1 Tasse*

120 ml Milch
120 ml süße Sahne
1 ½ EL Mehl, Speisestärke oder Pfeilwurzelmehl
2 TL Currypulver
Salz und Pfeffer

Milch, Sahne und Mehl in einen kleinen Kochtopf gut verrühren; darauf achten, daß sich keine Klümpchen bilden. Bei mittlerer Hitze zum Kochen bringen. Die Hitze reduzieren und 2-3 Minuten unter ständigem Rühren kochen, bis die Sauce eindickt. Currypulver zufügen, mit Salz und Pfeffer abschmecken und glatt rühren.

Lachs-Kanapees

Ergibt: *12 Kanapees*

8 Scheiben Weißbrot
60 g Hummerbutter (s. Seite 155)
2 Tassen Lachsfüllung (s. Seite 107)
2 EL Dill, gehackt

1. Die Brotscheiben gleichmäßig mit Butter bestreichen. Die Füllung auftragen.

2. Mit einer runden Plätzchenform von 5 cm Durchmesser 24 Kreise oder Herzen aus dem Brot ausstechen. Je 2 Kreise aufeinanderlegen und leicht zusammenpressen. Mit Dill bestreuen, abdecken und mindestens 2 Stunden kühl stellen. Kalt servieren.

Leber-Champignon-Kanapees

Ergibt: *16 Kanapees*

4 Scheiben Toastbrot, ohne Rand
60 g Champignonbutter (s. Seite 148)
1 Tasse Leber-Champignon-Füllung (s. unten)
⅓ Tasse Gewürzgurken, feingehackt
4 große weiße Champignons, geputzt, entstielt
Zum Garnieren:
Kopfsalat, in Streifen

1. Die Toastscheiben gleichmäßig mit Butter bestreichen. Die Füllung auftragen und die Gurken in die Mitte geben. Je einen Champignon auf die Gurken legen.

2. Die Toastscheiben diagonal vierteln und dabei den Champignon auseinanderschneiden. Auf einem Salatbett servieren.

Leber-Champignon-Füllung

Ergibt: *1 ¼ Tassen*

80 g gekochte Kalbsleber, püriert
½ Tasse frische weiße Champignons, feingehackt
60 ml süße Sahne
Salz und Pfeffer

Kalbsleber, Champignons und Sahne in einer kleinen Schüssel mischen, mit Salz und Pfeffer würzen. Zu einer glatten Masse verrühren. Abdecken und mindestens 1 Stunde kühl stellen.

Leber-Kanapees

Ergibt: *8 Kanapees*

260 g Leberwurst
3 EL süße oder saure Sahne
½ TL Zwiebeln, gehackt
Salz und weißer Pfeffer
8 Scheiben Toastbrot, ohne Rand
2 EL Zwiebelbutter (s. Seite 171)

1. Den Ofen auf 230 °C vorheizen.

2. Leberwurst, Sahne und Zwiebeln in einer kleinen Schüssel gut mischen. Mit Salz und Pfeffer abschmecken.

3. Die Brotscheiben gleichmäßig mit Butter bestreichen. Die Leberwurst-Mischung auftragen und jede Scheibe zu einem Zylinder zusammenrollen. Mit einem Holzspießchen befestigen. Auf ein Backblech legen und 3–5 Minuten auf mittlerer Schiene backen, bis die Rollen goldbraun sind. Warm servieren.

Leber-Karotten-Kanapees

Ergibt: *8 Kanapees*

2 Scheiben Vollkornbrot, ohne Rinde
2 Scheiben Toastbrot, ohne Rand
2 ½ EL Zwiebelbutter (s. Seite 171)
1 Tasse Leber-Karotten-Füllung (s. unten)
⅓ Tasse Gewürzgurken, feingehackt

Die Brotscheiben mit Butter bestreichen. Die Füllung darauf verteilen. Die Gurken diagonal in einem Streifen über das Brot legen. Die Scheiben diagonal in 4 Teile schneiden. Sofort servieren.

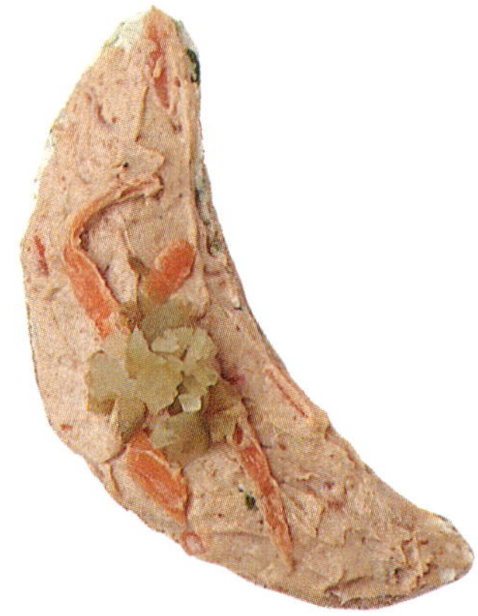

Leber-Karotten-Füllung

Ergibt: *1 ¼ Tassen*

80 g Kalbsleber, gekocht und püriert
1 große Karotte, gerieben
80 g Frischkäse
Salz und Pfeffer

Kalbsleber, Karotten und Frischkäse in einer kleinen Schüssel mischen. Die Masse mit Salz und Pfeffer abschmecken, abdecken und mindestens 1 Stunde kühl stellen.

Leber-Kiwi-Kanapees

Ergibt: *8 Kanapees*

8 Scheiben Weißbrot
60 g Gorgonzola-Butter (s. Seite 163)
1 Tasse Leber-Frühstücksspeck-Füllung mit Sahne (s. unten)
8 Scheiben Kiwi

1. Mit einer runden Plätzchenform von 6 cm Durchmesser 8 Kreise aus dem Brot ausstechen. Die Kreise goldbraun toasten.

2. Die Brotkreise gleichmäßig mit Gorgonzolabutter bestreichen. Die Leber-Frühstücksspeck-Füllung darauf verteilen. Eine Kiwi-Scheibe in die Mitte jedes Kreises legen, abdecken und bis zum Servieren kühl stellen.

Leber-Frühstücksspeck-Füllung mit Sahne

Ergibt: *1 ¼ Tassen*

120 ml süße Sahne
4 Hühnerleber, gekocht und gewürfelt
4 Streifen Frühstücksspeck, kroß geröstet und klein gehackt
60 g Gorgonzoala, zerkrümelt
Salz und Pfeffer

Die Sahne in einer Schüssel mit einem elektrischen Mixer auf höchster Stufe schlagen. Leber, Frühstücksspeck und Gorgonzola unterheben. Die Mischung wird eine grobe Struktur haben. Abdecken und vor dem Servieren mindestens 1 Stunde kühlstellen.

Maisbrot-Kanapees

Ergibt: *30 Kanapees*

450 g Refried beans (würziges Bohnenpüree aus der Dose)
2 EL Lauchzwiebeln, gehackt, nur die grünen Teile
2 EL Ketchup
1 TL Worcestersauce
½ TL Dijonsenf
Maisbrot (s. unten)
5 oder 6 Blätter Kopfsalat
170 g Schinken oder Corned Beef, in Scheiben
8 Scheiben Schmelzkäse

1. Bohnenpüree, Lauchzwiebeln, Ketchup, Worcestersauce und Senf in einer Schüssel gut mischen. Das Maisbrot damit bestreichen und in 30 etwa 5–6 cm große Quadrate schneiden.

2. Das Maisbrot auf ein Tablett legen; die Kopfsalatblätter so schneiden, daß über jedes Quadrat ein Blatt paßt. Den Schinken ebenfalls in der Größe der Quadrate zurechtschneiden.

3. Mit einer Plätzchenform 30 Käsestückchen ausstechen und auf jedes Kanapee ein Schmelzkäsestück legen. Abdecken und mindestens 1 Stunde kühl stellen.

Maisbrot

Ergibt: *24–36 Scheiben*

1 Tasse Mehl
1 Tasse Maismehl
240 ml Milch
50 g Pflanzenfett
1 großes Ei
2 EL Zucker
1 EL und 1 TL Backpulver
½ TL Salz

1. Einen Gitterrost in die Mitte des Ofens schieben und den Ofen auf 200 °C vorheizen. Eine Backform leicht einfetten.

2. In einer Schüssel Mehl, Maismehl, Milch, Fett, Ei, Zucker, Backpulver und Salz mit einem elektrischen Handrührgerät auf mittlerer Stufe zu einem glatten Teig rühren. Den Teig in die Form füllen und in 10–12 Minuten goldbraun backen. Das Brot in der Backform auf einen Gitterrost stellen und abkühlen lassen.

Marokkanische Kanapees

Ergibt: *16 Kanapees*

16 Roggen-Cracker
1–2 EL Butter oder Margarine, geschmolzen
2 EL Auberginen-Dip (s. unten)
1 Tasse Balkan-Füllung (s. Seite 157)
Zum Garnieren:
frische Petersilie, gehackt
Pistazien, gehackt
Oliven mit Paprikafüllung, in Scheiben
Weinblätter (nach Belieben)

1. Die Roggen-Cracker mit Butter und Auberginen-Dip bestreichen. Die Füllung auf den Crackern verteilen.
2. Mit Petersilie, Pistazien und Oliven garnieren. Nach Belieben auf einer Lage Weinblätter servieren.

Auberginen-Dip

Ergibt: *2 ¾ Tassen*

160 ml Oliven- oder Sonnenblumenöl
2 Auberginen (je 450 g), geschält und gewürfelt
1 Zwiebel, gehackt
1 kleine Knoblauchzehe, zerdrückt
80 g Frischkäse
3 EL Estragon-Essig
1 TL frischer Zitronensaft
1 EL frischer Schnittlauch, gehackt

1. Das Öl in einer Bratpfanne auf mittlerer Stufe erwärmen. Auberginen, Zwiebeln und Knoblauch zufügen und unter Rühren 12–15 Minuten braten.
2. Mit einem Pürierstab oder in der Küchenmaschine zerkleinern. Käse, Essig und Zitronensaft zufügen und glattrühren. In eine Schüssel geben, Schnittlauch zufügen und gut verrühren. Abdecken und mindestens 2 Stunden kühl stellen.

Minze-Lamm-Kanapees

Ergibt: *16 Kanapees*

4 Scheiben Roggenbrot, ohne Rinde, getoastet
1 EL Olivenöl
1 ¼ Tassen Minze-Lamm-Füllung (s. unten)
16 Minzeblätter

1. Eine Seite des noch warmen Toasts mit Olivenöl bestreichen.
2. Die Toastscheiben gleichmäßig mit Füllung bestreichen. In 4 Teile schneiden und ein Minzeblatt auf jedes Kanapee geben.

Minze-Lamm-Füllung

Ergibt: *1 ¼ Tassen*

280 g gekochtes Lamm, feingehackt (1 ¼ Tassen)
2 TL frische Minze, feingehackt
2 EL Mayonnaise
Salz und Pfeffer

Lamm, Minze und Mayonnaise in eine Schüssel geben, mit Salz und Pfeffer würzen und gut mischen. Abdecken und mindestens 1 Stunde kühl stellen.

Mortadella-Kanapees

Ergibt: *8 Kanapees*

4 Scheiben Kastenweißbrot
3 EL Paprika-Butter (s. unten)
4 dünne Scheiben Mortadella
8 Scheiben Gewürzgurke
8 Oliven mit Paprikafüllung

1. Den Ofen auf 200 °C vorheizen. Ein Backblech leicht einfetten.

2. Das Brot mit Butter bestreichen, mit je einer Scheibe Mortadella belegen und auf das Backblech setzen. Die Scheiben 3–4 Minuten auf mittlerer Schiene backen, bis sich die Mortadella am Rand wellt.

3. Die Brotscheiben diagonal halbieren und in die Mitte jedes Dreiecks eine Gurkenscheibe legen. Je eine Olive auf ein Holzspießchen stecken und die Gurke damit befestigen. Warm servieren.

Paprika-Butter

Ergibt: *60 g*

60 g Butter
1 EL Paprika, gehackt

Die Butter in einer kleinen Schüssel geschmeidig rühren. Die Paprika unterheben und alles gut vermischen.

Oliven-Backpflaumen-Kanapees

Ergibt: *16 Kanapees*

4 Scheiben Toastbrot, ohne Rinde
1 EL Olivenöl
4 dünne Scheiben Räucherschinken
1 ¼ Tassen Oliven-Backpflaumen-Gurken-Füllung (s. Seite 153)
Zum Garnieren:
Petersilie oder Schnittlauch, gehackt

1. Das noch warme Toastbrot mit Olivenöl bestreichen.

2. Die Füllung aufstreichen und auf jedes Brot 1 Scheibe Schinken legen. Mit Petersilie bestreuen, vierteln und servieren.

Oliven-Kanapees

Ergibt: 8 Kanapees

8 Scheiben Weißbrot, in 5–6,5 cm große Quadrate geschnitten
70 g Olivenbutter (s. Seite 157)
3 EL schwarze Oliven, feingehackt
8 Scheiben Oliven mit Paprikafüllung

1. Die Quadrate gleichmäßig mit Butter bestreichen. Die schwarzen Oliven kreuzförmig auf die Quadrate legen.

2. In die Mitte jedes Quadrats eine Olivenscheibe mit Paprikafüllung legen. Abdecken und bis zum Servieren kühl stellen.

Paranuss-Kanapees

Ergibt: *16 Kanapees*

8 Scheiben Roggentoastbrot
2 EL Zwiebelbutter (s. unten)
½ Tasse Käse-Nuß-Füllung (s. unten)
¼ Tasse Paranüsse, gehackt oder in Scheiben

1. Den Ofen auf 200 °C vorheizen. Ein Backblech leicht einfetten.

2. Die Brotscheiben gleichmäßig mit Butter bestreichen, Käse-Nuß-Füllung darauf geben. Das Brot auf das Backblech legen und 3–4 Minuten auf mittlerer Schiene backen, bis der Käse schmilzt. Mit Paranüssen bestreuen und den Toast halbieren. Warm servieren.

Zwiebelbutter

Ergibt: *60 g*

60 g Butter
1 EL Zwiebeln, feingehackt, oder Schnittlauch, gehackt

Die Butter in einer kleinen Schüssel geschmeidig rühren. Die Zwiebeln oder den Schnittlauch unterheben und alles gut verrühren.

Käse-Nuss-Füllung

Ergibt: *1 ¼ Tassen*

60 ml Mayonnaise
¼ Tasse geriebener Provolone
2 EL Walnüsse, gehackt
2 EL Pekannüsse, gehackt
1 Spritzer Worcestersauce

Mayonnaise, Provolone sowie Wal- und Pekannüsse in einer Schüssel mit einem Pürierstab auf niedriger Stufe zu einer glatten Masse rühren. Mit Worcestersauce abschmecken. Abdecken und mindestens 2 Stunden kühl stellen.

Pflaumen-Käse-Kanapees

Ergibt: *16 Kanapees*

16 kleine runde Cracker
1 Tasse Pflaumen-Käse-Füllung (s. Seite 141)
2 EL Pekan- oder Walnüsse, gehackt

Die Cracker mit der Füllung bestreichen. Mit den gehackten Nüssen bestreuen und abgedeckt mindestens 1 Stunde kühl stellen.

Rindfleisch-Kanapees

Ergibt: *16 Kanapees*

4 Scheiben Vollkorntoastbrot, ohne Rand, getoastet
1 EL Olivenöl
2 EL Butter oder Margarine
2 EL Zwiebeln, gehackt
60 g Chilisaucenbutter (s. Seite 176)
1 Tasse Hackfleischfüllung mit Oliven (s. unten)
Zum Garnieren:
Oliven mit Paprikafüllung, in Scheiben

1. Eine Seite des noch warmen Toasts mit Olivenöl bestreichen.
2. In einem kleinen Kochtopf die Butter bei mittlerer Hitze zerlassen, die Zwiebeln zufügen und in etwa 5 Minuten braun rösten. Auf Küchenpapier abtropfen lassen.
3. Chilisaucenbutter auf die Brotscheiben streichen und die Füllung darauf verteilen. Mit den Zwiebeln bestreuen, vierteln und mit Oliven garnieren.

Hackfleisch-Füllung mit Oliven

Ergibt: *1 ½ Tassen*

70 g Rindfleisch, feingehackt
2 EL Schnittlauch, gehackt
60 ml Mayonnaise
Salz und Pfeffer

Gehacktes Rindfleisch, Schnittlauch und Mayonnaise in eine Schüssel geben, mit Salz und Pfeffer würzen und zu einer glatten Masse verrühren. Abdecken und mindestens 1 Stunde kühl stellen.

Russische Kanapees

Ergibt: *8 Kanapees*

8 Scheiben dunkles Roggenbrot ohne Rinde oder Pumpernickel
3 EL gebräunte Butterpaste (s. Seite 65)
8 Scheiben Truthahn, geräuchert
3 EL Senf-Dip (s. Seite 65)
3 EL Paprika, gehackt
3 EL grüne Oliven, gehackt

Die Brotscheiben mit Butterpaste bestreichen, jeweils mit einer Scheibe Truthahn belegen und mit dem Senf-Dip über die Mitte eine Linie markieren. Jeweils eine Brothälfte mit Paprika belegen, die andere mit Oliven.

Sahne-Lachs-Kanapees

Ergibt: *8 Kanapees*

8 Scheiben Weißbrot
¼ Tasse Lachs-Aufstrich (s. unten)
60 g Olivenbutter (s. Seite 157)
8 Paprikastreifen, 6 cm lang
8 Walnußhälften
8 grüne Oliven in Scheiben

1. Mit einer runden Plätzchenform von 6 cm Durchmesser 8 Kreise aus dem Brot ausstechen. Die Kreise goldbraun toasten.

2. 4 Kreise jeweils zur Hälfte mit Lachs-Aufstrich bestreichen; auf die andere Hälfte Olivenbutter streichen. Einen Paprikastreifen zwischen Butter und Aufstrich legen. Die Olivenseite mit einer Walnußhälfte und die Lachsseite mit einer Olivenscheibe garnieren. Bis zum Servieren abgedeckt kühl stellen.

Lachs-Aufstrich

Ergibt: *1 ¼ Tassen*

1 Tasse geräucherter Lachs, in Streifen
60 ml Mayonnaise
2 EL Gewürzgurken, gehackt
Salz und Pfeffer

Lachs, Mayonnaise und Gewürzgurken in einer kleinen Schüssel gut mischen. Mit Salz und Pfeffer abschmecken, abdecken und mindestens 2 Stunden kühl stellen.

Sardellen-Kanapees

Ergibt: *36 Kanapees*

220 g weiche Butter oder Margarine
1 TL Currypulver
1 Msp. Cayennepfeffer
1 Prise Pfeffer
1 Tasse Mandeln, feingehackt
36 ungesalzene Cracker
170 g Sardellenfilets, gerollt
1 Prise Paprikapulver

1. Butter, Currypulver, Cayennepfeffer und Pfeffer in einer Schüssel mischen. Mandeln zugeben und gut verrühren.

2. Die Cracker mit der Mischung bestreichen, mit Sardellen belegen und mit Paprikapulver bestreuen.

Sardellen-Käse-Kanapees

Ergibt: *32 Kanapees*

32 runde Cracker
⅔ Tasse Käsefüllung mit grünen Oliven (s. unten)
64 Sardellenfilets

1. Den Ofen auf 230 °C vorheizen.
2. Die Cracker mit der Füllung bestreichen und auf ein Backblech legen. 2–4 Minuten auf mittlerer Schiene überbacken, bis die Füllung Blasen wirft. Die Sardellenfilets kreuzförmig auf die Füllung legen und servieren.

Käsefüllung mit grünen Oliven

Ergibt: *⅔ Tasse*

60 ml Mayonnaise
2 EL Frischkäse
6 EL grüne Oliven mit Paprikafüllung, in dünnen Scheiben

Mayonnaise und Frischkäse in einer Schüssel gut mischen. Oliven zufügen und alles gründlich verrühren. Mindestens 1 Stunde abgedeckt kühl stellen.

Sardinen-Kanapees

Ergibt: *8 Kanapees*

8 Scheiben Weißbrot, ohne Rinde
2 EL Senfbutter (s. Seite 176)
8 Sardinenfilets

1. Den Ofen auf 200 °C vorheizen. Ein Backblech leicht einfetten.
2. Die Brotscheiben mit Butter bestreichen und ein Sardinenfilet quer über jede Scheibe legen. Die Brotscheiben zu Zylindern zusammenrollen und mit einem Holzspießchen befestigen. Auf das Backblech legen und in 3–4 Minuten auf mittlerer Schiene goldbraun backen. Warm servieren.

Tip: Verwenden Sie statt Senfbutter Käseaufstrich oder Käsebutter (s. Seite 144).

Schinken-Chutney-Eier

Ergibt: *8 Stück*

8 Scheiben Weißbrot, in 6 cm große Ovale geschnitten
80 g Frischkäse
4 Eier, hartgekocht und längs halbiert
1 Tasse Schinken-Chutney-Sandwich-Füllung (s. unten)
Zum Garnieren:
schwarze Oliven, in Scheiben
Kopfsalat, zerkleinert

1. Die Brotscheiben mit Frischkäse bestreichen.

2. Die Eigelbe aus den Eiern herausnehmen und die Eiweißhälften mit der Schinken-Chutney-Masse füllen. Die Eihälften auf die Brote legen. Olivenscheiben um die Eihälften herum anrichten. Die Brote auf ein Salatbett legen und bis zum Servieren kühl stellen.

Tip: Verwenden Sie die Eigelbe für andere Rezepte.

Schinken-Chutney-Sandwich-Füllung

Ergibt: *2 Tassen*

1 Tasse Kochschinken, gehackt
1 Tasse Frucht-Chutney

Schinken und Frucht-Chutney in einer Schüssel mit dem Pürierstab zerkleinern. Mindestens 2 Stunden kühl stellen.

Schinken-Kanapees I

Ergibt: *6 Kanapees*

1 Tasse geriebener Emmentaler
1 Tasse Räucherschinken, gewürfelt
¼ Tasse roter Paprika, gehackt
¼ Tasse grüner Paprika, gehackt
120 ml saure Sahne oder Joghurt
120 ml Mayonnaise
italienische Kräuter
1 Msp. Knoblauchpulver
6 Scheiben Roggenbrot

1. Emmentaler, Räucherschinken, Paprika, saure Sahne, Mayonnaise, italienische Kräuter und Knoblauchpulver in einer Schüssel gut mischen. Abdecken und mindestens 2 Stunden kühl stellen.

2. Die Brotscheiben gleichmäßig mit der Mischung bestreichen und servieren.

Tip: Servieren Sie die Kanapees warm. Dafür die Kanapees auf ein Backblech legen und im vorgeheizten Ofen bei 200 °C 3–5 Minuten backen. Sofort servieren.

Schinken-Kanapees II

Ergibt: *8 Kanapees*

8 Scheiben extra saures Roggenbrot
2 EL Senfbutter (s. unten)
½ Tasse Schinken-Sandwich-Füllung (s. unten)
60 g Chilibutter (s. unten)
gebutterte Semmelbrösel

1. Den Ofen auf 200 °C vorheizen. Ein Backblech leicht einfetten.

2. Mit einer runden Plätzchenform von 5–6 cm Durchmesser 16 Kreise aus dem Brot ausstechen.

3. 8 Kreise mit Senfbutter bestreichen. Auf 4 Stück die Hälfte der Füllung streichen; mit den restlichen Kreisen zu 4 Sandwiches zusammenklappen. Leicht zusammendrücken und auf das Backblech legen.

4. Die Chilibutter auf die restlichen 8 Kreise verteilen und die restliche Füllung auf 4 der Kreise geben. Mit den übrigen Kreisen zu 4 Sandwiches zusammenklappen. Leicht zusammendrücken und auf das Backblech legen.

5. Alle 8 Sandwiches mit Semmelbröseln bestreuen und 3–4 Minuten auf mittlerer Schiene backen, bis die Semmelbrösel bräunen. Warm servieren.

Tip: Verwenden Sie statt Semmelbrösel geriebenen Käse.

Senfbutter

Ergibt: *60 g*

60 g Butter
2 TL scharfer Senf

Die Butter in einer kleinen Schüssel geschmeidig rühren. Den Senf zufügen und gut mischen.

Schinken-Sandwich-Füllung

Ergibt: *1 Tasse*

1 Tasse Kochschinken, gehackt
60 ml süße Sahne
1 Prise Gewürznelken, gemahlen
1 Prise Muskatblüte

Schinken, Sahne, Gewürznelken und Muskatblüte in einer kleinen Schüssel mischen. Abdecken und mindestens 2 Stunden kühl stellen.

Chilibutter

Ergibt: *60 g*

60 g Butter
1 EL Chilisauce

Die Butter in einer kleinen Schüssel geschmeidig rühren. Die Chilisauce zufügen und gut unterrühren.

Schinken-Käse-Kanapees

Ergibt: *8 Kanapees*

1 Laib frisches Weißbrot, am Stück
60 g Meerrettich-Butter (s. unten)
½ Tasse Schinken-Käse-Aufstrich (s. unten)
6 Oliven mit Paprikafüllung, feingehackt

1. Die Kruste vom Brotlaib entfernen und aus der Länge des Brotes eine 5 mm dicke Scheibe abschneiden. Den Rest des Brotes für einen anderen Zweck verwenden.

2. Die Brotscheibe mit Butter bestreichen und den Aufstrich darauf verteilen. Die Oliven auf das Brot streuen. Am schmalen Ende beginnend, das Brot zu einem Zylinder zusammenrollen. In ein feuchtes Küchentuch wickeln und mindestens 2 Stunden kühl stellen.

3. Den Zylinder in 8 Scheiben schneiden und servieren.

Meerrettich-Butter

Ergibt: *60 g*

60 g Butter
1 EL Meerrettich aus dem Glas

Die Butter in einer kleinen Schüssel geschmeidig rühren. Den Meerrettich gut darunter mischen.

Schinken-Käse-Aufstrich

Ergibt: *1 ¼ Tassen*

130 g Pfefferschinken
½ Tasse geriebener Emmentaler
3 EL Mayonnaise
¾ TL Worcestersauce

Pfefferschinken, Emmentaler, Mayonnaise und Worcestersauce in einer kleinen Schüssel mit einem elektrischen Handrührgerät auf niedriger Stufe zu einer glatten Masse rühren. Abgedeckt mindestens 1 Stunde kühl stellen.

Schinken-Krabben-Kanapees

Ergibt: *8 Kanapees*

4 Scheiben Vollkornbrot, ohne Rinde
2 EL Krabbenbutter (s. unten)
1 Tasse Schinken-Chutney-Sandwich-Füllung (s. Seite 175)
3 große Radieschen, in dünnen Scheiben

Die Brotscheiben rautenförmig in 8 Teile zurechtschneiden und mit Krabbenbutter bestreichen. Die Füllung darauf verteilen. Jede Scheibe mit 2-3 Radieschenscheiben garnieren. Sofort servieren.

Krabbenbutter

Ergibt: *70 g*

60 g Butter
¼ Tasse gekochte Krabben, gehackt

Die Butter in einer Schüssel geschmeidig rühren. Die Krabben zufügen und gut untermischen.

Schinken-Tomaten-Kanapees

Ergibt: *16 Kanapees*

1 Tasse Kochschinken, feingehackt
½ Tasse geriebener Emmentaler
½ TL Meerrettich aus dem Glas
½ TL Dijonsenf mit Knoblauch
½ Tasse Tomatensuppe, aus der Dose, unverdünnt
4 Scheiben Grahambrot, ohne Rinde, getoastet
gebutterte Semmelbrösel

1. Den Ofen auf 200 °C vorheizen. Ein Backblech leicht einfetten.

2. Schinken, Emmentaler, Meerrettich, Senf und Tomatensuppe in einer Schüssel gut mischen. Die Brotscheiben in je 4 Kreise ausstechen und mit der Masse bestreichen. Auf das Backblech legen, mit den Semmelbröseln bestreuen und 3–4 Minuten auf mittlerer Schiene backen, bis die Kanapees goldbraun sind. Warm servieren.

Schwarz-Weiss-Kanapees

Ergibt: *16 Kanapees*

8 Scheiben Sauerteigbrot, getoastet, ohne Rinde
5 EL gebräunte Butterpaste (s. Seite 65)
8 Scheiben Cheddar, in 5 mm breiten Streifen
Zum Garnieren:
Petersilie, gehackt

Die Toastscheiben mit Butter bestreichen und halbieren. Mit den Cheddarstreifen ein Muster auf den Toastscheiben legen. Mit Petersilie garnieren und sofort servieren.

Tip: Die Kanapees sehen besonders hübsch aus, wenn Sie die Streifen zu einem Gitter anordnen.

Sellerie-Kanapees

Ergibt: *20 Kanapees*

80 g Frischkäse
60 ml fertige Selleriecremesuppe
1 Tasse Salami, gehackt
20 Roggen-Cracker
Zum Garnieren:
gebutterte Semmelbrösel

1. Den Ofen auf 180 °C vorheizen. Ein Backblech leicht einfetten.

2. Frischkäse, Selleriecremesuppe und Salami in einer kleinen Schüssel gut mischen. Die Füllung auf die Cracker verteilen; die Cracker auf das Backblech legen. Mit Semmelbröseln bestreuen und 3–4 Minuten auf mittlerer Schiene backen, bis die Semmelbrösel bräunen. Warm servieren.

Tip: Luftgetrocknete italienische Salami eignet sich nicht für dieses Rezept.

Thunfisch-Häppchen

Ergibt: *24 Kanapees*

2 EL Butter
8 Scheiben Weißbrot, ohne Rinde
½ Tasse Thunfisch-Füllung (s. unten)
2 EL geriebener Parmesan

1. Den Ofen auf 250 °C vorheizen.
2. In einer Bratpfanne die Butter bei niedriger Hitze zerlassen und das Brot 1–2 Minuten auf beiden Seiten goldbraun braten. Mit einer großen runden Plätzchenform von 5 cm Durchmesser 24 Kreise ausstechen.
3. Die Kreise mit der Füllung bestreichen und mit Parmesan bestreuen. Auf ein Backblech legen und 3–4 Minuten auf mittlerer Schiene backen, bis der Käse geschmolzen ist und zu bräunen beginnt. Sofort servieren.

Thunfisch-Füllung

Ergibt: *1 ¼ Tassen*

½ Tasse Thunfisch, aus der Dose, zerteilt
½ Tasse rote Bete, gekocht, gehackt
60 ml French Dressing

Thunfisch, rote Bete und French Dressing in einer Schüssel gut mischen. Abdecken und mindestens 2 Stunden kühl stellen.

Thunfisch-Kanapees

Ergibt: *12 Kanapees*

4 Scheiben Vollkornbrot
4 Scheiben Weißbrot
60 g Sardellenbutter (s. Seite 119)
2 Tassen Thunfisch-Sandwich-Füllung (s. unten)
Oliven mit Paprikafüllung, in Scheiben
2 EL Petersilie, gehackt

1. Die Brotscheiben gleichmäßig mit Sardellenbutter bestreichen. Die Füllung auf den Scheiben verteilen.
2. Mit einer runden Plätzchenform von 5 cm Durchmesser 24 Kreise ausstechen. Jeweils einen Kreis aus Vollkornbrot und einen Kreis aus Weißbrot aufeinander legen. Leicht zusammendrücken. Die Kanapees mit je einer Olivenscheibe und etwas Petersilie garnieren. Abdecken und mindestens 2 Stunden kühl stellen. Kalt servieren.

Thunfisch-Sandwich-Füllung

Ergibt: *2 Tassen*

2 Tassen Thunfisch, aus der Dose, zerkleinert
¼ Tasse Gurken-Relish (oder eine andere Sorte)
4 TL Petersilie, gehackt
1 EL Zitronen- oder Limettensaft
Mayonnaise oder Frischkäse

Thunfisch, Relish, Petersilie und Zitronensaft in einer Schüssel mischen. So viel Mayonnaise oder Frischkäse zufügen, daß eine geschmeidige Masse entsteht. Abdecken und mindestens 2 Stunden kühl stellen.

Truthahn-Kanapees

Ergibt: *8 Kanapees*

8 Scheiben Pumpernickel oder Roggenbrot
110 g Frischkäse-Aufstrich (s. Seite 108)
8 dünne Scheiben Truthahn, geräuchert
8 Scheiben Gewürzgurke

Die Brotscheiben gleichmäßig mit dem Käseaufstrich bestreichen. Mit einer Scheibe Truthahn und einer Gewürzgurkenscheibe belegen. Abdecken und mindestens 2 Stunden kühl stellen. Kalt servieren.

Zunge-Gurken-Kanapees

Ergibt: *32 Kanapees*

2 EL Zwiebelbutter (s. Seite 171)
8 halbe Muffins, getoastet
¾ Tasse Zungen-Füllung (s. unten)
gebutterte Semmelbrösel
32 Scheiben Essiggurken

1. Den Ofen auf 200 °C vorheizen. Ein Backblech leicht einfetten.
2. Die Zwiebelbutter auf die Muffins streichen und die Füllung darauf verteilen. Mit den Semmelbröseln bestreuen und auf das Backblech legen. 3–5 Minuten auf mittlerer Schiene backen, bis die Semmelbrösel goldbraun sind. Jedes Muffin vierteln und mit einer Essiggurkenscheibe belegen. Warm servieren.

Zungen-Füllung

Ergibt: *1 ¼ Tassen*

1 Tasse gekochte Zunge, feingehackt
2 EL süße Sahne
1 großes Eigelb
3 Tropfen Tabasco

Zunge, Sahne, Eigelb und Tabasco in einer Schüssel gut mischen.

Zungenfleisch-Kanapees

Ergibt: *8 Kanapees*

8 Scheiben Toastbrot, in 7 cm große Quadrate geschnitten
60 g Käsebutter (s. Seite 144)
8 dünne Scheiben Zunge, gekocht
2 EL Tomatensauce
2 Eier, hartgekocht, in Scheiben

Die Quadrate gleichmäßig mit Butter bestreichen. Je eine Scheibe Zungenfleisch auf die Quadrate legen und mit Tomatensauce bestreichen. Eine Eischeibe in die Mitte legen. Die Kanapees abdecken und bis zum Servieren kühl stellen.

Kapitel 4

Kleine Salate

Salat ist ein besonderer Snack. Doch viele Menschen bringen Salate nicht unbedingt mit Snacks in Verbindung. In diesem Kapitel werden Ihnen Zutaten vorgestellt, die einen gewöhnlichen Salat zu einem besonderen, geschmackvollen und farbenfrohen Genuß machen. Die Salat-Snacks sollen keine großen Schüsseln füllen oder hungrige Gäste satt machen. Sie sind erfrischende, kleine Mahlzeiten.

Ananas-Kirsch-Creme

Ergibt: *8 Portionen*

2 Tassen Ananas aus der Dose, abgetropft und zerkleinert
12 rote Maraschinokirschen, geviertelt
12 grüne Maraschinokirschen, geviertelt
1 ½ Tassen Mini-Marshmallows
60 g Tasse Puderzucker
170 g Frischkäse
120 ml Mayonnaise oder Salat-Dressing
160 ml süße Sahne, geschlagen
1 TL Vanillearoma
1 TL Mandelaroma
Zum Garnieren:
Ananas in Scheiben

1. Ananas, Kirschen, Marshmallows und Zucker in einer Schüssel gut mischen; etwa 30 Minuten kühl stellen.
2. Frischkäse und Mayonnaise in einer Schüssel glattrühren, zu den Früchten geben und untermischen. Sahne, Vanille- und Mandelaroma zufügen und verrühren. Die Masse in eine 22-33 cm große Auflaufform füllen und etwa 4 Stunden ins Gefrierfach stellen, bis sie fest ist. In Quadrate schneiden und mit Ananasscheiben garniert servieren.

Ananas-Kokosraspel-Salat

Ergibt: *4–6 Portionen*

360 g Ananas aus der Dose, in Stücken, abgetropft
300 g Mandarine aus der Dose, abgetropft
1 Tasse Mini-Marshmallows
300 g Kokosraspel
200 ml saure Sahne oder Joghurt
Walnüsse oder Pekannüsse, gehackt

1. Ananas, Mandarinenstückchen, Mini-Marshmallows, Kokosraspel und saure Sahne in einer Schüssel mischen.
2. Die Salatmischung mit einem Portionierer auf Teller geben, mit gehackten Walnüssen und etwas saurer Sahne garniert servieren.

Apfel-Sellerie-Salat

Ergibt: *8 Portionen*

2 Tassen Bleichsellerie, gewürfelt
2 Tassen saure Äpfel, gewürfelt
1 Tasse Pekannüsse, gehackt
180 ml Gorgonzola-Mayonnaise (s. Seite 130)
8 Salatblätter

Bleichsellerie, Äpfel, Pekannüsse und Mayonnaise in einer Schüssel gut mischen. Die Salatblätter in 8 kleine Dessertschalen legen und darauf den Salat anrichten. Mindestens 1 Stunde kühl stellen und dann servieren.

Apfel-Walnuss-Aspik

Ergibt: *8 Portionen*

420 ml Apfelsaft
1 Päckchen weiße Gelatine, gemahlen
2 EL Zitronensaft
2 rote Äpfel, gewürfelt
½ Tasse Bleichsellerie, gewürfelt
55 g Walnüsse, gehackt
Kopfsalatblätter
Zum Garnieren:
Weintrauben
Brunnenkresse
120 ml Gorgonzola-Salat-Dressing

1. 120 ml Apfelsaft in einen kleinen Kochtopf geben, die Gelatine einstreuen und etwa 5 Minuten quellen lassen. Bei mittlerer Hitze unter ständigem Rühren 2–3 Minuten erhitzen, bis sich die Gelatine auflöst. Den restlichen Apfelsaft und den Zitronensaft zufügen und 1 Minute rühren. Vom Herd nehmen und etwa 1 Stunde kühl stellen, bis die Masse zu gelieren beginnt.

2. Äpfel, Bleichsellerie und Walnüsse gut untermischen. In eine leicht geölte große Auflaufform füllen, abdecken und mindestens 4 Stunden kühl stellen, bis die Masse fest ist.

3. Salatblätter auf einer Platte anordnen und das Aspik darauf stürzen. Damit sich die Masse leichter stürzen läßt, die Form in ein warmes, feuchtes Küchentuch wickeln. Mit Weintrauben und Brunnenkresse garnieren und zusammen mit dem Dressing servieren.

Apfelmost-Aspik

Ergibt: *6 Portionen*

840 ml Apfelmost
25 g Gelatine
1 EL Zitronensaft
2 Tropfen Zitronenaroma
1 Tasse kernlose Weintrauben (grüne oder blaue), halbiert
1 Selleriestange, gehackt
große Kopfsalatblätter
Gorgonzola-Mayonnaise (s. Seite 130)

1. 470 ml Apfelmost in einem Topf bei mittlerer Hitze zum Kochen bringen. Vom Herd nehmen, die Gelatine zufügen und rühren, bis sie ganz aufgelöst ist. Den restlichen Apfelmost, den Zitronensaft und das Zitronenaroma zufügen. Abdecken und etwa 1 Stunde in den Kühlschrank stellen, bis die Masse anfängt zu gelieren, aber nicht fest wird.

2. Trauben und Sellerie dazugeben und gut mischen, bis sie gleichmäßig in der gelierten Masse verteilt sind. Die Masse in Puddingformen gießen und mindestens 2 Stunden kühl stellen, bis sie ganz fest ist.

3. Die Salatblätter auf eine Platte legen. Ein warmes, feuchtes Tuch einige Sekunden um jede Puddingform wickeln und das Aspik auf die Salatblätter stürzen. Zusammen mit der Gorgonzola-Mayonnaise servieren.

Artischocken-Krabben-Salat

Ergibt: *4 Portionen*

230 g kleine Garnelen, gekocht
60 ml Limettensaft
1 grüner Paprika, feingewürfelt
1 EL rote Zwiebeln, gehackt
1 EL Petersilie, feingehackt
1 EL Distelöl
2 Spritzer Tabasco
Salz und Pfeffer
4 Artischockenherzen, aus der Dose, abgetropft
Kopfsalat, in Stücke zerteilt

1. Garnelen und Limettensaft in einer Glasschüssel mischen. Abdecken und nicht länger als 2 Stunden kühl stellen.

2. Die Garnelen abtropfen lassen und den Limettensaft abgießen. Paprika, Zwiebeln, Petersilie, Öl und Tabasco zufügen. Mit Salz und Pfeffer abschmecken.

3. Die Artischockenherzen aushöhlen; die Garnelen-Mischung einfüllen. Auf einem Salatbett servieren.

Avocado mit Hüttenkäse

Ergibt: *8 Portionen*

2 große Avocados, geschält, halbiert, entsteint
6 EL Hüttenkäse
2 EL Mandeln, gehackt
2 EL Oliven, gehackt
2 EL Schnittlauch, gehackt
Kopfsalatblätter
French Dressing

1. Die Avocadohälften vorsichtig schälen.

2. Hüttenkäse, Mandeln, Oliven und Schnittlauch in einer Schüssel mischen. Die Hüttenkäse-Mischung in die Avocadohälften füllen und jede in Klarsichtfolie einwickeln. 2 Stunden kühl stellen.

3. Die Avocados auswickeln und in 1 cm dicke Scheiben schneiden. Mit Dressing beträufelt servieren.

Avocado-Fruchtsalat

Ergibt: *6 Portionen*

3 große Avocados
450 g Grapefruitspalten
310 g Mandarinenspalten, aus der Dose, abgetropft
1 kleine Banane, in dünnen Scheiben
4 EL Honig
2 EL Zitronensaft
Pekan- oder Walnüsse, gehackt

1. Die Avocados mit einem scharfen Messer der Länge nach halbieren und die Steine entfernen. Aus dem Avocadofleisch mit einem kleinen Portionierer oder Löffel Kugeln ausstechen. Die Schalen aufheben.

2. Avocadokugeln, Grapefruit, Mandarinen und Bananen in einer Schüssel mischen.

3. Honig und Zitronensaft in einer Tasse gut vermischen, über die Fruchtmischung gießen und vorsichtig umrühren. Die Mischung in die Avocadoschalen füllen, mit Nüssen bestreuen und servieren.

Avocado-Käse-Salat

Ergibt: *4 Portionen*

2 kleine Avocados, geschält, entsteint, in dünnen Scheiben
2 Lauchzwiebeln, in dünnen Scheiben
1 Salatgurke, in dünnen Scheiben
225 g Cheddar, in 1 cm großen Würfeln
4 Romana-Salatblätter, zerteilt
2 EL Zitronen- oder Limettensaft
Zum Garnieren:
Zitronenspalten
Kräuterdressing (s. Seite 306) oder Ingwer-Dressing (s. Seite 201)
Cracker

1. Avocados, Lauchzwiebeln, Gurke, Cheddar, Salatblätter und Zitronensaft in einer Schüssel gut mischen. Abdecken und etwa 1 Stunde kühl stellen.

2. Mit Zitronenspalten garnieren und zusammen mit dem Dressing servieren.

Avocado-Thunfisch-Salat

Ergibt: *4 Portionen*

2 Avocados
3 EL Zitronensaft
200 g Thunfisch, abgetropft, zerkleinert
1 kleine rote Zwiebel, gehackt
3 EL Sonnenblumenöl
1 EL Austernsauce
½ EL getrockneter Oregano
2 EL frische Petersilie, gehackt
Salz und schwarzer Pfeffer
Romana-Salatblätter

1. Die Avocados mit einem scharfen Messer der Länge nach halbieren und die Steine entfernen. Das Avocadofleisch mit 1 Eßlöffel Zitronensaft bestreichen, damit es sich nicht verfärbt.

2. Thunfisch und Zwiebeln in eine Schüssel geben und mischen. Abdecken und etwa 1 Stunde kühl stellen.

3. Öl, Austernsauce, restlichen Zitronensaft, Oregano und Petersilie in einer kleinen Schüssel gut mischen. Mit Salz und Pfeffer abschmecken. Den Thunfisch zufügen und vorsichtig umrühren.

4. Die Thunfischmischung in die Avocadohälften füllen. Die Salatblätter auf eine Platte legen und die Avocados darauf anrichten.

Bananen-Salat

Ergibt: *8 Portionen*

4 große Bananen
2 EL Zitronensaft
240 ml süße Sahne, geschlagen
120 ml Mayonnaise oder Salat-Dressing
1 ½ Tassen Mini-Marshmallows
55 g pürierte Paprika, aus dem Glas
<u>Zum Garnieren:</u>
Brunnenkresse
<u>Zum Servieren:</u>
French Dressing

1. Die Bananen in dünne Scheiben schneiden und mit Zitronensaft bestreichen. In eine Schüssel geben; Schlagsahne, Mayonnaise, Marshmallows und Paprika zufügen und vorsichtig umrühren. Alles in eine 20 cm große quadratische Auflaufform füllen und mindestens 4 Stunden ins Gefrierfach stellen, bis die Masse fest ist.

2. Die Masse in Kreise oder Quadrate schneiden und mit Kresse garniert servieren. French Dressing dazu reichen.

Bleichsellerie-Salat

Ergibt: *8 Portionen*

¾ Tasse schwarze Oliven, gehackt
¾ Tasse grüne Oliven, gehackt
1 mittelgroße Karotte, gekocht, gewürfelt
1 Tasse Bleichsellerie, gewürfelt
½ Tasse Selleriegrün, gehackt
1 Tasse grüne Erbsen, gekocht
1 rote Zwiebel, gerieben
Italienisches Dressing
Salz und Pfeffer
<u>Zum Garnieren:</u>
Mayonnaise
<u>Zum Servieren:</u>
Cracker

1. Oliven, Karotten, Bleichsellerie, Selleriegrün, Erbsen und Zwiebeln in einer großen Schüssel pürieren. Etwas Dressing über die Zutaten gießen. Abdecken und mindestens 2 Stunden kühl stellen.

2. Mit Salz und Pfeffer abschmecken und auf Tellern in flachen Kreisen anrichten. Mit etwas Mayonnaise garnieren und zusammen mit den Crackern servieren.

Bohnen-Tomaten-Salat

Ergibt: *4 Portionen*

450 g frische grüne Bohnen, geputzt, in 7 ½ cm großen Stücken
220 g Salami, am Stück
¼ Tasse Lauchzwiebeln, in Scheiben
3 Tomaten, geschält
Kräuter-Dressing (s. Seite 306) oder Estragon-Dressing (s. Seite 56)

1. Die grünen Bohnen in einem Dünstkorb über kochendem Wasser etwa 10 Minuten bei mittlerer Hitze weich dünsten. Abtropfen lassen und in eine Schüssel geben.

2. Die Salami in 5 cm große Stücke und diese wiederum in Streifen schneiden. Salami und Lauchzwiebeln mit den Bohnen mischen.

3. Die Tomaten in Spalten schneiden und in die Schüssel geben. Dressing über den Salat gießen und gut umrühren. Abdecken und vor dem Servieren mindestens 2 Stunden kühl stellen.

Tip: Probieren Sie ein anderes Salatdressing.

Bohnen-Truthahn-Salat

Ergibt: *6 Portionen*

8 gekochte Geflügelwürstchen
450 g rote Bohnen, aus der Dose, abgetropft
½ Tasse Gewürzgurken, in Scheiben
240 ml French Dressing
1 kleiner Kopfsalat, zerteilt
1 rote Zwiebel, in dünnen Scheiben

1. Die Würstchen in 1 cm dicke Scheiben schneiden und in eine Schüssel geben. Bohnen und Gewürzgurken zufügen und mischen. 120 ml French Dressing darüber gießen und umrühren. Abdecken und mindestens 2 Stunden kühl stellen.

2. In einer Glasschüssel abwechselnd Salatblätter, Würstchen-Mischung und Zwiebelscheiben übereinander schichten. Mit dem restlichen French Dressing beträufeln und vor dem Servieren etwa 1 Stunde kühl stellen.

Brunnenkresse-Salat

Ergibt: *4 Portionen*

3 Birnen, geschält, entkernt und kleingeschnitten
1 Bund Brunnenkresse, zerteilt
80 ml Italienisches Dressing
2 Lauchzwiebeln, in dünnen Scheiben (nur die grünen Teile)
1 EL Zitronensaft
1 Msp. kandierter Ingwer, feingeschnitten
Zum Garnieren:
Croutons

1. Birnen und Brunnenkresse in einer Schüssel mischen. Abdecken und etwa 1 Stunde kühl stellen.

2. Dressing, Lauchzwiebeln, Zitronensaft und Ingwer in einer kleinen Schüssel gut verrühren. Abdecken und bis zum Servieren kühl stellen.

3. Das Dressing über den Salat gießen und vorsichtig mischen. Zusammen mit den Croutons servieren.

Corned-Beef-Sülze

Ergibt: *6 Portionen*

1 Tasse kochendes Wasser
22 g gemahlene Gelatine
2 EL Reiswein-Essig
2 Tropfen Zitronenaroma
340 g Corned Beef, aus der Dose
2 Selleriestangen, gehackt
1 grüne Paprika, gehackt
1 kleine Zwiebel, gehackt
3 große Eier, hartgekocht, gehackt
240 ml Mayonnaise
2 TL Meerrettich, aus dem Glas
½ TL Salz
Kopfsalatblätter

1. Das Wasser in eine Schüssel geben und die Gelatine einstreuen. Etwa 5 Minuten quellen lassen. Essig und Zitronenaroma zugeben und umrühren. Die Schüssel in eine mit Eis gefüllte größere Schüssel stellen und in etwa 1 Stunde gelieren lassen.

2. In der Zwischenzeit Corned Beef in einem Metallgefäß mit einer Gabel in Stücke teilen. Selleriestücke, Paprika, Zwiebeln, Eier, Mayonnaise, Meerrettich und Salz zufügen und mischen. Abdecken und ins Gefrierfach stellen, während die Gelatine eindickt.

3. Die Corned-Beef-Mischung mit der Gelatine mischen. Die Masse auf 6 Puddingformen verteilen und etwa 2 Stunden kühl stellen, bis die Masse fest ist.

4. Salatblätter auf Tellern anordnen und die Formen auf die Blätter stürzen. Die Masse läßt sich leichter stürzen, wenn die Formen in warme, feuchte Küchentücher gewickelt werden.

Farmer-Salat

Ergibt: *8 Portionen*

2 Tassen gekochte Kartoffeln, in Würfeln
1 Tasse Limabohnen, gekocht
½ Tasse Bleichsellerie, gehackt
50 g Rosinen
½ Karotte, gerieben
⅓ Tasse rote Bete, gekocht, gewürfelt
4 große Eier, hartgekocht, in Scheiben
½ Tasse Lauchzwiebeln, gehackt
Salz und Pfeffer
240 ml French Dressing
120 ml frische Mayonnaise (s. unten)
Zum Garnieren:
Kopfsalatblätter
Tomatenscheiben

1. Kartoffeln, Limabohnen, Sellerie, Rosinen, Karotten, rote Bete, Eier und Lauchzwiebeln in eine große Schüssel geben. Mit Salz und Pfeffer abschmecken. Das Dressing zufügen und gut mischen. Abdecken und mindestens 2 Stunden kühl stellen.

2. Frische Mayonnaise zufügen und gut umrühren. Kleine Schüsseln mit Salatblättern auslegen und mit einem Löffel je eine Portion Farmer-Salat in die Mitte geben. Mit Tomaten garnieren.

Frische Mayonnaise

Ergibt: *470 ml*

1 großes Eigelb
¾ TL Salz
½ TL Senfpulver
1 Prise Paprikapulver
1 Msp. Cayennepfeffer
1 EL Apfelessig
240 ml Sonnenblumenöl
1 EL Zitronensaft

Eigelb, Salz, Senfpulver, Paprikapulver und Cayennepfeffer in einer Rührschüssel glattrühren. Essig zufügen und gut mischen. Unter ständigem Rühren langsam und gleichmäßig Öl zufügen. Wenn die Mayonnaise eindickt, Zitronensaft in kleinen Mengen zugeben, bis alles gut verrührt ist. Sofort verwenden oder abgedeckt im Kühlschrank aufbewahren (nicht länger als 2 Tage).

Frischkäse-Salat

Ergibt: *8 Portionen*

240 g Frischkäse
120 ml Mayonnaise
50 g Walnüsse oder Pekannüsse, gehackt
¼ Tasse schwarze Oliven, gehackt
4 große Tomaten, in 5 mm dicken Scheiben
1 großer grüner Paprika, entkernt, in 5 mm breiten Streifen
Mangoldblätter
Bleichsellerie
schwarze Oliven, entsteint
Zum Servieren:
Mayonnaise

1. Frischkäse und Mayonnaise in einer Schüssel glattrühren. Nüsse und Oliven zufügen und gut mischen.

2. Je etwa 1 Eßlöffel der Frischkäse-Mischung auf die Hälfte der Tomatenscheiben geben und je 2 Streifen Paprika kreuzförmig darauf legen. Mit einer zweiten Tomatenscheibe zu einem Sandwich zusammenklappen.

3. Die Mangoldblätter auf einer Platte anordnen und die Tomaten-Sandwiches darauf legen.

4. Den Sellerie in 5 mm dicke und 10 cm lange Stäbchen schneiden. Je eine Olive auf ein Ende der Selleriestäbchen stecken und 2 der Stäbchen kreuzförmig auf die Tomaten-Sandwiches legen. Mit Holzspießchen befestigen. Mit Mayonnaise servieren.

Frucht-Salat

Ergibt: *8 Portionen*

450 g Fruchtcocktail, abgetropft, Saft aufgefangen
450 g Aprikosenhälften, abgetropft, Saft aufgefangen
450 g Ananas, abgetropft, Saft aufgefangen, in Stücken
110 g Mini-Marshmallows
1 Päckchen weiße Gelatine
110 g Maraschinokirschen, aus der Dose, Saft aufgefangen, gewürfelt
80 g Frischkäse
120 ml Bananen-Dressing (s. unten)
180 ml süße Sahne, geschlagen
Zum Garnieren:
getrocknete Aprikosen
Minzezweige

1. Fruchtcocktail, Aprikosenhälften, Ananasstücke und Marshmallows in einer Schüssel vorsichtig mischen und zur Seite stellen.

2. 500 ml der aufgefangenen Fruchtsäfte und die Gelatine in einem Kochtopf mischen. Die Gelatine etwa 2 Minuten quellen lassen. Bei mittlerer Hitze unter ständigem Rühren etwa 5 Minuten kochen, bis sich die Gelatine auflöst.

3. Die Gelatine vom Herd nehmen, kurz abkühlen lassen und über die Früchte gießen. Abdecken und mindestens 30 Minuten kühl stellen, bis die Masse fest zu werden beginnt. Maraschinokirschen und Kirschsaft zufügen und umrühren.

4. Frischkäse und Dressing in einer anderen Schüssel verrühren. Die Masse zu den Früchten geben und gut mischen. Abdecken und etwa 1 Stunde kühl stellen, bis die Masse eingedickt, aber noch nicht ganz fest ist.

5. Die Schlagsahne unterheben. Die Masse in ein 15 x 18 cm großes Metallgefäß füllen und zum Festwerden mindestens 4 Stunden ins Gefrierfach stellen. Die Masse in Quadrate schneiden und mit getrockneten Aprikosen und Minzezweigen garniert servieren.

Bananen-Dressing

Ergibt: *470 ml*

2 große Bananen, in Scheiben
240 ml saure Sahne oder Bananenjoghurt
1 EL weißer Zucker
1 EL brauner Zucker
2 ½ TL frischer Zitronensaft

Alle Zutaten in einer Rührschüssel in 15–20 Sekunden mit einem Pürierstab zerkleinern. Abdecken und mindestens 2 Stunden kühl stellen.

Frucht-Salat „Spezial"

Ergibt: *4-6 Portionen*

240 ml Fruchtsalat-Dressing (s. unten)
2 EL Orangensaft
1 Msp. kandierter Ingwer, feingeschnitten
2 Orangen, geschält, zerteilt
2 Kiwi, geschält, in dünnen Scheiben
1 Tasse frische Himbeeren
2 Tassen Wassermelone, entkernt, gewürfelt
Zum Garnieren:
2 Tassen Pekan- oder Haselnüsse

1. Dressing, Orangensaft und Ingwer in einer Schüssel gut verquirlen.

2. Die Früchte gleichmäßig auf Salatteller verteilen und das Dressing über jede Portion träufeln. Mit Pekan- oder Haselnüssen bestreuen und servieren.

Fruchtsalat-Dressing

Ergibt: *500 ml*

2 große Eigelb
1 EL Orangensaft
2 TL unbehandelte Orangenschale, gerieben
1 EL Zitronensaft
1 ½ TL unbehandelte Zitronenschale, gerieben
2 EL Mehl
200 g Zucker
240 ml süße Sahne, geschlagen

1. Die Eigelbe in einem kleinen Topf verquirlen. Fruchtsäfte, geriebene Orangen- und Zitronenschalen, Mehl und Zucker zufügen und gut verrühren. Bei geringer Hitze unter ständigem Rühren in 5 Minuten zu einer dickflüssigen Masse einkochen.

2. Auf Zimmertemperatur abkühlen lassen; die Schlagsahne unterheben. Abdecken und vor dem Servieren etwa 30 Minuten kühl stellen.

GAZPACHO-SALAT
ERGIBT: *16 Portionen*

180 ml kochendes Wasser
22 g gemahlene Gelatine
450 g Tomaten, gedünstet
240 ml Tomatensaft
4 Tropfen Tabasco
2 EL Rotwein-Essig
1 Tasse Bleichsellerie, gewürfelt
1 Tasse grüner Paprika, gewürfelt
½ Tasse roter Paprika, gewürfelt
½ Tasse Salatgurke, gewürfelt
½ Tasse Lauchzwiebeln, in Scheiben
240 ml saure Sahne
2 EL Meerrettich, aus dem Glas
½ TL Zucker
½ TL Salz
1 EL Zitronensaft
Zum Garnieren:
1 Salatgurke, in dünnen Scheiben
2 große Eier, hartgekocht, in Scheiben

1. Das Wasser in eine kleine Schüssel geben, die Gelatine einstreuen und umrühren, bis sie sich auflöst.

2. Die Tomaten in einer Schüssel pürieren. Gelatine, Tomatensaft, Tabasco, Essig, Bleichsellerie, Paprika, Gurke und Lauchzwiebeln zufügen und mischen. Die Masse in eine leicht geölte große Auflaufform füllen, abdecken und mindestens 4 Stunden kühl stellen, bis sie fest ist.

3. Saure Sahne, Meerrettich, Zucker, Salz und Zitronensaft in einer Schüssel glattrühren, abdecken und mindestens 1 Stunde kühl stellen.

4. Die Masse auf einen Servierteller stürzen. Damit sich die Masse leichter stürzen läßt, die Form in ein warmes, feuchtes Küchentuch wickeln. Mit Gurken- und Eierscheiben garnieren und zusammen mit dem Dressing servieren.

GEFLÜGEL-SALAT
ERGIBT: *6 Portionen*

½ Kopfsalat, zerteilt
2 Tassen gekochtes Hühnerfleisch, gewürfelt
3 Scheiben Schinken, in Stücken
450 g grüne Bohnen, aus der Dose, abgetropft, geschnitten
440 g rote Bohnen, aus der Dose, abgetropft
400 g Artischockenherzen, aus der Dose, abgetropft, halbiert
110 g Sonnenblumenkerne
1 EL Petersilie, gehackt
½ Tasse Italienisches Salat-Dressing
ein paar Tropfen Tabasco

1. Den Salat in eine Servierschüssel geben, Hühnchenfleisch, Schinken, grüne und rote Bohnen, Artischockenherzen und Sonnenblumenkerne zufügen. Mit Petersilie bestreuen, abdecken und etwa 30 Minuten kühl stellen.

2. Dressing und Tabasco in einer kleinen Tasse verquirlen. Die Mischung auf den Salat träufeln und sofort servieren.

TIP: Servieren Sie dazu geriebenen Mozzarella oder Emmentaler.

Geflügel-Salat mit Kartoffeln

Ergibt: *8 Portionen*

2 große reife Tomaten, entkernt, gehackt
¾ Tasse Lauchzwiebeln, gehackt
1 Msp. frischer Koriander
2 EL eingelegte Jalapeño-Chilischoten, gehackt
240 ml Mayonnaise
3 EL frischer Limettensaft
1 TL Chilipulver
1 TL Kreuzkümmel, gemahlen
900 g kleine rote Kartoffeln, gekocht, in 5 mm dicken Scheiben
2 Tassen Hühnerfleisch, gekocht, zerkleinert
1 große rote Paprika, entkernt, gewürfelt
Kopfsalatblätter
Zum Garnieren:
Tortillachips
papierdünne Limettenscheiben

1. Tomaten, Lauchzwiebeln, Koriander und Jalapeños in einer Schüssel gut mischen und zur Seite stellen.

2. Mayonnaise, Limettensaft, Chilipulver und Kreuzkümmel in einer kleinen Schüssel gut verrühren.

3. Kartoffeln, Hühnchenfleisch und Paprika in einer anderen Schüssel mischen. Das Mayonnaise-Dressing und etwa die Hälfte der Tomaten-Mischung zufügen und umrühren. Abdekken und mindestens 1 Stunde kühl stellen. Den Rest der Tomaten-Mischung ebenfalls abdecken und kühl stellen.

4. Die Salatblätter auf einer Platte anordnen und den Salat mit einem Löffel darauf verteilen. Mit Limettenscheiben garnieren und zusammen mit den Tortillachips und der restlichen Tomaten-Mischung servieren.

Geflügel-Salat mit Pfirsichen

Ergibt: *8 Portionen*

4 Hühnerbrüstchen, ohne Haut, gekocht
6 große Pfirsiche, entsteint, geschält
2 Selleriestangen, in Scheiben
220 g Walnußhälften
240 g Frischkäse
3 EL Ananassaft
1 Msp. Koriander, gemahlen

1. Das Hühnerbrustfleisch in 2 ½ cm große Würfel schneiden und in eine Schüssel geben.

2. In eine andere Schüssel 2 Pfirsiche in kleine Würfel schneiden, Sellerie und Walnüsse zufügen, gut mischen, und das Hühnerbrustfleisch zufügen.

3. Die restlichen 4 Pfirsiche in große Stücke schneiden und mit einem Pürierstab oder in einer Küchenmaschine auf niedriger Stufe in 3–4 Sekunden zu einer glatten Masse rühren. Mit Frischkäse, Ananassaft und Koriander mischen. Die Masse über das Hühnchenfleisch geben und vorsichtig umrühren. Abdecken und bis zum Servieren kühl stellen.

Geflügel-Salat-Schiffchen

Ergibt: *6 Portionen*

80 g Kochschinken, in Scheiben
80 g Hühnchenfleisch, gekocht, in Scheiben
80 g Putenfleisch, gekocht, in Scheiben
2 Selleriestangen, in dünnenScheiben
¾ Tasse Relish oder Chutney
180 ml frische Mayonnaise (s. Seite 187)
1 Laib Weißbrot, am Stück
60 g weiche Butter oder Margarine
1 TL scharfer Senf
Zum Garnieren:
Cocktailtomaten, halbiert
Sellerieblätter

1. 5 Scheiben Kochschinken zur Seite legen. Die restlichen Schinkenscheiben und das Hühnchen- und Putenfleisch klein schneiden und in eine Schüssel geben. Sellerie, Relish und Mayonnaise zufügen. Abdecken und etwa 1 Stunde kühl stellen.

2. Vom oberen Teil des Brotes horizontal eine dünne Scheibe abschneiden und das ganze Brot aushöhlen. Dabei eine 2 cm dicke Wand stehenlassen. Butter und Senf in einer Schüssel gut mischen. Die Innenseite der Brothülle dünn damit bestreichen. Das Brot mit den aufgehobenen Schinkenscheiben auslegen und gleichmäßig mit der gekühlten Fleisch-Mischung füllen. Mit Cocktailtomaten und Sellerieblättern garnieren. In Scheiben schneiden und servieren.

Tip: Verwenden Sie Baguette oder italienisches Weißbrot. Das weiche Brotinnere läßt sich zu Croutons verarbeiten. Anstelle von Schinken eignet sich auch Hühner- oder Putenfleisch zum Auslegen der Brothülle oder eine Kombination dieser Fleischsorten.

Gemüse-Salat

Ergibt: *4 Portionen*

25 g gemahlene Gelatine
240 ml kochendes Wasser
½ TL getrockneter Kerbel, zerstoßen
½ TL getrockneter Estragon, zerstoßen
240 ml saure Sahne oder Joghurt
2 EL Estragon-Essig
Salz
¾ Tasse Bleichsellerie, feingewürfelt
½ Tasse Radieschen, feingewürfelt
½ Tasse Salatgurke, feingewürfelt
¼ Tasse grüner Paprika, feingewürfelt
¼ Tasse Lauchzwiebeln, feingewürfelt
Kopfsalatblätter
Zum Servieren:
240 ml Ingwer-Dressing (s. Seite 201)

1. Das Wasser in einen kleinen Topf geben und die Gelatine einstreuen; etwa 2 Minuten quellen lassen. Den Topf ins Wasserbad stellen, Kerbel, Estragon und Zitronenaroma zufügen und etwa 5 Minuten bei geringer Hitze unter ständigem Rühren kochen lassen, bis sich die Gelatine auflöst. Vom Herd nehmen, abdecken und mindestens 30 Minuten kühl stellen, bis die Masse geliert.

2. Saure Sahne und Essig zur gelierten Masse geben und mit Salz abschmecken. Bleichsellerie, Radieschen, Gurke, Paprika und Lauchzwiebeln zufügen und alles gut mischen. Die Masse in 4 Puddingformen füllen, abdekken und mindestens 2 Stunden kühl stellen, bis sie fest ist.

3. Salatblätter auf einer Platte anordnen und die gelierte Masse darauf stürzen. Damit sich die Masse leichter stürzen läßt, die Formen in warme, feuchte Küchentücher wickeln. Zusammen mit dem Dressing servieren.

Gemüse-Nudel-Salat

Ergibt: *6-8 Portionen*

160 ml Mayonnaise
80 ml saure Sahne oder Joghurt
¼ Tasse frischer Koriander, gehackt
2 EL Milch
2 EL Zitronen- oder Limettensaft
1 Jalapeño-Chilischote, entkernt, gehackt
Salz und Pfeffer
1 ½ Tassen Spiralnudeln, gekocht, abgeschreckt, abgetropft
2 große Tomaten, gewürfelt
1 gelbe Paprika, entkernt, in Streifen
1 kleiner Zucchino, der Länge nach geviertelt, in papierdünnen Scheiben
4 Lauchzwiebeln, gehackt (nur die grünen Teile)

Mayonnaise, saure Sahne, Koriander, Milch, Zitronen- oder Limettensaft und Jalapeño in einer Schüssel mischen und mit Salz und Pfeffer abschmecken. Nudeln, Tomaten, Paprika, Zucchino und Lauchzwiebeln zufügen und gut umrühren. Abdecken und vor dem Servieren mindestens 1 Stunde kühl stellen.

Hühnchen-Aspik

Ergibt: *12 Portionen*

1 ½ Päckchen weiße Gelatine
480 ml Hühnerbrühe
1 Spritzer Sojasauce
¼ Tasse frische Petersilie, gehackt
1 EL weißer Zucker
1 EL brauner Zucker
1 EL frischer Ingwer, gerieben
1 Prise Knoblauchpulver
260 g Hühnerfleisch, aus der Dose, zerkleinert
Zum Garnieren:
Petersilienzweige

1. Die Gelatine in eine Tasse mit 120 ml Hühnerbrühe streuen, zur Seite stellen und quellen lassen.

2. Die übrigen 350 ml Hühnerbrühe in einem kleinen Topf zum Kochen bringen. Vom Herd nehmen und Gelatine, Sojasauce, Petersilie, braunen und weißen Zucker, Ingwer und Knoblauchpulver einrühren. Alles gründlich mischen.

3. Das Hühnerfleisch gleichmäßig auf 12 Puddingformen von 6 cm Durchmesser verteilen. Die Hühnerbrühe gleichmäßig über das Fleisch gießen und das Aspik mindestens 4 Stunden kühl stellen, bis es fest ist.

4. Das fest gewordene Aspik aus den Formen stürzen und mit Petersilienzweigen garniert servieren.

Hüttenkäse-Salat

Ergibt: *6-8 Portionen*

240 g Hüttenkäse
1 Tasse geräucherter Lachs, gehackt
½ Tasse Bleichsellerie, gehackt
¼ Tasse Gewürzgurken, feingehackt
120 ml Mayonnaise
Salz und Pfeffer
Zum Servieren:
Cracker

Hüttenkäse, Lachs, Bleichsellerie, Gewürzgurken und Mayonnaise in eine große Schüssel geben und mit Salz und Pfeffer abschmekken. Gut mischen; die Masse zu einer großen Kugel formen. Abdecken und mindestens 2 Stunden kühl stellen. Zusammen mit den Crackern servieren.

Hüttenkäse-Salat mit Lachs

Ergibt: *4 Portionen*

60 ml kalte Milch
1 Päckchen weiße Gelatine
360 g Hüttenkäse
½ TL getrockneter Dill, zerrieben
½ TL Zwiebeln, gehackt
450 g geräucherter roter Lachs, zerkleinert (ohne Gräten und Haut)
120 ml saure Sahne oder Joghurt
¼ Tasse Bleichsellerie, gehackt
1 ½ TL Zitronensaft
2 EL kaltes Wasser
Zum Garnieren:
Kopfsalat
Tomatenspalten

1. Milch in einem kleinen Kochtopf mit der Hälfte der Gelatine mischen und etwa 2 Minuten quellen lassen. Den Topf ins Wasserbad stellen; die Milch bei mittlerer Hitze etwa 5 Minuten erhitzen, bis sich die Gelatine auflöst. Hüttenkäse, Dill und Zwiebeln zufügen und gut umrühren.

2. Die Mischung in eine leicht geölte große Auflaufform füllen. Abdecken und etwa 10 Minuten kühl stellen, bis die Mischung fest zu werden beginnt.

3. Lachs, saure Sahne, Bleichsellerie und Zitronensaft in einer Schüssel mischen.

4. Wasser in einen Topf geben, den Rest der Gelatine darüber streuen und etwa 2 Minuten quellen lassen. Im Wasserbad bei mittlerer Hitze die Mischung etwa 3 Minuten erhitzen, bis sich die Gelatine auflöst.

5. Die Gelatine mit der Lachs-Mischung verrühren. Alles über den Hüttenkäse geben, abdecken und mindestens 3 Stunden kühl stellen, bis die Masse fest ist.

6. Salatblätter auf einer Platte anordnen. Die Form in ein feuchtes, warmes Küchentuch wickeln und die Masse auf den Salat stürzen. Mit Tomatenspalten garnieren.

Kalifornischer Krautsalat

Ergibt: *4 Portionen*

1 kleiner Weißkohl, gehobelt
1 kleine Zwiebel, gehackt
1 grüne Paprika, entkernt, gehackt
1 rote Paprika, entkernt, gehackt
1 kleine Karotte, gerieben
3 EL Petersilie, gehackt
120 ml Apfelessig
3 EL Zucker
120 ml Sonnenblumenöl
Salz und Pfeffer

1. Kohl, Zwiebel, grüne und rote Paprika, Karotten und Petersilie in einer Schüssel mischen.

2. Apfelessig, Zucker und Öl in einer kleinen Schüssel verrühren und mit Salz und Pfeffer abschmecken. Über die Kohl-Mischung gießen und umrühren. Abdecken und vor dem Servieren mindestens 2 Stunden kühl stellen.

Karotten-Rosinen-Salat

Ergibt: *8 Portionen*

160 g Rosinen
1 mittelgroße Karotte, gerieben
½ Tasse Bleichsellerie, in Scheiben
½ Tasse Haselnüsse, gehackt
1 Msp. Cayennepfeffer
60 ml Mayonnaise oder Salat-Dressing
Zum Garnieren:
zusätzlich etwas Mayonnaise
8 süße Eiswaffeln

1. Die Rosinen mit heißem Wasser übergießen und etwa 5 Minuten stehen lassen. Dann das Wasser abgießen und die Rosinen mit Küchenkrepp abtrocknen. Die Rosinen in eine große Schüssel geben.
2. Karotten, Bleichsellerie, Haselnüsse und Cayennepfeffer zufügen und mischen. Mayonnaise oder Salatdressing gut darunter rühren. Abdecken und mindestens 1 Stunde kühl stellen.
3. Den Salat in die Eistüten füllen und jede mit etwas Mayonnaise garnieren.

Tip: Richten Sie den Salat auf einem Salatbett zusammen mit den Eiswaffeln an.

Kartoffel-Salat

Ergibt: *4-6 Portionen*

2 große Eier, hartgekocht
1 Tasse Hüttenkäse-Dressing (s. unten)
60 ml saure Sahne oder Joghurt
2 TL Apfelessig
½ TL Dijonsenf
1 Prise getrockneter Oregano
1 Prise frischer Kerbel
Salz und Pfeffer
3 Kartoffeln, gekocht, geschält, gewürfelt
8 Cocktailtomaten, geviertelt
8 Streifen knuspriger Frühstücksspeck, zerkrümelt
½ Tasse Lauchzwiebeln, gehackt (nur die grünen Teile)
Kopfsalatblätter
Zum Garnieren:
schwarze Oliven
Karottenstäbchen
Selleriestäbchen

1. Die Eier in einer Schüssel zerdrücken und glattrühren. Hüttenkäse-Dressing, saure Sahne, Essig, Dijonsenf, Oregano und Kerbel zufügen, mit Salz und Pfeffer abschmecken und gut mischen. Kartoffeln, Tomaten, Frühstücksspeck und Lauchzwiebeln zufügen und alles gut mischen.
2. Die Salatblätter auf einem Teller anordnen und den Salat darauf verteilen. Mit Oliven, Karotten- und Selleriestäbchen garniert servieren.

Hüttenkäse-Dressing

Ergibt: *2 ¾ Tasse*

340 g Hüttenkäse
120 ml Mayonnaise
2 EL Schnittlauch, gehackt
2 EL grüner Paprika, gehackt
1 Prise Knoblauchpulver

Hüttenkäse, Mayonnaise, Schnittlauch, Paprika und Knoblauchpulver in einer Schüssel mit einem Pürierstab glattrühren. Abdecken und mindestens 1 Stunde kühl stellen.

Kartoffel-Salat mit Estragon

Ergibt: *4 Portionen*

4 Kartoffeln
60 ml Estragon-Essig
2 EL Lauchzwiebeln, gehackt
Estragon-Dressing (s. Seite 56)
Zum Garnieren:
Petersilie, gehackt
Paprikapulver

1. Die Kartoffeln mehrmals mit einer Gabel einstechen und in einen Kochtopf geben. Essig und soviel Wasser zufügen, daß die Kartoffeln damit bedeckt sind. Bei mittlerer Hitze zum Kochen bringen, die Hitze reduzieren und in 15–20 Minuten die Kartoffeln weich kochen lassen. Die Kartoffeln abgießen und im Topf lassen; mit kaltem Wasser übergießen, 2–3 Minuten abkühlen und dann abtropfen lassen und schälen.

2. Die Kartoffeln in 5 mm dicke Scheiben schneiden und in eine große Schüssel geben. Zwiebeln zufügen und mischen. Soviel Dressing zugeben, daß die Kartoffeln leicht damit überzogen sind. Mit Petersilie und Paprikapulver bestreut servieren.

Kartoffel-Salat mit Schinken

Ergibt: *4 Portionen*

4 große Speisekartoffeln, geschält, geviertelt
280 ml Fleischbrühe (instant)
1 Knoblauchzehe, geschält
1 Tasse Kochschinken, gewürfelt
¼ Tasse Lauchzwiebeln, in Scheiben
3 EL Weißwein-Essig
2 EL Olivenöl
½ TL scharfer Senf
1 Prise Salz
½ Tasse geriebener Romano
¼ Tasse Petersilie, gehackt

1. Kartoffeln, Fleischbrühe und Knoblauch in einen Topf geben und bei starker Hitze kochen. Die Hitze reduzieren und in 15–20 Minuten die Kartoffeln weich kochen lassen. Kartoffeln und Knoblauch abtropfen und abkühlen lassen.

2. Kartoffeln und Knoblauch in Würfel schneiden und in eine große Schüssel geben. Schinken und Lauchzwiebeln zufügen und vorsichtig mischen.

3. Essig, Olivenöl, Senf und Salz in einer Schüssel verquirlen. Das Dressing mit einem Löffel über den Kartoffelsalat gießen und vorsichtig mischen. Mit Romano und Petersilie bestreuen und servieren.

Käse-Nudel-Salat

Ergibt: *8-10 Portionen*

2 Tassen kleine Makkaroni
Salz nach Geschmack
3 EL Italienisches Dressing
1 Tasse reifer Cheddar, gewürfelt
3 große Eier, hartgekocht, gehackt
1 Tasse Erbsen, gekocht
½ Tasse Bleichsellerie, gehackt
½ Tasse Lauchzwiebeln, gehackt (nur die grünen Teile)
80 ml Mayonnaise
1 EL scharfer Senf
1 ½ TL Meerrettich, aus dem Glas
½ TL Worcestersauce
Salz und Pfeffer
Zum Garnieren:
Tomatenscheiben
Kopfsalatblätter

1. Die Makkaroni 8–10 Minuten in einem Topf mit leicht gesalzenem Wasser bißfest kochen. Das Wasser abgießen, die Makkaroni abschrecken, abtropfen lassen und in eine Schüssel geben; Dressing darüber gießen und zur Seite stellen.

2. Cheddar, Eier, Erbsen, Bleichsellerie und Lauchzwiebeln in einer Schüssel mischen.

3. Mayonnaise, Senf, Meerrettich und Worcestersauce in einer anderen Schüssel mischen und mit Salz und Pfeffer abschmecken. Die Masse zur Cheddar-Mischung geben und gut verrühren. Die Makkaroni darunter mischen, abdecken und 2 Stunden kühl stellen.

4. Salatblätter auf Tellern anordnen, den Salat darauf verteilen und mit Tomaten garniert servieren.

Kirsch-Käse-Salat

Ergibt: *8 Portionen*

2 Tassen geriebener Gouda
96 Mini-Marshmallows
230 g grüne Maraschinokirschen, gehackt
170 g Ananas, zerkleinert
240 ml Gorgonzola-Mayonnaise (s. Seite 130)
240 ml süße Sahne, geschlagen
Zum Garnieren:
4 rote Paprikaringe
4 grüne Paprikaringe
Brunnenkresse

1. Gouda, Marshmallows, Maraschinokirschen, Ananas, Mayonnaise und Schlagsahne in einer großen Schüssel vorsichtig mischen. Die Masse in 8 Puddingformen füllen und zum Festwerden über Nacht kühl stellen.

2. Mit Paprikaringen und Brunnenkresse garniert servieren.

Kohl-Salat

Ergibt: *4 Portionen*

1 ½ Tassen Weißkohl, in schmalen Streifen
1 ½ Tassen Rotkohl, in schmalen Streifen
¼ Tasse Lauchzwiebeln, gehackt
½ Tasse grüne Paprika, in dünnen Streifen
1 Tasse Cashewkerne, gehackt
120 ml Reisessig
2 EL Sesamöl
1 TL Kreuzkümmel
1 EL geriebene unbehandelte Orangenschale
Zum Garnieren:
roter Paprika, in Ringen
hartgekochte Eier, in Scheiben
Oliven mit Paprikafüllung, in Scheiben

1. Weiß- und Rotkohl, Lauchzwiebeln, grünen Paprika und Cashewkerne in einer großen Schüssel mischen.

2. Essig, Öl, Kreuzkümmel und Orangenschale in einer anderen Schüssel verrühren. Die Mischung über das Gemüse gießen und gut umrühren. Abdecken und mindestens 4 Stunden kühl stellen.

3. Mit Paprikaringen und Eierscheiben garnieren; in die Mitte je eine Olivenscheibe setzen und servieren.

Lachs-Aspik

Ergibt: *6-8 Portionen*

60 ml kaltes Wasser
1 Päckchen weiße Gelatine
240 ml Mayonnaise
240 ml saure Sahne oder Joghurt
1 EL Zwiebeln, gehackt
60 ml Zitronensaft
2 EL Petersilie, gehackt
450 g Lachs, abgetropft (ohne Haut und Gräten)
2 große Eier, hartgekocht, gehackt
½ Tasse Bleichsellerie, gehackt
½ Tasse grüne Oliven mit Paprikafüllung, gehackt
Salz und Pfeffer
Zum Servieren:
French Dressing oder Italienisches Dressing
Kopfsalatblätter

1. Das Wasser in einen kleinen Kochtopf geben, die Gelatine einstreuen und etwa 5 Minuten quellen lassen. Den Topf in ein Wasserbad stellen und das Wasser bei mittlerer Hitze unter ständigem Rühren erhitzen, bis sich die Gelatine auflöst. Mayonnaise, saure Sahne, Zwiebeln, Zitronensaft und Petersilie zufügen und umrühren.

2. Lachs, Eier, Bleichsellerie und Oliven in einer großen Schüssel mischen. Die Gelatine-Mischung zufügen, mit Salz und Pfeffer abschmecken und in eine große, leicht geölte Ringform füllen. Etwa 4 Stunden kühl stellen, bis die Masse fest ist.

3. Salatblätter auf einer Platte anordnen und die Masse darauf stürzen. Damit sich die Masse leichter stürzen läßt, die Form in ein warmes, feuchtes Küchentuch wickeln. Zusammen mit dem Dressing servieren.

Limetten-Gelee

Ergibt: *8 Portionen*

22 g weiße Gelatine
240 ml kochendes Wasser
170 ml Limettensaft
120 ml Rum (40%)
570 g Ananas, aus der Dose, abgetropft, Saft aufgefangen, gehackt
Melonenkugeln

1. Gelatine und kochendes Wasser in einer Schüssel verrühren, bis sich die Gelatine auflöst. Limettensaft, Rum und 300 ml Ananassaft zufügen; gut mischen. Etwa 1 Stunde kühl stellen, bis die Mischung geliert.

2. Ananasstücke gut untermischen. Die Masse auf 8 Puddingformen verteilen und mindestens 4 Stunden kühl stellen, bis sie fest ist.

3. Das Gelee auf Servierteller stürzen. Damit sich die Masse leichter stürzen läßt, die Formen in warme, feuchte Küchentücher wickeln. Die Melonenkugeln kreisförmig um das Gelee legen.

Makkaroni-Salat

Ergibt: *4 Portionen*

110 g Makkaroni, gekocht
2 große Eier, hartgekocht, in Scheiben
¼ Tasse Lauchzwiebeln, feingehackt
2 große Gewürzgurken, gehackt
¼ Tasse grüne Oliven, in Scheiben
120 ml Mayonnaise
1 EL scharfer Senf
1 TL getrockneter Dill, zerrieben
2 EL Gewürzgurkensud

1. Makkaroni, Eier, Lauchzwiebeln, Gewürzgurken und Oliven in einer großen Schüssel mischen.

2. Mayonnaise, Senf, Dill und Gewürzgurkensud in einer kleinen Schüssel gut verquirlen. Über die Makkaroni-Mischung gießen und gut unterrühren. Abdecken und mindestens 1 Stunde kühl stellen.

Mandarinen-Apfeljoghurt-Salat

Ergibt: *6 Portionen*

¾ Tasse Apfelgelee
1 TL frische Minze, gehackt
120 ml Joghurt
1 EL Puderzucker
2 EL Bleichsellerie, feingewürfelt
310 g Mandarinenspalten, aus der Dose, abgetropft
2 saure Äpfel, in dünnen Scheiben
2 EL Zitronensaft
6 Handvoll kernlose Weintrauben (grüne oder blaue)

1. Apfelgelee und Minze in einen Topf geben und im Wasserbad unter ständigem Rühren kochen, bis das Gelee glatt ist. Vom Herd nehmen und sofort Joghurt, Zucker und Bleichsellerie gut einrühren. In kleine Formen füllen, abdecken und mindestens 2 Stunden kühl stellen, bis die Masse geliert.

2. Das Joghurtgelee in die Mitte eines Tellers plazieren und nach Belieben Mandarinenspalten, mit Zitronensaft beträufelte Apfelscheiben und Trauben dazulegen.

Tip: Ersetzen Sie die Mandarinenspalten durch abgetropfte Mangoscheiben aus der Dose.

Mariniertes Gemüse

Ergibt: *4 Portionen*

4 Tassen Brokkoliröschen
Salz nach Geschmack
110 g kleine frische Champignons, geputzt, in Scheiben
¾ Tasse Oliven, entsteint, in Scheiben
1 Tasse Cocktailtomaten, halbiert
80 ml Olivenöl
1 EL Weißwein-Essig
1 EL Zitronensaft
2 EL Petersilie, gehackt
1 Lauchzwiebel, gehackt
1 Knoblauchzehe, gehackt
Salz und Pfeffer

1. Die Brokkoliröschen in einem Topf mit leicht gesalzenem, kochendem Wasser etwa 1 Minute blanchieren. Abtropfen lassen und in eine Schüssel geben.

2. Champignons, Oliven und Cocktailtomaten dazugeben und mischen.

3. Öl, Essig, Zitronensaft, Petersilie, Zwiebeln und Knoblauch in einer kleinen Schüssel verquirlen. Mit Salz und Pfeffer abschmekken. Die Marinade über das Gemüse gießen und vorsichtig mischen. Abdecken und vor dem Servieren mindestens 3 Stunden kühl stellen.

Meerrettich-Sülze

Ergibt: *4-6 Portionen*

120 ml trockener Weißwein
1 Päckchen weiße Gelatine
480 g Hüttenkäse
½ Tasse Gorgonzola, zerkrümelt
2 EL Lauchzwiebeln, feingehackt
1 ½ TL Meerrettich, aus dem Glas
2 EL frischer Kerbel, feingehackt
240 ml saure Sahne
Kopfsalatblätter

1. Den Wein in einen kleinen Topf geben und die Gelatine einstreuen. Etwa 2 Minuten quellen lassen. Den Topf ins Wasserbad stellen und unter ständigem Rühren den Wein etwa 5 Minuten erhitzen, bis sich die Gelatine auflöst. Vom Herd nehmen und zur Seite stellen.

2. Hüttenkäse und Gorgonzola in einer Schüssel mit einer Gabel zu einer geschmeidigen Masse rühren. Lauchzwiebeln, Meerrettich, Kerbel und saure Sahne untermischen. Die Gelatine-Mischung gründlich darunterrühren.

3. Die Masse in eine leicht geölte Form füllen und zum Festwerden mindestens 4 Stunden kühl stellen.

4. Die Sülze stürzen. Damit die Masse sich leichter stürzen läßt, die Form in warme, feuchte Küchentücher wickeln. Die Salatblätter auf Tellern anordnen und die Meerrettich-Sülze auf die Blätter geben.

Nudel-Salat einmal anders

Ergibt: *4-6 Portionen*

240 ml Gorgonzola-Mayonnaise (s. Seite 130)
3 EL Apfelessig
2 EL Honig
1 EL Milch
1 ½ TL Senfpulver
Salz und Pfeffer
1 ½ Tassen Spiralnudeln, gekocht, abgetropft
2 Tassen Rotkohl, feingerieben
1 Tasse Karotten, gerieben
1 großer grüner Paprika, entkernt, in Streifen
rot-grüner Blattsalat
Zum Servieren:
Knäckebrot

1. Mayonnaise, Apfelessig, Honig, Milch und Senfpulver in einer großen Schüssel gut mischen. Mit Salz und Pfeffer abschmecken.

2. Nudeln, Rotkohl, Karotten und Paprika zufügen und alles gut miteinander mischen. Abdecken und vor dem Servieren mindestens 1 Stunde kühl stellen.

3. Die Salatblätter auf einer Platte anordnen und den Salat mit einem Löffel darauf verteilen. Zusammen mit Knäckebrot servieren.

Nudel-Salat mit Spinat

Ergibt: *4-6 Portionen*

450 g frische Spinatblätter, gewaschen, abgetropft, harte Stiele entfernt
230 g frische Champignons, geputzt, in Scheiben
1 ½ Tassen Spiralnudeln, gekocht, abgeschreckt, abgetropft
1 rote Zwiebel, in dünnen Scheiben
6–8 Streifen knusprigen Frühstücksspeck, zerkrümelt
Essig-Mayonnaise (s. unten)
Zum Servieren:
verschiedene Brotsorten

Spinat, Champignons, Nudeln, Zwiebel und Frühstücksspeck in eine große Schüssel geben. Mit Mayonnaise beträufeln und gut mischen. Zusammen mit Brot servieren.

Tip: Reichen Sie dazu statt Brot Kräutercroutons.

Essig-Mayonnaise

Ergibt: *550 ml*

240 ml Mayonnaise
240 ml Wasser
80 ml Apfelessig
1 EL Speisestärke
1 EL Zucker
Salz und Pfeffer

Mayonnaise, Wasser, Apfelessig, Speisestärke und Zucker in einer Schüssel mit einem Pürierstab glattrühren Mit Salz und Pfeffer abschmekken; alles gut mischen. Die Masse in einen Topf geben und bei mittlerer Hitze zum Kochen bringen. 1 Minute unter Rühren kochen, vom Herd nehmen und noch warm oder bei Zimmertemperatur servieren.

Obst-Salat

Ergibt: *8 Portionen*

1 Päckchen weiße Gelatine
60 ml kaltes Wasser
3 EL Zitronen- oder Limettensaft
100 g Zucker
1 Tasse Ananas, aus der Dose, abgetropft, zerkleinert
1 Tasse frische Aprikosen, gewürfelt
1 Tasse frische Pfirsiche, gewürfelt
2 große Bananen, in Scheiben
2 Tassen Ingwer-Dressing (s. unten)
240 ml süße Sahne, geschlagen

1. Das Wasser in einen kleinen Topf geben und die Gelatine einstreuen. 5 Minuten quellen lassen. Die Gelatine bei geringer Hitze im Wasserbad etwa 5 Minuten unter ständigem Rühren kochen, bis sie sich auflöst. Zitronensaft, Zucker, Ananas, Aprikosen, Pfirsiche und Bananen zufügen und vorsichtig umrühren, bis die Masse eindickt.

2. Vom Herd nehmen, 340 ml Dressing und die Schlagsahne zufügen und vorsichtig einrühren. Die Masse in eine 20 x 30 cm große Auflaufform füllen und mindestens 4 Stunden im Gefrierfach fest werden lassen.

3. Die Masse in Quadrate schneiden und zusammen mit dem restlichen Dressing servieren.

Ingwer-Dressing

Ergibt: *1⅓ Tassen*

120 ml Mayonnaise
120 ml Honig
2 EL kandierter Ingwer, feingeschnitten
1 EL Limettensaft
1 El Sonnenblumenöl
½ TL geriebene unbehandelte Limettenschale

Die Zutaten in einer Schüssel in 20–30 Sekunden mit einem Pürierstab glattrühren. Abdecken und mindestens 2 Stunden kühl stellen.

Pfirsich-Salat mit Pekannüssen

Ergibt: *8 Portionen*

8 große Pfirsiche, halbiert, entsteint
240 g Frischkäse
240 ml Mayonnaise oder Salat-Dressing
240 ml süße Sahne, geschlagen
1 Tasse Pekannüsse, gehackt
Kopfsalat, in Streifen

1. Die Pfirsiche mit der ausgehöhlten Seite nach oben in eine 22 x 33 cm große Auflaufform legen.

2. Frischkäse und Mayonnaise in einer Schüssel glattrühren. Schlagsahne und Pekannüsse zufügen und mischen. Die Masse über die Pfirsiche gießen, abdecken und einfrieren, bis sie fest ist. In Quadrate schneiden und auf einem Salatbett servieren.

Preiselbeer-Salat

Ergibt: *6 Portionen*

450 g Preiselbeergelee
1 Tasse Äpfel, gekocht, in Würfeln
240 ml saure Sahne oder Joghurt
1 EL Zitronensaft
3 EL Puderzucker
Kopfsalatblätter
Zum Garnieren:
Zitronenscheiben
frische Preiselbeeren

1. Preiselbeergelee und Apfelwürfel in einer Schüssel vorsichtig mischen. Die Äpfel dabei nicht zerdrücken.

2. Saure Sahne, Zitronensaft und Puderzucker in einer anderen Schüssel verquirlen. Die Preiselbeer-Mischung zufügen und alles gut verrühren. Die Masse in eine 10 x 20 cm große Auflaufform füllen, abdecken und mindestens 4 Stunden ins Gefrierfach stellen, bis sie fest ist.

3. Die Salatblätter auf einer Platte anordnen. Die Form in ein feuchtes, warmes Küchentuch wickeln und die gefrorene Masse auf die Platte stürzen. Etwa 10 Minuten bei Zimmertemperatur stehen lassen; dann mit Zitronenscheiben und Preiselbeeren garniert servieren.

Reis-Salat in Tomaten

Ergibt: *4 Portionen*

4 Tomaten
1 Tasse Jasminreis, gekocht, abgekühlt
1 Lauchzwiebel, in Scheiben
½ Tasse Erbsen, gekocht
¼ Tasse rote Paprika, feingehackt
80 ml Mayonnaise
Salz und Pfeffer
Zum Garnieren:
Oliven in Scheiben
Kopfsalatblätter

1. Von jeder Tomate den oberen Teil abschneiden und das Innere aushöhlen. Die Tomaten mit der Öffnung nach unten auf Küchenkrepp legen und abtropfen lassen. Das Innere für einen anderen Zweck aufbewahren.

2. Reis, Lauchzwiebel, Erbsen, Paprika und Mayonnaise in einer Schüssel gut mischen. Mit Salz und Pfeffer abschmecken. Die Mischung in die ausgehöhlten Tomaten füllen und mit Olivenscheiben belegen. Auf einem Teller mit Salatblättern anrichten und bis zum Servieren kühl stellen.

Rindfleisch-Aspik

Ergibt: *8 Portionen*

2 Päckchen weiße Gelatine
720 ml warme Rinderbrühe
1 ½ Tassen gekochtes Rindfleisch, gehackt
1 rote Paprika, geröstet, gehackt
½ Tasse Brokkoli, gehackt
1 Prise Knoblauchpulver
Zum Garnieren:
Petersilie, gehackt, Kopfsalat
Zum Servieren:
Mayonnaise

1. Die Gelatine in eine Tasse mit 60 ml Rinderbrühe streuen, zur Seite stellen und quellen lassen. Die restlichen 650 ml Rinderbrühe in einem großen Kochtopf mit der eingeweichten Gelatine verrühren und bei mittlerer Hitze kurz aufkochen lassen. In etwa 1 Stunde auf Zimmertemperatur abkühlen lassen, bis die Mischung zu gelieren beginnt.

2. Rindfleisch, Paprika, Brokkoli und Knoblauchpulver zufügen und mit einem großen Löffel gut mischen. Die Masse auf 8 Puddingformen von 7 cm Durchmesser verteilen und mindestens 4 Stunden kühl stellen, bis der Aspik fest ist.

3. Den Aspik aus den Formen stürzen, auf einem Salatbett anrichten und mit Petersilie garnieren. Zusammen mit Mayonnaise servieren.

Rote-Bete-Salat

Ergibt: *4 Portionen*

300 g rote Bete, in Scheiben
½ Tasse Lauchzwiebeln, in Scheiben
80 ml Apfelessig
60 ml Sonnenblumenöl
2–3 EL Zucker
½ TL Currypulver
Salz und Pfeffer
Zum Garnieren:
2 große kernlose Orangen, geschält, in Scheiben
Schnittlauch
Petersilie

1. Rote Bete und Lauchzwiebeln in einer Schüssel vorsichtig mischen.

2. Essig, Öl, Zucker und Currypulver in einer kleinen Schüssel gut verquirlen. Mit Salz und Pfeffer abschmecken. Die Mischung über den Rote-Bete-Salat gießen und mischen. Abdecken und mindestens 2 Stunden kühl stellen. Mit Orangenscheiben, Schnittlauch und Petersilie garniert servieren.

Sauerkraut-Salat

Ergibt: *4 Portionen*

½ große frische Ananas
230 g Sauerkraut, aus der Dose, abgetropft
1 großer roter Apfel, gewürfelt
1 ½ Tassen knuspriger Frühstücksspeck, in 1 cm breiten Streifen
3 EL Mayonnaise
2 EL saure Sahne
2 EL Zitronensaft
1 EL frischer Dill, gehackt, oder 1 TL getrockneter Dill
1 Msp. getrockneter Rosmarin
Salz und Pfeffer
Blattsalat

1. Das Fruchtfleisch der Ananas mit einem Obstmesser ausschneiden, in Stücke teilen und in eine große Schüssel geben. Sauerkraut, Apfelwürfel und Frühstücksspeck untermischen. Abdecken und mindestens 30 Minuten kühl stellen.

2. Mayonnaise, saure Sahne, Zitronensaft, Dill und Rosmarin in einer kleinen Schüssel mischen und mit Salz und Pfeffer abschmecken. Abdecken und bis zum Servieren kühl stellen.

3. Salatblätter in einer Servierschüssel anordnen. Den Salat mit einem Löffel darauf verteilen und das Dressing darüber gießen.

Spinat-Salat

Ergibt: *4 Portionen*

340 g frische Champignons, geputzt, in dünnen Scheiben
80 ml Olivenöl
60 ml Estragon-Essig
80 g Kapern, abgetropft
2 TL Paprika, gehackt
1 Prise Cayennepfeffer
Salz und Pfeffer
450 g frische Spinatblätter, gewaschen, abgetropft, harte Stiele entfernt

Zum Garnieren:
2 Ringe grüne Paprika
2 Ringe rote Paprika
1 kleines Ei, hartgekocht, in Scheiben

1. Champignons in eine Schüssel geben.

2. Öl, Essig, Kapern, Paprika und Cayennepfeffer in einer kleinen Schüssel verquirlen. Mit Salz und Pfeffer abschmecken. Die Marinade über die Champignons gießen, abdecken und etwa 2 Stunden kühl stellen.

3. Den Spinat auf 4 Salatteller verteilen und mit den marinierten Champignons anrichten. Jeden Teller mit einem Paprikaring und Eierscheiben garnieren.

Tropischer Hühnchen-Salat

Ergibt: *4 Portionen*

1 kleine frische Ananas
1 Tasse gekochtes Hühnerfleisch, gewürfelt
170 g Schinken, in Streifen
2 Bananen, in Scheiben
1 Avocado, geschält, in Stücken
2 Selleriestangen, in diagonalen Scheiben
¼ Tasse Walnüsse, gehackt
¼ Tasse Maraschinokirschen, geviertelt

Zum Servieren:
240 ml Joghurt-Dressing (s. unten)

1. Die Ananas der Länge nach halbieren, dabei die Blätter daran lassen und ebenfalls durchschneiden. Die Ananashälften mit einem Obstmesser aushöhlen, ohne die Schalen zu beschädigen. Das Fruchtfleisch in 2 ½ cm große Würfel schneiden und die Würfel in eine Schüssel geben. Die Schalen bis zum Servieren kühl stellen.

2. Hühnerfleisch, Schinken, Bananen, Avocado, Sellerie, Walnüsse und Maraschinokirschen in einer Schüssel mischen. Abdecken und mindestens 1 Stunde kühl stellen.

3. Die Frucht-Mischung in die Ananasschalen füllen und zusammen mit dem Dressing servieren. Holzspießchen bereitlegen.

Joghurt-Dressing

Ergibt: *240 ml*

240 ml Joghurt
1 TL Zucker
2 EL Ketchup
1 Msp. Senfpulver
1 Msp. Paprikapulver
Salz und Pfeffer

Joghurt, Zucker, Ketchup, Senf- und Paprikapulver in einer Rührschüssel mit einem Pürierstab 2–3 Sekunden verquirlen. Mit Salz und Pfeffer abschmekken und noch einige Sekunden rühren.

Truthahn-Salat

Ergibt: *4-6 Portionen*

2 Tassen gekochte Putenbrust, gewürfelt
2 saure Äpfel, entkernt, gewürfelt
⅓ Tasse Bleichsellerie, in dünnen Scheiben
160 ml frische Mayonnaise (s. Seite 187)
2 EL frischer Zitronen- oder Limettensaft
Salz und Pfeffer
<u>Zum Servieren:</u>
110 g Walnüsse, gehackt
Cracker

1. Putenbrust, Äpfel, Bleichsellerie, Mayonnaise und Zitronensaft in einer Schüssel mischen. Mit Salz und Pfeffer abschmekken, abdecken und 1 Stunde kühl stellen.

2. Den Salat auf eine Platte geben, mit Walnüssen bestreuen und zusammen mit den Crackern servieren.

Wurst-Salat

Ergibt: *8 Portionen*

4 Wiener Würstchen
1 ½ Tassen Makkaroni, gekocht
4 Selleriestangen, in Scheiben
1 große Gurke, geschält, gewürfelt
⅓ Tasse grüne Paprika, gehackt
1 kleine rote Zwiebel, gehackt
8 große schwarze Oliven, entsteint, in Scheiben
4 große Eier, hartgekocht, gehackt
240 ml Salat-Dressing
2 TL scharfer Senf
Salz und Pfeffer

1. Die Wiener Würstchen diagonal in 5 mm dicke Scheiben schneiden und in eine Schüssel geben; Makkaroni, Sellerie, Gurke, Paprika, Zwiebel, Oliven und Eier zufügen.

2. Salat-Dressing und Senf in einer Schüssel verquirlen, über den Salat gießen und alles gut mischen. Mit Salz und Pfeffer abschmecken. Vor dem Servieren mindestens 1 Stunde kühl stellen.

Kapitel 5

SANDWICHES ZUM GENIESSEN

Seit Jahren sind Sandwiches als Mittagessen oder als kleine Mahlzeit zwischendurch beliebt. In diesem Kapitel geht es ausschließlich um Sandwiches – um große Sandwiches und auch um etwas kleinere, die man sowohl vor oder nach dem Mittagessen als auch am Abend genießen kann. Kleine Appetit-Häppchen werden Sie hier nicht finden. Dafür aber herzhafte Sandwiches, für die man beim Essen beide Hände braucht!

Bohnen-Hackfleisch-Sandwiches

Ergibt: *4 Sandwiches*

90 g mageres Rindfleisch, gehackt
1 Zwiebel, gehackt
1 EL Mehl
1 TL Worcestersauce
1 Spritzer Tabasco
120 ml Wasser
120 ml Chilisauce
220 g Schweinefleisch, gehackt
220 g rote Bohnen
4 Hamburger-Brötchen, halbiert
Zum Garnieren:
2 Tomaten, gehackt
1 rote Zwiebel, gehackt

1. Das Rinderhackfleisch in einer Pfanne bei mittlerer Hitze 6–8 Minuten unter Rühren braten, bis es nicht mehr rosa ist. Das Fett abgießen, Zwiebel zufügen und unter Rühren in etwa 5 Minuten weich dünsten.

2. Mehl, Worcestersauce, Tabasco, Wasser, Chilisauce, Schweinehackfleisch und Bohnen zufügen; abgedeckt etwa 10 Minuten kochen.

3. Die Hamburger-Brötchen toasten. Die Brötchen mit der Mischung füllen und mit Tomaten und roten Zwiebeln garniert servieren.

Club-Sandwich

Ergibt: *1 Sandwich*

Mayonnaise
2 Scheiben Toastbrot, auf einer Seite mit Butter bestrichen
1 Blatt Kopfsalat
2 Scheiben Truthahnfleisch
1 Scheibe Vollkorntoastbrot, beidseitig mit Butter bestrichen
1 Spritzer Chilisauce
½ TL Frühstücksspeck, zerkrümelt
Zum Garnieren:
4 Scheiben Gewürzgurke
4 Scheiben Radieschen

1. Mayonnaise auf den mit Butter bestrichenen Seiten der hellen Toastscheiben verteilen. Eine Brotscheibe mit dem Salatblatt, einer Scheibe Truthahn und dem Vollkorntoast belegen.

2. Chilisauce und zerkrümelten Frühstücksspeck auf den Vollkorntoast geben und mit der anderen Scheibe Truthahnfleisch abdecken. Die zweite helle Toastbrotscheibe mit der gebutterten Seite nach unten auf das Sandwich legen.

3. Das Sandwich in 2 Stücke teilen und diese diagonal halbieren. Die Viertel auf einen Teller legen und je ein Holzspießchen in die Mitte der Viertel stecken. Je eine Gewürzgurken- und Radieschenscheibe auf jedes Holzspießchen stecken und servieren.

Dänische Krebsfleisch-Sandwiches

Ergibt: *6 Sandwiches*

6 Scheiben dunkles Roggenbrot
3 EL weiche Butter oder Margarine
340 g Krebsfleisch, abgetropft, zerteilt
2 EL Bleichsellerie, feingehackt
3 EL Mayonnaise
1 Spritzer Zitronensaft
Zum Garnieren:
Petersilie, gehackt

1. Die Brotscheiben mit Butter bestreichen.

2. Krebsfleisch, Bleichsellerie, Mayonnaise und Zitronensaft in einer kleinen Schüssel gut mischen. Die Masse auf den Broten verteilen, mit Petersilie garnieren und sofort servieren.

Dänische Schinken-Käse-Sandwiches

Ergibt: *6 Sandwiches*

3 EL weiche Butter oder Margarine
1 TL scharfer Senf
6 Scheiben Vollkornbrot, ohne Rinde
6 Scheiben Emmentaler
6 dünne Scheiben Räucherschinken
12 dünne Scheiben Essiggurken
Zum Garnieren:
3 Cocktailtomaten, in dünnen Scheiben

Butter und Senf in einer Tasse gut mischen. Die Brotscheiben damit bestreichen und mit Emmentaler- und Räucherschinken-Scheiben belegen. Jedes Sandwich mit Essiggurken und Cocktailtomaten garnieren und sofort servieren.

Ei-Paprika-Sandwiches

Ergibt: *4 Sandwiches*

8 Scheiben Vollkornbrot, ohne Rinde, einseitig mit Butter bestrichen
¼ Tasse geriebener Cheddar
1 Tasse Schinken, feingehackt
¼ Tasse grüner Paprika, feingehackt
1 EL Lauchzwiebeln, gehackt
3 große Eier
470 ml Milch
Salz und Pfeffer
Zum Garnieren:
Avocado, in Scheiben
Paprikapulver

1. Den Ofen auf 190 °C vorheizen.
2. 4 Brotscheiben mit der gebutterten Seite nach unten in eine flache Auflaufform legen und mit Cheddar, Schinken, Paprika und Lauchzwiebeln bestreuen. Die restlichen Brotscheiben mit der gebutterten Seite nach oben darauf legen.
3. Eier und Milch in einer kleinen Schüssel gut verquirlen. Mit Salz und Pfeffer abschmekken. Die Mischung über die Sandwiches gießen und die Brote mit einem Pfannenwender fest zusammendrücken. 35–40 Minuten auf mittlerer Schiene backen, bis die Sandwiches fest sind. Mit je einer Avocadoscheibe garnieren und mit Paprikapulver bestreuen.

Eier-Salat-Sandwiches

Ergibt: *12 Sandwiches*

180 ml Eier-Bries-Aufstrich (s. Seite 146)
6 Scheiben Roggenbrot
Zum Garnieren:
Oliven mit Paprikafüllung, in Scheiben

Den Aufstrich auf den Brotscheiben verteilen und jede Scheibe halbieren. Mit Oliven garnieren und servieren.

Falafel

Ergibt: *4 Portionen*

FALAFEL
430 g Kichererbsen, abgetropft
1 Knoblauchzehe, zerdrückt
¼ Tasse Petersilie, gehackt
¼ TL Kreuzkümmel
¼ TL Kurkuma
1 Msp. Cayennepfeffer
2 EL Tahin (Sesammus; aus dem Bioladen)
1 großes Ei
3 EL Weizenkeime

SAUCE
⅓ Tasse Tahin
240 ml Joghurt oder saure Sahne
1 große Knoblauchzehe, zerdrückt
3 EL Zitronen- oder Limettensaft
1 EL Petersilie, gehackt
1 EL Lauchzwiebeln, gehackt (nur die grünen Teile)
1 Msp. Cayennepfeffer
1 Msp. Kreuzkümmel
60–120 ml Sonnenblumenöl
4 große Pitabrote
1 Tasse Kopfsalat, in Streifen
2 Tomaten, gehackt

1. Für die Falafel Kichererbsen, Knoblauch, Petersilie, Kreuzkümmel, Kurkuma, Cayennepfeffer,Tahin, Ei und Weizenkeime in einer Schüssel mit einem Pürierstab in 3–4 Sekunden glattrühren. Abdecken und mindestens 1 Stunde kühl stellen.

2. Für die Sauce Tahin, Joghurt, Knoblauch, Zitronensaft, Petersilie, Zwiebeln, Cayennepfeffer und Kreuzkümmel in einer Schüssel mit einem Pürierstab in 4–6 Sekunden zu einer dickflüssigen Masse rühren.

3. In einer großen Pfanne oder Friteuse Öl stark erhitzen. Die Falafel-Mischung löffelweise in das Öl tropfen lassen und in 3–4 Minuten beidseitig goldbraun fritieren. Die Falafel-Kugeln auf Küchenkrepp abtropfen lassen.

4. Ein Drittel der Pitabrote abschneiden und diese mit den fritierten Falafel-Kugeln füllen. Mit Kopfsalat und Tomaten belegen. Die Sauce über Salat und Füllung gießen und servieren.

Frühstücksfleisch-Sandwiches

Ergibt: *24 Sandwiches*

340 g Frühstücksfleisch, aus der Dose
240 g reifer geriebener Cheddar
1 Zwiebel, feingewürfelt
2 große Eier, hartgekocht
Mayonnaise
1 Packung Toastbrot

1. Den Ofen auf 180 °C vorheizen.

2. Frühstücksfleisch, Cheddar, Zwiebel und Eier in einer Schüssel mit dem elektrischen Handrührgerät auf niedriger Stufe glattrühren. So viel Mayonnaise zufügen, daß die Masse geschmeidig ist. Die Mischung auf den Brotscheiben verteilen und diese auf ein Backblech legen. 18–20 Minuten auf mittlerer Schiene backen, bis der Käse schmilzt. Sofort Servieren.

Tip: Halbieren Sie für mehrere Portionen die Sandwiches.

Gegrillte Truthahn-Sandwiches

Ergibt: *6 Sandwiches*

2 Tassen gekochtes Truthahnfleisch, gehackt
½ Tasse Bleichsellerie, gehackt
¼ Tasse grüne Paprika, gehackt
1 EL Zwiebel, gehackt
70 ml Mayonnaise
2 TL Zitronensaft
Salz und Pfeffer
6 Scheiben Vollkornbrot
weiche Butter oder Margarine
1 Tasse geriebener Gouda oder reifer Cheddar

1. Einen Gitterrost 10 cm von den Heizstäben entfernt in den Ofen schieben und den Grill vorheizen.

2. Truthahnfleisch, Bleichsellerie, Paprika, Zwiebel, Mayonnaise und Zitronensaft in eine Schüssel geben und mit Salz und Pfeffer würzen. Gut mischen.

3. Die Brotscheiben in einer Pfanne auf einer Seite leicht bräunen. Die nicht getoastete Seite mit Butter bestreichen und die Truthahnfleisch-Mischung darauf verteilen. Im Ofen 3 Minuten grillen, bis die Truthahnfleisch-Mischung heiß ist. Mit Gouda oder Cheddar bestreuen und noch 1 Minute grillen, bis der Käse schmilzt. Heiß servieren.

Gemüse-Sandwiches

Ergibt: *24 Sandwiches*

2 Tassen Kopfsalat, in Streifen
2 Tassen Karotten, gerieben
½ Tasse Rosinen
½ Tasse ungesalzene Erdnüsse, gehackt
80 ml Knoblauch-Dressing (s. unten)
24 Scheiben dunkles Roggenbrot, getoastet
gebräunte Butterpaste (s. Seite 65)
Zum Garnieren:
Essiggurkenscheiben

1. Kopfsalat, Karotten, Rosinen und Erdnüsse in einer Schüssel mischen, Dressing zufügen und gut verrühren.

2. Die Brotscheiben reichlich mit Butter bestreichen und mit der Gemüse-Mischung belegen. Mit Essiggurkenscheiben garnieren und servieren.

Tip: Halbieren Sie für mehrere Portionen die Sandwiches.

Knoblauch-Dressing

Ergibt: *470 ml*

320 ml Sonnenblumenöl
180 ml Apfelessig
4 Knoblauchzehen, in Scheiben
1 TL Paprikapulver
1 TL Salz
½ TL Senfpulver

Alle Zutaten in einer Schüssel mit einem Pürierstab in 2–3 Sekunden glattrühren. Das Dressing sofort verwenden oder bis zum Servieren kühl stellen.

Tip: Das Dressing schmeckt besonders gut, wenn es 24 Stunden früher zubereitet wird.

Gorgonzola-Hamburger

Ergibt: *4 Hamburger*

2 EL weiche Butter oder Margarine
1 Zwiebel, feingehackt
1 großes Ei
⅓ Tasse Vollkornsemmelbrösel
1 Prise Knoblauchpulver
1 EL Worcestersauce
450 g mageres Rindfleisch, gehackt
4 dünne Scheiben Gorgonzola
4 Hamburger-Brötchen mit Sesam
Tomatenscheiben
Kopfsalat
Zum Garnieren:
Gewürzgurken

1. Die Butter in einer Pfanne bei mittlerer Hitze zerlassen und die Zwiebel darin in etwa 5 Minuten weich dünsten.

2. Das Ei in einer Schüssel gut verquirlen. Semmelbrösel, Knoblauchpulver und Worcestersauce zufügen und mischen. Die gedünstete Zwiebel und das Hackfleisch zugeben und die Zutaten gut vermischen. Die Hackfleisch-Masse in 4 Kugeln teilen und aus jeder einen Fleischburger formen.

3. Die Fleischburger in der Pfanne bei mittlerer Hitze 4–6 Minuten beidseitig braten, bis sie braun und gar sind. Nach dem Wenden eine Scheibe Gorgonzola auf jeden Burger legen. Während die Burger fertig braten, wird der Gorgonzola weich. Jeden Fleischburger in ein Brötchen geben und mit Tomaten und Salat belegen. Mit Gewürzgurken garniert servieren.

Gurken-Sandwiches

Ergibt: *24 Sandwiches*

1 kleine Salatgurke
Apfelessig
240 ml Mayonnaise
120 ml saure Sahne
2 TL weicher Blauschimmelkäse
1 TL Zitronensaft
Salz und Pfeffer
1 Paket Toastbrot

1. Die Gurkenschale mit einer Gabel einritzen und die Gurken in dünne Scheiben schneiden. In eine Schüssel geben und so viel Apfelessig zufügen, bis die Gurkenscheiben knapp bedeckt sind. Abdecken und mindestens 8 Stunden kühl stellen.

2. Die Gurken abtropfen lassen und mit Küchenkrepp abtupfen.

3. Mayonnaise, saure Sahne, Blauschimmelkäse und Zitronensaft mischen und mit Salz und Pfeffer abschmecken. Die Masse auf den Brotscheiben verteilen und mit je 2 Gurkenscheiben belegen.

Hühnchen-Sandwiches

Ergibt: *6 Sandwiches*

6 Scheiben Weißbrot, ohne Rinde
3 EL Mayonnaise
12 dünne Scheiben Hühnerfleisch, gekocht
2 Tomaten, in dünnen Scheiben
1 kleine Salatgurke, in dünnen Scheiben

Die Brotscheiben mit Mayonnaise bestreichen, mit Hühnerfleisch, Tomaten- und Gurkenscheiben belegen und sofort servieren

Ingwer-Käse-Sandwiches

Ergibt: *12 Sandwiches*

1 ½ Tassen geriebener Emmentaler
1 ½ Tassen Karotten, gerieben
½ Tasse Pekannüsse, gehackt
⅓ Tasse Rosinen
Ingwer-Dressing (s. Seite 201)
12 Scheiben Vollkornbrot

1. Emmentaler, Karotten, Pekannüsse und Rosinen in einer Schüssel mischen; so viel Dressing darunter rühren, daß die Mischung nicht mehr trocken ist.

2. Etwas Dressing auf 6 Brotscheiben streichen und dann die Emmentaler-Mischung darauf verteilen. Die Brote mit den restlichen Scheiben abdecken, halbieren und servieren.

Tip: Bereiten Sie die Füllung im voraus. Sie hält sich im Kühlschrank bis zu 24 Stunden.

Kalbfleisch-Sandwiches

Ergibt: *4 Sandwiches*

1 ½ Tassen gekochtes Kalbfleisch, gehackt
1 EL Chilisauce
½ TL Meerrettich, aus dem Glas
½ TL Apfelessig
½ TL Weißwurstsenf
2 EL weiche Butter oder Margarine
8 Scheiben Roggenbrot
4 Blätter Frisée-Salat

1. Kalbfleisch, Chilisauce, Meerrettich, Essig und Senf in einer kleinen Schüssel gut mischen.

2. Die Brotscheiben mit Butter bestreichen. 4 Scheiben mit der Kalbfleisch-Mischung und je einem Salatblatt belegen. Die restlichen Brotscheiben mit der gebutterten Seite nach unten auf die Brote legen und diagonal vierteln.

Karotten-Schalotten-Toasts

Ergibt: *12 Toasts*

1 Tasse milder geriebener Cheddar oder Gouda
2 EL Karotten, gerieben
1 EL Schalotten, gehackt
1 EL roter Paprika, gehackt
60 ml Mayonnaise
12 Scheiben Roggentoastbrot, getoastet

1. Einen Gitterrost 15 cm von den Heizstäben entfernt in den Grill schieben und den Grill vorheizen.

2. Cheddar oder Gouda, Karotten, Schalotten, Paprika und Mayonnaise in einer Schüssel gut mischen. Die Toastscheiben mit der Masse bestreichen, auf ein nicht gefettetes Backblech legen und 2–3 Minuten grillen, bis der Käse schmilzt.

Käse-Baguette

Ergibt: *6 Stück*

190 g Butter oder Margarine
1 Tasse geriebener Cheddar
½ Tasse geriebener Mozzarella
½ Tasse geriebener Parmesan oder Romano
½ TL Knoblauchpulver
Pfeffer
12 dünne Scheiben Baguette

1. Die Butter mit einem elektrischen Handrührgerät auf mittlerer Stufe geschmeidig rühren. Die verschiedenen Käsesorten und das Knoblauchpulver zufügen; mit Pfeffer würzen. Die Brotscheiben beidseitig mit der Mischung bestreichen.

2. Das Brot bei mittlerer Hitze 1–2 Minuten in einer beschichteten Pfanne auf beiden Seiten braun rösten. Sofort servieren.

Käse- und Fleisch-Platte

Ergibt: *6-8 Portionen*

10 große Blätter Kopfsalat
1 kleine Wassermelone, halbiert, entkernt, in Spalten
1 kleine Honigmelone, halbiert, entkernt, in Spalten
4 Scheiben Paprikawurst
4 Scheiben Salami
4 Scheiben Mortadella
4 Scheiben Putenschinken
80 g Truthahnfleisch, in Scheiben
4 Scheiben reifer Cheddar
4 Scheiben Gouda
4 Scheiben milder Cheddar
1 Tasse kleine Oliven mit Paprikafüllung
Zum Servieren:
6–8 Brötchen
Estragon-Dressing (s. Seite 56)
scharfer Senf

Eine Platte mit den Salatblättern auslegen und die Melonenspalten darauf verteilen. Die verschiedenen Wurst- und Käsesorten sowie die Oliven auf der Platte anrichten. Brötchen, Dressing und Senf dazu reichen.

Käse-Walnuss-Sandwiches

Ergibt: *4 Sandwiches*

8 Scheiben Vollkornbrot
scharfer Senf
¼ Tasse Walnüsse, gehackt
4 Scheiben Gouda
4 Salatblätter, zerteilt
½ Salatgurke, in dünnen Scheiben
180 g Kräuter-Dressing (s. Seite 306)

1. 4 Brotscheiben mit Senf bestreichen, mit Walnüssen bestreuen und mit Goudascheiben belegen.

2. Salatblätter und Gurkenscheiben in einer Schüssel mischen, Dressing zugeben und verrühren. Die Mischung über den Käse verteilen und die restlichen 4 Brotscheiben darauf legen. Jedes Sandwich in 4 Teile schneiden und servieren.

Kohlsalat-Sandwiches

Ergibt: *24 Sandwiches*

2 ½-3 Tassen Kohl, in schmalen Streifen
180 g Thunfisch, aus der Dose, abgetropft, zerteilt
½ Tasse Bleichsellerie, gehackt
¼ Tasse grüner Paprika, gehackt
¼ Tasse Pekan- oder Walnüsse, gehackt
¾ Tasse Estragon-Dressing (s. Seite 56)
2 EL Zwiebeln, gehackt
1 EL Limetten- oder Zitronensaft
Salz und Pfeffer
24 Scheiben Sauerteigbrot, getoastet
Kräuterbutter (s. Seite 67)
Zum Garnieren:
roter oder grüner Paprika, in Streifen
oder Walnüsse, gemahlen

1. Kohl, Thunfisch, Bleichsellerie, Paprika und gehackte Pekan- oder Walnüsse in einer großen Schüssel gut mischen.

2. Dressing, Zwiebeln und Limettensaft in einer anderen Schüssel mischen, mit Salz und Pfeffer abschmecken und gut verrühren. Über das Gemüse gießen; gut durchrühren.

3. Die Brotscheiben gleichmäßig mit Kräuterbutter bestreichen. Mit etwas Kohlsalat belegen und mit den Paprikastreifen und gemahlenen Nüssen garnieren. Sofort servieren.

Krabben-Baguette

Ergibt: *6 Stück*

½ große Baguette
2 EL Krabbenbutter (s. Seite 177)
dunkelgrüne Salatblätter
6 Scheiben Tilsiter
Essig-Mayonnaise (s. Seite 201)
1 Salatgurke, in sehr dünnen Scheiben
1 Tomate, in sehr dünnen Scheiben
120 g Krabben, geschält
3 EL Mayonnaise
geriebener Parmesan oder Romano

1. Das Brot der Länge nach halbieren und die Hälften nebeneinander auf eine Arbeitsfläche legen. Beide Hälften mit Krabbenbutter bestreichen und mit Salatblättern und Tilsiterscheiben belegen. Etwas Essig-Mayonnaise darauf verteilen und mit Reihen aus Gurken-und Tomatenscheiben garnieren. Jede Brothälfte in 3 Teile schneiden.

2. Die Krabben und die 3 Eßlöffel Mayonnaise in einer kleinen Schüssel mischen und auf den Sandwiches verteilen. Mit geriebenem Parmesan oder Romano bestreut servieren.

Tip: Der Trick bei diesem Sandwich ist, Gurken und Tomaten möglichst schön anzuordnen, bevor das Brot in 6 Teile geschnitten wird.

Krabben-Huhn-Sandwiches

Ergibt: *10 Stück*

380 g Hühnerfleisch, gekocht, feingehackt
70 ml Mayonnaise
1 Baguette, der Länge nach halbiert
Blattsalat
1 Salatgurke, in dünnen Scheiben
2 Tomaten, in dünnen Scheiben
2 Tassen geriebener Emmentaler
250 g Krabben, geschält, gesäubert
geriebener Romano

1. Hühnerfleisch und 2 Eßlöffel Mayonnaise in einer Schüssel gut mischen. Die Masse auf die Brothälften streichen. Mit Salatblättern, etwas Mayonnaise (etwa 2 Eßlöffel), Gurken- und Tomatenscheiben belegen und mit geriebenem Emmentaler bestreuen.

2. Die Krabben mit der restlichen Mayonnaise mischen (etwa 3 Eßlöffel) und über den Emmentaler geben. Mit Romano bestreuen und jede Brothälfte in 5 Sandwiches teilen.

Krabben-Sandwiches

Ergibt: *6 Sandwiches*

6 Scheiben Roggenbrot
3 EL weiche Butter oder Margarine
½ Tasse Krabben, geschält, gesäubert
60 ml Mayonnaise
1 EL frischer Dill, gehackt

1. Die Brotscheiben auf einer Seite dünn mit Butter bestreichen.

2. Krabben und Mayonnaise in einer kleinen Schüssel gut mischen, auf den Broten verteilen und mit Dill garnieren.

Krebsfleisch-Sandwiches

Ergibt: *4 Sandwiches*

240 g Frischkäse
1 EL Lauchzwiebeln, gehackt
1 TL Zitronen- oder Limettensaft
1 TL Worcestersauce
200 g Krebsfleisch (tiefgekühlt)
2 Muffins, halbiert
1 EL Butter oder Margarine
4 Tomatenscheiben
½ Tasse geriebener Edamer
½ Avocado, geschält, entsteint, gewürfelt

1. Den Ofen auf 180 °C vorheizen.

2. Den Frischkäse in einer Schüssel glattrühren. Lauchzwiebeln, Zitronensaft, Worcestersauce und das aufgetaute Krebsfleisch zufügen; alles gut mischen.

3. Die Muffinhälften toasten und mit Butter bestreichen. Die Krebsfleisch-Mischung darauf verteilen und eine Tomatenscheibe auf jede Hälfte legen. Mit geriebenem Edamer bestreuen. Die Muffins auf ein Backblech legen und 12–15 Minuten auf mittlerer Schiene backen, bis der Käse schmilzt.

4. Den noch heißen Käse mit Avocadowürfeln bestreuen; jede Muffinhälfte in 4 Stücke teilen. Heiß servieren.

Lachs-Sandwiches

Ergibt: *6 Sandwiches*

3 EL Sardellen-Aufstrich mit Käse (s. unten)
6 Scheiben Vollkornbrot
3–4 große Eier, hartgekocht, in dünnen Scheiben
12 dünne Scheiben Räucherlachs
Zitronensaft
Schnittlauch, gehackt

Den Aufstrich auf den Brotscheiben verteilen; den Brotrand mit Eierscheiben belegen. Je 2 Scheiben Lachs darauf legen und mit Zitronensaft beträufeln. Schnittlauch darüber streuen und servieren.

Sardellen-Aufstrich mit Käse

Ergibt: *240 ml*

¾ Tasse Sardellen, püriert
2 große Eier, hartgekocht, zerdrückt
2 EL geriebener Parmesan
1 Prise Cayennepfeffer
süße Sahne oder Kondensmilch

Mit einem elektrischen Handrührgerät auf mittlerer Stufe Sardellen, Eier, Parmesan und Cayennepfeffer in einer Schüssel glattrühren. So viel Sahne zufügen, daß die Masse bindet. Abdecken und mindestens 1 Stunde kühl stellen.

Leberwurst-Sandwiches

Ergibt: *6 Sandwiches*

3 EL weiche Butter
120 g Leberwurst
1 TL Zwiebeln, gehackt
3 Tropfen Tabasco
6 Scheiben Roggentoastbrot
Zum Garnieren:
Brunnenkresse

Butter, Leberwurst, Zwiebel und Tabasco in einer Schüssel glattrühren. Die Mischung auf den Brotscheiben verteilen, mit Brunnenkresse garnieren und servieren.

Neapolitaner

Ergibt: *8 Stück*

4 Mini-Baguettes, der Länge nach halbiert
scharfer Senf
knackige Salatblätter
8 dünne Scheiben Kochschinken
8 Scheiben Gouda
2 große Tomaten, in dünnen Scheiben
2 große grüne Paprika, in Ringen

Beide Hälften der Baguettes mit Senf bestreichen. Die untere Hälfte mit Salatblättern, Schinken, Gouda, Tomatenscheiben und Paprikaringen belegen. Mit der zweiten Brothälfte abdecken; die Baguettes halbieren und mit Holzspießchen befestigen.

Tip: Die Mini-Baguettes durch 4–5 cm dicke Scheiben französisches Weißbrot ersetzen.

Pitabrot mit Huhn

Ergibt: *8 Pitabrote*

1 kleine Avocado, geschält, ensteint, in dünnen Scheiben
1 ½ TL Zitronensaft
2 Tassen gekochtes Hühnerfleisch, gewürfelt
110 g grüne Chilies, abgetropft, gehackt
1 Zwiebel, in dünnen Scheiben, in Ringe geteilt
1 EL Sonnenblumenöl
8 kleine Pitabrote
2 Tassen milder geriebener Cheddar oder Gouda
1 Tasse Kopfsalat, in Streifen
Zum Servieren:
120 ml saure Sahne oder Joghurt
100 ml fertige Tacosauce

1. Einen Gitterrost in die Mitte des Ofens schieben und den Ofen auf 200 °C vorheizen.
2. Die Avocadoscheiben mit Zitronensaft bestreichen und zur Seite stellen.
3. Hühnerfleisch, Chilies, Zwiebel und Öl in einer feuerfesten Form mischen, abdecken und für 10 Minuten in den Ofen schieben.
4. Ein Drittel von den Pitabroten wegschneiden und die Brote mit der Hühner-Mischung füllen. Mit Avocadoscheiben, Cheddar oder Gouda und Salat belegen; zusammen mit saurer Sahne und Tacosauce servieren.

PITABROT MIT PEKANNUSS-FÜLLUNG

ERGIBT: *4 Pitabrote*

½ Tasse Bleichsellerie, gehackt
½ Tasse Pekannüsse, gehackt
1 EL Schnittlauch, gehackt
2 Tassen geriebener Gouda
½ TL Currypulver
1 Msp. Kreuzkümmel, gemahlen
60 ml Mayonnaise oder Salat-Dressing
4 Pitabrote
2 Tomaten, gewürfelt

1. Den Ofen auf 200 °C vorheizen.

2. Bleichsellerie, Pekannüsse, Schnittlauch, Gouda, Currypulver, Kreuzkümmel und Mayonnaise in einer Schüssel mischen.

3. Ein Drittel von den Pitabroten abschneiden und die Brote mit der Käse-Mischung füllen. Die Pitabrote in Alufolie wickeln, auf ein Backblech legen und 8 Minuten auf mittlerer Schiene im Ofen backen. Die Brote auswickeln und jeweils mit 1 Löffel gewürfelten Tomaten belegen. Heiß servieren.

PITABROT MIT RINDFLEISCH-FÜLLUNG

ERGIBT: *4 Pitabrote*

1 EL Olivenöl
220 g sehr mageres Rindfleisch, gehackt
Salz und Pfeffer
80 ml Milch
1 EL gefriergetrocknete Zwiebeln, gehackt
6 große Eier, verquirlt
1 Tasse geriebener Cheddar
4 Pitabrote
Tomatenscheiben
frische Alfalfasprossen

1. Öl in einer Pfanne auf mittlerer Stufe erhitzen und das Rinderhackfleisch 3–4 Minuten unter Rühren anbraten, bis das Fleisch nicht mehr rosa ist. Das Fleisch mit Salz und Pfeffer würzen und zur Seite stellen.

2. Milch, Zwiebeln und Eier in einer Schüssel gut verquirlen. Die Mischung in die Pfanne mit dem Rinderhack geben und unter Rühren bei mittlerer Hitze 4–5 Minuten braten, bis die Eier fest werden. Cheddar zufügen und unter leichtem Rühren braten, bis er zu schmelzen beginnt. Die Pfanne vom Herd nehmen.

3. Ein Drittel von den Pitabroten abschneiden und die Brote mit der Fleisch-Mischung füllen. Mit Tomatenscheiben und Alfalfasprossen belegen.

PUMPERNICKEL MIT GEFLÜGELSALAT

ERGIBT: *36 Stück*

1 ½ Tassen gekochtes Hühnerfleisch, feingehackt
100 g grüne Chilies, abgetropft, gehackt
¾ Tasse geriebener Cheddar oder Gouda
¼ Tasse Zwiebeln, gehackt
240 ml Salat-Dressing
36 Scheiben Pumpernickel oder Roggenbrot

1. Den Grill vorheizen.

2. Hühnerfleisch, Chilies, Cheddar oder Gouda, Zwiebeln und Dressing in einer Schüssel gut mischen. Die Masse auf den Brotscheiben verteilen und diese auf ein nicht gefettetes Backblech geben. Etwa 5 Minuten auf mittlerer Schiene grillen, bis die Sandwiches leicht braun sind. Heiß servieren.

Räucherschinken-Muffins

Ergibt: *36 Stück*

36 Mini-Muffins mit Schnittlauch (s. unten)
80 g weiche Butter oder Margarine
170 g gekochter Räucherschinken, in Größe der Muffins zurechtgeschnitten
4–5 große Eier, hartgekocht, in dünnen Scheiben
Paprikapulver

Die Muffins horizontal halbieren und mit Butter bestreichen. 2–3 Stück Räucherschinken auf den unteren Teil jedes Muffins legen, mit je einer Eischeibe belegen und mit Parikapulver bestreuen. Die obere Hälfte der Muffins darauf setzen.

Mini-Muffins mit Schnittlauch

Ergibt: *36 Stück*

2 Tassen Mehl
1 EL Backpulver
1 EL weißer Zucker
1 EL hellbrauner Zucker
2 Prisen Salz
240 ml Milch
60 g weiche Butter oder Margarine
1 großes Ei
½ Tasse Schnittlauch, gehackt

1. Einen Gitterrost in die Mitte des Ofens schieben und den Ofen auf 200 °C vorheizen. 3 Muffin-Backformen für je 12 Muffins (oder 36 kleine runde Backförmchen) leicht einfetten.

2. Mehl, Backpulver, weißen und braunen Zucker sowie Salz in einer Schüssel gut mischen. Milch, Butter und Ei in einer anderen Schüssel gut verrühren. Schnittlauch zufügen und untermischen. Die Masse in die Schüssel mit dem Mehl geben und kurz verrühren. Nicht zu lange rühren.

3. Die Vertiefungen der Muffin-Backformen zu ⅔ mit Teig füllen. In 15–18 Minuten die Muffins goldbraun backen. Die Muffins herauslösen und auf einem Gitterrost abkühlen lassen.

Roggenbrote mit Hackfleisch

Ergibt: *14 Brote*

450 g mageres Rindfleisch, gehackt
450 g Schweinefleisch, gehackt
1 TL Knoblauchpulver
450 g Toast-Scheibletten, gewürfelt
14 Scheiben Roggentoastbrot

1. Rinder- und Schweinehack und Knoblauchpulver in einer Schüssel gut mischen. Abdecken und 2 Stunden kühl stellen.

2. Den Ofen auf 200 °C vorheizen.

3. Die Fleisch-Mischung in einer Pfanne bei mittlerer Hitze in etwa 15 Minuten unter Rühren gar braten. Das Fett abgießen, die Hitze reduzieren und die Scheibletten-Würfel zufügen. Unter ständigem Rühren kochen lassen, bis der Käse geschmolzen ist.

4. Die Mischung auf den Brotscheiben verteilen und die Scheiben auf ein Backblech legen. Etwa 5 Minuten auf mittlerer Schiene backen. Sofort servieren.

Salami-Baguette

Ergibt: *12 Stück*

170 g Tomatenmark
½ TL Knoblauchsalz
1 Msp. Oregano
12 Scheiben Knäckebrot
60 g Salami, gewürfelt
110 g geriebener Mozzarella oder Provolone

1. Den Ofen auf 200 °C vorheizen.

2. Tomatenmark, Knoblauchsalz und Oregano in einer kleinen Schüssel verquirlen. Auf jedes Knäckebrot etwas von dieser Mischung streichen und mit Salami und Mozzarella oder Provolone belegen. Die Knäckebrote auf ein Backblech legen und 3–5 Minuten auf mittlerer Schiene backen, bis der Käse schmilzt. Heiß servieren.

Sauerkraut-Sandwiches

Ergibt: *28 Sandwiches*

14 Scheiben dunkles Roggenbrot, getoastet
scharfer Senf
450 g Sauerkraut, aus der Dose, abgetropft
250 g Corned Beef, in Scheiben, gehackt
2 Tassen geriebener Emmentaler
120 ml Essig-Mayonnaise (s. Seite 201)

1. Den Ofen auf 190 °C vorheizen.

2. Die Brotscheiben mit Senf bestreichen und auf ein nicht gefettetes Backblech legen.

3. Sauerkraut in eine kleine Schüssel geben und längere Stücke mit einer Küchenschere oder zwei scharfen Messern zerkleinern. Corned Beef, Emmentaler und Essig-Mayonnaise zufügen und gut verrühren.

4. Die Mischung auf den Brotscheiben verteilen und die Brote etwa 10 Minuten auf mittlerer Schiene backen, bis der Käse schmilzt. Diagonal halbieren und heiß servieren.

Schinken-Käse-Roggentoast

Ergibt: *4 Toastecken*

8 Scheiben Roggentoastbrot, ohne Rinde
4 Scheiben Emmentaler
4 Scheiben Kochschinken
50 g Butter oder Margarine
<u>Zum Garnieren:</u>
16 Oliven mit Paprikafüllung

1. Mit einem Nudelholz jede Toastscheibe etwa 5 mm flach rollen.

2. 4 Toastscheiben jeweils mit 1 Scheibe Emmentaler und Kochschinken belegen. Die restlichen 4 Toasts darauf legen.

3. Butter in einer Pfanne bei mittlerer Hitze zerlassen. Die Toastbrote in die Pfanne geben und 3–4 Minuten beidseitig bräunen, bis sie knusprig sind. Die Toastbrote vierteln und jedes Viertel mit einem Holzspießchen versehen. Eine Olive auf jedes Holzspießchen stecken und servieren.

Schinken-Käse-Sandwiches

Ergibt: *8 Sandwiches*

8 Scheiben Vollkornbrot, ohne Rinde
170 g Emmentaler, in Scheiben
8 Scheiben Räucherschinken, gehackt
8 Scheiben Weißbrot, ohne Rinde
110 g Butter oder Margarine, geschmolzen
Zum Garnieren:
saure Gurken, in Scheiben

1. Ein Waffeleisen vorschriftsmäßig vorheizen.

2. Die Vollkornbrotscheiben auf eine Arbeitsfläche legen und mit Emmentaler und Räucherschinken belegen. Eine Scheibe Weißbrot auf jedes Sandwich geben und dünn mit Butter bestreichen. Die Sandwiches wenden und auch die andere Seite dünn mit Butter bestreichen.

3. 1–2 Sandwiches auf einmal in das Waffeleisen geben und etwa 2 Minuten backen, bis sie braun sind. In drei Stücke schneiden und mit Gurkenscheiben garniert noch warm servieren.

Schinken-Sandwiches

Ergibt: *12 Sandwiches*

3 Scheiben Vollkornbrot, ohne Rinde
3 Scheiben Weißbrot, ohne Rinde
3 EL weiche Champignon-Butter (s. Seite 148)
12 Scheiben Roastbeef
24 Streifen knuspriger Frühstücksspeck
2 Zwiebeln, in Scheiben

Die Brotscheiben gleichmäßig mit der Champignon-Butter bestreichen. Je 2 Scheiben Roastbeef, 4 Streifen Frühstücksspeck und einige Zwiebelscheiben auf die Brote legen. Die Scheiben halbieren und sofort servieren.

Schnittlauch-Käse-Brötchen

Ergibt: *16 Stück*

8 Brötchen
1 ½ Tassen geriebener Mozzarella oder Provolone
80 ml Salat-Dressing
50 g weiche Butter oder Margarine
3 ½ EL Schnittlauch, gehackt

1. Einen Gitterrost 15 cm von den Heizstäben entfernt in den Grill schieben und den Grill vorheizen.

2. Die Brötchen halbieren.

3. Mozzarella oder Provolone, Salat-Dressing, Butter und Schnittlauch in einer Schüssel verrühren. Die Mischung gleichmäßig auf den Brötchen verteilen und die Brötchen auf den Rost legen. 3–5 Minuten grillen, bis der Käse Blasen wirft und leicht braun wird. Heiß servieren.

Schweinefleisch-Sandwiches

Ergibt: *6 Sandwiches*

6 Scheiben Vollkornbrot, ohne Rinde
Aspik, in dünnen Scheiben
3 kleine Kopfsalatblätter
220 g gekochtes Schweinefleisch, fettfrei, in Scheiben
1 Gewürzgurke, in dünnen Scheiben

Jede Brotscheibe mit mehreren Scheiben Aspik belegen. Den Salat so zuschneiden, daß er genau darüber paßt. Mit Schweinefleisch und mehreren Gewürzgurkenscheiben belegen. Sofort servieren.

Skandinavisches Smörgås-Bord

Ergibt: *36 Stück*

36 Scheiben Roggentoastbrot, Knäckebrot oder Cracker
Mayonnaise oder scharfer Senf
36 kleine Salatblätter, geputzt
180 g Thunfisch, abgetropft, zerteilt
2 große Eier, hartgekocht, in Scheiben
110 g gekochte Garnelen (tiefgekühlt)
½ Salatgurke, in Scheiben
36 Spargelspitzen, gedünstet
Zum Garnieren:
Kapern
Joghurt
Dillzweige
Paprikastreifen
roter oder schwarzer Kaviar
Lauchzwiebeln in Scheiben

Die Brotscheiben auf einer großen Platte anordnen und mit Mayonnaise oder Senf bestreichen. Ein Salatblatt so auf jede Scheibe legen, daß das Brot ganz damit bedeckt ist. Thunfisch, Eierscheiben, aufgetaute Garnelen, Gurkenscheiben und Spargelspitzen darauf geben. Nach Belieben mit Kapern, Joghurt, Dill, Paprikastreifen, Kaviar oder Zwiebeln garnieren.

Tip: Belegen Sie die Sandwiches unterschiedlich.

Steak-Sandwiches

Ergibt: *12 Sandwiches*

MARINADE UND STEAK
60 ml Sonnenblumenöl
60 ml Rotwein-Essig
1 EL scharfer Senf
1 große Knoblauchzehe, zerdrückt
1 TL getrockneter Kerbel, zerrieben
Salz und Pfeffer
1 Steak (500 g)

RELISH
2 Tomaten, gewürfelt
1 große Avocado, entsteint, geschält, gewürfelt
1 EL Zitronen- oder Limettensaft
¼ Tasse Lauchzwiebeln, gehackt
5 Tropfen Tabasco

SANDWICH
4 Mini-Baguettes
Salz und Pfeffer
8 Scheiben Gouda

1. Für die Marinade Öl, Essig, Senf, Knoblauch und Kerbel in ein hohes Glas- oder Keramikgefäß geben, mit Salz und Pfeffer würzen und gut verquirlen. Das Steak in die Marinade geben und einmal wenden, damit es beidseitig mit der Marinade überzogen ist. Abdecken und mindestens 1 Stunde kühl stellen.

2. Für das Relish Tomaten, Avocado, Zitronensaft, Lauchzwiebeln und Tabasco in einer Schüssel gut mischen. Abdecken und zur Seite stellen.

3. Einen Holzkohle-, Gas- oder Elektrogrill vorbereiten.

4. Das Steak in 5–6 Minuten halbdurch beidseitig grillen. (Soll das Steak durchgebraten sein, 8–10 Minuten grillen.) Das Steak diagonal in Streifen schneiden.

5. Die Baguettes der Länge nach halbieren, aber nicht ganz durchschneiden. Diese mit der aufgeschnittenen Seite nach unten auf den Rand des Grills legen und leicht toasten. Steakstreifen auf die untere Hälfte der Baguettes legen und mit Salz und Pfeffer würzen. Gouda auf das Fleisch legen und einen Löffel Relish darauf verteilen. Die Sandwiches abdecken und in drei Teile schneiden. Sofort servieren.

Thunfisch-Muffins

Ergibt: *4 Portionen*

200 g Thunfisch, abgetropft, zerteilt
¼ Tasse Bleichsellerie, gehackt
2 EL Rosinen
2 EL Lauchzwiebeln, in dünnen Scheiben
60 ml Mayonnaise oder Salat-Dressing
2 TL Zitronensaft
½ TL Currypulver
2 Muffins, halbiert
1 EL Butter oder Margarine
4 dünne Scheiben Cheddar
Zum Garnieren:
Sellerieblätter

1. Einen Gitterrost 15 cm von den Heizstäben entfernt in den Grill schieben und den Grill vorheizen.

2. Thunfisch, Bleichsellerie, Rosinen und Lauchzwiebeln in einer Schüssel mischen.

3. Mayonnaise, Zitronensaft und Currypulver in einer Tasse gut verrühren. Die Mischung in die Schüssel mit dem Thunfisch geben und gut umrühren.

4. Die Muffinhälften mit Butter bestreichen und goldbraun grillen. Die Thunfisch-Mischung mit einem Löffel auf den Muffins verteilen und jede Muffinhälfte mit einer Scheibe Cheddar belegen. 2–3 Minuten grillen, bis der Käse schmilzt. Die Muffins in 4 Stücke teilen und mit Sellerieblättern garniert noch heiß servieren.

Thunfisch-Sandwiches

Ergibt: *4 Sandwiches*

170 g Thunfisch in Stücken, abgetropft, zerteilt
¼ Tasse Tomaten, gehackt
¼ Tasse grüner Paprika, gehackt
¼ Tasse Lauchzwiebeln, gehackt
60 ml Mayonnaise oder Salat-Dressing
1 EL Zitronen- oder Limettensaft
¼ Tasse getrockneter Kerbel, zerrieben
Salz und Pfeffer
2 große Eiweiß
3 EL geriebener Romano oder Parmesan
4 Scheiben Vollkornbrot
1 EL Butter oder Margarine

1. Den Ofen auf 230 °C vorheizen.

2. Thunfisch, Tomaten, Paprika, Lauchzwiebeln, Mayonnaise, Zitronensaft und Kerbel in eine Schüssel geben, mit Salz und Pfeffer würzen und gut mischen.

3. Die Eiweiße in einer anderen Schüssel mit einem elektrischen Handrührgerät auf höchster Stufe steif schlagen. Den Romano oder Parmesan unterziehen; den Eischnee zur Thunfisch-Mischung geben. Vorsichtig mischen.

4. Das Brot toasten und auf einer Seite mit Butter bestreichen. Die Thunfisch-Mischung auf der nicht gebutterten Seite verteilen und die Toastscheiben auf ein Backblech legen. Das Brot 8–10 Minuten auf mittlerer Schiene backen, bis die Mischung leicht bräunt; halbieren und heiß servieren.

Thunfisch-Sandwiches mit Ei

Ergibt: *8 Sandwiches*

EIERSALAT
6 große Eier, hartgekocht
⅓ Tasse Karotten, feingerieben
2 EL Zwiebeln, gehackt
80 ml Mayonnaise oder Salat-Dressing
Salz und Pfeffer

THUNFISCHSALAT
200 g Thunfisch in Stücken, abgetropft, zerteilt
1 Ei, hartgekocht, gehackt
¼ Tasse Bleichsellerie, gehackt
1 kleiner Apfel, geschält, entkernt, gehackt
2 EL Relish oder Chutney
60 ml Mayonnaise oder Salat-Dressing
1 EL Zitronensaft
16 Scheiben Vollkornbrot, ohne Rinde
4 Blätter Kopfsalat
8 Cocktailtomaten
Zum Servieren:
Kartoffelchips
Tortillachips

1. Für den Eiersalat die Eier in einer Schüssel mit einer Gabel zerdrücken und Karotten und Zwiebeln zufügen. Mayonnaise zugeben und gut mischen. Mit Salz und Pfeffer würzen, abdecken und mindestens 1 Stunde kühl stellen.

2. Für den Thunfischsalat Thunfisch, Ei, Bleichsellerie, Apfel, Relish oder Chutney, Mayonnaise und Zitronensaft in einer Schüssel gut mischen. Abdecken und mindestens 1 Stunde kühl stellen.

3. Den Eiersalat und den Thunfischsalat auf je 4 Brotscheiben verteilen. Die Thunfischsandwiches mit Salatblättern belegen. Alle Sandwiches mit den restlichen Brotscheiben abdecken und jedes diagonal in 4 Teile schneiden. In jedes Sandwich ein Holzspießchen zur Hälfte hineinstecken und darauf eine Cocktailtomate stecken. Zusammen mit den Chips servieren.

Truthahn-Sandwiches

Ergibt: *10 Sandwiches*

10 Scheiben italienisches Weißbrot
Thousand-Island-Dressing
10 Kopfsalatblätter
250 g Truthahnfleisch, in Scheiben
½ Tasse Oliven mit Paprikafüllung, in Scheiben
¼ Tasse Paprika, gehackt
⅓ Tasse Zwiebeln, gehackt
10 Knoblauch-Dillgurken, in Scheiben

Die Brotscheiben gleichmäßig mit Dressing bestreichen. Ein Salatblatt und 3 Scheiben Truthahnfleisch auf jedes Brot legen. Mit Oliven, Paprika und Zwiebeln belegen und mit Scheiben von Knoblauch-Dillgurken garniert servieren.

Überbackene Käsebrötchen

Ergibt: *8 Brötchen*

60 ml Mayonnaise
2 EL weiche Butter oder Margarine
2 Tassen geriebener Gouda oder milder Cheddar
2 EL Schalotten, gerieben
1 Prise Cayennepfeffer
8 Streifen knuspriger Frühstücksspeck, zerkrümelt
4 Kaisersemmeln oder Brötchen, halbiert

1. Den Ofen auf 180 °C vorheizen.

2. Mayonnaise und Butter in einer Schüssel gut verrühren. Gouda oder Cheddar, Schalotten und Cayennepfeffer zufügen und mischen. Den Frühstücksspeck unterheben.

3. Die Semmeln damit bestreichen und auf ein Backblech legen. 10–15 Minuten auf mittlerer Schiene überbacken, bis der Käse schmilzt und die Ränder der Semmeln braun werden. Heiß servieren.

Vegetarische Sandwiches

Ergibt: *12 Sandwiches*

4 Mini-Baguettes
Knoblauchbutter (s. Seite 88)
1 kleiner grüner Paprika, in Scheiben
1 kleine rote Zwiebel, in Scheiben
4 große Radieschen, in Scheiben
4 Blumenkohlröschen, gehackt
2 Tomaten, in Scheiben
1 kleine Karotte, gerieben
2 kleine Gewürzgurken, gerieben
italienische Salatsauce
110 g Cheddar oder Gouda, in dünnen Scheiben
Zum Garnieren:
scharfe eingelegte Peperoni

1. Die Baguettes der Länge nach halbieren, aber nicht ganz durchschneiden. Das Innere aushöhlen. Die Baguettes innen mit Knoblauchbutter bestreichen. Das weiche Innere für einen anderen Zweck aufheben.

2. Paprika, Zwiebel, Radieschen, Blumenkohl und Tomaten gleichmäßig auf den Brötchen verteilen. Karotte und Gewürzgurken darauf geben und Dressing darüber gießen. Auf jedes Brötchen eine Scheibe Cheddar oder Gouda legen, die Sandwiches zusammenlegen und in drei Teile schneiden. Mit eingelegten Peperoni garnieren.

Tip: Verwenden Sie das Brotinnere für Croutons oder Füllungen.

Vegetarische Schnitten

Ergibt: *12-16 Stück*

280 g Toastbrot
240 g Frischkäse
120 ml Mayonnaise oder Salat-Dressing
30 ml Joghurt-Dressing
¾ Tasse Brokkoliröschen, gehackt
¾ Tasse Blumenkohlröschen, gehackt
¾ Tasse Lauchzwiebeln, gehackt
¾ Tasse grüner Paprika, gehackt
¾ Tasse Tomate, gehackt
1 ½ Tassen geriebener Emmentaler

1. Den Ofen auf 180 °C vorheizen. Ein 20 x 30 cm großes Backblech leicht einfetten.

2. Die Toastscheiben auf das Backblech legen und in 8–9 Minuten auf mittlerer Schiene hellbraun backen.

3. Frischkäse, Mayonnaise und Joghurt-Dressing in einer Schüssel mit einem elektrischen Handrührgerät auf mittlerer Stufe glattrühren.

4. Die Toastscheiben etwas abkühlen lassen und mit der Frischkäse-Mischung bestreichen.

5. Brokkoli, Blumenkohl, Lauchzwiebeln, Paprika und Tomaten in einer anderen Schüssel mischen. Die Masse auf dem Frischkäse verteilen und leicht andrücken. Mit geriebenem Emmentaler bestreuen, abdecken und mindestens 4 Stunden kühl stellen. In 4 Stücke schneiden und servieren.

Kapitel 6

Rind, Lamm und Schwein

Fleischgerichte, ob warm oder kalt, werden kaum als Snacks angesehen, obwohl sie sich durchaus als solche eignen. Natürlich können die meisten Gerichte dieses Kapitels als Hauptmahlzeit serviert werden; sie passen aber auch zu anderen Gelegenheiten. Es handelt sich hier um schnelle, köstliche Fleischgerichte wie Pasteten, Fleischklöße, Kebabspieße und Rippchen, die nicht nur den großen oder kleinen Hunger stillen, sondern auch noch optisch ansprechen.

Äpfel mit Hackfleisch-Füllung

Ergibt: *4 Stück*

SAUCE
1 ½ TL Butter oder Margarine
2 EL Apfelessig
1 ½ EL Zucker
60 ml Wasser

ÄPFEL
½ Tasse Bulgur
240 ml Wasser
2 TL Butter oder Margarine
1 Zwiebel, gehackt
220 g mageres Rindfleisch, gehackt
1 Msp. Zimtpulver
Salz und Pfeffer
4 große, säuerliche Äpfel

1. Für die Sauce Butter, Essig, Zucker und Wasser in einem kleinen Kochtopf bei mittlerer Hitze unter Rühren zum Kochen bringen. Zur Seite stellen.

2. Einen Gitterrost in die Mitte des Ofens schieben und den Ofen auf 175 °C vorheizen. Eine Auflaufform von 23 x 33 cm leicht einfetten.

3. Für die Äpfel Bulgur und Wasser in einem kleinen Kochtopf bei starker Hitze zum Kochen bringen. Hitze reduzieren und 15 Minuten köcheln lassen.

4. Die Butter in einer großen Pfanne auf mittlerer Stufe zerlassen. Zwiebel, Hackfleisch und Zimtpulver zufügen und unter ständigem Rühren anbraten. Das Fett abgießen. Den Bulgur untermischen und mit Salz und Pfeffer abschmecken.

5. Vom Stielende der Äpfel eine dünne Scheibe abschneiden und beiseite stellen. Die Äpfel mit einem Löffel oder Portionierer bis auf einen 1,5 cm dicken Rand aushöhlen. Mit der Bulgurmischung füllen und mit den abgeschnittenen Apfelscheiben abdecken. Die Äpfel in die Auflaufform legen; diese 1,5 cm hoch mit kochendem Wasser aufgiessen und 20 Minuten backen. Einen Teil der Essigsauce über die Äpfel gießen und weitere 20 Minuten backen, bis die Äpfel weich sind. Die restliche Sauce über die Äpfel gießen und servieren.

Barbecuefleisch im Teigmantel

Ergibt: *12 Stück*

340 g Blätterteig (tiefgekühlt)
450 g mageres Rindfleisch, gehackt
120 ml Barbecuesauce
1 EL Schalotten, gehackt
1 ½ EL hellbrauner Zucker
¾ Tasse grobgeriebener Cheddar

1. Einen Gitterrost in die Mitte des Ofens schieben und den Ofen auf 200 °C vorheizen. Ein Muffin-Blech für 12 Muffins mit 6,5 cm Durchmesser leicht einfetten.

2. Den Blätterteig auftauen lassen. Die Teigplatten voneinander lösen, zurechtschneiden und in die Muffin-Förmchen drücken.

3. Das Fleisch in einer beschichteten Pfanne bei mittlerer Hitze 7–8 Minuten anbraten. Das Fett abgießen. Barbecuesauce, Schalotten und Zucker zufügen. Die Masse in die Förmchen füllen und mit geriebenem Cheddar bestreuen. Den Teig in 10–12 Minuten goldbraun backen.

Bohnen und Salami

Ergibt: *8 Portionen*

2 Tassen weiße Bohnen
1 l Wasser
1 Lorbeerblatt
1 EL Butter oder Margarine
5 Stück italienische Salami, diagonal in 1,5 cm dicken Scheiben
1 kleine Knoblauchzehe, gehackt
1 kleine rote Zwiebel, gehackt
220 ml Tomatensauce
½ TL getrocknete Salbeiblätter
1 TL Worcestersauce
2 EL Petersilie, gehackt
Salz und schwarzer Pfeffer
Zum Servieren:
Cracker

1. Die Bohnen gründlich waschen. Bohnen, Wasser und Lorbeerblatt in einem großen Topf bei starker Hitze zum Kochen bringen. Etwa 2 Minuten kochen, vom Herd nehmen und zugedeckt 1 Stunde weichen lassen; das Wasser abgießen.

2. Die Bohnen mit frischem, kalten Wasser aufgießen, so daß sie 5 cm hoch damit bedeckt sind, und zum Kochen bringen. Auf niedriger Stufe etwa 1 Stunde köcheln lassen, bis die Bohnen außen weich sind. (Innen sollten sie fest sein.) Nicht zerkochen! Die Flüssigkeit abgießen und 240 ml davon aufheben. Die Bohnen wieder in den Topf geben.

3. Die Butter bei mittlerer Hitze in einer Pfanne zerlassen und die Salamischeiben auf jeder Seite 3–4 Minuten anbraten. Knoblauch und Zwiebel zufügen und in weiteren 5 Minuten das Gemüse zart dünsten. Die Salami-Mischung und die 240 ml Bohnenkochwasser zu den Bohnen geben. Tomatensauce, Salbei, Worcestersauce und Petersilie unterrühren. Mit Salz und Pfeffer abschmecken.

4. Alles zugedeckt bei mittlerer Hitze 20–25 Minuten köcheln lassen, bis die Bohnen gar sind. Die Konsistenz nach Belieben durch Zufügen von Wasser verändern. Die Mischung in eine Schüssel geben und mit den Crackern servieren.

Bulgogi

Ergibt: *6-8 Portionen*

2 EL Zucker
60 ml Sojasauce
2 EL Erdnußöl
2 TL Sesam
¼ Tasse Lauchzwiebeln, gehackt
½ TL Knoblauchpulver
½ TL schwarzer Pfeffer
450 g Rindersteak, fettfrei, in 6 mm dicken Scheiben
Zum Garnieren:
grüner Paprika, in schmalen Streifen
dünne Papayascheiben

1. Zucker, Sojasauce, Erdnußöl, Sesam, Lauchzwiebeln, Knoblauchpulver und Pfeffer in einer Schüssel mischen. Das Fleisch vorsichtig darin wenden. Zugedeckt mindestens 2 Stunden kalt stellen. Das marinierte Fleisch vor dem Grillen auf Zimmertemperatur erwärmen.

2. Einen Gitterrost 15 cm vom Grill entfernt einschieben und den Ofen vorheizen.

3. Die Fleischstreifen in Abständen von etwa 2–3 cm auf den Gitterrost legen und auf jeder Seite 1 Minute grillen. Mit Paprikastreifen und Papayascheiben garniert servieren.

Chinesische Spiesschen

Ergibt: *8 Spießchen*

2 EL Hoisin-Sauce
1 EL trockener Sherry
1 TL brauner Zucker
½ TL Sesamöl
220 g Rinderlendensteak, ohne Knochen, in 2-3 cm großen Würfeln
3 Lauchzwiebeln, in 5 cm großen Stücken

1. Hoisin-Sauce, Sherry, Zucker und Sesamöl in einem kleinen Topf erhitzen.

2. Fleisch und Sauce in einer Schüssel mischen und zugedeckt 1 Stunde stehen lassen.

3. Den Grill vorheizen.

4. Fleisch und Zwiebeln auf Spieße stecken, über eine Schüssel legen und mit etwas Sauce bestreichen. Die Spieße auf einen Gitterrost legen und 10 Minuten grillen. Die Spieße wenden, mit der restlichen Sauce bestreichen und weitere 10 Minuten grillen, bis das Fleisch gar ist.

Cocktail-Fleisch-Bällchen

Ergibt: *45-50 Bällchen*

450 g mageres Rindfleisch, gehackt
220 g Schweinebrät
⅓ Tasse feine, getrocknete Pumpernickelbrotkrumen
1 großes Ei, leicht verquirlt
⅓ Tasse Zwiebeln, gehackt
⅓ Tasse grüner Paprika, kleingeschnitten
1 TL Knoblauchpulver
1 Msp. Cayennepfeffer
2 EL Butter oder Margarine
280 g Champignonsuppe, aus der Dose
60 ml Wasser
1 TL Worcestersauce

1. Den Ofen vorheizen.

2. Hackfleisch, Brät, Brotkrumen und Ei in einer großen Schüssel mischen; aus der Masse olivengroße Kugeln formen und auf ein Backblech legen. Von allen Seiten 3 Minuten auf mittlerer Schiene grillen, bis die Bällchen gar sind. Zur Seite stellen.

3. Zwiebeln, Paprika, Knoblauchpulver und Cayennepfeffer bei mittlerer Hitze in einem großen Kochtopf in der zerlassenen Butter 5–6 Minuten garen. Mit Champignonsuppe, Wasser und Worcestersauce aufgießen und die Fleischbällchen zufügen. 10 Minuten köcheln lassen. Auf einer Warmhalteplatte mit Holzspießchen servieren.

Cocktailwürstchen in Brötchenteig

Ergibt: *24 Stück*

450 g Hefeteig (tiefgekühlt)
24 Cocktailwürstchen
Ketchup
Meerrettich, aus dem Glas
Senf

1. Den Ofen auf 190 °C vorheizen. Hefeteig nach Packungsanweisung auftauen lassen.

2. Den Hefeteig kurz durchkneten, ausrollen und in 8 Dreiecke teilen, diese wiederum von einer Spitze aus in 3 schmalere Dreiecke teilen. Je ein Cocktailwürstchen auf das breitere Ende der Dreiecke legen.

3. Die Dreiecke mit den Cocktailwürstchen aufrollen und mit der Spitze nach unten auf ein mit Backpapier ausgelegtes Blech legen. 12–15 Minuten auf mittlerer Schiene backen, bis die Röllchen goldbraun sind. Mit Ketchup, Meerrettich und Senf warm servieren.

Festtagsfleischbällchen

Ergibt: *36 Stück*

FLEISCHBÄLLCHEN
1 Tasse Knusperreis
⅔ Tasse fettarme Trockenmilch
¼ Tasse Zwiebeln, feingehackt
2 EL Ketchup
1 großes Ei
450 g mageres Rindfleisch, gehackt
Salz und Pfeffer

SAUCE
420 ml Tomatensauce aus der Dose
8 EL Ketchup
50 g brauner Zucker
¼ Tasse Zwiebeln, feingehackt
¼ Tasse Relish
2 EL Worcestersauce
1 EL Apfelessig
1 Msp. Pfeffer

1. Einen Gitterrost in die Mitte des Ofens schieben und den Ofen auf 200 °C vorheizen. Eine Auflaufform von 23 x 33 cm mit Backpapier auslegen.

2. Für die Fleischbällchen Knusperreis, Trockenmilch, Zwiebeln, Ketchup und Ei vorsichtig verrühren. Hackfleisch, Salz und Pfeffer mit den Händen einkneten. Den Teig zu gut olivengroßen Kugeln formen, diese in die Auflaufform legen und in 10–12 Minuten braun backen.

3. Für die Sauce Tomatensauce, Ketchup, Zucker, Zwiebeln, Relish, Worcestersauce, Essig und Pfeffer in einem Kochtopf bei schwacher Hitze unter Rühren 15 Minuten köcheln lassen. Die Fleischbällchen zufügen und weitere 10 Minuten köcheln lassen. Auf einer Warmhalteplatte mit Holzspießchen servieren.

Fleisch-Bällchen mit Jalapeño-Dip

Ergibt: *80-100 Bällchen*

670 g mageres Rindfleisch, gehackt
670 g mageres Schweinefleisch, gehackt
2 große Eier
⅔ Tasse Vollkornsemmelbrösel
½ Tasse Zwiebeln, gehackt
120 ml Milch
¼ Tasse Sesam, geröstet
¼ Tasse Petersilie, gehackt
2 TL Worcestersauce
1 TL Meerrettich, aus dem Glas
Salz und Pfeffer
Zum Servieren:
Jalapeño-Dip (s. Seite 123)

1. Den Ofen auf 200 °C vorheizen.

2. Rind- und Schweinehackfleisch, Eier, Semmelbrösel, Zwiebeln, Milch, Sesam, Petersilie, Worcestersauce und Meerrettich in einer großen Schüssel gut mischen. Mit Salz und Pfeffer würzen.

3. Mit den Händen walnußgroße Kugeln aus der Masse formen, auf ein Backblech legen und 18–20 Minuten auf mittlerer Schiene backen, bis sie leicht gebräunt sind. Mit Holzspießchen und dem Dip servieren.

Fleisch-Bällchen mit Käsegeschmack

Ergibt: *12 Bällchen*

900 g mageres Rindfleisch, gehackt
3 große Eier, verquirlt
2 Tassen weiche Brotkrumen
2 Tassen Äpfel, feingehackt
½ Tasse Zwiebeln, gehackt
¼ Tasse frische Petersilie, gehackt
620 ml Käsecreme
300 ml Milch
1 ½ TL getrocknete Dillspitzen

1. Einen Gitterrost in die Mitte des Ofens schieben und den Ofen auf 190 °C vorheizen. Eine Auflaufform von 23 x 33 cm leicht einfetten.

2. Hackfleisch, Eier, Brotkrumen, Äpfel, Zwiebeln und Petersilie in einer Schüssel gut mischen. Mit den Händen aus der Masse walnußgroße Kugeln formen, in die Auflaufform legen und 20–25 Minuten braten. Die Bällchen auf einer doppelten Lage Küchenpapier abtropfen lassen. Den Ofen eingeschaltet lassen.

3. Die Fleischbällchen in eine Kasserolle legen.

4. Käsecreme, Milch und Dillspitzen in einer Schüssel mischen. Über die Fleischbällchen gießen und 25–30 Minuten im Ofen erhitzen. Heiß servieren.

Fleisch-Bällchen süss-sauer

Ergibt: *16 Bällchen*

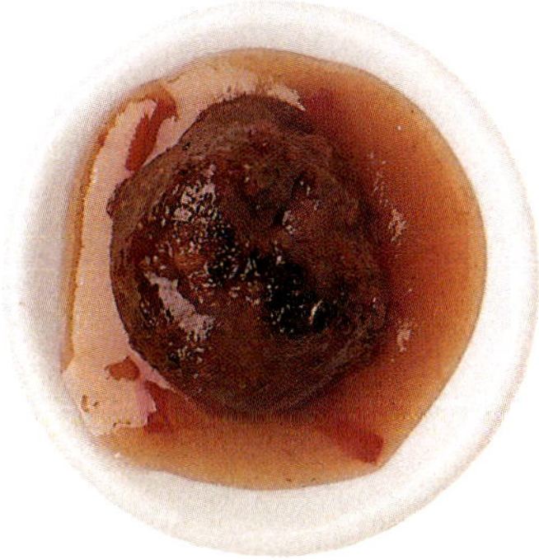

900 g mageres Rindfleisch, gehackt
1 ½ Tassen Zwiebeln, feingehackt
1 Tasse ungesüßtes Apfelmus
½ Tasse grüner Paprika, feingeschnitten
½ Tasse Rosinen
½ Tasse Ananas, frisch oder eingemacht, abgetropft, gehackt
3 große Eier, leicht verquirlt
2 Scheiben Brot vom Vortag, zerkrümelt
4 Streifen knusprig gebratener Speck, zerkleinert
3 EL Steaksauce
3 EL Barbecuesauce
1 EL Worcestersauce
Salz und Pfeffer
Sonnenblumenöl
süß-saure Sauce (s. Seite 90)

1. Hackfleisch, Zwiebeln, Apfelmus, Paprika, Rosinen, Ananas, Eier, Brot, Speck, Steaksauce, Barbecuesauce und Worcestersauce in einer großen Schüssel mischen. Mit Salz und Pfeffer würzen und gut verkneten. Aus dem Teig mit den Händen Kugeln formen.

2. Den Boden einer großen Pfanne mit Öl bedecken und auf mittlerer Stufe erhitzen. Die Fleischbällchen nacheinander auf beiden Seiten etwa 4 Minuten gleichmäßig braten. Auf Küchenpapier abtropfen lassen. Mit süßsaurer Sauce servieren.

Fleisch-Bällchen „Tahiti“

Ergibt: *6-8 Portionen*

450 g mageres Rindfleisch, gehackt
220 g mageres Schweinefleisch, gehackt
⅔ Tasse Cracker, zerkrümelt
⅓ Tasse Schalotten, gehackt
1 großes Ei, leicht verquirlt
1 Msp. Ingwer, gemahlen
60 ml Milch
1 ½ EL Pflanzenfett
2 EL Speisestärke
100 g brauner Zucker
380 g Ananas, aus der Dose, abgetropft, Saft aufgefangen, in Stücken
80 ml Reiswein-Essig
1 EL Sojasauce
⅓ Tasse grüner Paprika, gehackt

1. Rind- und Schweinehackfleisch, Crackerkrumen, Schalotten, Ei, Ingwer und Milch in einer großen Schüssel mischen. Aus dem Teig mit den Händen walnußgroße Kugeln formen.

2. Das Pflanzenfett in einer großen Pfanne auf mittlerer Stufe erhitzen und die Fleischbällchen 3–5 Minuten von allen Seiten anbraten. Das Fett abgießen und die Pfanne zur Seite stellen.

3. Speisestärke, Zucker, Ananassaft, Essig und Sojasauce mischen. Die Flüssigkeit in die Pfanne gießen und unter ständigem Rühren kochen, bis sie eindickt. Fleischbällchen, Ananasstücke und grünen Paprika zufügen. Vor dem Servieren alles nochmals erhitzen.

Frikadellen mit Spinat

Ergibt: *12-14 Frikadellen*

½ Tasse Semmelbrösel
1 Tasse frischer Spinat, gehackt
900 g mageres Rindfleisch, gehackt
¼ Tasse Zwiebeln, feingehackt
2 große Eier
Pfeffer
1 große Knoblauchzehe, gehackt
Mehl
Olivenöl zum Fritieren

1. Die Semmelbrösel in einer kleinen Schüssel mit ein paar Tropfen Wasser anfeuchten.

2. Den Spinat in einer großen beschichteten Pfanne bei mäßiger Hitze in 1–2 Minuten zusammenfallen lassen. Leicht abkühlen und gut abtropfen lassen.

3. Spinat, Hackfleisch, Semmelbrösel, Zwiebeln, Eier, Pfeffer und Knoblauch in einer Schüssel mischen. Aus dem Teig 12–14 Frikadellen formen; mit Mehl bestäuben und überschüssiges Mehl abschütteln.

4. Das Öl in der Pfanne bei mittlerer Hitze erwärmen. Die Frikadellen auf jeder Seite 4–5 Minuten knusprig braten. Bei schwacher Hitze weiter braten lassen, bis sie gar sind.

Fritierte Birnen-Bällchen

Ergibt: *36 Bällchen*

1 ¼ Tassen Mehl
¾ Tasse Maismehl
3 EL Zucker
2 ½ TL Backpulver
120 ml Buttermilch
2 große Eier, verquirlt
80 g Butter oder Margarine, zerlassen
1 ½ Tassen geräucherter Schinken, feingehackt
1 Tasse Birnen, feingewürfelt
Sonnenblumenöl

1. Mehl, Maismehl, Zucker und Backpulver in einer Schüssel mischen. Buttermilch, Eier und Butter unterrühren; dann den geräucherten Schinken und die Birnen unterheben. Beiseite stellen.

2. Eine Pfanne etwa 5 cm hoch mit Öl füllen und auf höchster Stufe erhitzen. Den Teig eßlöffelweise in das heiße Öl geben. Nur so viel Teig auf einmal fritieren, daß alle Kugeln frei schwimmen können. In 4–6 Minuten goldbraun fritieren; auf Küchenpapier abtropfen lassen.

Tip: Das Öl nach jedem Fritiergang wieder auf die richtige Temperatur erhitzen. Servieren Sie die Bällchen mit einem Dip.

Fritierte Schinken-Frikadellen

Ergibt: *24 Frikadellen*

2 Tassen geräucherter Schinken, gehackt
1 großes Ei, verquirlt
1 Msp. Pfeffer
¼ Tasse Gewürzbrötchen, zerkrümelt
Pflanzenöl
<u>Zum Garnieren:</u>
Paprikastreifen
Senfsauce (s. Seite 241)

1. Geräucherten Schinken, Ei und Pfeffer in einer Schüssel gut mischen. Die Masse mit den Händen zu 2–3 cm langen Röllchen formen.

2. Die Brötchenkrumen in eine flache Schale geben und die Schinkenröllchen darin wenden. Diese in eine Auflaufform legen und zugedeckt mindestens 1 Stunde kalt stellen.

3. Eine große Bratpfanne etwa 5 cm hoch mit Öl füllen und auf höchster Stufe erhitzen. Die Röllchen darin in 2–3 Minuten goldbraun fritieren. Jeweils nur so viele Röllchen fritieren, daß sie frei schwimmen können. Die fertigen Röllchen auf Küchenpapier abtropfen lassen. Mit Paprikastreifen garnieren und mit Senfsauce servieren.

Frühlingsrollen

Ergibt: *24-48 Stück*

450 g mageres Rindfleisch, gehackt
½ Tasse Zwiebeln, gehackt
¼ Tasse grüner Paprika, gehackt
420 g würziges Bohnenpüree, aus der Dose
½ Tasse geriebener Cheddar
2 EL Cayennepfeffer
2 Packungen Frühlingsrollenteig
Pflanzenöl zum Fritieren
Taco-Sauce

1. Das Hackfleisch bei mittlerer Hitze in einer beschichteten Pfanne 7–8 Minuten anbraten. Zwiebeln und Paprika zufügen und in 3–4 Minuten die Zwiebeln glasig dünsten. Das Fett abgießen. Bohnenpüree, Cheddar und Cayennepfeffer zugeben und verrühren, bis der Käse schmilzt.

2. Den Frühlingsrollenteig auf einer Arbeitsplatte ausbreiten und je einen Teelöffel Fleischmischung in die Mitte der Teigplatten geben. Anschließend den Teig aufrollen; dabei die Seiten einschlagen, damit kleine Vierecke entstehen. Die Ränder zum Verschließen mit Wasser bestreichen.

3. Eine tiefe Pfanne 4–5 cm hoch mit Öl füllen und erhitzen. Die Frühlingsrollen auf beiden Seiten in 2–3 Minuten goldbraun fritieren. Heiß mit Taco-Sauce servieren.

Gegrillte Kebab-Spiesschen

Ergibt: *8 Spießchen*

120 ml Pflanzenöl
60 ml Sojasauce
120 ml Rotwein
2 kleine Knoblauchzehen, gehackt
1 ½ TL Currypulver
2 EL Ketchup
1 Msp. Pfeffer
1 Schuß Tabasco
450 g Rinderlendensteak, in 2,5 cm breiten Scheiben
450 g Lammkeule ohne Knochen, in 2,5 cm breiten Stücken
450 g Schweinefilet, in 1,5 cm dicken Scheiben
1 Aubergine
3 säuerliche, feste Äpfel, geschält, entkernt, in 6 Spalten
1 grüner Paprika, entkernt, in 3–4 cm großen Quadraten
12 Champignons, geputzt
220 g Speck, fein aufgeschnitten

1. Öl, Sojasauce, Rotwein, Knoblauch, Currypulver, Ketchup, Pfeffer und Tabasco in einer Schüssel mit dem elektrischen Handrührgerät auf kleiner Stufe zu einer glatten Masse mischen.

2. Die verschiedenen Fleischsorten in eine flache Glasschüssel geben, aber nicht mischen. Drei Viertel der Sojasaucenmarinade über das Fleisch gießen und zugedeckt 24 Stunden kalt stellen. Die restliche Marinade bedeckt kühl halten.

3. Die Aubergine schälen, in 1,5 cm dicke Scheiben und diese in 3–4 cm große Vierecke schneiden. In eine Glas- oder Keramikschüssel geben und Äpfel, Paprika und Champignons zufügen. Mit der restlichen Marinade beträufeln. Zugedeckt mindestens 3 Stunden bei Zimmertemperatur stehen lassen.

4. Einen Gitterrost 10 cm vom Grill entfernt einschieben und den Ofen vorheizen.

5. Die Lammfleischstücke mit den Speckscheiben umwickeln und auf einen langen Fleischspieß stecken. Ein Stück Lende, Aubergine, Apfel, Paprika, Champignon und zum Schluß ein Stück Filet zufügen. Auf beiden Seiten 5–10 Minuten grillen, bis das Fleisch gar ist.

Glasierte Schinken-Bällchen

Ergibt: *12 Bällchen*

670 g geräucherter Schinken, gehackt
450 g mageres Schweinefleisch, gehackt
2 große Eier
240 ml Milch
2 Tassen salzige Cracker, zerkrümelt
2 EL Worcestersauce
300 g brauner Zucker
180 ml Wasser
80 ml Essig
1 EL Senfpulver

1. Einen Gitterrost in die Mitte des Ofens schieben und den Ofen auf 175 °C vorheizen. Eine Auflaufform von 23 x 33 cm leicht einfetten.

2. Geräucherten Schinken, Hackfleisch, Eier, Milch, Crackerbrösel und Worcestersauce in einer Schüssel gut verkneten; die Masse zu Kugeln formen. Diese in einer Lage in die Auflaufform geben. In 10–12 Minuten fast gar backen. Das Fett abgießen.

3. Zucker, Wasser, Essig und Senfpulver in einem Kochtopf mischen. Bei mittlerer Hitze unter ständigem Rühren zum Kochen bringen. Die Sauce über die Bällchen gießen und diese bei mittlerer Hitze weitere 18–20 Minuten backen. Dabei mehrmals die Sauce mit einem Löffel über das Fleisch gießen, bis die Bällchen glasiert und gar sind. Mit Holzspießchen servieren.

Hackfleisch-Käse-Törtchen

Ergibt: *18 Stück*

400 g Blätterteig (tiefgekühlt)
220 g Schweinefleisch, gehackt
2 EL Öl
1 ⅓ Tasse grobgeriebener Emmentaler oder Gouda
6 Lauchzwiebeln, in Ringen (nur der grüne Teil)
4 große Eier
1 ⅓ Tassen saure Sahne oder Joghurt
1 TL Worcestersauce
Salz und Pfeffer
Paprikapulver

1. Einen Gitterrost in die Mitte des Ofens schieben und den Ofen auf 190 °C vorheizen.

2. Den Blätterteig auftauen lassen. Die Hälfte des Teigs auf einer leicht bemehlten Arbeitsfläche sehr dünn ausrollen und 9 Kreise von 10 cm Durchmesser ausstechen. Die zweite Teighälfte auf die gleiche Weise verarbeiten. Die Kreise in 6,5 cm große Muffin-Förmchen drücken. Dabei darauf achten, daß der Teig nicht reißt.

3. Das Hackfleisch in einer Pfanne im Öl 6–7 Minuten bei mittlerer Hitze gut anbraten. Das Fett abgießen, und das Fleisch in einer Schüssel mit Emmentaler oder Gouda und Lauchzwiebeln gut mischen. Die Muffin-Förmchen etwa zur Hälfte mit der Masse füllen.

4. In einer anderen Schüssel die Eier mit einem Handrührgerät auf mittlerer Stufe schaumig schlagen. Saure Sahne und Worcestersauce zufügen und mit Salz und Pfeffer würzen. Je 2 Eßlöffel der Masse über das Fleisch giessen und mit Paprikapulver bestreuen. In 25–30 Minuten goldbraun backen. Warm servieren.

Hackfleisch-Muffins

Ergibt: *12 Muffins*

220 g Schweinefleisch, gehackt
Butter oder Margarine, zerlassen
2 Tassen Mehl
2 EL Zucker
1 EL Backpulver
½ TL Salz
1 großes Ei
240 ml Milch
½ Tasse grobgeriebener Cheddar

1. Einen Gitterrost in die Mitte des Ofens schieben und den Ofen auf 190 °C vorheizen. 12 Muffin-Förmchen leicht einfetten oder mit Papierförmchen auslegen.

2. Das Hackfleisch in einer Pfanne bei mittlerer Hitze 7–8 Minuten unter Wenden anbraten. Die Bratfettrückstände in eine Tasse gießen und diese zu einem Viertel mit zerlassener Butter auffüllen.

3. Mehl, Zucker, Backpulver und Salz in einer Schüssel mit einem Schneebesen mischen.

4. In einer anderen Schüssel das Ei mit einem Handrührgerät auf mittlerer Stufe schaumig schlagen. Milch und Buttersauce gut unterrühren. Die Mehlmischung unterheben. Cheddar und Hackfleisch unterrühren.

5. Die Masse in die Formen verteilen und 15–18 Minuten backen. Garprobe machen. (An einem in den Teig gestochenen Holzspießchen darf kein Teig haften bleiben.) Auf einem Gitterrost abkühlen lassen.

Jäger-Frikadellen

Ergibt: *4 Frikadellen*

550 g mageres Rindfleisch, gehackt
2 EL Butter oder Margarine
220 g Champignons, gehackt
1 Lauchzwiebel, gehackt
180 ml trockener Weißwein
60 ml Rinder-Consommé
1 TL Petersilie, gehackt
½ TL getrockneter Kerbel
½ TL getrockneter Estragon

1. Das Hackfleisch in 4 gleich große Portionen teilen, zu Kugeln formen und auf 2,5 cm flach drücken. In einer großen beschichteten Pfanne bei mittlerer Hitze auf jeder Seite 4 Minuten anbraten. Auf einer Platte zugedeckt warm halten. Das Bratfett abgießen.

2. Champignons und Lauchzwiebel in der zerlassenen Butter 2–3 Minuten anbraten. Wein und Consommé zugeben, unter Rühren zum Kochen bringen; 6–7 Minuten köcheln lassen, bis die Flüssigkeit auf die Hälfte eingekocht ist. Petersilie, Kerbel und Estragon unterrühren. Die Sauce über die Frikadellen gießen und servieren.

Kalbfleisch in Weinsauce

Ergibt: *6 Portionen*

6 Kalbskoteletts
3 EL Mehl
3 EL Sonnenblumenöl
1 kleine Schalotte, feingehackt
2 Knoblauchzehen, gehackt
2 Würfel Hühnerbouillon
240 ml trockener Weißwein
240 ml Wasser
2 TL frischer Oregano, gehackt

1. Die Koteletts mit einem Fleischklopfer mehrmals auf beiden Seiten klopfen. Mit Mehl bestäuben.

2. Das Öl in einer großen Pfanne auf mittlerer Stufe erhitzen und das Fleisch darin 2–3 Minuten auf beiden Seiten leicht anbraten. Die Koteletts auf einer Platte zugedeckt warm stellen.

3. Schalotte und Knoblauch in die Pfanne geben und in 1–2 Minuten glasig dünsten. Bouillonwürfel, Wein, Wasser und Oregano unterrühren. Die Koteletts wieder in die Pfanne legen und zugedeckt bei mittlerer Hitze 1 Stunde köcheln lassen. In der Pfanne abkühlen lassen und abgedeckt mindestens 8 Stunden kalt stellen.

4. Die Koteletts in der Pfanne auf mittlerer Stufe langsam erhitzen und noch etwas Wein zufügen. Heiß servieren.

Kalbfleisch mit Makkaroni

Ergibt: *4-6 Portionen*

1 Tasse Semmelbrösel
670 g Kalbfleisch, ohne Knochen, in etwa 1,5 cm großen Würfeln
Sonnenblumenöl zum Braten
240 ml Wasser
900 ml Champignoncremesuppe, aus der Dose
680 ml Kondensmilch
2 Tassen Muschel-Nudeln, gekocht

1. Die Semmelbrösel in eine flache Schale geben und die Fleischwürfel darin wenden.

2. Den Boden einer großen Pfanne mit Öl bedecken und auf mittlerer Stufe erhitzen. Das Fleisch 4–5 Minuten unter Wenden anbraten. Überschüssiges Öl abgießen und das Wasser zufügen. Zugedeckt bei schwacher Hitze 35–40 Minuten köcheln lassen, bis das Fleisch zart ist. Das Fleisch aus der Pfanne nehmen und zugedeckt warm halten.

3. Auf mittlerer Stufe die Flüssigkeit in der Pfanne auf die Hälfte einkochen lassen. Champignoncremesuppe und Kondensmilch unterrühren. Die Nudeln zugeben und erhitzen. Die Nudelsauce über das Fleisch verteilen und sofort servieren.

Kalbfleisch mit Roquefort

Ergibt: *4 Portionen*

450 g Kalbfleisch, in 4 dünnen Scheiben
2 EL Mehl
2 EL Butter oder Margarine
120 ml süße Sahne
60 g Roquefort, zerkrümelt

1. Das Kalbfleisch mit einem Fleischklopfer auf beiden Seiten klopfen und mit Mehl bestäuben.

2. Die Butter in einer großen Pfanne auf mittlerer Stufe zerlassen und das Fleisch darin 2–3 Minuten auf beiden Seiten leicht anbraten. Weitere 5–7 Minuten garen, bis das Fleisch zart und durchgebraten ist, aus der Pfanne nehmen und zugedeckt warm stellen.

3. Süße Sahne und Roquefort in die Pfanne geben und unter Rühren mehrere Minuten erhitzen, bis der Käse schmilzt. Die Sauce über das Fleisch gießen und servieren.

Kalbfleisch-Häppchen

Ergibt: *6 Portionen*

2 EL Butter oder Margarine
900 g Kalbfleisch, ohne Knochen, in 1,5 cm großen Würfeln
2 EL Mehl
Salz und Pfeffer
2 Streifen Zitronen- oder Orangenschale, 5 cm lang, 1,5 cm breit
240 ml kochendes Wasser
240 ml süße Sahne
2 ½–3 Tassen heiße Gnocchi, gekocht

1. Die Butter in einer großen Pfanne auf mittlerer Stufe zerlassen und das Fleisch unter Wenden darin 5–6 Minuten anbraten. Mit Mehl bestäuben, salzen und pfeffern; Zitronen- oder Orangenschale und Wasser unter Rühren zugeben. Zugedeckt etwa 1 Stunde köcheln lassen, bis das Fleisch zart ist.

2. Zitronen- oder Orangenschale entfernen und die süße Sahne zugießen. Die Sauce auf mittlerer Stufe unter Rühren vollständig erhitzen, über die Gnocchi geben und servieren.

Kalbfleisch-Röllchen mit Apfel

Ergibt: *4-8 Portionen*

2 EL Butter oder Margarine
½ Tasse Zwiebeln, feingehackt
3 Tassen Semmelbrösel
2 Äpfel, geschält, entkernt
120 ml Wasser
Salz und Pfeffer
4 große Kalbskoteletts
120 ml ungesüßter Apfelsaft
1 EL Speisestärke
½ Tasse Bleichsellerie, in Scheiben
Zitronensaft

1. In einer Pfanne 15 g Butter auf mittlerer Stufe zerlassen und die Zwiebeln darin in 5 Minuten leicht anbraten. Die Semmelbrösel zufügen und rühren, bis die Butter aufgesogen ist.

2. Einen Apfel würfeln und mit 60 ml Wasser in die Pfanne geben. Mit Salz und Pfeffer abschmecken und gut verrühren.

3. Die Koteletts auf eine Arbeitsfläche legen, mit der Masse bestreichen und einrollen.

4. In einer Pfanne die restlichen 15 g Butter auf mittlerer Stufe zerlassen und die Röllchen mit der Naht nach unten hineinlegen. Unter Wenden etwa 5 Minuten von allen Seiten anbraten. Mit Apfelsaft aufgießen, die Hitze reduzieren und zugedeckt 15–20 Minuten köcheln lassen, bis das Fleisch zart ist. Die Röllchen aus der Pfanne nehmen und zugedeckt warmstellen.

5. Die Speisestärke in den restlichen 60 ml Wasser mit einem Schneebesen glattrühren. Zusammen mit dem Bleichsellerie zum Bratensaft geben, erhitzen und rühren, bis die Flüssigkeit bindet. Die Sauce über die Röllchen gießen.

6. Den zweiten Apfel in Scheiben schneiden, mit Zitronensaft bestreichen, damit er nicht braun wird, und die Fleischröllchen damit garnieren.

Kebab-Spiesschen

Ergibt: *4-6 Spießchen*

900 g Rinderlende, in langen Streifen
3 EL Zwiebelsaft
3 EL Zitronensaft
Salz und Pfeffer
4 bis 6 Holzspießchen, in Wasser eingeweicht

1. Die Fleischstreifen mit einem Fleischklopfer so dünn wie möglich klopfen.

2. Fleisch, Zwiebelsaft, Zitronensaft, Salz und Pfeffer in einer Schüssel mischen und zugedeckt mindestens 12 Stunden kalt stellen.

3. Den Grill vorheizen.

4. Das Fleisch auf die Holzspießchen stecken und unter regelmäßigem Wenden in 10–15 Minuten gleichmäßig grillen. Heiß oder bei Zimmertemperatur servieren.

Kebab-Spiesschen mit Truthahn

Ergibt: *12-16 Spießchen*

2 EL Zwiebeln, gehackt
60 ml Sojasauce
50 g brauner Zucker
60 ml Zitronen- oder Limettensaft
½ TL Knoblauchpulver
1 Msp. Koriander, gemahlen
1 Msp. Cayennepfeffer, gemahlen
900 g zartes Schweinefilet, in 2–3 cm breiten Stückchen
900 g Truthahnbraten, ohne Knochen, in 2–3 cm großen Würfeln

1. Zwiebeln, Sojasauce, Zucker, Zitronensaft, Knoblauchpulver, Koriander und Cayennepfeffer in einer Schüssel mit einem elektrischen Handrührgerät zu einer glatten Masse verrühren.

2. Schweine- und Putenfleisch in eine Glas- oder Keramikschüssel geben, die Marinade darüber gießen und das Fleisch unter Rühren mit der Flüssigkeit überziehen. Zugedeckt mindestens 4 Stunden kaltstellen.

3. Den Ofen vorheizen.

4. Das Fleisch auf Holz- oder Metallspieße stecken und auf ein Backblech legen. Die Spieße auf mittlerer Schiene 8 Minuten grillen, wenden und weitere 8 Minuten braten. Nochmals wenden und weitere 5 Minuten grillen, bis das Fleisch gar ist. Sofort servieren.

Tip: Falls Sie Holzspieße verwenden, sollten Sie diese 20 Minuten in kaltes Wasser legen, damit sie beim Grillen nicht anbrennen.

Lahmajoon

Ergibt: *100 Stück*

FÜLLUNG
670 g mageres Rindfleisch, gehackt
220 g Lammfleisch, gehackt
½ Tasse Mehl
1 große, Zwiebel, gehackt
1 grüner Paprika, feingehackt
½ Bund Petersilie, feingehackt
400 g ganze, geschälte Tomaten, aus der Dose, abgetropft, zerkleinert
8 EL Tomatensauce
6 EL Tomatenmark
100 g Paprikaschoten, aus dem Glas, gewürfelt, abgetropft
3 große Knoblauchzehen, gehackt
Paprikapulver oder Cayennepfeffer
Salz und Pfeffer

MANTEL
1350 g Hefeteig (tiefgekühlt)
Mehl

1. Den Ofen auf 200 °C vorheizen. 2 oder 3 Blätter Backpapier bereitlegen. Hefeteig nach Packungsanweisung auftauen.

2. Für die Füllung Rind- und Lammhackfleisch und Mehl in einer Schüssel mischen. Zwiebel, Paprika, Petersilie, Tomaten, Tomatensauce, Tomatenmark, eingelegte Paprikaschoten und Knoblauch zugeben. Mit Cayennepfeffer oder Paprikapulver, Salz und Pfeffer würzen.

3. Für den Mantel Hefeteig kurz durchkneten. Je ein Drittel des Teigs auf einer leicht bemehlten Arbeitsfläche 3 mm dünn zu Kreisen ausrollen. Mit einer runden Ausstechform von 5 cm Durchmesser oder einem Glas möglichst viele Kreise ausstechen und auf das Backpapier legen.

4. Auf jedem Kreis 1 Eßlöffel Fleischmischung verteilen. (Darauf achten, daß überschüssige Flüssigkeit den Teig nicht durchtränkt.) In 15–20 Minuten auf mittlerer Schiene hellbraun backen. Heiß oder kalt servieren.

Lamm-Bällchen

Ergibt: *8 Bällchen*

900 g Lammfleisch, gehackt
4 große Eier
120 ml süße Sahne
½ Tasse Haferflocken
1 Tasse Zwiebeln, gehackt
½ Tasse Petersilie, feingehackt
½ TL getrockneter Rosmarin
½ TL getrocknetes Basilikum
½ TL getrockneter Oregano
Salz und Pfeffer
Senfsauce (s. unten)

1. Einen Gitterrost in die Mitte des Ofens schieben und den Ofen auf 200 °C vorheizen. Eine Auflaufform von 27 x 39 cm leicht einfetten.

2. Lammhackfleisch, Eier, süße Sahne, Haferflocken, Zwiebeln, Kräuter, Salz und Pfeffer in einer Schüssel gut verkneten. Den Teig in 8 gleich große Portionen teilen und zu Frikadellen formen. Diese in die Form legen und 18–20 Minuten backen. Mit der Senfsauce servieren.

Senfsauce

Ergibt: *360 ml*

1 Tasse Joghurt oder saure Sahne
60 ml Essig
2 TL Senf
2 EL Zwiebeln, gehackt
2 EL Petersilie, gehackt
Salz und Pfeffer

Joghurt, Essig, Senf, Zwiebeln, Petersilie, Salz und Pfeffer in einer Schüssel mit einem Pürierstab auf mittlerer Stufe zu einer glatten Masse verquirlen. Die Sauce sofort verwenden oder zugedeckt einige Tage kalt stellen.

Lamm-Bällchen auf Aubergine

Ergibt: *6 Bällchen*

1 Aubergine, 8 cm Durchmesser
Salz
670 g Lammfleisch, gehackt
1 großes Ei
½ Tasse frische Roggenbrotkrumen
½ TL getrockneter Oregano
½ Tasse schwarze Oliven, gehackt
1 Knoblauchzehe, zerdrückt
½ Tasse geriebener Parmesan
80 ml Olivenöl
1 große Tomate, in 6 Scheiben
1 Tasse grobgeriebener Cheddar

1. Einen Gitterrost in die Mitte des Ofens schieben und den Ofen auf 230 °C vorheizen.

2. Die Aubergine in sechs 1,5 cm dicke Scheiben schneiden. Die Scheiben zwischen mit Salz bestreutes Küchenpapier legen. 20 Minuten ziehen lassen.

3. Lammhackfleisch, Ei, Brotkrumen, Oregano, Oliven, Knoblauch und Parmesan in einer Schüssel sehr gut verkneten. Den Teig in 6 Portionen teilen und diese zu Frikadellen mit etwa 10 cm Durchmesser formen.

4. Das Öl in einer Pfanne auf mittlerer Stufe erhitzen. Die Auberginenscheiben mit sauberem Küchenpapier trockentupfen. In der Pfanne auf beiden Seiten je 1–2 Minuten anbraten; in eine nicht gefettete 23 x 33 cm große Auflaufform legen. Jede Scheibe mit einer Lammfrikadelle und einer Tomatenscheibe belegen. Mit Cheddar bestreuen und 20–25 Minuten im Ofen backen, bis die Frikadellen und der Käse gebräunt sind.

Lamm-Frikadellen mit Käsesauce

Ergibt: *4 Frikadellen*

450 g Lammfleisch, gehackt
2 große Eier
60 ml Crème fraîche
¼ Tasse Haferflocken
½ Tasse Zwiebeln, gehackt
¼ Tasse Petersilie, feingehackt
1 Msp. getrockneter Rosmarin
1 Msp. getrocknetes Basilikum
1 Msp. getrockneter Oregano
1 Msp. Pfeffer
Käsesauce (s. Seite 114)
Zum Garnieren:
frische Oreganoblätter

1. Einen Gitterrost in die Mitte des Ofens schieben und den Ofen auf 200 °C vorheizen. Eine Auflaufform von 23 x 33 cm leicht einfetten.

2. Lammhackfleisch, Eier, Crème fraîche, Haferflocken, Zwiebeln, Petersilie, Rosmarin, Basilikum, Oregano und Pfeffer in einer großen Schüssel gut mischen, in 4 gleich große Portionen teilen und zu Kugeln formen. Die Kugeln in die Auflaufform legen und flachdrücken.

3. 18–20 Minuten backen, bis das Fleisch gar ist. Die Sauce mit einem Löffel über die Frikadellen verteilen und mit frischen Oreganoblättern garnieren.

Lamm-Frikadellen mit Kräutern

Ergibt: *8-12 Frikadellen*

670 g Lammfleisch, gehackt
1 TL geriebene unbehandelte Zitronenschale
1 EL Zitronensaft
1 Lorbeerblatt, zerkleinert
1 Msp. getrockneter Rosmarin, geschnitten
1 TL Petersilie, gehackt
120 ml weißer Portwein

1. Lammhackfleisch, Zitronenschale, Zitronensaft, Lorbeerblatt, Rosmarin und Petersilie in einer Schüssel mischen. Die Masse in 8–12 Portionen teilen. Diese zu Kugeln formen und flachdrücken.

2. Die Frikadellen nacheinander in einer großen beschichteten Pfanne bei mittlerer Hitze unter gelegentlichem Wenden braten.

3. Alle Frikadellen in die Pfanne legen, mit Portwein aufgießen, die Hitze reduzieren und alles etwa 20 Minuten köcheln lassen.

Lamm-Käse-Pastete

Ergibt: *8-10 Portionen*

3 EL Olivenöl
450 g Lammfleisch, gehackt
¼ Tasse Schalotten, gehackt
2 Knoblauchzehen, gehackt
1 Msp. Koriander, gemahlen
1 Msp. Kreuzkümmel, gemahlen
1 Msp. Pfeffer
4 EL Tomatenmark
1 ½ TL Harissa-Sauce (s. unten)
240 ml Wasser
6 große Eier, leicht verquirlt
½ Tasse geriebener Gruyère oder Edamer
¼ Tasse Semmelbrösel
Zum Garnieren:
Zitronenspalten

1. Das Öl in einer Pfanne auf mittlerer Stufe erhitzen. Lammhackfleisch, Schalotten, Knoblauch, Koriander, Kreuzkümmel und Pfeffer etwa 2 Minuten darin unter ständigem Wenden anbraten. Tomatenmark und Harissa-Sauce zugeben und weitere 2 Minuten braten. Die Hitze reduzieren, das Wasser aufgießen und 15 Minuten köcheln lassen, bis ein Großteil der Flüssigkeit verdampft ist. Zur Seite stellen.

2. Einen Gitterost in die Mitte des Ofens schieben und den Ofen auf 175 °C vorheizen. Eine 12 x 23 cm große Auflaufform leicht einfetten.

3. Eier, Gruyère, Semmelbrösel und Fleischmischung in einer Schüssel gut durchkneten. Den Teig in die Form geben und in 18-20 Minuten leicht bräunen und durchbacken. Mit Zitronenspalten garnieren.

Harissa-Sauce

Ergibt: *160 ml*

8–10 scharfe, rote Chilischoten, entstielt, entkernt, gehackt
1 EL Olivenöl
4 große Knoblauchzehen, gehackt
1 TL Koriander, gemahlen
1 TL Kümmel, gemahlen
½ TL Salz
2 EL Wasser

1. Die Chilischoten unter fließendem, kalten Wasser waschen und auf Küchenpapier trocknen lassen.

2. Chilischoten, Öl, Knoblauch, Koriander, Kümmel, Salz und Wasser in einer Schüssel mit einem Pürierstab in 2–3 Sekunden zu einer glatten Masse verquirlen. Sollte die Sauce zu dick sein, vorsichtig mit Wasser verdünnen.

Lammfleisch in Zucchini

Ergibt: *4 Portionen*

1 EL Olivenöl
½ Tasse Zwiebeln, gehackt
1 große Knoblauchzehe, gehackt
340 g Lammfleisch, gehackt
4 kleine Zucchini (je etwa 15 cm lang), der Länge nach halbiert
½ TL getrockneter Majoran, gerebelt
1 Msp. Pfeffer
½ Tasse geriebener Parmesan
1 Tasse Tomaten, aus der Dose

1. Einen Gitterost in die Mitte des Ofens schieben und den Ofen auf 190 °C vorheizen. Eine Auflaufform von 23 x 33 cm leicht einfetten.

2. Das Öl in einer Pfanne auf mittlerer Stufe erhitzen und die Zwiebeln darin glasig dünsten. Den Knoblauch zugeben und eine weitere Minute dünsten. Das Lammfleisch zufügen und unter ständigem Wenden 5–8 Minuten braten. Überschüssiges Fett abgießen.

3. Die Zucchini in einem Dämpfeinsatz über kochendem Wasser in etwa 5 Minuten bißfest dämpfen. Etwas abkühlen lassen.

4. Das Innere der Zucchini aushöhlen und das Fruchtfleisch kleinschneiden. Fruchtfleisch, Majoran und Pfeffer zum Lammfleisch geben und alles gut mischen.

5. Die Zucchiniboote in die Auflaufform setzen, mit der Fleischmasse füllen und mit Parmesan bestreuen. Die restliche Fleischmischung um die Zucchini verteilen. Die Tomaten mit ihrem Saft ebenfalls um die Zucchini verteilen. 20–25 Minuten backen, bis die Sauce Blasen wirft und das Fleisch heiß ist.

Lammfleischbällchen mit Joghurtsauce

Ergibt: *4 Portionen*

450 g Lammfleisch, gehackt
1 TL Kurkuma
Salz und Pfeffer
2 TL Kümmel, gemahlen
1 TL Koriander, gemahlen
½ TL Nelken, gemahlen
1 TL Kardamom, gemahlen
3 EL Sonnenblumenöl
1 kleine Zwiebel, feingehackt
180 ml heißes Wasser
1 ½ Tassen Joghurt

1. Lammhackfleisch, Kurkuma, Salz und Pfeffer in einer Schüssel mischen. Aus dem Teig mit den Händen walnußgroße Kugeln formen.

2. Kümmel, Koriander, Nelken und Kardamom in einer Tasse mischen.

3. Das Öl in einer großen Pfanne erhitzen. Die Zwiebel darin glasig dünsten. Die gemischten Kräuter und Gewürze zugeben und unter Rühren etwa 1 Minute anbraten, bis sich ihr Aroma entfaltet.

4. Die Fleischbällchen zugeben und in 5–7 Minuten von allen Seiten anbraten. Das Wasser aufgießen, zum Kochen bringen, die Hitze reduzieren und 35–40 Minuten köcheln lassen, bis das Wasser verdampft ist. Die Pfanne vom Herd nehmen und den Joghurt unterrühren. Bei schwacher Hitze die Sauce vollständig erwärmen. Sofort servieren.

Lammfleisch-Häppchen

Ergibt: *42 Bällchen*

450 g Lammfleisch, gehackt
1 großes Ei, verquirlt
2 EL Milch
1 Tasse frische Semmelbrösel
2 EL Zwiebeln, feingehackt
½ TL getrockneter Estragon, gerebelt
1 EL Öl
½ Tasse Joghurt
¼ Tasse Gurke, feingehackt
1 EL Petersilie, feingehackt
Salz und Pfeffer

1. Einen Gitterrost in die Mitte des Ofens schieben und den Ofen auf 200 °C vorheizen.

2. Lammhackfleisch, Ei, Milch, Semmelbrösel, Zwiebeln und Estragon in einer Schüssel gut durchkneten und zu walnußgroßen Kugeln formen.

3. Eine feuerfeste Form einfetten, die Kugeln hineinlegen und 15–20 Minuten garen. Dazwischen einmal wenden. Die Kugeln auf Küchenpapier abtropfen lassen.

4. Joghurt, Gurke und Petersilie in einer Schüssel mischen. Mit Salz und Pfeffer abschmecken. Die Fleischbällchen mit dem Joghurt-Dip servieren.

Lammkoteletts mit Zitrone

Ergibt: *4 Portionen*

4 bis 6 Lammkoteletts, je 1,5 cm dick, fettfrei
3 EL Zitronensaft
weißer Pfeffer
1 TL getrockneter Thymian, gerebelt
1 ½ EL Butter oder Margarine
½ EL Sonnenblumenöl
Zum Garnieren:
Zitronenspalten

1. Die Koteletts in eine etwa 23 x 33 cm große Auflaufform legen und mit 2 Eßlöffeln Zitronensaft beträufeln. Mit Pfeffer und Thymian bestreuen und zugedeckt mindestens 1 Stunde kalt stellen.

2. Butter und Öl zusammen in einer Pfanne auf mittlerer Stufe erhitzen. Die Koteletts zufügen und etwa 3 Minuten auf jeder Seite anbraten. Das Fleisch auf einen Teller legen und beiseite stellen. Das überschüssige Fett abgießen.

3. Den restlichen Eßlöffel Zitronensaft in die Pfanne geben und bei mittlerer Hitze die Bratenrückstände vom Boden der Pfanne kratzen. Den Fond über die Koteletts träufeln und mit Zitronenspalten garniert servieren.

Leberwurst-Brotaufstrich

Ergibt: *2 Tassen*

240 g Frischkäse
220 g Leberwurst
1 EL Schalotten, gehackt
1 Schuß Zitronen- oder Limettensaft
1 TL Worcestersauce
Salz und Pfeffer
Roggenbrot oder Pumpernickel

Frischkäse und Leberwurst in einer Schüssel mit einem Handrührgerät auf niedriger Stufe zu einer glatten Masse rühren. Die restlichen Zutaten unterrühren und zugedeckt 2 Stunden kalt stellen. Das Brot damit bestreichen und servieren.

Leberwurst-Pastete

Ergibt: *12-14 Portionen*

450 g Leberwurst, mit einer Gabel zerdrückt
2 Knoblauchzehen, 1 zerdrückt, 1 gehackt
½ TL getrocknetes Basilikum
3 EL Zwiebeln, gehackt
240 g Frischkäse
einige Tropfen Tabasco
1 TL Mayonnaise
80 g schwarzer Kaviar
Zum Garnieren:
Petersilie oder Brunnenkresse, gehackt
Zum Servieren:
Cracker oder Partybrötchen

1. Leberwurst, zerdrückten Knoblauch, Basilikum und Zwiebeln in einer Schüssel mischen, zu einem Kreis oder Oval formen und locker mit Butterbrotpapier zugedeckt mindestens 30 Minuten kalt stellen.

2. Frischkäse, gehackten Knoblauch, Tabasco und Mayonnaise zu einer glatten Masse rühren. Auf die Leberwurst geben und mit Kaviar garnieren. Zugedeckt mindestens 8 Stunden kaltstellen. Mit Petersilie oder Brunnenkresse garniert servieren.

Mexikanische Fleisch-Häppchen

Ergibt: *36 Häppchen*

450 g mageres Rindfleisch, gehackt
110 g grobgeriebener Cheddar
110 g grobgeriebener Gouda
110 g grüne Chilischoten, aus der Dose, gehackt, abgetropft
120 ml grüne Taco-Sauce
2 große Eier, verquirlt

1. Einen Gitterrost in die Mitte des Ofens schieben und den Ofen auf 175 °C vorheizen.

2. Das Hackfleisch in einer großen, beschichteten Pfanne bei starker Hitze 4–5 Minuten anbraten. Das Fett abgießen. Cheddar, Gouda, Chilischoten, Taco-Sauce und Eier zufügen und gut unterrühren.

3. Die Masse gleichmäßig in einer etwa 20 x 20 cm großen Auflaufform verstreichen und 35–40 Minuten backen, bis die Oberfläche goldbraun ist. Garprobe machen. Das Gericht auf einem Gitterrost etwa 15 Minuten abkühlen lassen und anschließend servieren.

Orientalische Röllchen

Ergibt: *24 Portionen*

450 g Lendensteak
8 Lauchzwiebeln
80 ml Sherry
60 ml Sojasauce
2 TL Zucker
2 TL Ingwer, gemahlen

1. Den Grill vorheizen.

2. Das Fleisch mit einem Fleischklopfer etwa 3 mm dünn klopfen. Das Steak in 4 Streifen schneiden und diese der Länge nach halbieren. Je eine Lauchzwiebel der Länge nach mit einem Fleischstreifen umwickeln und diesen mit Holzspießchen feststecken.

3. Sherry, Sojasauce, Zucker und Ingwer in einer kleinen Schüssel mit einem Schneebesen schaumig schlagen. Die Steakröllchen auf ein Backblech legen und mit etwas Sauce bestreichen. Das Fleisch auf oberster Schiene 3 Minuten grillen, wenden, erneut mit Sauce bestreichen und nochmals 2–3 Minuten grillen. Anschließend die Holzspießchen entfernen und die Röllchen in 2–3 cm lange Stücke schneiden. Heiß oder bei Zimmertemperatur servieren.

Panierte Kalbskoteletts

Ergibt: *4 Portionen*

2 EL Mehl
1 Msp. Nelken, gemahlen
1 Msp. weißer Pfeffer
2 TL Worcestersauce
1 großes Ei, verquirlt
½ Tasse Vollkornsemmelbrösel
4 Kalbskoteletts
3 EL Sonnenblumenöl

1. Mehl, Nelken und Pfeffer in einer kleinen, flachen Schale mischen.

2. Worcestersauce und Ei in einer zweiten kleinen, flachen Schale mit einem Schneebesen verrühren. Die Semmelbrösel in eine dritte flache Schale geben.

3. Die Koteletts zuerst im Mehl, dann im Ei und zum Schluß in den Semmelbröseln wenden.

4. Das Öl in einer Pfanne auf mittlerer Stufe erhitzen. Die Koteletts je 2–3 Minuten auf beiden Seiten anbraten; danach weitere 5–7 Minuten garen. Sofort servieren.

Polnische Würstchen im Teigmantel

Ergibt: *30 Stück*

110 g Butter oder Margarine
1 Tasse Mehl
120 g Hüttenkäse
1 EL Dijonsenf
6 geräucherte polnische Würstchen (je etwa 12 cm lang)
1 großes Ei
1 EL Milch

1. Den Ofen auf 200 °C vorheizen. Die Butter etwa 30 Minuten in den Gefrierschrank legen.

2. Die gekühlte Butter würfeln und mit dem Mehl in eine Schüssel geben. Die Butter mit einem Knethaken oder zwei Messern unter das Mehl arbeiten. Den Hüttenkäse zufügen und alles zu einem festen Teig kneten. Gegebenenfalls 2 oder 3 Teelöffel eiskaltes Wasser zugeben. Die Masse in 6 gleich große Portionen teilen.

3. Den Teig auf einer leicht bemehlten Fläche zu 8 x 16 cm großen Rechtecken ausrollen, mit Senf bestreichen und mit je einem Würstchen belegen. Den Teig um die Würstchen wickeln. Die Ränder mit kaltem Wasser bestreichen und andrücken. Die Röllchen mit der Naht nach unten auf nicht gefettetes Backpapier legen und mit einer Gabel Löcher in den Teig stechen.

4. Ei und Milch verquirlen. Die Röllchen damit bestreichen und 20–25 Minuten auf mittlerer Schiene backen, bis sie leicht gebräunt sind. In 2–3 cm lange Stücke schneiden und heiß servieren.

Reis-Frikadellen

Ergibt: *6 Stück*

420 ml Tomatensauce
220 g mageres Rindfleisch, gehackt
220 g mageres Schweinefleisch, gehackt
½ Tasse Naturreis, roh
2 EL grüne Chilischoten, aus der Dose, gehackt
1 Msp. Knoblauchsalz
1 Msp. getrockneter Oregano, gerebelt
2 Würfel Rinder- oder Hühnerbouillon
240 ml kochendes Wasser
1 Tasse Mozzarella oder Provolone, gewürfelt

1. Einen Gitterrost in die Mitte des Ofens schieben und den Ofen auf 175 °C vorheizen.

2. 240 ml Tomatensauce zur Seite stellen. Die restliche Tomatensauce, Hackfleisch, Reis, Chilischoten, Knoblauchsalz und Oregano in einer Schüssel gut mischen.

3. Die Masse in 6 gleich große Portionen teilen, zu Kugeln formen, in eine etwa 23 x 33 cm große, nicht gefettete Auflaufform legen und zu 1,5 cm dicken Frikadellen flachdrücken. Diese 5 Minuten backen; dabei einmal wenden. Überschüssiges Fett abgießen.

4. Die Brühwürfel im Wasser auflösen und die restliche Tomatensauce einrühren. Die Flüssigkeit über die Frikadellen gießen und diese mit Alufolie zugedeckt etwa 30 Minuten backen. Anschließend die Sauce mit einem Löffel über das Fleisch gießen, mit Mozzarella bestreuen und ohne Folie weitere 5 Minuten backen, bis der Käse schmilzt.

Reis-Rindfleisch-Bällchen

Ergibt: *8-12 Portionen*

2 Tassen Basmatireis, roh
450 g mageres Rindfleisch, gehackt
110 g Frühkartoffeln, gekocht, püriert, abgekühlt
2 große Eier
½ Zwiebel, gehackt
1 TL Zucker
2 TL Sojasauce, zusätzlich etwas Sauce zum Servieren
2 TL Ingwersirup
Zum Servieren:
mittelscharfer Senf

1. Den Reis in einer Schüssel mit soviel Wasser aufgießen, daß er vollständig bedeckt ist, und 8 Stunden oder über Nacht quellen lassen.

2. Hackfleisch, pürierte Kartoffeln, Eier und Zwiebel in einer Schüssel mischen. Zucker, 2 Teelöffel Sojasauce und Ingwersirup unterrühren. Den Teig mit den Händen zu olivengroßen Kugeln formen.

3. Den Reis abtropfen lassen und auf einem Teller verteilen. Die Fleischkugeln im Reis rollen, in ein feuchtes Tuch einschlagen und 25–30 Minuten in einem Dampfkochtopf garen, bis die Füllung fest und der Reis weich ist. Mit Senf und Sojasauce servieren.

Tip: Ingwersirup und Basmatireis erhalten Sie in asiatischen Lebensmittelgeschäften.

Reisfladen

Ergibt: *10-12 Stück*

1 Tasse Naturreis, roh
3 große Eier, leicht verquirlt
1 Tasse grobgeriebener Emmentaler oder Gouda
80 g geräucherter Rindfleischaufschnitt, kleingeschnitten
½ TL Zwiebelpulver

1. Den Reis nach Packungsanweisung garen und abkühlen lassen.

2. Eine gefettete Pfanne erhitzen.

3. Reis, Eier, Emmentaler, Rindfleischaufschnitt und Zwiebelpulver in einer großen Schüssel mischen. Je 4 Eßlöffel der Masse in die Pfanne geben und etwa 3 Minuten anbraten, bis sich die Ränder bräunen. Wenden und auf der anderen Seite etwa 2 Minuten braten.

Rindfleisch-Röllchen

Ergibt: *4 Portionen*

900 g Lenden- oder Hüftsteak, in 4 Stücken
50 g Butter oder Margarine
4 große Champignons, in Scheiben
1 große Knoblauchzehe, gehackt
280 g gehackter Spinat (tiefgekühlt), gekocht, abgetropft
½ TL frischer Estragon, gehackt
1 EL Pflanzenöl
120 ml Rinderbouillon
Zum Servieren:
fertige Sauce béarnaise, warm

1. Den Ofen auf 160 °C vorheizen.

2. Die Fleischstücke mit einem Fleischklopfer auf 6 mm flachklopfen und zur Seite stellen.

3. In einer großen Pfanne 40 g Butter bei mittlerer Hitze zerlassen und Champignons und Knoblauch darin in 5 Minuten weich dünsten. Vom Herd nehmen und Spinat und Estragon unterrühren.

4. Die Mischung zu gleichen Teilen auf den Fleischstücken verteilen; das Fleisch so fest wie möglich zusammenrollen. Mit einem Holzspießchen feststecken.

5. Die restliche Butter in der gleichen Pfanne zerlassen, die Röllchen zugeben und in etwa 4–5 Minuten von allen Seiten anbraten. Mit Bouillon aufgießen und zugedeckt etwa 1 Stunde schmoren, bis das Fleisch zart ist. Die Holzspießchen entfernen und die Röllchen mit der Naht nach unten auf einem Schneidbrett in etwa 1,5 cm dicke Scheiben schneiden. Zum Servieren die Sauce béarnaise über die Röllchen gießen.

Rindfleisch-Streifen

Ergibt: *6-8 Portionen*

60 ml Sojasauce
1 Knoblauchzehe, gehackt
1 ½ TL frischer Ingwer, gerieben
450–550 g Rindersteak, fettfrei, quer zur Faser, in sehr feinen Streifen
60 ml Sonnenblumenöl
1 Lauchzwiebel (nur den grünen Teil), gehackt
1 großer Paprika, in 2,5 cm großen Quadraten
2 Selleriestangen, in dünnen Scheiben
1 EL Speisestärke
240 ml Wasser
2 Tomaten, geviertelt

1. Sojasauce, Knoblauch und Ingwer in einer Schüssel mischen. Das Fleisch vorsichtig darin wenden.

2. Das Öl in einer großen Pfanne auf niedriger Stufe erhitzen. Auf mittlere Stufe schalten, das Fleisch zugeben und 3–4 Minuten anbraten. Auf höchste Stufe schalten, Lauchzwiebel, Paprika und Sellerie zufügen und in 6–8 Minuten das Gemüse zart garen. Es sollte noch Biß haben.

3. Speisestärke und Wasser in einer kleinen Schüssel verrühren, in die Pfanne gießen und rühren, bis die Sauce bindet. Die Tomaten zufügen, vom Herd nehmen und 1 Minute ziehen lassen. Sofort servieren.

Rindfleisch-Teigtaschen

Ergibt: *18 Stück*

450 g mageres Rindfleisch, gehackt
1 kleine Schalotte, gehackt
1 Kartoffel, feingehackt
240 g Erbsen-Karotten-Mischung, aus der Dose, abgetropft
30 g Champignonsaucenpulver
240 ml Wasser
620 g Blätterteig (tiefgekühlt)
Paprikapulver

1. Hackfleisch und Schalotte in einer beschichteten Pfanne bei mittlerer Hitze 7–8 Minuten anbraten. Das Fett abgießen. Kartoffel, Erbsen und Karotten, Saucenpulver und Wasser zugeben und verrühren. Die Mischung zum Kochen bringen, Hitze reduzieren und 2–4 Minuten köcheln lassen, damit die Flüssigkeit auf die Hälfte einkocht.

2. Den Ofen auf 200 °C vorheizen.

3. Den Blätterteig nach Packungsanweisung auftauen und ausrollen. Mit einer runden Ausstechform von 7,5 cm Durchmesser etwa 18 Kreise ausstechen. Die Kreise im Abstand von 2–3 cm auf Backpapier legen. Auf eine Hälfte jedes Kreises einen Eßlöffel Fleischmischung geben und die andere Hälfte darüber schlagen. Die Ränder mit einer Gabel festdrücken. Mit Paprikapulver bestreuen und in 12–15 Minuten auf mittlerer Schiene goldbraun backen. Heiß servieren.

Rippchen auf Südseeart

Ergibt: *4 Portionen*

60 ml Teriyaki- Sauce
3 EL ungesüßter Ananassaft
2 EL Ketchup
1 ½ EL brauner Zucker
½ TL Ingwer, gemahlen
1 große Knoblauchzehe, gehackt
900 g Rippenstück vom Schwein, fettfrei, in einzelnen Rippchen
Zum Garnieren:
4 Scheiben frische Ananas
4 Tomatenspalten

1. Teriyaki-Sauce, Ananassaft, Ketchup, Zucker, Ingwer und Knoblauch in einer kleinen Schüssel gut mischen.

2. Die Rippchen in eine flache Glas- oder Keramikform geben, mit der Marinade übergießen und darin wenden. Zugedeckt 24 Stunden kalt stellen und dabei mehrmals wenden.

3. Einen Holzkohlen-, Gas- oder Elektrogrill vorbereiten und den Rost 15 cm von der Hitzequelle entfernt einschieben.

4. Die Rippchen 45 Minuten unter mehrmaligem Wenden grillen, bis das Fleisch zart und schön gebräunt ist. Das Fleisch dabei mehrmals mit der Marinade bestreichen.

5. Etwa 5 Minuten bevor das Fleisch fertig ist, die Ananasscheiben mit Marinade bestreichen und auf dem Grill etwa 5 Minuten leicht bräunen; einmal wenden. Die Rippchen mit den Ananasscheiben und den Tomatenspalten garniert servieren.

Salami-Baguette

Ergibt: *8-10 Portionen*

450 g italienische Salami, gewürfelt
1 kleiner, roter Paprika, feingehackt
1 Zwiebel, feingehackt
1 EL Pizzagewürz
240 g Frischkäse
80 ml Wasser
⅓ Tasse geriebener Parmesan
1 Baguette, der Länge nach halbiert, ausgehöhlt
220 g Mozzarella oder Provolone, gewürfelt

1. Die Salami in einer beschichteten Pfanne bei mittlerer Hitze 4–6 Minuten unter Wenden anbraten. Überschüssiges Fett abgießen. Paprika, Zwiebel und Gewürz hinzufügen und nochmals etwa 5 Minuten garen, bis die Zwiebel glasig ist.

2. Die Pfanne vom Herd nehmen und den Frischkäse zufügen. Den Käse schmelzen lassen; Wasser aufgießen, damit eine cremige Masse entsteht. Den Parmesan einstreuen und unter Rühren erhitzen.

3. Die heiße Mischung auf den Brothälften verteilen und mit Mozzarella bestreuen. Die beiden Hälften in je 4 Stücke schneiden und sofort servieren.

Salami-Muffins

Ergibt: *12 Portionen*

2 würzige italienische Salami, gehäutet, gewürfelt
2 Tassen Mehl
⅓ Tasse geriebener Parmesan
1 EL Backpulver
½ TL frische Oreganoblätter, gehackt
Salz und Pfeffer
1 großes Ei
340 ml Pizzasauce
2 EL Sonnenblumenöl

1. Einen Grillrost in die Mitte des Ofens schieben und den Ofen auf 200 °C vorheizen. Zwei Bleche für je 6 Muffins einfetten.

2. Die Salami in einer beschichteten Pfanne bei mittlerer Hitze 4–6 Minuten unter Wenden anbraten. Die Bratrückstände abgießen und aufheben.

3. Mehl, Parmesan, Backpulver und Oregano in einer Schüssel mischen. Mit Salz und Pfeffer würzen.

4. Das Ei in einer Schüssel mit einem Schneebesen schaumig schlagen. Pizzasauce, Öl und Bratrückstände unterrühren. Salami und Parmesan-Mischung zugeben und gut mischen. Etwa 2 Eßlöffel Teig in jedes Muffin-Förmchen füllen und leicht andrücken. Die Muffins 20–25 Minuten backen. Vor dem Servieren mindestens 30 Minuten auf einem Gitterrost abkühlen lassen.

Salami-Pizza

Ergibt: *8 Stücke*

Pizzateig (s. unten)
220 g scharfe italienische Salami, gewürfelt
450 g Bohnen mit Tomatensauce, aus der Dose
1 Msp. Oreganoblätter, zerrieben
1 große Tomate, in dünnen Scheiben
80 g Mozzarella, in dünnen Scheiben
80 g Provolone, in dünnen Scheiben

1. Einen Gitterrost in die Mitte des Ofens schieben und den Ofen auf 220 °C vorheizen. Ein Pizzablech von 30 cm Durchmesser oder eine 23 x 33 cm große Auflaufform leicht einfetten.

2. Den Pizzateig auf das Blech oder in die Form drücken.

3. Die Salami bei mittlerer Hitze unter häufigem Wenden 4–5 Minuten braten. Das überschüssige Fett abgießen und die Salami in eine kleine Schüssel geben. Bohnen und Oregano unterrühren.

4. Die Mischung auf dem Pizzaboden verteilen und etwa 10 Minuten backen. Die Pizza dann mit Tomaten- sowie Mozzarella- und Provolonescheiben belegen und weitere 10 Minuten backen, bis der Käse schmilzt. Die Pizza in Stücke oder kleine Quadrate schneiden und servieren.

Tip: Die Pizza auf einem rechteckigen Blech backen; dann läßt sie sich leichter in gleich große Quadrate schneiden.

Pizzateig

Ergibt: *1 Boden von 30 cm Durchmesser*

160 ml warmes Wasser
10 g Trockenhefe
1 EL Zucker
1 ½ Tassen Mehl
1 TL Salz

1. Wasser, Hefe und Zucker in einer Tasse mischen und 5 Minuten gehen lassen.

2. Mehl und Salz in einer großen Schüssel mischen. Die Hefemischung zugeben und mit einem Holzlöffel zu einem weichen Teig schlagen.

3. Den Teig auf einer leicht bemehlten Arbeitsfläche etwa 5 Minuten lang zu einem glatten Teig kneten. Zugedeckt an einem warmen Ort gehen lassen, bis sich die Masse verdoppelt hat.

4. Den Teig auf einer leicht bemehlten Arbeitsfläche nochmals 3–4 Minuten kneten. Auf die Größe des Pizzablechs ausrollen.

Tip: Für einen Pizzaboden aus Vollkornteig 1 Tasse Mehl und ½ Tasse Vollkornmehl verwenden.

Salami-Taschen

Ergibt: *8 Stück*

1 EL Maismehl
340 g italienische Salami, gewürfelt
1 Knoblauchzehe, gehackt
¼ Tasse Schalotten, gehackt
1 Tasse frischer Spinat, gehackt
¾ Tasse Mozzarella, gewürfelt
¼ Tasse frische Champignons, gehackt
2 EL geriebener Parmesan
450 g Hefeteig (tiefgekühlt)
1 großes Ei
1 EL Wasser

1. Den Ofen auf 175 °C vorheizen. Ein Stück Backpapier leicht einfetten und mit Mehl bestäuben. Hefeteig nach Packungsanweisung auftauen.

2. Die Salami in einer Pfanne bei mittlerer Hitze unter gelegentlichem Wenden 7–8 Minuten anbraten. Knoblauch, Schalotten und Spinat zufügen; in etwa 5 Minuten das Gemüse weich dünsten. Mozzarella, Champignons und Parmesan zufügen und solange rühren, bis der Käse zu schmelzen beginnt. Vom Herd nehmen.

3. Den Teig kurz durchkneten, ausrollen und in 8 Rechtecke teilen. ½ Tasse der Salami-Mischung auf einer Hälfte jedes Rechtecks verteilen; einen 1,5 cm breiten Rand frei lassen.

4. Ei und Wasser schaumig schlagen und die Teigränder damit bestreichen. Die nicht belegte Teighälfte über die Füllung schlagen; die Ränder festdrükken. Die Taschen auf das Backpapier legen und auf mittlerer Schiene in 15–20 Minuten goldbraun backen. Auf einem Gitterrost leicht abkühlen lassen; noch warm servieren.

Sauerkraut-Frikadellen

Ergibt: *36 Frikadellen*

1 EL Pflanzenöl
1 Zwiebel, gehackt
2 Dosen Sauerkraut, gehackt, gut abgetropft
450 g Schinken, gehackt
¼ Tasse Mehl
5 große Eier
1 EL Senf
1 TL Worcestersauce
¾ Tasse Cornflakes, zerrieben
50 g Butter oder Margarine

1. Das Öl in einer Pfanne auf mittlerer Stufe erhitzen und die Zwiebel darin etwa 5 Minuten glasig dünsten. In eine Schüssel geben.

2. Sauerkraut, Schinken, Mehl, 2 Eier, Senf und Worcestersauce zufügen und gut mischen.

3. Die Sauerkraut-Mischung in der Pfanne verteilen und bei mittlerer Hitze etwa 10 Minuten unter Rühren garen. Vom Herd nehmen und die Masse zu walnußgroßen Kugeln formen. Die Kugeln zu 5–6 mm dicken Frikadellen flachdrücken.

4. Die restlichen 3 Eier in einer flachen Schale leicht schlagen. Die Cornflakes ebenfalls in eine flache Schale geben. Die Frikadellen erst im Ei und dann in den Cornflakes wenden.

5. Butter in der Pfanne zerlassen und die Frikadellen bei mittlerer Hitze 4–5 Minuten braten. Sofort servieren.

Schinken in Brötchenteig

Ergibt: *20 Stück*

220 g Hefeteig (tiefgekühlt)
8 dünne Schinkenscheiben
4 TL Senf
1 Tasse grobgeriebener Emmentaler
2 EL Sesam

1. Den Ofen auf 190 °C vorheizen. Den Hefeteig nach Packungsanweisung auftauen.

2. Den Teig kurz durchkneten und in 4 lange Rechtecke ausrollen. Die Schinkenscheiben auf den Teig legen, mit Senf bestreichen und mit Emmentaler bestreuen. Die Rechtecke von der kurzen Seite her aufrollen und die Ränder fest andrücken.

3. Den Sesam auf einem Teller verteilen und die Röllchen darin wenden. Jedes Röllchen in 5 Scheiben schneiden; insgesamt ergeben sich 20 Scheiben. Diese mit der Schnittseite nach unten auf nicht gefettetes Backpapier legen und auf mittlerer Schiene in 15–20 Minuten goldbraun backen. Heiß servieren.

Schinken-Bällchen

Ergibt: *12–18 Portionen*

180 g Schinken
8 Lauchzwiebeln, geputzt, feingehackt
720 g Frischkäse
3 EL Worcestersauce
Salz und Pfeffer
Zum Servieren:
Cracker

1. Die Hälfte des Schinkens mit einem Messer sehr fein zerkleinern. Die andere Hälfte grob zerkleinern. Den grob zerkleinerten Schinken in einer flachen Schale verteilen.

2. Lauchzwiebeln, Frischkäse, Worcestersauce und feingehackten Schinken in einer Schüssel mischen, salzen und pfeffern und zu einer großen Kugel formen. Die Kugel im grob geschnittenen Schinken rollen. Die Kugel in Frischhaltefolie wickeln und zum Festwerden 4 Stunden kalt stellen.

3. Vor dem Servieren die Kugel nochmals in den restlichen Schinkenstücken rollen. Die Cracker dazu reichen.

Tip: Beachten Sie beim Würzen, daß Schinken salzig ist.

Schinken-Brötchen

Ergibt: *10 Stück*

10 Partybrötchen
110 g weiche Butter oder Margarine
80 g Frischkäse
3 EL Mohn
3 EL mittelscharfer Senf
1 TL Worcestersauce
1 Schalotte, gehackt
220 g Emmentaler, in Scheiben
340 g gekochter Schinken, in dünnen Scheiben

1. Den Ofen auf 200 °C vorheizen.

2. Die Partybrötchen halbieren und auf eine Arbeitsfläche legen.

3. Butter, Frischkäse, Mohn, Senf, Worcestersauce und Schalotten in einer kleinen Schüssel mischen. Die untere Hälfte der Brötchen mit der Masse bestreichen und mit Emmentaler und Schinken belegen. Die beiden Brötchenhälften zusammenklappen und auf nicht gefettetes Backpapier legen. 18–20 Minuten auf mittlerer Schiene backen, bis die Brötchen goldbraun sind und der Käse schmilzt.

Schwedische Fleisch-Bällchen

Ergibt: *8-10 Portionen*

2 große Eier, leicht verquirlt
240 ml Milch
½ Tasse Semmelbrösel
3 EL Butter oder Margarine
½ Tasse Zwiebeln, feingehackt
670 g mageres Rindfleisch, gehackt
1 TL getrocknete Dillspitzen
1 Msp. Piment, gemahlen
1 kleine Msp. Muskatnuß, gerieben
Salz und Pfeffer
3 EL Mehl
1 Würfel Rinderbouillon
240 ml kochendes Wasser
120 ml süße Sahne

1. Eier, Milch und Semmelbrösel in einer Schüssel mischen.

2. Ein Drittel der Butter in einer Pfanne bei mittlerer Hitze zerlassen, die Zwiebeln darin glasig dünsten und unter die Eimischung rühren. Hackfleisch, ein Drittel der Dillspitzen, Piment und Muskatnuß zufügen und mit Salz und Pfeffer würzen. Zugedeckt mindestens 2 Stunden kalt stellen.

3. Die restliche Butter in einer großen Pfanne zerlassen. Aus dem Fleischteig mit den Händen etwa walnußgroße Kugeln formen und 3–5 Minuten von allen Seiten anbraten. Die Fleischbällchen aus der Pfanne nehmen und beiseite stellen.

4. Das Mehl mit dem verbliebenen Fett in der Pfanne bei mittlerer Hitze zu einer dicken Paste rühren. Die restlichen Dillspitzen zufügen.

5. Den Brühwürfel im kochenden Wasser auflösen, die Mehlmischung damit aufgießen und unter Rühren erhitzen, bis die Flüssigkeit bindet. Vom Herd nehmen und süße Sahne und Fleischbällchen zufügen.

6. Alles bei schwacher Hitze etwa 30 Minuten köcheln lassen, bis die Fleischbällchen gar sind und die Sauce bindet. Heiß auf einer Warmhalteplatte servieren.

Schweinefleisch-Bällchen

Ergibt: *4 Stück*

450 g Basmatireis, roh
450 g mageres Schweinefleisch, gehackt
1 Eiweiß von einem großen Ei
4 EL Porree, gehackt
1 EL Sojasauce
<u>Zum Servieren:</u>
zusätzlich etwas Sojasauce
1 EL Sherry oder weißer Portwein

1. Den Reis in einem Kochtopf in soviel kaltem Wasser einweichen, daß der Reis vollständig bedeckt ist. 3 Stunden quellen lassen.

2. Hackfleisch, Eiweiß, Porree, Sojasauce und Sherry in einer Schüssel mischen und mit den Händen gut verkneten. Die Masse in 4 Portionen teilen und diese zu Kugeln formen.

3. Den Reis abtropfen lassen und auf einem Teller verteilen. Die Kugeln darin rollen, bis sie gut damit bedeckt sind. Auf einen Teller legen und zu 1,5 cm flachen Frikadellen drücken.

4. Die Frikadellen in einem Dämpfeinsatz über kochendem Wasser 35–40 Minuten garen. Mit Sojasauce servieren.

Schweinefleisch-Bällchen mit Wasserkastanie

Ergibt: *48 Stück*

450 g Schweinefleisch, gehackt
220 g Wasserkastanien, aus der Dose, abgetropft, feingehackt
¼ Tasse Lauchzwiebeln, gehackt
1 große Knoblauchzehe, gehackt
1 großes Ei
2 EL Sojasauce
6 EL Speisestärke
1 EL Pflanzenöl
560 g Ananas, aus der Dose, mit Saft, in Stücken
1 EL frischer Ingwer, gemahlen
½ grüner Paprika, in Streifen

1. Hackfleisch, Wasserkastanien, Lauchzwiebeln, Knoblauch, Ei, 1 Eßlöffel Sojasauce und 1 Teelöffel Speisestärke in einer großen Schüssel mischen. Den Teig mit den Händen zu etwa walnußgroßen Kugeln formen.

2. Bis auf einen Eßlöffel die restliche Speisestärke in eine flache Schale geben und die Kugeln darin wenden.

3. Das Öl in einer Pfanne auf höchster Stufe erhitzen und die Bällchen etwa 10 Minuten darin rundum anbraten. Auf Küchenpapier abtropfen lassen.

4. Ananassaft, Ingwer, restliche Speisestärke und restliche Sojasauce in einem großen Kochtopf mischen und bei mittlerer bis starker Hitze unter Rühren zum Kochen bringen, bis die Flüssigkeit bindet und klar ist. Ananasstücke und Paprikastreifen gut unterrühren. Die Bällchen zugeben und vorsichtig umrühren, bis sie mit Sauce überzogen sind. Sofort servieren oder auf einem Réchaud warm halten.

Schweinefleisch-Spiesschen „Asia“

Ergibt: *4 Spießchen*

6 Paranüsse, feingehackt
1 Tasse Zwiebeln, gehackt
2 große Knoblauchzehen, gehackt
2 EL Koriander, gemahlen
2 EL brauner Zucker
60 ml Zitronensaft
60 ml Sojasauce
60 ml Olivenöl
4 scharfe getrocknete Chilischoten, zerrieben
900 g Schweinefilet, in 2–3 cm großen Würfeln
Zum Garnieren:
kandierte Kumquatscheiben (kleine Orangensorte aus Ostasien)
Orangen- oder Zitronenblätter

1. Paranüsse, Zwiebeln, Knoblauch, Koriander, Zucker, Zitronensaft, Sojasauce, Öl und Chilischoten in einer großen Glas- oder Keramikschüssel mischen. Das Fleisch darin wenden. Zugedeckt mindestens 10 Minuten marinieren lassen.

2. Einen Elektro-, Holzkohlen- oder Gasgrill auf sehr hohe Temperatur vorheizen.

3. Die Fleischstücke auf 4 Spieße stecken und 10–15 Minuten unter Wenden grillen; dabei mit Marinade bestreichen. Mit Kumquats und Orangenblättern servieren.

Tip: Falls Sie Holzspieße verwenden, diese 20 Minuten in kaltes Wasser legen, damit sie nicht anbrennen. Wird das Fleisch länger als 10 Minuten mariniert, sollten Sie es in den Kühlschrank stellen.

Schweinehack im Teigmantel

Ergibt: *40 Stück*

450 g Hefeteig (tiefgekühlt)
220 g Schweinefleisch, gehackt
160 ml Mayonnaise-Dressing
1 EL Sojasauce
240 g Wasserkastanien, aus der Dose, abgetropft, feingehackt
½ Tasse Weißkohl, zerkleinert
2 EL Schalotten, feingehackt

1. Einen Gitterrost in die Mitte des Ofens schieben und den Ofen auf 200 °C vorheizen. Den Hefeteig nach Packungsanweisung auftauen.

2. Das Fleisch in einer beschichteten Pfanne bei mittlerer Hitze 7–8 Minuten von allen Seiten braten. Das Fett abgießen. Die Hälfte des Dressings, Sojasauce, Wasserkastanien, Kohl und Schalotten zufügen und unter ständigem Rühren nochmals etwa 5 Minuten erhitzen.

3. Den Hefeteig kurz durchkneten, ausrollen und 5 cm große Kreise daraus ausstechen; je 1 Teelöffel Fleischmasse darauf geben. Die Teigränder über der Masse zusammenlegen. Mit der Naht nach unten auf ein Gitter über eine flache, 1–2 cm hoch mit Wasser gefüllte Auflaufform legen. Locker mit Backpapier abdecken und an den Kanten verschließen. 18–20 Minuten backen. Mit dem restlichen Dressing bestreichen und warm servieren.

Schweinerippchen mit Chutney

Ergibt: *4 Portionen*

220 g Ananas, abgetropft, Saft aufgefangen, in Stücken
120 ml Apfelessig
60 ml Mais- oder Ahornsirup
60 ml Melasse
60 ml Sojasauce
¼ Tasse Mango-Chutney, feingehackt
2 TL Currypulver
1350 g Rippenstück vom Schwein, fettfrei, in einzelnen Rippchen

1. Ananassaft, Apfelessig, Sirup, Melasse, Sojasauce, Chutney und Currypulver in einer kleinen Schüssel gut mischen.

2. Die Rippchen in eine flache Glas- oder Keramikform geben, mit der Marinade übergießen und darin wenden. Zugedeckt 24 Stunden kalt stellen und dabei mehrmals wenden.

3. Einen Holzkohlen-, Gas- oder Elektrogrill vorbereiten und den Rost 15 cm von der Hitzequelle entfernt einschieben.

4. Die Rippchen 45 Minuten unter mehrmaligem Wenden grillen, bis das Fleisch zart und schön gebräunt ist. Das Fleisch dabei mehrmals mit der Marinade bestreichen. Mit den Ananasstücken servieren.

Tip: Da die Marinade viel Zucker enthält, brennt sie leicht an. Während des Grillens daher gut auf das Fleisch aufpassen.

Schweinsbällchen scharf

Ergibt: *40-50 Bällchen*

450 g scharf gewürztes Schweinebrät
3 Tassen neutrale Fertigteigmischung
1 Tasse geriebener würziger Cheddar
1 Prise Cayennepfeffer

1. Den Ofen auf 175 °C vorheizen. Ein Stück Backpapier leicht einfetten.

2. Schweinebrät, Teigmischung, Cheddar und Cayennepfeffer in einer Schüssel mit den Händen gut mischen. Den Teig zu walnußgroßen Kugeln formen und im Abstand von 2–3 cm auf das Backpapier legen. In 15–20 Minuten auf mittlerer Schiene goldbraun backen. Die Bällchen auf einem Gitterrost abkühlen lassen und bei Zimmertemperatur servieren.

Tip: Servieren Sie die Bällchen mit einem Dip.

Schweinswürstchen-Omelett

Ergibt: *12 Portionen*

2 EL Sonnenblumenöl
220 g Brät von Schweinswürstchen
3 Lauchzwiebeln, nur der grüne Teil, in Ringen
8 große Eier
60 ml Milch
schwarzer Pfeffer
50 g weiche Butter oder Margarine
1 Tomate, kleingeschnitten
1 Tasse grobgeriebener würziger Cheddar

1. Das Öl in einer großen Pfanne auf mittlerer Stufe erhitzen und das Brät und die Lauchzwiebeln darin 3–4 Minuten anbraten. Das überschüssige Fett abgießen; das Brät zur Seite stellen.

2. Die Eier in einer Schüssel mit einem Handrührgerät oder Schneebesen schaumig schlagen. Die Milch einrühren und mit Pfeffer würzen.

3. 15 g Butter in einer Pfanne erhitzen. Ein Viertel der Eimischung in die Pfanne gießen und solange braten, bis die Eier am Rand zu stocken beginnen. Ein Viertel der Brätmischung über die Eier geben, einen Teil der Tomaten und etwas Cheddar darauf verteilen. So lange backen, bis die Eier gestockt sind und der Käse leicht geschmolzen, aber nicht flüssig ist. Das fertige Omelett auf einen großen Teller geben, zusammenlegen und in 3 Stücke schneiden. Zugedeckt warmstellen. Die restlichen Zutaten auf die gleiche Weise verarbeiten.

Sizilianische Lammschulter

Ergibt: *4 Portionen*

4 Lammkoteletts von der Schulter
2 EL Zitronensaft
2 TL getrockneter Oregano
½ Tasse Semmelbrösel
2 EL Olivenöl
1 kleine Knoblauchzehe, gehackt
¼ Tasse frische Petersilie, feingehackt
Salz und Pfeffer
Zum Garnieren:
Zitronenscheiben
Petersilie

1. Einen Gitterrost 15 cm vom Grill entfernt einschieben und den Ofen vorheizen. Eine etwa 23 x 33 cm große Auflaufform mit Alufolie auslegen.

2. Die Koteletts mit Zitronensaft bestreichen, mit Oregano bestreuen und in die Auflaufform legen. Das Fleisch auf jeder Seite 8–10 Minuten grillen.

3. Semmelbrösel, Öl, Knoblauch und Petersilie mischen und mit Salz und Pfeffer würzen. Die Koteletts auf eine feuerfeste Platte legen und mit Semmelbröseln bestreuen. 2–3 Minuten grillen, bis die Brösel gebräunt sind. Mit Zitronenscheiben und Petersilie garnieren.

Spanische Fleischbällchen

Ergibt: *20 Bällchen*

8 EL Taco-Sauce
⅓ Tasse grüne Chilischoten, gehackt
220 g mageres Rindfleisch, gehackt
220 g mageres Schweinefleisch, gehackt
Zum Servieren:
Salsa

1. Einen Gitterrost in die Mitte des Ofens schieben und den Ofen auf 175 °C vorheizen. Eine Auflaufform von 27 x 39 cm leicht einfetten.

2. Taco-Sauce, Chilischoten und Hackfleisch in einer Schüssel mischen und zu walnußgroßen Kugeln formen. In die Auflaufform legen und 18–20 Minuten im Ofen braten. Auf Küchenpapier abtropfen lassen und mit Salsa servieren.

Teriyaki-Stirfry

Ergibt: *6-8 Portionen*

3 EL Sojasauce
2 EL Honig
2 EL Sherry oder weißer Portwein
1 Msp. Ingwer, gemahlen
½ TL Knoblauchpulver
450 g mageres Rindfleisch, ohne Knochen, in sehr dünnen Scheiben
2 EL Erdnußöl

1. Sojasauce, Honig, Sherry, Ingwer und Knoblauchpulver in einer Schüssel mischen. Das Fleisch vorsichtig darin wenden. Zugedeckt mindestens 2 Stunden kalt stellen. Fleisch und Marinade vor dem Braten auf Zimmertemperatur erwärmen.

2. Die Marinade abgießen und beides zur Seite stellen.

3. Das Öl in einer Pfanne oder einem Wok bei mittlerer Hitze erwärmen.

4. Die Hälfte des Fleisches in die Pfanne legen, 2–3 Minuten anbraten und auf einen Teller geben. Den Vorgang mit dem restlichen Fleisch wiederholen.

5. Die übriggebliebene Marinade in der Pfanne zum Kochen bringen. In einer Schale als Dip zum Fleisch servieren.

Tropische Schweinefleisch-Bällchen

Ergibt: *75 Bällchen*

FLEISCHBÄLLCHEN
670 g mageres Schweinefleisch, gehackt
560 g mageres Rindfleisch, gehackt
2 Tassen Cornflakes, zerrieben
2 große Eier, verquirlt
240 ml Milch
3 EL Meerrettich, aus dem Glas
3 EL Worcestersauce
2 TL Senfpulver
Salz und Pfeffer

SAUCE
220 ml Ketchup
100 g brauner Zucker
120 ml Wasser
80 ml Sojasauce
2 EL Honig
2 EL Apfelessig
1 TL Senfpulver
220 g Ananas, abgetropft, in Stücken

1. Einen Gitterrost in die Mitte des Ofens schieben und den Ofen auf 230 °C vorheizen.

2. Für die Fleischbällchen Hackfleisch, Cornflakes, Eier, Milch, Meerrettich, Worcestersauce und Senf in einer großen Schüssel mischen und mit Salz und Pfeffer abschmecken. Den Teig mit den Händen zu walnußgroßen Kugeln formen. Diese auf ein Gitter über eine flache Auflaufform legen und 12–15 Minuten backen. Aus dem Ofen nehmen und zur Seite stellen.

3. Für die Sauce Ketchup, Zucker, Wasser, Sojasauce, Honig, Essig und Senfpulver in einem Kochtopf mischen und bei starker Hitze zum Kochen bringen. Die Hitze reduzieren und unter gelegentlichem Rühren etwa 10 Minuten köcheln lassen. Ananasstücke unterrühren.

4. Die Fleischbällchen zur Sauce geben und unter vorsichtigem Rühren damit überziehen. Alles 10–15 Minuten garen. Heiß auf einer Warmhalteplatte servieren.

Kapitel 7

Geflügel

In diesem Kapitel werden Ihnen zahlreiche leckere Rezepte für Geflügel in allen möglichen Variationen präsentiert. Die Rezepte sind einfach zuzubereiten und noch einfacher zu essen! Viele Geflügelgerichte wie zum Beispiel gebratene Hühnerkeulen sind Snacks, die gerne bei Picknicks gereicht werden, da sie sehr handlich sind.

Fritiertes Huhn

Ergibt: *30 Stück*

250 g Hühnerbrust, in 60 Stücken
30 dünne Scheiben frischer Ingwer
30 Erbsen
30 dünne Scheiben Schalotten
2 EL Sherry oder weißer Portwein
2 El Sojasauce
60 ml Sesamöl
Erdnußöl

1. Hühnerbruststücke, Ingwer, Erbsen, Schalotten, Sherry und Sojasauce in einer Schüssel gut mischen.

2. Aus Pergamentpapier 15 cm große Quadrate ausschneiden und jedes Quadrat in der Mitte mit etwas Sesamöl bestreichen. 2 Hühnerbruststücke, 1 Scheibe Ingwer, 1 Erbse und 1 Schalottenscheibe darauf legen. Das Papier um die Füllung herum zu einem Dreieck zusammenlegen. Die Seiten nach innen klappen und die Enden in die Seitenfalten stecken.

3. In eine tiefe Pfanne 2 ½ cm hoch Erdnußöl füllen und sehr heiß werden lassen. Das eingepackte Hühnerfleisch mit der gefalteten Seite nach unten in das Öl geben und 6–8 Minuten fritieren, bis das Papier leicht braun ist. Aus dem Öl nehmen, kurz abkühlen lassen und aus dem Papier wickeln. Heiß servieren.

Geflügel-Salat „Kalkutta“

Ergibt: *8 Portionen*

6 Tassen gekochtes Hühnerfleisch, gewürfelt
620 g Mandarinenspalten, aus der Dose, abgetropft
230 g Wasserkastanien, abgetropft, in Scheiben
1 Tasse Erbsenschoten, kleingeschnitten
240 g Frischkäse
80 ml Limetten- oder Orangensaft
2 TL geriebene unbehandelte Limetten- oder Orangenschale
1 TL Currypulver
140 g chinesische Instant-Eiernudeln, eingeweicht, abgetropft

1. Hühnerfleisch, Mandarinenspalten, Wasserkastanien und Erbsenschoten in einer Schüssel mischen.

2. Frischkäse, Limettensaft, geriebene Limettenschale und Currypulver in einer Schüssel mit dem Pürierstab glattpürien. Die Masse über das Hühnerfleisch geben und umrühren.

3. Die Masse in eine leicht geölte, runde Form füllen, abdekken und mindestens 1 Stunde kühl stellen. Die feste Masse auf eine Platte stürzen und mit den Nudeln garniert servieren.

GEFLÜGEL-SALAT MIT MANDARINEN

ERGIBT: *6-8 Portionen*

½ Tasse Mandeln, grobgehackt
3 EL Zucker
4 kleine Salatköpfe, zerteilt (etwa 6 Tassen)
3 Tassen gekochtes Hühnerfleisch, gewürfelt
1 Tasse Bleichsellerie, gehackt
2 Lauchzwiebeln, in dünnen Scheiben
310 g Mandarinenspalten, aus der Dose, abgetropft
2 EL Sonnenblumen- oder Erdnußöl
1 EL Weißwein- oder Apfelessig
Salz und Pfeffer

1. Mandeln und Zucker in einen Topf geben und bei niedriger Hitze 2–3 Minuten unter ständigem Rühren erhitzen, bis der Zucker schmilzt und die Mandeln damit überzogen sind. Die Mandeln auf einen Teller oder ein Backblech geben und abkühlen lassen. Die abgekühlte Mandelmasse in Stücke brechen und in einem fest verschlossenen Behälter bis zu 24 Stunden bei Zimmertemperatur aufbewahren.

2. Salatstücke, Hühnerfleisch, Bleichsellerie, Lauchzwiebeln und Mandarinenspalten in einer Schüssel mischen.

3. Öl und Essig in einer kleinen Schüssel oder Tasse verquirlen und mit Salz und Pfeffer abschmecken. Die Marinade über den Hühnersalat gießen und umrühren. Mandeln zufügen und nochmals gut umrühren. Sofort servieren.

GEFLÜGEL-STREIFEN MIT PFIRSICH

ERGIBT: *10 Stück*

240 g Frischkäse
2 EL Pekannüsse, feingehackt
12 Scheiben gekochtes Hühnerfleisch
<u>Zum Garnieren:</u>
230 g Pfirsiche aus der Dose, abgetropft, in Scheiben,

1. Frischkäse und Pekannüsse in einer kleinen Schüssel mischen.

2. 9 Scheiben Hühnerfleisch auf die Arbeitsfläche legen und mit der Frischkäsemischung bestreichen. Die Scheiben zu 3 Stapeln aufeinander legen und mit den restlichen 3 Fleischscheiben bedecken. Die Stapel in Klarsichtfolie wickeln und mindestens 2 Stunden kühl stellen, bis die Füllung fest ist.

3. Jeden Stapel in breite Streifen schneiden. Pfirsichscheiben auf Holzspießchen stecken und die Streifen damit garnieren. Gekühlt servieren.

TIP: Garnieren Sie die Stapel statt mit Pfirsichen mit anderen Früchten, Gewürzgurken, grünem oder rotem Paprika oder mit Oliven.

Geflügel-Torte

Ergibt: *8 Portionen*

450 g Hefeteig (tiefgekühlt)
4 Tassen gekochtes Hühnerfleisch, gehackt
2 Tassen frischer Brokkoli, gehackt
1 ½ Tassen geriebener Emmentaler
¼ Tasse Schalotten, gehackt
2 EL Dijonsenf
Salz und Pfeffer
1 großes Ei, verquirlt

1. Den Ofen auf 190 °C vorheizen. Hefeteig nach Packungsanweisung auftauen und kurz durchkneten.

2. Die Hälfte des Teiges zu 2 langen Rechtecken formen. Die beiden Rechtecke auf einem Backblech zu einem Rechteck zusammenfügen, dabei einen ½ cm hohen Rand formen. 6–8 Minuten backen, bis der Teig leicht braun ist.

3. Hühnerfleisch, Brokkoli, Emmentaler, Schalotten und Senf in einer Schüssel gut mischen. Mit Salz und Pfeffer würzen und auf den Teigboden verteilen.

4. Aus dem restlichen Teig 2 lange Dreiecke formen. Jedes Dreieck der Länge nach in 5 Streifen schneiden. 6 Streifen längs über das Hühnerfleisch legen.

5. Die restlichen 4 Teigstreifen halbieren und in einem Gittermuster über die anderen Streifen legen. Die Teigstreifen mit Ei bepinseln und die Torte in 18–24 Minuten auf mittlerer Schiene goldbraun backen. In Rechtecke schneiden und servieren.

Gegrillte Hühnerschenkel

Ergibt: *12 Stück*

240 ml Joghurt
2 EL Mayonnaise oder Salat-Dressing
2 EL Blauschimmelkäse, zerkrümelt
1 Msp. Selleriesalz
1 EL Sonnenblumenöl
1 EL Apfelessig
2 Tropfen Tabasco
12 Hühnerschenkel

1. Joghurt, Mayonnaise, Blauschimmelkäse und Selleriesalz in einer Schüssel mischen. Die Sauce abdecken und mindestens 1 Stunde kühl stellen.

2. Öl, Essig und Tabasco in einen Gefrierbeutel geben. Die Hühnerschenkel zufügen und schütteln, bis sie gut mit der Marinade überzogen sind. Den Beutel mit den Hühnerschenkeln mindestens 1 Stunde kühl stellen.

3. Einen Gitterrost 15 cm von den Heizstäben entfernt in den Ofen schieben und den Grill vorheizen. Die Hühnerschenkel auf den Rost legen und unter mehrmaligem Wenden 35–40 Minuten grillen. Zusammen mit der Sauce noch heiß servieren.

Huhn auf Mexikanische Art

Ergibt: *8 Teigtaschen*

2 ½ TL Maismehl
240 g Hefeteig (tiefgekühlt)
2 ¼ Tassen gekochtes Hühnerfleisch, gewürfelt
1 Tasse geriebener Cheddar
120 ml saure Sahne
½ Tasse schwarze Oliven, entsteint, in Scheiben
½ Tasse Zwiebeln, gehackt
110 g grüne Chilies, abgetropft, gehackt
1 großes Eiweiß
1 EL Wasser
Zum Garnieren:
340 ml Salsa mit grünen Chilies
Zum Servieren:
etwas saure Sahne

1. Den Ofen auf 220 °C vorheizen. Ein Backblech leicht einfetten und mit 1 ½ Teelöffel Maismehl bestäuben. Den Hefeteig nach Packungsanweisung auftauen.

2. Hühnerfleisch, Cheddar, 120 ml saure Sahne, Oliven, Zwiebeln und Chilies in einer großen Schüssel mischen.

3. Den Hefeteig kurz durchkneten, in 8 Rechtecke teilen. ½ Tasse Hühnerfleisch-Mischung auf jedes Rechteck geben und verteilen. Einen Rand von ½ cm freilassen. Die Rechtecke von der Längsseite aus zusammenrollen und die Enden zusammendrükken. Mit der Naht nach unten auf das Backblech legen.

4. Eiweiß und Wasser in einer kleinen Schüssel verquirlen und die Rollen damit bestreichen. Die Rollen mit dem restlichen Maismehl bestäuben. 20–25 Minuten auf mittlerer Schiene backen, bis sie goldbraun sind. Salsa über die Rollen gießen und zusammen mit saurer Sahne servieren.

Huhn in Brötchenteig

Ergibt: *40 Stück*

1 EL Butter oder Margarine
900 g Hefeteig (tiefgekühlt)
4 kleine Selleriestangen, feingehackt
1 kleine Schalotte, feingehackt
½ Tasse gekochtes Hühnerfleisch, gewürfelt
240 g Frischkäse
100 g Champignons in Scheiben, abgetropft
Butter, geschmolzen
Cornflakes, zerrieben

1. Den Ofen auf 180 °C vorheizen. 2 Backbleche leicht einfetten. Den Hefeteig nach Packungsanweisung auftauen.

2. 1 Eßlöffel Butter in einer beschichteten Pfanne bei mittlerer Hitze zerlassen und Sellerie und Schalotten in 3–4 Minuten weich dünsten. In einer Schüssel Hühnerfleisch, Frischkäse und Champignons mit dem Sellerie und den Schalotten gut mischen.

3. Den Teig kurz durchkneten, in Dreiecke teilen und 1 Eßlöffel Hühnerfleisch-Mischung in die Mitte der breiteren Ecke geben. Die Dreiecke zusammenrollen.

4. Die geschmolzene Butter in ein flaches Gefäß gießen und die Cornflakes auf einem Teller verteilen. Jede Teigrolle zuerst in der Butter und dann in den Cornflakes wälzen und auf die Backbleche legen. Die Rollen nach Packungsanweisung auf mittlerer Schiene backen und warm servieren.

Huhn mit Wasserkastanien

Ergibt: *4-6 Portionen*

70 ml Sesamöl
2 Scheiben frischer Ingwer
1 kleine Porreestange, kleingeschnitten (nur der weiße Teil)
2 Hühnerbrüste, in 3 ½ cm großen Stücken (mit Knochen)
70 ml Sojasauce
2 EL Sherry
470 ml Wasser
1 EL Zucker
340 g frische Wasserkastanien, geschält, gekocht, gehäutet und halbiert

1. In einer großen Pfanne oder einem Wok das Sesamöl erhitzen und Ingwer und Porree in 3–4 Minuten darin weich dünsten. Die Hühnerbrüste zufügen und etwa 5 Minuten braten, bis das Fleisch goldbraun ist.

2. Sojasauce, Sherry und Wasser zufügen. Die Pfanne abdecken, die Hitze reduzieren und das Hühnerfleisch etwa 15 Minuten unter gelegentlichem Rühren gar kochen. Zucker und Wasserkastanien zufügen und weitere 15 Minuten kochen. Heiß servieren.

Tip: Die äußere Schale der Kastanien entfernen und die Kastanien 11–12 Minuten in Wasser kochen. Den Topf vom Herd nehmen, das Wasser abgießen und sofort die innere Schale mit einem scharfen Messer entfernen. (Wenn sie naß sind, lassen sich die Kastanien leichter schälen.) Die Kastanien nach dem Schälen halbieren.

Huhn-Käse-Cracker

Ergibt: *10-12 Portionen*

720 g Frischkäse
60 ml Mayonnaise
2 EL Zitronensaft
1 Msp. Ingwer, gemahlen
4 Tropfen Tabasco
Salz und Pfeffer
2 Tassen gekochtes Hähnchen, feingewürfelt
1 großes Ei, hartgekocht, gehackt
¼ Tasse Lauchzwiebeln, in Scheiben
Zum Garnieren:
3 grüne oder rote Paprikaringe
1 EL geröstete Sesamsamen
3 EL grüner Paprika
3 EL schwarze Oliven, entsteint, gehackt
80 g eingelegte Paprikaschoten, gehackt
Zum Servieren:
Cracker

1. Frischkäse, Mayonnaise, Zitronensaft, Ingwer und Tabasco in einer Schüssel mit einem elektrischen Handrührgerät auf niedriger Stufe verrühren. Mit Salz und Pfeffer abschmecken. Hähnchenfleisch, Ei und Lauchzwiebeln zufügen und vorsichtig mischen.

2. Die Masse zu einer etwa 20 cm langen und 5 cm dicken Rolle formen. In Klarsichtfolie wickeln und 4 Stunden kühl stellen, bis die Rolle fest ist.

3. Die Rolle aus der Folie nehmen, auf eine Platte legen und die Paprikaringe darauf verteilen. Jeweils ¼ der Rolle mit Sesamsamen, grünem Paprika, Oliven und eingelegten Paprikaschoten bestreuen. Zusammen mit Crackern servieren.

Tip: Verwenden Sie zum Garnieren andere Gemüsesorten, Nüsse oder Samen, auch kleingehackt.

Huhn-Käse-Sandwiches

Ergibt: *6 Sandwiches*

½ Tasse geriebener milder Cheddar
½ Tasse geriebener Emmentaler
140 g Hühnerfleisch, aus der Dose, abgetropft, in Stücken
100 g grüne Chilies, aus der Dose, abgetropft, gehackt
80 g Frischkäse
6 einfache Bagels oder kleine Brötchen, halbiert

1. Cheddar, Emmentaler, Hühnerfleisch, Chilies und Frischkäse in einer Schüssel mit einem elektrischen Handrührgerät auf höchster Stufe zu einer glatten Masse rühren.

2. Die Mischung auf die Bagel- oder Brötchenhälften streichen. Die Brötchen in den Ofen schieben und heiß werden lassen; sofort servieren.

Tip: Bagels sind Brötchenringe aus Hefeteig.

Hühnerbrust in Reisweinsauce

Ergibt: *24 Stück*

450 g Hühnerbrust, ohne Haut und Knochen
1 TL grobkörniges Meersalz
60 ml Reiswein-Essig
2 ½ EL Sojasauce
2 EL Sake (Reiswein)
1 EL Zucker
1 ½ TL scharfer Senf
Zum Servieren:
verschiedene Cracker und Waffeln

1. Die Hühnerbrust mit Meersalz bestreuen und in einem Dämpfkorb über kochendem Wasser abgedeckt in 18–20 Minuten gar kochen. Zur Seite stellen und völlig abkühlen lassen.

2. Das Hühnerfleisch in 3 ½ cm große Würfel schneiden und auf Holzspießchen stecken.

3. Essig, Sojasauce, Sake, Zucker und Senf in einen kleinen Topf geben und im Wasserbad unter Rühren erhitzen, bis die Sauce glatt und heiß ist. Die Hühnerfleischwürfel zusammen mit der Sauce sowie den Crackern und den Waffeln servieren.

Hühnerbrust in Sesampanade

Ergibt: *8 Portionen*

1 großes Ei
80 ml Wasser
⅓ Tasse Mehl
2 TL Sesamsamen
4 halbe Hühnerbrüste, ohne Haut und Knochen, in 2 ½ cm großen Würfeln
Pflanzenöl
Zum Garnieren:
1 rote Zwiebel, in Ringen
Sojasauce zum Dippen

1. Ei und Wasser in einer großen Schüssel schaumig rühren. Mehl und Sesamsamen zufügen und zu einem Teig verrühren. Die Hühnerbrustwürfel zufügen und vorsichtig untermischen.

2. Öl etwa 7 ½ cm hoch in eine tiefe Pfanne oder einen Topf füllen und stark erhitzen. Die Hühnerbrustwürfel aus dem Teig nehmen und Überschüssiges abtropfen lassen. Die Würfel in mehreren Arbeitsgängen etwa 4–5 Minuten von allen Seiten goldbraun fritieren. Mit Zwiebelringen garnieren und mit der Sojasauce servieren.

Tip: Reichen Sie statt der Sojasauce eine andere Sauce dazu.

Hühnerbrust mit Sesam

Ergibt: *24 Stück*

80 ml trockener Sherry oder weißer Portwein
80 ml Sesamöl
60 ml Sojasauce
½ TL Ingwer, gemahlen
1 Msp. Knoblauchpulver
4 halbe Hühnerbrüste, ohne Haut und Knochen, in je 6 Stücken (insgesamt 24 Stück)
⅓ Tasse geröstete Sesamsamen

1. Sherry, Öl, Sojasauce, Ingwer und Knoblauchpulver in einer Schüssel gut mischen. Hühnerbruststücke zufügen, umrühren, abdecken und mindestens 4 Stunden kühl stellen.

2. Einen Gitterrost etwa 15 cm von den Heizstäben entfernt in den Ofen schieben und den Grill vorheizen.

3. Überschüssige Marinade von den Hühnerbruststücken abtropfen lassen und in 6–8 Minuten auf beiden Seiten goldbraun braten. Großzügig mit Sesamsamen bestreuen und zusammen mit Holzspießchen servieren.

Hühnerbrust nach Südstaatenart

Ergibt: *8 Portionen*

80 ml Salsa
160 ml Mayonnaise
670 g Hühnerbrust, ohne Haut und Knochen, in 7 x 2 cm großen Streifen
2 EL Sonnenblumenöl

1. Salsa und Mayonnaise in einer Schüssel verquirlen. 60 ml davon in eine Tasse füllen.

2. Die Hühnerbruststreifen in die Schüssel geben und vorsichtig umrühren, abdecken und etwa 1 Stunde kalt stellen. Die Schüssel aus dem Kühlschrank nehmen und das Fleisch in 15 Minuten auf Zimmertemperatur erwärmen.

3. Öl in einer Pfanne auf mittlerer Stufe erhitzen. Das Hühnerbrustfleisch zugeben und 4–5 Minuten dünsten, bis es gar und leicht angebraten ist. Zusammen mit der aufgehobenen Sauce servieren.

Hühnerfleisch mit Kokosnuss

Ergibt: *36-40 Bällchen*

80 g Frischkäse
2 EL Mayonnaise oder Salat-Dressing
1 Tasse gekochtes Hühnerfleisch, feingehackt
1 Tasse Mandeln, feingemahlen
1 EL Chutney, gehackt
1 EL Currypulver
½ Tasse Kokosraspel

1. Frischkäse und Mayonnaise in einer Schüssel mit einem elektrischen Handrührgerät auf mittlerer Stufe rühren. Hühnerfleisch, Mandeln, Chutney und Currypulver zufügen und gut mischen. Der Masse kleine Stücke entnehmen und zu walnußgroßen Kugeln formen.

2. Kokosraspel in eine flache Schüssel geben und die Bällchen darin wälzen. Die Bällchen auf einer Platte oder einem Tablett anrichten und vor dem Servieren mindestens 1 Stunde kühl stellen.

Hühnerfleisch-Barbecue

Ergibt: *6 Portionen*

180 ml Tomatensaft
1 kleine Zwiebel, feingehackt
3 EL Zitronensaft
2 EL Butter oder Margarine
1 ½ TL Worcestersauce
1 ½ TL Paprikapulver
1 Prise Zucker
Salz und Pfeffer
1 Hähnchen (1 kg), zerteilt

1. Einen Holzkohle-, Gas- oder Elektrogrill vorbereiten und einen Gitterrost mindestens 15 cm von der Hitzequelle entfernt einschieben.

2. Tomatensaft, Zwiebel, Zitronensaft, Butter, Worcestersauce, Paprikapulver und Zucker in einen Topf geben und auf mittlerer Stufe erhitzen. Mit Salz und Pfeffer abschmecken und die Sauce fast zum Kochen bringen. Vom Herd nehmen und alle Hähnchenteile damit bestreichen.

3. Das Hähnchen 20–30 Minuten bei mittlerer Hitze grillen, öfters wenden und mit der Sauce bestreichen. Heiß servieren.

Hühnerfleisch-Barbecue Pakistanisch

Ergibt: *4-6 Portionen*

1 ½ TL Honig
4 kleine Knoblauchzehen, geschält
1 Stück frischer Ingwer, etwa 2 ½ cm lang, geschält, gehackt
1 Msp. Kreuzkümmel, gemahlen
5 Minzeblätter
1 Msp. Cayennepfeffer
1 Msp. Muskatnuß, gemahlen
450 g Hühnerschenkel

1. Honig, Knoblauch, Ingwer, Kreuzkümmel, Minze, Cayennepfeffer und Muskatnuß in einer Schüssel mit einem Pürierstab glattrühren. Die Masse zur Seite stellen.

2. Die Haut bis zum ersten Gelenk vom Hühnerschenkel abziehen, aber nicht ganz lösen. Etwas Knoblauch-Honig-Paste auf das Fleisch streichen und die Haut wieder darüber ziehen. Die Schenkel auf eine Platte legen und mindestens 4 Stunden kühl stellen.

3. Einen Gitterrost in die Mitte des Ofens schieben und den Ofen auf 190 °C vorheizen.

4. Die Hühnerschenkel in einer flachen Pfanne auf ein Gitter setzen und 30–35 Minuten backen, bis das Fleisch zart ist. Die Haut abziehen und die Hühnerschenkel noch heiß servieren.

Hühnerfleisch-Pizza

Ergibt: *8 Portionen*

240 g Pizzateig (tiefgekühlt)
60 ml Sonnenblumenöl
4 Hühnerbrüste, ohne Haut und Knochen, in 2 ½ cm großen Würfeln
1 große Zwiebel, in Ringen
1 großer grüner Paprika, in Ringen
220 g frische Champignons, in Scheiben
½ Tasse schwarze Oliven, entsteint, in Scheiben
300 ml Pizzasauce
¼ Tasse geriebener Parmesan oder Romano
1 TL Knoblauchsalz
1 TL getrockneter Oregano
2 Tassen geriebener Mozzarella oder Provolone

1. Einen Gitterrost in die Mitte des Ofens schieben und den Ofen auf 220 °C vorheizen. Eine 30 cm große Pizzaform einfetten. Den Pizzateig nach Packungsanweisung auftauen.

2. Den Teig kurz durchkneten, auf Größe der Pizzaform ausrollen und diese damit auslegen.

3. Öl in einer großen tiefen Pfanne auf mittlerer Stufe erhitzen und Hühnerfleisch, Zwiebel, Paprika, Champignons und Oliven etwa 5 Minuten braten, bis das Fleisch durch ist.

4. Die Pizzasauce auf den Teig streichen und die Hühnerfleisch-Mischung mit einem Löffel gleichmäßig darauf verteilen. Knoblauchsalz, Oregano und Parmesan darüber streuen. Mit Mozzarella belegen und 18–20 Minuten backen, bis der Teig goldbraun ist und der Käse schmilzt.

Hühnerfleisch-Sandwiches

Ergibt: *4 Sandwiches*

120 ml Weißwein
2 EL Petersilie, feingehackt
1 TL weiße Zwiebeln, gehackt
1 TL frischer Thymian, gehackt
4 halbe Hühnerbrüste, ohne Haut und Knochen
3 EL Mayonnaise oder Salat-Dressing
1 TL scharfer Senf
8 Scheiben Weizen- oder Vollkorntoast
Salatblätter
1 große Tomate, in dünnen Scheiben

1. Einen Holzkohle-, Gas- oder Elektrogrill vorbereiten und den Grillrost etwa 15 cm von der Hitzequelle entfernt einschieben.

2. Wein, 1 Eßlöffel Petersilie, Zwiebeln und ½ Teelöffel Thymian in einer kleinen Schüssel mischen.

3. Das Hühnerfleisch etwa 15 Minuten grillen; dabei mehrmals mit der Weinsauce bestreichen. Das Fleisch wenden, wiederholt mit Weinsauce bestreichen und noch 10 Minuten grillen. Zur Seite stellen.

4. Mayonnaise, Senf, die restliche Petersilie und den restlichen Thymian in einer kleinen Schüssel mischen. Die Masse auf 4 Brotscheiben streichen und jede mit einem Salatblatt, einer halben Hühnerbrust und 2 Tomatenscheiben belegen. Die übrigen Brotscheiben darauf legen, die Sandwiches halbieren und servieren.

Hühnerfleisch-Spiesse

Ergibt: *6 Spieße*

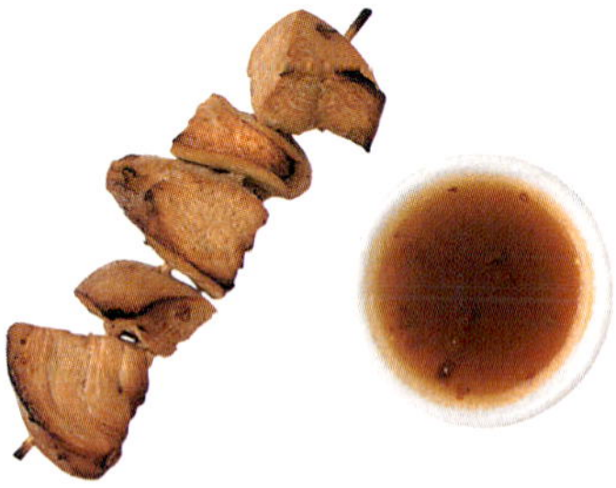

400 ml Hühnerbrühe
2 EL Limettensaft
2 EL Sonnenblumenöl
2 EL helle Sojasauce
1 EL brauner Zucker
1 Msp. Ingwer, gemahlen
1 Msp. rote Pfefferschote, zerstoßen
2 Knoblauchzehen, zerdrückt
900 g Hühnerbrust, ohne Haut und Knochen, in 2 ½ cm großen Stücken
2 EL Speisestärke
6 Holzspieße

1. Hühnerbrühe, Limettensaft, Öl, Sojasauce, Zucker, Ingwer, rote Pfefferschote und Knoblauch in einem Topf bei geringer Hitze zu einer glatten Masse rühren. Die Marinade auf ein 20 x 30 cm großes Backblech gießen.

2. Auf 6 Spieße je 5 Stück Hühnerfleisch stecken und in die Marinade legen. Abdecken und etwa 1 Stunde kühl stellen.

3. Einen Gitterrost 10 cm von den Heizstäben entfernt in den Ofen schieben und den Grill vorheizen.

4. Die Spieße aus der Marinade nehmen und auf ein Backblech mit Gitter legen. Die Marinade aufheben.

5. Die Marinade in einem Topf mit der Speisestärke mischen und bei mittlerer Hitze zum Kochen bringen. In 4–5 Minuten die Sauce eindicken lassen.

6. Die Hühnerfleischspieße 10–12 Minuten grillen und mit etwas Sauce bestreichen.

7. Die restliche Sauce bei mittlerer Hitze erwärmen und zu den Spießen reichen.

Tip: Wenn Sie Holzspieße verwenden, sollten Sie diese etwa 30 Minuten in kaltes Wasser legen, bevor das Fleisch darauf gesteckt wird.

Hühnerfleisch-Windbeutel

Ergibt: *45-50 Windbeutel*

WINDBEUTEL
240 ml Wasser
120 g Butter oder Margarine
1 Prise Salz
1 Tasse Mehl
4 große Eier

FÜLLUNG
2 EL Butter oder Margarine
¼ Tasse grüner Paprika, feingehackt
¼ Tasse Zwiebeln, feingehackt
1 Knoblauchzehe, zerdrückt
1 TL Currypulver
280 ml eingedickte Champignoncremesuppe
1 ½ Tassen gekochtes Hühnerfleisch, feingehackt
⅓ Tasse Wasserkastanien, gehackt
2 EL Chutney, gehackt

1. Den Ofen auf 200 °C vorheizen.

2. Für die Windbeutel: Wasser, Butter und Salz in einem Topf bei großer Hitze zum Kochen bringen. Das gesamte Mehl auf einmal zufügen und kräftig rühren, bis die Masse eine Kugel bildet und sich vom Topfrand löst. Vom Herd nehmen, die Eier nacheinander unterrühren. Den Teig teelöffelweise auf ein nicht gefettetes Backblech setzen und auf mittlerer Schiene 25–30 Minuten backen, bis die Windbeutel goldbraun und aufgegangen sind. Auf einem Gitterrost abkühlen lassen. Den Ofen nicht ausschalten.

3. Für die Füllung: Butter in einem kleinen Topf bei mittlerer Hitze zerlassen. Paprika, Zwiebeln und Knoblauch in 5 Minuten darin weich dünsten. Currypulver unterrühren und vom Herd nehmen. Champignoncremesuppe, Hühnerfleisch, Wasserkastanien und Chutney gut untermischen.

4. Die Windbeutel halbieren; die untere Hälfte mit Hühnercreme füllen. Die obere Hälfte darauf setzen und die Windbeutel wieder auf das Backblech setzen. 8–10 Minuten backen. Heiß servieren.

Hühnerflügel im Maismantel

Ergibt: *20 Stück*

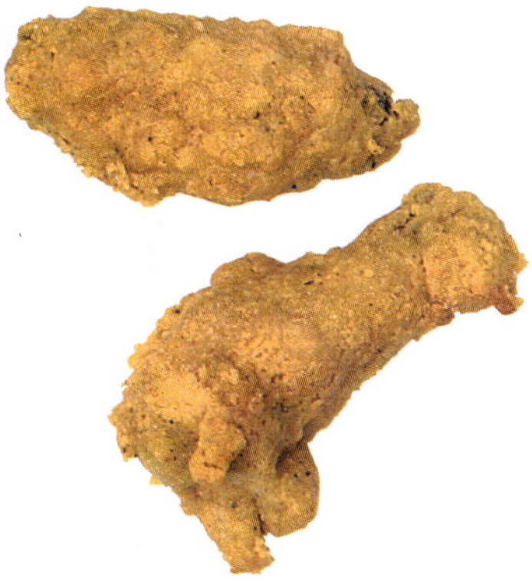

60 ml Limettensaft
60 ml Pflanzenöl
½ TL rote Pfefferschote, zerstoßen
10 Hühnerflügel (750 g)
2 EL Butter oder Margarine
½ Tasse Maismehl
2 EL Mehl
½ TL Kreuzkümmel, gemahlen
1 Msp. Pfeffer

1. Limettensaft, Öl und rote Pfefferschote in einer kleinen Schüssel gut mischen.

2. Die Hühnerflügel unter fließendem Wasser gut waschen, die Flügelspitzen abschneiden und wegwerfen. Die Flügel an den Gelenken auseinanderschneiden, in eine Schüssel geben und die Öl-Mischung darüber gießen. Vorsichtig die Flügel damit überziehen. Abdecken und mindestens 3 Stunden kühl stellen.

3. Den Ofen auf 220 °C vorheizen.

4. Butter auf ein 20 x 30 cm großes Backblech geben und im Ofen zerlassen. Die geschmolzene Butter gleichmäßig im Blech verteilen.

5. Maismehl, Mehl, Kreuzkümmel und die Messerspitze Pfeffer in einem Gefrierbeutel mischen. Die Hühnerflügel aus der Marinade nehmen, in den Beutel geben und schütteln, bis die Flügel mit dem Mehl überzogen sind.

6. Die Hühnerflügel auf das Backblech legen und 40–50 Minuten unter gelegentlichem Wenden auf mittlerer Schiene backen, bis sie goldbraun und durchgebraten sind.

Hühnerflügel in Senfsauce

Ergibt: *16 Stück*

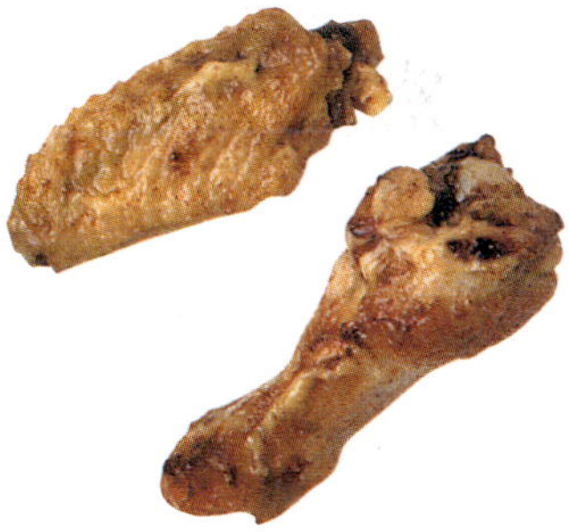

16 Hühnerflügel (1 kg)
1 große Zitrone, in 14 dünnen Scheiben
240 ml Senfsauce (s. Seite 241)

1. Den Ofen auf 200 °C vorheizen. Ein Backblech mit Alufolie auslegen.

2. Die Hühnerflügel unter fließendem Wasser gut waschen, die Spitzen abschneiden und wegwerfen. Die Flügel zusammen mit den Zitronenscheiben in einer Lage auf das Blech legen und 60 ml Senfsauce darüber gießen. Die restliche Sauce beiseite stellen. Die Flügel mit Alufolie abdecken und auf mittlerer Schiene 25–30 Minuten garen.

3. Die Hühnerflügel vom Blech nehmen und auf einer Platte anrichten. Die Flügel mit etwas Sauce bestreichen und zusammen mit der restlichen Sauce noch heiß servieren.

Hühnerflügel Mexikanisch

Ergibt: *20 Stück*

10 Hühnerflügel (750 g)
¾ Tasse neutrale Fertigteigmischung
2 EL Maismehl
1 EL Chilipulver
1 Prise Pfeffer
1 Prise Salz
120 ml Buttermilch
50 g Butter oder Margarine, geschmolzen

1. Den Ofen auf 220 °C vorheizen.

2. Die Hühnerflügel unter fließendem Wasser gut waschen, die Spitzen abschneiden und wegwerfen. Die Flügel an den Gelenken auseinanderschneiden.

3. Teigmischung, Maismehl, Chilipulver, Peffer und Salz in einer Schüssel mischen. Die Hühnerflügel in Buttermilch tauchen und dann mit der Mehlmischung panieren. Die Flügel auf ein 20 x 30 cm großes und 5 cm tiefes Backblech legen und mit Butter beträufeln. 35–40 Minuten auf mittlerer Schiene backen, bis die Hühnerflügel leicht braun sind.

Hühnerflügel mit Kokosnuss und Ingwer

Ergibt: *24 Stück*

240 ml French Dressing
1 EL und 1 ½ TL Sojasauce
2 TL Ingwer, gemahlen
12 Hühnerflügel
Kokosraspel

1. Den Ofen auf 200 °C vorheizen. Ein 20 x 30 cm großes Backblech mit Alufolie auslegen.

2. French Dressing, Sojasauce und Ingwer in einer Schüssel gut verquirlen. 80 ml der Sauce in eine Tasse füllen, abdecken und bis zum Servieren kühl stellen.

3. Die Hühnerflügel an den Gelenken teilen, die Spitzen abschneiden und wegwerfen. Die Flügel in die Schüssel mit der Sauce geben und darin wälzen. Aus der Sauce nehmen, auf das Blech legen und 25–30 Minuten auf mittlerer Schiene backen, bis die Hühnerflügel gar sind.

4. Die heißen Flügel in die restliche Sauce tauchen und mit Kokosraspel bestreuen. Sofort servieren.

Hühnerflügel mit Pflaumensauce

Ergibt: *30 Stück*

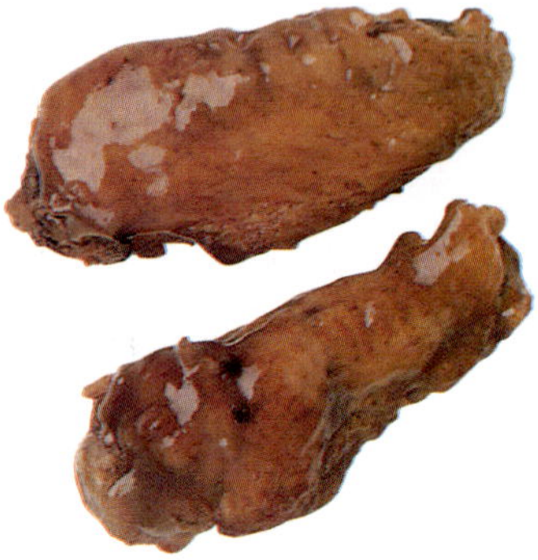

15 Hühnerflügel (1100 g)
Salz und Pfeffer
2 EL Erdnuß- oder Olivenöl
2 kleine Schalotten, gehackt
240 g Ananas, gehackt, mit Saft
⅔ Tasse Pflaumenmarmelade
60 ml Portwein
1 EL Sojasauce
1 ½ TL Zitronensaft
1 ½ TL Dijonsenf

1. Die Hühnerflügel unter fließendem Wasser gut waschen, die Spitzen abschneiden und wegwerfen. Die Flügel an den Gelenken auseinanderschneiden. Mit Salz und Pfeffer würzen.

2. Öl in einem Wok oder einer gußeisernen Pfanne erhitzen und die Hühnerflügel in 15–20 Minuten goldbraun braten.

3. Das Öl abgießen, die Schalotten zufügen und unter Rühren in 5 Minuten weich dünsten. Ananasstücke und Ananassaft, Pflaumenmarmelade, Portwein, Sojasauce, Zitronensaft und Senf zufügen. Zum Kochen bringen; etwa 5 Minuten kochen lassen, damit die Flüssigkeit auf die Hälfte einkocht, die Hühnerflügel aber noch mit Sauce überzogen sind. Warm servieren.

Hühnerflügel mit Sesam

Ergibt: *40 Stück*

20 Hühnerflügel (1300 g)
100 g Butter oder Margarine, geschmolzen
1 ½ Tassen Semmelbrösel
½ Tasse Sesamsamen
2 TL Paprikapulver
1 ½ TL Senfpulver
2 große Eier
2 EL Milch

1. Einen Gitterrost in die Mitte des Ofens schieben und den Ofen auf 220 °C vorheizen. Ein 20 x 30 cm großes Backblech mit 1 Eßlöffel Butter bestreichen.

2. Die Hühnerflügel an den Gelenken auseinanderschneiden, die Spitzen abschneiden und wegwerfen. Die Flügel mit 2 Eßlöffel Butter bestreichen.

3. Semmelbrösel, Sesamsamen, Paprikapulver und Senfpulver in einer Schüssel verrühren.

4. Eier und Milch in einer kleinen Schüssel schaumig rühren. Die Hühnerschenkel in die Eiermilch tauchen und in der Sesam-Mischung wälzen. Die Flügel auf das Blech legen und mit der restlichen Butter beträufeln. 30–35 Minuten backen, bis sie knusprig sind.

Hühnerflügel nach Südstaatenart

Ergibt: *20 Stück*

60 ml Limettensaft
60 ml Sonnenblumenöl
½ TL rote Pfefferschoten, zerstoßen
10 Hühnerflügel (etwa 750 g)
½ Tasse Maismehl
2 EL Mehl
½ TL Kreuzkümmel, gemahlen
Salz und Pfeffer
2 EL Butter oder Margarine, geschmolzen
Chili-Dip (s. Seite 19)

1. Limettensaft, Öl und rote Pfefferschoten in einer Schüssel mischen.

2. Die Hühnerflügel unter fließendem Wasser gut waschen, die Spitzen abschneiden und wegwerfen. Die Flügel an den Gelenken auseinanderschneiden und in die Schüssel geben. Umrühren, bis die Flügel mit dem Öl überzogen sind, abdecken und mindestens 3 Stunden kühl stellen. In dieser Zeit die Flügel mehrmals wenden.

3. Einen Gitterrost in die Mitte des Ofens schieben und den Ofen auf 220 °C vorheizen. Ein 20 x 30 cm großes Backblech leicht einfetten.

4. Maismehl, Mehl und Kreuzkümmel in einer tiefen Schüssel mischen und mit Salz und Pfeffer würzen. Die Hühnerflügel in der Mehlmischung wälzen und auf das Backblech legen. Mit Butter beträufeln und 20 Minuten backen. Die Flügel wenden und weitere 20–25 Minuten backen, bis sie goldbraun sind. Zusammen mit dem Chili-Dip servieren.

Hühnerflügel scharf

Ergibt: *20 Stück*

20 Hühnerflügel (1300 g)
2 EL Sonnenblumenöl
280 ml fertige Zwiebelsauce (instant)
60 ml Ketchup
1 ½ TL Tabasco
1 TL brauner Zucker
½ TL Apfelessig

1. Einen Gitterrost 15 cm von den Heizstäben entfernt in den Ofen schieben und den Grill vorheizen.

2. Die Hühnerflügel unter fließendem Wasser gut waschen, die Spitzen abschneiden und wegwerfen. Die Flügel auf den Gitterrost legen und mit Öl bestreichen.

3. Zwiebelsauce, Ketchup, Tabasco, Zucker und Essig in einer kleinen Schüssel gut mischen.

4. Die Hühnerflügel 20-25 Minuten grillen. In dieser Zeit die Flügel mehrmals wenden und mit der Sauce bestreichen. Heiß servieren.

Hühnerflügel süss-sauer

Ergibt: *12 Stück*

1–2 EL Sonnenblumenöl
12 Hühnerflügel (etwa 750 g)
120 ml Apfelessig
120 ml Wasser
120 ml Ketchup
100 g Zucker
1 TL Sojasauce
Salz
1 EL Speisestärke, mit 2 EL Wasser vermischt

1. Öl auf mittlerer Stufe in einer Pfanne erhitzen und die Hühnerflügel 15–20 Minuten unter Wenden goldbraun braten. (So wenig Öl wie möglich verwenden.) Auf Küchenkrepp abtropfen lassen.

2. Essig, Wasser, Ketchup, Zucker und Sojasauce in einem kleinen Topf mischen und mit Salz abschmecken. Auf mittlerer Stufe unter Rühren erhitzen. Die Speisestärke-Mischung einrühren und die Masse eindicken lassen. Zusammen mit den Hühnerflügeln servieren.

Hühnerflügel-Barbecue

Ergibt: *18 Stück*

240 g Preiselbeergelee
1 ½ TL hellbrauner Zucker
1 TL scharfer Senf
1 TL Worcestersauce
18 Hühnerflügel

1. Preiselbeergelee, Zucker, Senf und Worcestersauce in einem Topf auf niedriger Stufe erhitzen und zu einer glatten Marinade verrühren.

2. Die Hühnerflügel in ein flaches Glas- oder Keramikgefäß legen und die Marinade darüber gießen. Abdecken und mindestens 2 Stunden kühl stellen.

3. Einen Holzkohle-, Gas- oder Elektrogrill vorbereiten und einen Gitterrost mindestens 15 cm von der Hitzequelle entfernt einschieben.

4. Die Hühnerflügel 25–30 Minuten grillen, dabei öfter wenden und mit der Marinade bestreichen.

Hühnerleber-Pastete scharf

Ergibt: *12 Portionen*

170 g Hühnerleber
60 g Hühnermagen
120 g ausgelassenes Hühnerfett
1 Msp. Muskatnuß, gemahlen
1 TL Senfpulver
1 Msp. Gewürznelken, gemahlen
1 Msp. Cayennepfeffer
2 EL Schalotten, feingehackt
Zum Servieren:
Cracker oder Brot

1. Die Innereien in einen kleinen Kochtopf geben und mit kaltem Wasser bedecken. Bei großer Hitze zum Kochen bringen. Die Hitze reduzieren und die Innereien in 15–20 Minuten weich kochen. Abtropfen lassen.

2. Die Innereien in einer Küchenmaschine pürieren. Hühnerfett, Muskatnuß, Senfpulver, Gewürznelken und Cayennepfeffer zufügen und glattrühren. Schalotten zugeben und kurz pürieren. Die Masse in einen kleinen Topf oder eine kleine Schüssel füllen und zusammenpressen. Abdecken und mindestens 8 Stunden kühl stellen. Zusammen mit Crackern oder Brot servieren.

Hühnerschenkel „La Bamba“

Ergibt: *18-20 Stück*

1 ¼ Tassen Tortilla-Chips, zerkrümelt
30 g Mexikanische Gewürzmischung
18–20 Hühnerschenkel
Zum Servieren:
Salsa zum Dippen

1. Den Ofen auf 180 °C vorheizen. Ein 20 x 30 cm großes Backblech leicht einfetten.

2. Die zerkrümelten Tortilla-Chips mit der Mexikanischen Gewürzmischung in einem Gefrierbeutel mischen. Die Hühnerschenkel mit Wasser bestreichen und nacheinander in den Beutel geben und schütteln. Die panierten Hühnerschenkel auf das Backblech legen und in 30–35 Minuten auf mittlerer Schiene knusprig braten. Mit Salsa servieren.

Hühnerschenkel mit Glasur

Ergibt: *6 Portionen*

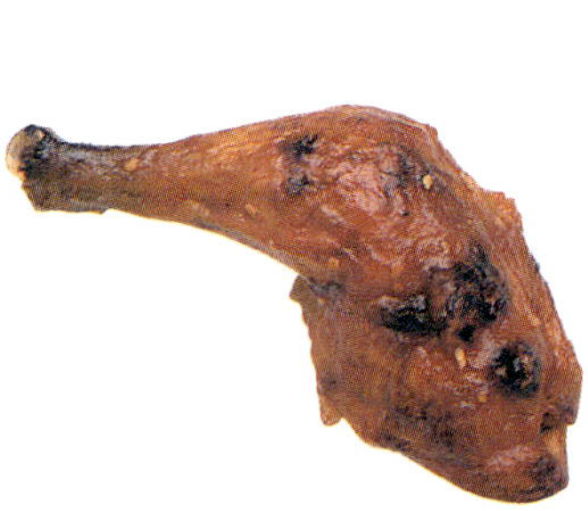

3 EL Butter oder Margarine
⅓ Tasse Mehl
1 TL Ingwer, gemahlen
Salz und Pfeffer
1300 g Hühnerschenkel
80 ml Honig
80 ml Chilisauce
80 ml Sojasauce

1. Den Ofen auf 220 °C vorheizen.

2. Butter in ein 20 x 30 cm grosses Backblech geben und im Ofen zerlassen. Die geschmolzene Butter auf dem Blech verteilen.

3. Mehl und ½ Teelöffel Ingwer in einem Gefrierbeutel mischen und mit Salz und Pfeffer würzen. Die Hühnerschenkel darin wälzen. Die Hühnerschenkel auf das Blech legen und 25–30 Minuten auf mittlerer Schiene unter gelegentlichem Wenden braten. Die Hühnerschenkel vom Blech nehmen und beiseite stellen.

4. Das Fett vom Backblech entfernen und dieses mit Alufolie auslegen. Die Hühnerschenkel darauf legen.

5. Honig, Chili- und Sojasauce sowie den restlichen Ingwer in einer Schüssel mischen. Über die Hühnerschenkel gießen und diese weitere 15 Minuten braten, bis sie goldbraun sind. Sofort servieren.

Kalte Hühnerleber

Ergibt: *6-8 Portionen*

450 g Hühnerleber
450 g Hühnerinnereien
6 Scheiben frischer Ingwer
½ Porreestange, gewürfelt
2 EL Zucker
2 ganze Sternanise
1 TL Pfeffer
240 ml Sojasauce
60 ml Sherry oder weißer Portwein

1. Hühnerleber und Innereien gut waschen und in einen Topf geben. Mit kaltem Wasser bedecken und zum Kochen bringen. Vom Herd nehmen und das Wasser abgießen.

2. Ingwer, Porree, Zucker, Sternanis, Pfeffer, Sojasauce und Sherry zufügen und vorsichtig umrühren. Maximal 10 Minuten kochen lassen. Die Leber aus dem Topf nehmen und abkühlen lassen.

3. Die Innereien weitere 25–40 Minuten kochen. Zum Abkühlen aus dem Topf nehmen. Die abgekühlte Leber und Innereien in Scheiben schneiden. Die Flüssigkeit aus dem Topf durch ein Sieb gießen und die Sauce zusammen mit den Lebern und Innereien servieren.

Knusprige Hähnchenhautstreifen

Ergibt: *12 Portionen*

240 ml Rotwein-Essig
4 kleine Knoblauchzehen, geschält
½ TL schwarze Pfefferkörner, zerstoßen
Haut von 4 Hähnchen, in Streifen
Pflanzenöl
Salz

1. Essig, Knoblauch und Pfefferkörner in einer Schüssel auf niedriger Stufe mit einem Pürierstab vermixen. Die Marinade in eine Schüssel geben und die Hähnchenhäute zufügen. Vorsichtig mit der Marinade überziehen, abdecken und mindestens 8 Stunden kühl stellen.

2. Die Häute aus der Marinade nehmen und mit Küchenkrepp abtupfen.

3. Eine tiefe Pfanne oder einen Wok ½ cm hoch mit Öl füllen und das Öl auf mittlerer Stufe erwärmen. Die Hautstreifen nacheinander in 5 Minuten knusprig braten. Aus der Pfanne nehmen und auf Küchenkrepp abtropfen lassen. Mit Salz bestreuen und noch heiß servieren.

Tip: Schneiden Sie die Haut mit einem scharfen Messer in breite Streifen. Verwenden Sie die gehäuteten Hähnchen für andere Rezepte. Sie können gut verpackt bis zu 1 Monat eingefroren werden.

KNUSPRIGE HÜHNERFLÜGEL

ERGIBT: *24 Stück*

12 Hühnerflügel (900 g)
1 großes Ei
2 TL Sonnenblumenöl
2 TL Sojasauce
1 TL Zucker
½ TL 5-Gewürz-Mischung
Salz und Pfeffer
60 ml Sherry
½ Tasse Mehl
¼ Tasse Speisestärke
½ TL Backpulver
Pflanzenöl

1. Die Hühnerflügel unter fließendem Wasser gut waschen, die Spitzen abschneiden und wegwerfen. Die Flügel an den Gelenken auseinanderschneiden.

2. Ei, Sonnenblumenöl, Sojasauce, Zucker und 5-Gewürz-Mischung in eine große Schüssel geben und mit Salz und Pfeffer würzen. Die Hühnerflügel in der Mischung wälzen. Abgedeckt mindestens 1 Stunde kühl stellen.

3. Sherry, Mehl, Speisestärke und Backpulver in einer kleinen Schüssel gut verquirlen. Über die Hühnerflügel gießen und vorsichtig umrühren.

4. Öl 1 cm hoch in eine große Pfanne oder Friteuse füllen und erhitzen.

5. Die Hühnerflügel nacheinander etwa 5 Minuten fritieren; dabei öfter wenden, damit sie von allen Seiten braun werden. Auf Küchenkrepp abtropfen lassen. Heiß servieren.

KNUSPRIGE HÜHNERLEBER

ERGIBT: *25-30 Portionen*

450 g Hühnerleber, gewaschen, geputzt, in 3 Teile geschnitten
½ Tasse Mehl
Salz und Pfeffer
120 g Butter oder Margarine

1. Hühnerleber, Mehl, Salz und Pfeffer in einen Gefrierbeutel geben und schütteln, bis alles vermischt ist.

2. Butter in einer großen Pfanne bei mittlerer Hitze zerlassen. Die Leber aus dem Beutel nehmen und das überschüssige Mehl abschütteln. Die Leber in 3–5 Minuten gar dünsten. Heiß servieren.

TIP: Servieren Sie die Leber mit einer süß-sauren Sauce .

PANIERTE HÜHNERWÜRFEL

ERGIBT: *36 Stück*

½ Tasse Maismehl
1 EL Chilipulver
2 EL Kreuzkümmel, gemahlen
4 Hühnerbrüste, ohne Haut und Knochen, in 2 ½ cm großen Würfeln
3 EL Sonnenblumenöl

1. Maismehl, Chilipulver und Kreuzkümmel in einer großen Schüssel mischen. Die Hühnerbrustwürfel zufügen und darin wälzen.

2. Öl in einer großen Pfanne auf mittlerer Stufe erwärmen. Die Hühnerwürfel zufügen und in 5–6 Minuten unter Rühren braun braten. Sofort servieren.

TIP: Zu diesem Gericht paßt am besten eine scharfe Sauce.

Pilaw mit getrockneten Früchten

Ergibt: *6 Portionen*

2 EL Butter oder Margarine
1 Zwiebel, gehackt
⅓ Tasse Bleichsellerie, gehackt
2 Tassen gekochtes Hühnerfleisch, gewürfelt
1 ½ Tassen Reis, roh
360 ml Wasser
230 g Trockenfrüchtemix, gehackt
2 EL Rosinen
2 Hühnerbrühwürfel
1 Msp. getrockneter Thymian, zerrieben
1 Msp. Zimt, gemahlen
Salz und Pfeffer
¼ Tasse Pekannüsse, gehackt

1. Butter in einem Topf zerlassen. Zwiebel darin kurz anbraten, dann Bleichsellerie zufügen und alles 10 Minuten garen.

2. Hühnerfleisch, Reis, Wasser, Trockenfrüchte, Brühwürfel, Thymian und Zimt zufügen und umrühren. Abgedeckt 20 Minuten köcheln lassen, bis das Wasser fast völlig aufgesogen ist. Mit Salz und Pfeffer abschmecken und die Pekannüsse einrühren.

Puten-Frikadellen

Ergibt: *4 Frikadellen*

4 Streifen Frühstücksspeck, in 1 cm breiten Streifen
½ Tasse grüner Paprika, gehackt
450 g Putenfleisch, gehackt
1 Msp. Zwiebelpulver
1 Msp. Cayennepfeffer
½ TL Worcestersauce
4 Scheiben gekochter Schinken
4 grüne Paprikaringe
¼ Tasse geriebener Mozzarella
¼ Tasse geriebener milder Cheddar
4 Kaisersemmeln, aufgeschnitten

1. Ein Backblech 15 cm von den Heizstäben entfernt in den Ofen schieben und den Grill vorheizen.

2. Den Frühstücksspeck in einer Pfanne bei mittlerer Hitze knusprig braten. Abtropfen lassen und 1 Eßlöffel davon in der Pfanne lassen. Paprika zufügen und bei mittlerer Hitze in 5 Minuten weich dünsten.

3. Putenfleisch, Zwiebelpulver, Cayennepfeffer und Worcestersauce in einer Schüssel mischen. Die Masse vierteln und zu je einer Kugel formen. Die Kugeln zu 1 cm dicken Frikadellen flach drücken.

4. Die Frikadellen 8–10 Minuten grillen. Mit Schinken und Paprika belegen und mit Mozzarella und Cheddar bestreuen. 1–2 Minuten weiter grillen, bis der Käse schmilzt. Die Frikadellen in die Semmeln geben und servieren.

Puten-Käse-Bällchen

Ergibt: *12 Bällchen*

1 Tasse geräuchertes Putenfleisch, feingehackt
240 g Frischkäse
3 EL Joghurt-Dressing
½ Tasse Pekan- oder Walnüsse, gehackt
<u>Zum Servieren:</u>
Cracker oder Toastbrot

1. Putenfleisch, Frischkäse und Dressing in einer Schüssel gut mischen. Abdecken und mindestens 2 Stunden kühl stellen, bis die Masse fest ist.

2. Die Mischung in 12 Stücke teilen und jedes Stück zu einer Kugel formen.

3. Pekannüsse in ein flaches Gefäß geben und die Kugeln darin wälzen. Die Kugeln getrennt in Alufolie wickeln und mindestens 1 Stunde kühl stellen. Zusammen mit Crackern oder Toastbrot servieren.

Pute mit Melone

Ergibt: *4 Portionen*

450 g Putenfleisch, in dünnen Scheiben
1 große Kantalupe
½ Honigmelone
1 Kopfsalat, in Blätter geteilt
12 Cocktailtomaten
Estragon-Dressing (s. Seite 56)
Zum Garnieren:
Minzeblätter

1. Die Putenscheiben fest zusammenrollen und in eine kleine, flache Pfanne legen. Abdecken und etwa 2 Stunden kühl stellen.

2. Die Kantalupe vierteln und Kerne entfernen. Die Honigmelone schälen, Kerne entfernen und in dünne Scheiben schneiden. Die Melonen auf einer Platte anrichten und etwa 2 Stunden kühl stellen.

3. Die Salatblätter auf einer Platte verteilen und die Putenröllchen von der Mitte aus in Sonnenform darauf anordnen. Melonen und Cocktailtomaten kunstvoll auf der Platte anrichten. Dressing über das Putenfleisch träufeln und mit Minzeblättern garnieren.

Puten-Tasche

Ergibt: *8 Portionen*

¼ Tasse geriebener Parmesan
400 g neutrale Mürbeteigmischung (gekühlt)
100 g weiche Butter oder Margarine
½ Tasse Zwiebeln, gehackt
½ Tasse Bleichsellerie, grobgehackt
½ Tasse Pekannüsse, gehackt
3 Tassen gekochtes Putenfleisch, grobgehackt
1 ½ TL Kümmelkörner
1 Prise Salz
80 g frische Champignons, gehackt
1 Tasse Schmelzkäsezubereitung
¼ Tasse Paprika, in Scheiben

1. Parmesan und Mürbeteigmischung in einer Schüssel mischen. Den Teig zu einer Kugel formen, in Klarsichtfolie wickeln und etwa 2 Stunden kühl stellen.

2. Den Ofen auf 220 °C vorheizen. Ein Backblech leicht einfetten.

3. 70 g Butter bei mittlerer Hitze in einer Pfanne zerlassen und Zwiebeln, Bleichsellerie und Pekannüsse in 8–10 Minuten goldbraun braten. Putenfleisch, Kümmelkörner und Salz zufügen, gut mischen und vom Herd nehmen; abkühlen lassen.

4. Den Teig auf einer leicht bemehlten Arbeitsfläche zu einem 37 cm großen Quadrat ausrollen und auf das Backblech legen. Die Füllung in die Mitte des Quadrats geben. Die Ecken des Teiges über die Füllung klappen und zusammenpressen. Alle Öffnungen verschließen. 25–30 Minuten auf mittlerer Schiene backen, bis die Tasche goldbraun ist.

5. Die restlichen 2 Eßlöffel Butter bei mittlerer Hitze in einer Pfanne zerlassen und die Champignons in etwa 5 Minuten weich dünsten. Schmelzkäse und Paprika zugeben und gut mischen.

6. Die Champignon-Käse-Sauce über die Teigtasche geben und servieren.

Rührei „España“

Ergibt: *25 Stück*

60 ml italienisches Dressing
450 g ganze Tomaten, aus der Dose, abgetropft, gehackt
½ Tasse grüner Paprika, feingehackt
½ Tasse Zwiebeln, feingehackt
8 große Eier
2 EL Kerbel, feingehackt
80 g Chorizo (spanische Paprikawurst) oder Salami, in ½ cm dicken Scheiben
Zum Servieren:
Salsa

1. Einen Gitterrost in die Mitte des Ofens schieben und den Ofen auf 200 °C vorheizen. Eine Backform leicht einfetten.

2. 2 Eßlöffel italienisches Dressing, Tomaten, Paprika und Zwiebeln in einer Schüssel mischen und gleichmäßig in der Form verteilen. 15 Minuten backen und sofort aus dem Ofen nehmen.

3. Die Eier in der gleichen Schüssel mit einem elektrischen Handrührgerät auf höchster Stufe zu einer dickflüssigen Masse rühren. Das restliche italienische Dressing und den Kerbel zufügen. Die Mischung auf die Masse in der Form streichen und die Chorizo- oder Salamischeiben darauf legen. 8–10 Minuten backen, bis die Masse fest ist. In 5 cm große Quadrate schneiden und zusammen mit Salsa servieren.

Tacos mit Hühnerfleisch

Ergibt: *10 Tacoshells*

240 g Frischkäse
80 ml süße Sahne
1 ½ Tassen gekochtes Hühnerfleisch, gehackt
110 g grüne Chilies, aus der Dose, abgetropft, gehackt
½ TL Salz
1 Msp. Chilipulver
1 Packung Tacoshells (10 Stück)
Kopfsalat, in Streifen
Tomaten, gehackt

1. Frischkäse und Sahne in einem Topf bei mittlerer Hitze zu einer glatten Masse verrühren.

2. Hühnerfleisch, Chilies, Salz und Chilipulver zufügen und 5–6 Minuten unter Rühren kochen lassen.

3. Die Tacoshells mit der Mischung füllen und mit Salatstreifen und Tomaten belegen.

Teigtaschen mit Huhn

Ergibt: *32 Teigtaschen*

450 g Hefeteig (tiefgekühlt)
1 ½ Tassen Hühnerfleisch, feingehackt
60 ml Mayonnaise-Dressing
¼ Tasse geröstete Haselnüsse oder Mandeln, gehackt
1 Msp. rote Pfefferschoten, zerstoßen

1. Den Ofen auf 190 °C vorheizen. Den Hefeteig nach Packungsanweisung auftauen.

2. Hühnerfleisch, Mayonnaise-Dressing, Haselnüsse und rote Pfefferschoten in einer kleinen Schüssel mischen.

3. Den Teig kurz durchkneten, ausrollen und in 16 Dreiecke teilen. Auf eine Arbeitsfläche geben, jedes Dreieck halbieren und mit der Hand etwas flachdrücken. Etwa ½ Eßlöffel Mischung auf die Dreiecke geben und den Teig um die Füllung herum zusammenlegen. Die Ecken gut verschließen. Die Dreiecke auf ein nicht gefettetes Backblech legen und in 12–15 Minuten auf mittlerer Schiene goldbraun backen.

Teriyaki-Hühnerfleisch

Ergibt: *8 Portionen*

120 ml Sojasauce
60 ml Honig
½ TL Knoblauchpulver
1 ½ TL Ingwer, gemahlen
670 g Hühnerfleisch, ohne Haut und Knochen, in mundgerechten Stücken
2 EL Erdnußöl

1. Sojasauce, Honig, Knoblauchpulver und Ingwer in einer Schüssel glattrühren. Hühnerfleisch zufügen, gut mischen, abdecken und mindestens 8 Stunden kühl stellen.

2. Öl in einer großen Pfanne auf mittlerer Stufe erhitzen, bis es zu rauchen beginnt. Das Hühnerfleisch aus der Marinade nehmen und 4–5 Minuten braten. Die Marinade aufheben. Das Hühnerfleisch abgedeckt warmhalten.

3. Die aufbewahrte Marinade in einem Topf bei mittlerer Hitze zum Kochen bringen. Etwa 1 Minute unter Rühren kochen lassen. Etwas Marinade auf das Hühnerfleisch streichen und das Fleisch zusammen mit der restlichen Marinade servieren.

Windbeutel mit Curryhuhn

Ergibt: *16 Windbeutel*

120 ml Wasser
110 g Butter oder Margarine
⅔ Tasse Mehl
Salz
2 große Eier
240 g Frischkäse
60 ml Milch
1 Msp. Currypulver
Salz und Pfeffer
1 ½ Tassen gekochtes Hühnerfleisch, gehackt
⅓ Tasse Mandeln
2 EL Lauchzwiebeln, in Scheiben

1. Den Ofen auf 200 °C vorheizen.

2. Wasser und Butter in einem Topf bei mittlerer Hitze zum Kochen bringen. Die Hitze reduzieren und Mehl und eine Prise Salz zufügen. Kräftig rühren, bis sich die Mischung zu einer Kugel formt.

3. Vom Herd nehmen, die Eier einzeln zufügen und die Masse glattrühren. Den Teig in eßlöffelgroßen Portionen auf ein nicht gefettetes Backblech geben und in 25 Minuten auf mittlerer Schiene goldbraun backen. Die Windbeutel auf einem Gitterrost abkühlen lassen. Die Ofentemperatur auf 150 °C reduzieren.

4. Frischkäse, Milch und Currypulver in einer Schüssel mischen und mit Salz und Pfeffer abschmecken. Die Masse glattrühren und Hühnerfleisch, Mandeln und Lauchzwiebeln unterheben.

5. Den oberen Teil der Windbeutel abschneiden und die Windbeutel mit Hühnerfleisch-Mischung füllen. Die oberen Hälften aufsetzen und die Windbeutel wieder auf das Backblech legen. In 5 Minuten im Ofen warm werden lassen.

Kapitel 8

Fisch und Meeresfrüchte

Snacks mit Fisch oder Meeresfrüchten sind echte Delikatessen und befriedigen selbst den verwöhntesten Gaumen. Die Rezepte in diesem Kapitel sind da keine Ausnahme, obwohl viele mit Produkten aus der Dose zubereitet werden, weil dies einfach und schnell geht. Frischer Fisch und Meeresfrüchte müssen selbstverständlich entweder sofort serviert oder bis zum Servieren gekühlt werden.

Austern Kreolisch

Ergibt: *4 Portionen*

3 EL Butter oder Margarine
½ Tasse Bleichsellerie, feingehackt
½ Tasse roter oder grüner Paprika, kleingeschnitten
2 Tassen Austern, ohne Schale
220 ml Chilisauce
1 Prise Cayennepfeffer
1 Schuß Worcestersauce
1 Schuß Tabasco
3 EL Cracker, zerkrümelt
½ TL frische Estragonblätter
Zum Garnieren:
geriebene unbehandelte Zitronenschale

1. Einen Gitterrost in die Mitte des Ofens schieben und den Ofen auf 190 °C vorheizen. Eine 23 cm lange, rechteckige feuerfeste Form leicht einfetten.

2. In einer Pfanne bei mittlerer Hitze 1 Eßlöffel Butter zerlassen. Bleichsellerie und Paprika 5 Minuten darin andünsten. Das Gemüse aus der Pfanne nehmen, Austern zufügen und 2–3 Minuten köcheln lassen, bis sie sich am Rand eindrehen. Gemüse wieder zugeben und vorsichtig unterheben. In die feuerfeste Form füllen.

3. In einer kleinen Schüssel Chilisauce, Cayennepfeffer, Worcestersauce und Tabasco mischen. Über die Austern gießen und mit den zerkrümelten Crackern und den Estragonblättern bestreuen. Die restliche Butter in Flöckchen darüber geben und 20–25 Minuten backen. Garniert mit der geriebenen Zitronenschale servieren. Holzspießchen bereitstellen.

Fisch auf mexikanische Art

Ergibt: *12 Portionen*

900 g Heilbuttfilet, in hauchdünnen, schrägen Scheiben
2 TL geriebene unbehandelte Zitronenschale
370 ml Zitronensaft
1 Tasse Zwiebeln, feingehackt
2 Tomaten, geschält, entkernt, feingehackt
Salz und Pfeffer
Taco-Sauce
Zum Servieren:
Tortilla-Chips

1. In einer kleinen feuerfesten Form Heilbuttfilet und Zitronenschale vorsichtig mischen und erhitzen. Langsam den Zitronensaft zugießen und unter Rühren die Flüssigkeit fast völlig verkochen lassen. Vom Herd nehmen und 15–20 Minuten abkühlen lassen.

2. Zwiebeln und Tomaten zugeben und mit Salz und Pfeffer abschmecken. Taco-Sauce darüber träufeln. Zugedeckt mindestens 2 Stunden kühl stellen. Überschüssige Flüssigkeit abgießen und mit den Tortilla-Chips servieren.

Tip: Schneiden Sie den Fisch so dünn, daß er wie gehobelt aussieht.

Fisch in Pitabrot

Ergibt: *4 Portionen*

1 kg Heilbuttfilet
½ Tasse Mehl
½ TL Salz
½ TL Kümmel
120 ml Bier
1 großes Ei, verquirlt
Sonnenblumenöl
4 Pitabrote
1 Salatgurke, in sehr dünnen Scheiben
1 Lauchzwiebel, nur der grüne Teil, gehackt
1 Tomate, kleingeschnitten
110 ml saure Sahne oder Joghurt
1 Tasse Feta, zerbröckelt
Salz und Pfeffer

1. Das Heilbuttfilet in etwa 5 cm breite Streifen und diese in 5 cm lange Stücke schneiden.

2. In einer Schüssel Mehl, Salz, Kümmel, Bier und Ei gut mischen. Die Fischstücke von allen Seiten darin wenden.

3. In eine tiefe Pfanne das Öl etwa 7,5 cm hoch einfüllen und auf mittlerer Stufe erhitzen. Den Fisch 3–4 Minuten portionsweise unter Wenden darin fritieren, anschließend auf Küchenkrepp abtropfen lassen und zugedeckt warm halten.

4. Das obere Drittel der Pitabrote abschneiden und mit Fisch, Gurke, Zwiebeln und Tomaten füllen. Joghurt und Feta darüber geben und mit Salz und Pfeffer bestreuen.

Tip: Das Bier durch Milch ersetzen.

Fisch-Cocktail

Ergibt: *6 Portionen*

1 kleine Zwiebel, in Ringen
2 Karotten, in Scheiben
500 ml Wasser
Salz und Pfeffer
340 g weiße Fischfilets wie Kabeljau, Flunder, Heilbutt oder Seehecht
2 EL Essiggurken, in Scheiben
1 EL Kapern
120 ml Mayonnaise oder Salat-Dressing
3 EL Brandy
2 EL Zitronensaft
110 ml Ketchup
Zum Garnieren:
1 Zitrone, in dünnen Scheiben

1. Zwiebeln, Karotten und Wasser in einer großen Pfanne erhitzen und etwa 5 Minuten köcheln lassen. Mit Salz und Pfeffer abschmecken, dann das Fischfilet zugeben und weitere 12–15 Minuten köcheln lassen, bis der Fisch gar ist. Den Fisch aus der Pfanne nehmen und abkühlen lassen. Wasser mit Gemüse weggießen.

2. Den Fisch in knapp 1 ½ cm breite Würfel schneiden und in eine Schüssel geben. Essiggurken und Kapern unterheben und beiseite stellen.

3. In einer kleinen Schüssel Mayonnaise, Brandy, Zitronensaft und Ketchup mischen. Den Fisch auf Teller legen und das Dressing darüber gießen. Mit Zitronenscheiben garniert servieren.

Fritierte Fischfilets

Ergibt: *6-8 Portionen*

220 g weiße Fischfilets wie Kabeljau, Heilbutt, Flunder oder Seehecht, in 3 x 1,5 cm großen Stücken
2 EL Sherry oder weißer Portwein
1 Prise weißer Pfeffer
2 EL Speisestärke
1 Eiweiß von einem großen Ei
Erdnußbutter zum Braten

1. Fischfilets in einer Schüssel im Sherry wenden, mit Pfeffer würzen und von beiden Seiten mit 1 Eßlöffel Speisestärke bestreuen.

2. In einer anderen Schüssel das Eiweiß zusammen mit der restlichen Speisestärke mit dem elektrischen Handrührgerät auf höchster Stufe steif schlagen.

3. In einer Friteuse (bei 190 °C) oder einer gußeisernen Pfanne das Öl etwa 5 cm hoch einfüllen und erhitzen.

4. Die Fischfilets in das Eiweiß tauchen und 3–5 Minuten unter Wenden ausbacken; nicht braun werden lassen. Auf Küchenkrepp abtropfen lassen und heiß servieren.

Fritierter Thunfisch

Ergibt: *30 Stück*

Pflanzenöl
1 Tasse Mehl
1 EL Backpulver
70 g Thunfisch, aus der Dose, zerkleinert
120 ml Milch oder süße Sahne
2 EL Sonnenblumenöl
1 großes Ei, leicht verquirlt
geriebener Romano

1. Öl 5 cm hoch in eine tiefe Pfanne oder Friteuse füllen und erhitzen.

2. Backpulver unter das Mehl mischen und Thunfisch, Milch, Sonnenblumenöl und Ei zugeben. Gut verrühren.

3. Die Masse teelöffelweise in das Öl geben und von jeder Seite 2 Minuten leicht bräunen. Auf Küchenkrepp abtropfen lassen.

4. Romano auf einen flachen Teller geben und den fritierten Thunfisch noch warm darin wälzen. Sofort servieren.

Garnelen-Cocktail

Ergibt: *4 Portionen*

450 g gekochte Garnelen, geschält, geputzt
110 ml saure Sahne oder Joghurt
250 ml Mayonnaise
½ EL Zitronensaft
2 EL Chilisauce
1 Prise Zucker
1 Prise Paprikapulver
Salz und Pfeffer
1 roter Paprika, feingehackt
<u>Zum Servieren:</u>
Pumpernickel

1. Garnelen in eine Glas- oder Keramikschüssel geben und mindestens 2 Stunden kühl stellen.

2. Saure Sahne, Mayonnaise, Zitronensaft, Chilisauce, Zucker und Paprikapulver in einer Schüssel mit dem Pürierstab auf niedriger Stufe zu einer glatten Masse pürieren. Mit Salz und Pfeffer abschmecken. Die Hälfte des roten Paprika unterheben. In eine kleine Schüssel umfüllen und abgedeckt mindestens 2 Stunden kühl stellen.

3. Die Schüssel mit den Garnelen in eine größere Schüssel mit Eiswürfeln stellen und die Sauce über die Garnelen gießen. Mit dem restlichen roten Paprika garnieren und mit dem Brot servieren.

Garnelen in Sherry

Ergibt: *24 Stück*

60 ml Sherry
60 ml Sojasauce
1 EL Maiskeim- oder Olivenöl
1 TL Ingwer, gerieben
1 Knoblauchzehe, feingehackt
24 frische Garnelen, geschält, gesäubert
3 EL Sonnenblumenöl

1. Sherry, Sojasauce, Maiskeimöl, Ingwer und Knoblauch in einer Schüssel gut vermischen. Die Garnelen zugeben, unterheben und zugedeckt nicht länger als 1 Stunde kühl stellen.

2. In einer Pfanne das Sonnenblumenöl auf mittlerer Stufe erhitzen. Die Garnelen aus der Marinade nehmen und unter Wenden etwa 5 Minuten fritieren. Holzspießchen bereitstellen.

Garnelen-Spiesschen

Ergibt: *20 Spießchen*

450 g gekochte Garnelen, geschält
400 g Artischockenherzen, aus der Dose, abgetropft, halbiert
180 ml italienisches Dressing
¼ Tasse Koriander, feingehackt

1. Garnelen, Artischockenherzen, italienisches Dressing und Koriander in einer Schüssel vorsichtig mischen. Zugedeckt mindestens 8 Stunden kühl stellen, gelegentlich umrühren.

2. Garnelen und Artischocken abwechselnd auf 10 cm lange Holzspießchen stecken.

Gefüllte Garnelen

Ergibt: *45-50 Stück*

2 EL Butter oder Margarine
⅓ Tasse Bleichsellerie, feingehackt
¼ Tasse Zwiebeln, feingehackt
1 große Knoblauchzehe, feingehackt
1 TL getrockneter Oregano, feingehackt
300 ml eingekochte Muschelsuppe
¼ Tasse Petersilie, feingehackt
2 Streifen Frühstücksspeck, knusprig gebraten, zerkleinert
1 Spritzer Tabasco
1 Tasse fertige Kräuterfüllung
670 g mittelgroße Garnelen, ohne Schale, enthäutet, mit Schwanz
Zitronensaft

1. Den Grill vorheizen.

2. In einem Topf die Butter auf mittlerer Stufe zerlassen und Bleichsellerie, Zwiebeln, Knoblauch und Oregano etwa 5 Minuten dünsten, bis das Gemüse weich ist. Muschelsuppe, Petersilie, Frühstücksspeck und Tabasco gut untermischen und erhitzen. Vom Herd nehmen und zugedeckt etwa 5 Minuten stehen lassen.

3. Garnelen an der Unterseite aufschneiden, jedoch nicht ganz durchschneiden, flachdrücken. Auf ein Backblech legen, mit Zitronensaft beträufeln und etwa 5 Minuten auf oberster Schiene grillen. Je 1 Eßlöffel der Kräuterfüllung auf die Garnelen geben, wieder mit Zitronensaft beträufeln und weitere 5 Minuten grillen.

Haddock-Pastete

Ergibt: *8-10 Portionen*

220 g geräucherter Schellfisch (Haddock)
2 TL Zitronensaft
½ TL getrockneter Thymian, gehackt
110 g Butter oder Margarine, zerlassen
80 ml süße Sahne
Pfeffer
Zum Garnieren:
Petersilie, gehackt
schwarze Oliven, in Scheiben
Baguette, in Scheiben, getoastet

1. Schellfisch in einen Topf mit ausreichend kaltem Wasser geben. Er sollte etwa 2 ½ cm mit Wasser bedeckt sein. Auf mittlerer Stufe zum Kochen bringen, Hitze reduzieren und 15–20 Minuten köcheln lassen, bis der Fisch flockt. Vom Herd nehmen und im Sud abkühlen lassen. Den Fisch aus dem Sud nehmen und die Gräten entfernen.

2. Schellfisch mit dem Pürierstab in einer Schüssel mit dem Zitronensaft und dem Thymian auf mittlerer Stufe zu einer glatten Masse verarbeiten. Unter ständigem Rühren die Butter langsam zugießen und einrühren. Die Masse in eine Schüssel geben.

3. In einer anderen Schüssel die Sahne auf mittlerer Stufe steif schlagen. Unter die Fischmasse heben und mit Pfeffer abschmecken. Zugedeckt mindestens 3 Stunden kühl stellen.

4. Etwa 30 Minuten vor dem Servieren aus dem Kühlschrank nehmen. Mit Petersilie und Oliven garniert zum Baguette servieren.

Jakobsmuscheln in Weissweinsauce

Ergibt: *4 Portionen*

2 EL Butter
2 EL Mehl
220 ml Muschelsaft
180 ml Weißwein
Salz und Pfeffer
3 EL frischer Dill, gehackt
1 EL Zitronensaft
450 g Jakobsmuscheln
170 g Krabben (tiefgekühlt)
120 ml süße Sahne

1. In einem großen Topf die Butter bei niedriger Hitze zerlassen. Mehl zufügen und umrühren. Hitze hochschalten und unter ständigem Rühren die Masse aufkochen lassen, bis sie schäumt. Muschelsaft und Wein unterrühren. Gewürze zugeben und aufkochen lassen. Etwa 8 Minuten köcheln und eindicken lassen.

2. Dill, Zitronensaft, Jakobsmuscheln und aufgetaute Krabben zugeben und vorsichtig unterheben; zum Kochen bringen. Die Hitze reduzieren und alles etwa 3 Minuten köcheln lassen. Vom Herd nehmen und die Sahne vorsichtig untermischen. In kleinen Schüsseln oder Auflaufformen servieren.

Krabben-Brötchen

Ergibt: *32 Brötchen*

240 g Frischkäse
1 große Knoblauchzehe, feingehackt
½ Tasse Bleichsellerie, feingehackt
½ TL Zitronensaft
½ TL getrocknetes Basilikum, feingehackt
1 Msp. getrockneter Oregano, feingehackt
1 Msp. getrockneter Thymian
170 g vorgekochte Krabben (tiefgekühlt), enthäutet, gewaschen
480 g Brötchenteig (gekühlt)

1. Den Ofen auf 190 °C vorheizen.

2. Mit einem elektrischen Handrührgerät auf mittlerer Stufe Frischkäse, Knoblauch, Bleichsellerie, Zitronensaft, Basilikum, Oregano und Thymian glattrühren. Aufgetaute Krabben unterheben.

3. Aus dem Brötchenteig 8 Rechtecke arbeiten. Die Füllung auf den Teig geben, dabei einen gut ½ cm breiten Rand freilassen. Den Teig von der Längsseite her zu einer Rolle formen und an den Rändern festdrücken. Jede Rolle vierteln und mit der Naht nach unten auf ein nicht gefettetes Backblech legen. In 15–20 Minuten auf mittlerer Schiene goldgelb backen. Heiß servieren.

Krabben-Frikadellen

Ergibt: *14-18 Frikadellen*

700 g Krabben, ohne Schale, enthäutet, feingehackt
½ TL frischer Ingwer, feingehackt
1 Eiweiß von einem großen Ei
1 EL Sherry oder weißer Portwein
2 EL Speisestärke
Erdnußöl
750 ml Hühnerbrühe (s. unten)

1. In einer Schüssel Krabben, Ingwer, Eiweiß, Sherry und 1 Eßlöffel Speisestärke gut vermischen. Löffelweise auf Backpapier geben und kleine Frikadellen daraus formen. Öl 1 ½ cm hoch einfüllen und auf mittlerer Stufe erhitzen. Mit einem Schaber die Frikadellen in das heiße Öl geben und 2–3 Minuten von beiden Seiten goldbraun braten. Auf Küchenkrepp abtropfen lassen.

2. In einem Topf die Hühnerbrühe zum Kochen bringen. Die Krabbenfrikadellen zugeben, die Hitze reduzieren und alles etwa 5 Minuten köcheln lassen. Die Frikadellen aus der Brühe nehmen und auf eine Platte legen. Hühnerbrühe noch einmal aufkochen lassen. Restliche Speisestärke mit etwas Wasser vermischen, der Brühe zufügen und diese unter Rühren leicht eindicken lassen. Über die Krabbenfrikadellen gießen und heiß servieren.

Hühnerbrühe

Ergibt: *1 ½–2 l*

2 l Wasser
2,5 kg Hühnchen, zerteilt
1 große Zwiebel, feingehackt
1 große Karotte, feingehackt
1 Porreestange, feingehackt
2 Bund frische Petersilie
1 Lorbeerblatt, gehackt
Salz und Pfeffer

1. Wasser und Hühnchen in einen Suppentopf geben und auf mittlerer Stufe zum Kochen bringen. Die Hitze reduzieren, etwa 20 Minuten köcheln lassen; entstehenden Schaum abschöpfen.

2. Zwiebel, Karotte, Porree, Petersilie und Lorbeerblatt zugeben, halb zugedeckt auf niedriger Stufe etwa 1 ½–2 Stunden köcheln lassen. Brühe abseihen und mit Salz und Pfeffer abschmecken. Auf Zimmertemperatur abkühlen lassen und das Fett von der Oberfläche abschöpfen. Bis zum Weiterverwenden kühl stellen.

Tip: Diese Brühe eignet sich hervorragend für Aspik.

Krabben-Muffins

Ergibt: *12 Portionen*

240 g gekochte Krabben, enthäutet
180 g Schmelzkäsezubereitung
½ TL Knoblauchpulver
12 Muffin-Hälften, geviertelt

1. Den Grill vorheizen.

2. In einer kleinen Schüssel Krabben, Schmelzkäse und Knoblauchpulver gut vermischen. Die Masse auf den Muffin-Vierteln verteilen und diese auf ein Backblech legen. 2–3 Minuten auf oberster Schiene grillen, bis der Käse geschmolzen ist. Sofort servieren.

Krebsfleisch-Häppchen

Ergibt: *12 Häppchen*

200 g Krabbenfleisch, aus der Dose, abgetropft, zerkleinert
1 TL Lauchzwiebeln, nur die grünen Teile, gehackt
110 g geriebener Emmentaler
120 ml Mayonnaise
1 TL Austernsauce
1 Prise Currypulver
220 g Blätterteig (tiefgekühlt)
200 g Wasserkastanien, aus der Dose, abgetropft, zerkleinert

1. Den Ofen auf 200 °C vorheizen. Ein Backblech leicht einfetten. Den Blätterteig nach Packungsanweisung auftauen.

2. In einer Schüssel Krabbenfleisch, Lauchzwiebeln, Emmentaler, Mayonnaise, Austernsauce und Currypulver gut vermischen.

3. Die Blätterteigscheiben auf das Backblech legen. Die Krabbenfleischmischung löffelweise darauf geben und mit Wasserkastanien bestreuen. In 10–12 Minuten auf mittlerer Schiene goldgelb backen.

Krebsfleisch-Muffins

Ergibt: *8 Muffins*

1 EL Butter oder Margarine
1 Tasse Bleichsellerie, gehackt
300 ml Sahne-Krabbensuppe
400 g Krabbenfleisch, aus der Dose, abgetropft, zerkleinert
110 ml saure Sahne oder Joghurt
1 EL geriebene unbehandelte Zitronen- oder Limettenschale
1 Spritzer Angostura Bitter
4 Muffins, aufgeschnitten, getoastet
Zum Servieren:
Paprikapulver, edelsüß

1. Butter in einer mittelgroßen Pfanne bei mittlerer Hitze zerlassen und Bleichsellerie darin in etwa 5 Minuten weich dünsten. Suppe, Krabbenfleisch, saure Sahne, Zitronenschale und Angostura Bitter zugeben. Verrühren und kurz aufkochen lassen.

2. Die Masse mit einem Löffel auf die Muffins geben und mit Paprikapulver bestreut servieren.

Krebsfleisch-Pastete

Ergibt: *6-8 Portionen*

240 g Frischkäse
2 TL Worcestersauce
1 TL Zitronensaft
2 EL Mayonnaise oder Salat-Dressing
1 kleine Schalotte, gehackt
2 TL Chilisauce
170 g Krabbenfleisch, aus der Dose, abgetropft, zerkleinert
Zum Garnieren:
Petersilie, feingehackt
Cracker

1. Eine Pastetenform von 15 x 9 x 5 cm leicht einfetten.

2. Mit dem elektrischen Handrührgerät in einer Schüssel auf mittlerer Stufe Frischkäse, Worcestersauce, Zitronensaft, Mayonnaise, Schalotte, Chilisauce und Krabbenfleisch zu einer glatten Masse vermischen. In die Pastetenform füllen und glattstreichen. Backpapier darüber legen und mit einem geeigneten Gewicht beschweren. Minde- stens 1 Stunde kalt stellen.

3. Vor dem Servieren mit Petersilie garnieren und die Cracker dazu reichen.

Krebsfleisch-Taschen „Asia"

Ergibt: *35 Teigtaschen*

350 g Krebsfleisch, aus der Dose, abgetropft, zerkleinert
240 g Frischkäse
2 EL geriebener Romano
1 Spritzer Worcestersauce
1 Msp. Knoblauchpulver
1 Packung fertige Teigplatten
Pflanzenöl

1. In einer Schüssel mit dem elektrischen Handrührgerät auf niedriger Stufe Krebsfleisch, Frischkäse, Romano, Worcestersauce und Knoblauchpulver zu einer glatten Masse vermischen.

2. 10 Teigplatten auf einer Arbeitsfläche ausbreiten und teelöffelweise die Füllung in die Mitte geben. Zu Taschen zusammenlegen, die Kanten mit kaltem Wasser bestreichen und zusammendrücken. Beiseite stellen und mit einem feuchten Handtuch abdecken, während die restlichen Taschen zubereitet werden.

3. In einer großen Pfanne oder Friteuse 5 cm hoch Öl einfüllen und erhitzen.

4. Die Krebsfleischtaschen portionsweise goldbraun backen. Auf Küchenkrepp abtropfen lassen und zugedeckt warm stellen, bis alle Teigtaschen fertig sind. Sofort servieren.

Krebsfleisch-Törtchen

Ergibt: *18 Törtchen*

1 ½ Tassen Mehl
1 Tasse Maismehl
2 ½ EL Backpulver
370 ml Milch
2 große Eier, verquirlt
80 ml Pflanzenöl
350 g Krebsfleisch, aus der Dose, abgetropft, zerkleinert
Pflanzenöl
Zum Servieren:
saure Sahne

1. Öl in einer großen Pfanne erhitzen.

2. In einer Schüssel Mehl, Maismehl und Backpulver mischen. Milch, Eier, Öl und Krebsfleisch dazugeben und vorsichtig unterheben.

3. Masse portionsweise in die Pfanne geben und auf jeder Seite 1–2 Minuten goldgelb backen. Mit der sauren Sahne heiß servieren.

Lachs-Crêpes

Ergibt: *8 Portionen*

420 g Lachs, aus der Dose, abgetropft, zerkleinert
4 Lauchzwiebeln, in dünnen Ringen
1 Ei, leicht verquirlt
½ Tasse frische Brotkrümel
weißer Pfeffer
12 Crêpes (s. unten)
¾ Tasse Estragon-Dressing (s. Seite 56)
2 Tassen geriebener Gouda
2 EL schwarze Oliven, entkernt, feingehackt

1. Einen Gitterrost in die Mitte des Ofens schieben und den Ofen auf 200 °C vorheizen. Eine feuerfeste Form von 33 x 23 cm leicht einfetten.

2. In einer Schüssel Lachs, Lauchzwiebeln, Ei und Brotkrümel vermischen, mit Pfeffer abschmecken. 2 Eßlöffel der Masse auf eine Seite der Crêpes geben und diese zu einem Zylinder zusammenrollen. Nebeneinander in die Form legen.

3. Das Estragon-Dressing auf den Crêpes verteilen und Gouda und Oliven darüber streuen. 20–25 Minuten backen, bis sie leicht gebräunt sind. Etwas abgekühlt servieren.

Crêpes

Ergibt: *7-12 Crêpes*

1 Tasse Mehl
200 ml Wasser
170 ml Milch
3 große Eier
2 EL Sonnenblumenöl
1 Prise Salz
Butter

1. Mehl, Wasser, Milch, Eier, Öl und Salz mit einem Handrührgerät zu einem glatten Teig verrühren. In eine Schüssel geben und mindestens 1 Stunde kühl stellen. Vor dem Weiterverwenden umrühren.

2. In einer Crêpe- oder Stielpfanne etwa 2 Eßlöffel Butter bei schwacher Hitze zerlassen. 3–4 Eßlöffel Teig in die Pfanne geben und die Pfanne schwenken, damit der Teig von der Mitte aus nach außen fließt und den Pfannenboden ausfüllt. Sobald die Oberfläche stockt, Crêpe wenden und noch 1–2 Minuten leicht auf der Unterseite bräunen; eventuell noch Butter oder Teig zugeben. Die Crêpes durch Backpapier getrennt stapeln. Warm oder bei Zimmertemperatur weiterverwenden.

Tip: Die Crêpes im voraus zubereiten und zugedeckt im Kühlschrank aufbewahren. Vor dem Weiterverwenden auf Zimmertemperatur erwärmen.

Lachs-Donuts

Ergibt: *12-15 Donuts*

1 Tasse Semmelbrösel
400 g Lachs, aus der Dose, abgetropft, zerkleinert
1 EL Zitronensaft
2 EL Zwiebeln, gehackt
½ Tasse Kartoffelpüree, ungewürzt
1 großes Ei, leicht verquirlt
Salz und Pfeffer
Pflanzenöl zum Fritieren

1. In einer großen Schüssel Semmelbrösel, Lachs, Zitronensaft, Zwiebeln, Kartoffelpüree und Ei gut miteinander vermischen. Nach Belieben mit Salz und Pfeffer abschmecken. Mindestens 1 Stunde zugedeckt kühl stellen.

2. In eine tiefe Pfanne oder Friteuse Öl etwa 5 cm hoch einfüllen und erhitzen.

3. Auf einer leicht bemehlten Arbeitsfläche die Lachsmasse etwa 1 ½ cm dick auftragen. Mit zwei runden Ausstechformen möglichst viele Kringel ausstechen. Die Reste zusammenfügen und erneut auftragen. Donuts ausstechen, bis die Masse aufgebraucht ist.

4. Die Donuts vorsichtig in das heiße Öl geben und unter mehrmaligem Wenden in 2–3 Minuten goldgelb backen. Auf Küchenkrepp abtropfen lassen und heiß servieren.

Lachs-Frikadellen

Ergibt: *4 Portionen*

3 große Eier
2 EL Mehl
2 TL Zitronen- oder Limettensaft
2 Tropfen Tabasco
Salz und Pfeffer
340 g Mais, aus der Dose, ganze Körner, abgetropft
200 g Lachs, aus der Dose, abgetropft, zerkleinert
Zum Servieren:
Paprikasauce (s. Seite 64)

1. Eine Pfanne leicht einfetten und erhitzen.

2. In einer Schüssel mit einem Handrührgerät auf höchster Stufe die Eier zu einer dicken, cremigen Masse schlagen. Mehl, Zitronensaft und Tabasco zufügen und mit Salz und Pfeffer abschmecken. Mais und Lachs unterheben.

3. Die Mischung portionsweise in die Pfanne geben und flachdrücken. Auf jeder Seite in etwa 3 Minuten goldbraun backen. Warm mit der Paprikasauce servieren.

Lachs-Käse-Bällchen

Ergibt: *20-24 Bällchen*

240 g Frischkäse
1 Tasse geriebener Cheddar
70 ml Zwiebel-Dressing
200 g Lachs, aus der Dose, abgetropft, zerkleinert
½ TL frischer Dill, gehackt
1 Msp. Knoblauchpulver
¼ Tasse Sellerieblätter, feingehackt
Zum Servieren:
Cracker

1. In einer Schüssel Frischkäse und Cheddar mit einer Gabel gut vermischen. Zwiebel-Dressing, Lachs, Dill und Knoblauchpulver zugeben und unterrühren. Aus der Masse Kugeln formen und diese zugedeckt mindestens 4 Stunden kühl stellen.

2. Die Kugeln in den Sellerieblättern wälzen und leicht flachdrücken. Mit Crackern servieren.

Lachs-Kroketten

Ergibt: *24 Kroketten*

Sonnenblumenöl
420 g Lachs, aus der Dose
1 großes Ei
¼ Tasse Mehl
¼ Tasse getrocknete Kartoffelflocken
1 kleine Zwiebel, feingehackt
Pfeffer
1 TL Backpulver
<u>Zum Garnieren:</u>
Zitronenstücke
Cocktailtomaten

1. In eine große Pfanne oder Friteuse gut 7 cm hoch Öl einfüllen und auf mittlerer Stufe erhitzen.

2. Lachs abgießen und ¼ Tasse der Flüssigkeit aufheben. Haut und Gräten entfernen und in eine Schüssel geben. Lachs mit einer Gabel zerkleinern, dann das Ei zufügen und gut mit dem Lachs vermischen. Mehl, Kartoffelflocken und Zwiebel zugeben und mit Pfeffer abschmecken.

3. In einer kleinen Schüssel oder Tasse Backpulver mit der zurückbehaltenen Flüssigkeit verrühren und zum Lachs geben. Gut unterheben.

4. Die Masse löffelweise in das heiße Öl geben und in 4–6 Minuten goldbraun backen. Auf Küchenkrepp abtropfen lassen und warm stellen, bis alle Kroketten gebacken sind. Mit Zitronen- und Tomatenstückchen garniert heiß servieren.

Lachs-Pastete

Ergibt: *6-8 Portionen*

100 g Lachs, aus der Dose, abgetropft, zerkleinert
220 g Frischkäse
2 EL Lauchzwiebeln, feingehackt
1 EL Meerrettich, aus dem Glas
1 EL Zitronensaft
½ Tasse Pekannüsse, gehackt
<u>Zum Garnieren:</u>
Petersilie
Cracker

1. In einer Schüssel mit dem elektrischen Handrührgerät Lachs, Frischkäse, Lauchzwiebeln, Meerrettich und Zitronensaft zu einer glatten Masse vermischen. Zu einer knapp 4 cm dicken Rolle formen und in Frischhaltefolie mindestens 4 Stunden kühl stellen.

2. Die Rolle auswickeln und in den Pekannüssen wenden. Mit Petersilie garniert zu den Crackern servieren.

Lachs-Quiche

Ergibt: *6-8 Portionen*

420 g Lachs, aus der Dose, abgetropft, ohne Gräten, zerkleinert
4 Lauchzwiebeln, in Ringen
1 Teigboden, vorgebacken, 23 cm im Durchmesser
3 große Eier
370 ml süße Sahne
2 EL frischer Dill, gehackt
Salz und Pfeffer

1. Einen Gitterrost in die Mitte des Ofens schieben und den Ofen auf 190 °C vorheizen.

2. In einer Schüssel Lachs und Lauchzwiebeln gut miteinander mischen. Auf dem Teigboden verteilen und beiseite stellen.

3. In der gleichen Schüssel mit dem elektrischen Handrührgerät die Eier auf höchster Stufe zu einer cremigen und hellen Masse schlagen. Sahne zugeben und untermischen. Dill zufügen und mit Salz und Pfeffer abschmecken. Das Ganze über den Lachs geben und 30–35 Minuten backen. Garprobe machen. Auf einem Gitterrost leicht abkühlen lassen und in Stücke geschnitten servieren.

Meeresfrüchte-Kebab

Ergibt: *6 Portionen*

220 g Champignons, ohne Stiel
240 g gekochte Krabben (tiefgekühlt)
240 g panierte Krabben (tiefgekühlt)
250 g Artischockenherzen, aus der Dose, abgetropft, geviertelt
1 grüne Paprika, in 2,5 cm großen Stücken
2 Zitronen oder Limetten, in Achteln
Zum Servieren:
3–4 Tassen heißer Jasminreis oder anderer langkörniger weißer Reis
Paprikapulver, edelsüß
Anchovis-Sauce (s. unten)

1. Einen Gitterrost etwa 10 cm von der Hitzequelle entfernt in den Ofen schieben und den Grill vorheizen. Eine Grillpfanne leicht einfetten.

2. Champignons, aufgetaute Krabben, Artischockenherzen, Paprika und Zitronenstücke abwechselnd auf Spieße stecken und 8–10 Minuten grillen.

3. Auf mit Paprikapulver bestreuten Reis servieren. Anchovis-Sauce dazu reichen.

Anchovis-Sauce

Ergibt: *120 ml*

110 g weiche Butter oder Margarine
1 ½ TL Anchovispaste
1 TL Zitronensaft
¾ TL Saft von Austern oder Venusmuscheln
½ TL Zwiebelsaft

Butter, Anchovispaste, Zitronensaft, Austernsaft und Zwiebelsaft in einen kleinen Topf geben, gut vermischen und bei mittlerer Hitze unter Rühren fast zum Kochen bringen. Warm servieren.

Meeresfrüchte-Teigtaschen

Ergibt: *60 Teigtaschen*

450 g Brötchenteig (tiefgekühlt)
1 Tasse geriebener scharfer Cheddar
1 Tasse geriebener Emmentaler
240 g gekochte Krabben (tiefgekühlt)
170 g Krebsfleisch, aus der Dose, abgetropft, zerkleinert
450 ml Crème fraîche
6 große Eier, verquirlt
1 TL Senfpulver
½ TL Worcestersauce
1 Spritzer Tabasco
frische Petersilie, feingehackt

1. Einen Gitterrost in die Mitte des Ofens schieben und Ofen auf 200 °C vorheizen.

2. Den Teig nach Packungsanweisung auftauen, 4 lange Rechtecke formen. Auf ein Backblech geben und jeweils einen 2,5 cm hohen Rand arbeiten. 5 Minuten backen.

3. Emmentaler, Cheddar, Krabben und Krebsfleisch darauf verteilen.

4. In einer Schüssel Crème fraîche, Senfpulver, Worcestersauce und Tabasco vermischen. Auf den Teigboden geben, mit Petersilie bestreuen und 20–25 Minuten backen, bis der Rand goldgelb ist. Garprobe machen. Auf einem Gitterrost etwa 5 Minuten abkühlen lassen und dann in Stücke geschnitten servieren.

Meeresfrüchte-Toast

Ergibt: *4 Portionen*

Weißbrot, dünn geschnitten
70 g Butter oder Margarine, zerlassen
120 g Krabben, gesäubert
200 ml Mayonnaise oder Salat-Dressing
⅓ Tasse geriebener Parmesan oder Romano
⅓ Tasse geriebener Emmentaler
1 Spritzer Worcestersauce
1 Spritzer Tabasco
Paprikapulver
Zum Garnieren:
Petersilie oder Kresse

1. Einen Gitterrost in die mittlere Schiene des Ofens schieben und den Ofen auf 200 °C vorheizen. Kleine Backförmchen von 5 cm Durchmesser leicht einfetten.
2. Mit einer Ausstechform von 6,5–7,5 cm aus dem Brot 4–5 Sterne oder Blumen ausstechen. Von beiden Seiten leicht buttern und in die Backformen drücken.
3. Krabben in eine Schüssel geben und mit Eiswasser bedecken.
4. In einer Schüssel Mayonnaise, Parmesan, Emmentaler, Worcestersauce und Tabasco gut vermischen. Die Krabben abtropfen lassen und mit Küchenkrepp trockentupfen. Käsemasse zugeben und vorsichtig unterheben. Masse auf die Brotsterne geben, mit Paprikapulver bestreuen und 8–10 Minuten backen, bis der Käse geschmolzen ist. Mit Petersilie oder Kresse garnieren.

Miesmuschel-Auflauf

Ergibt: *12 Portionen*

360 g Miesmuscheln, aus der Dose, zerkleinert, nicht abgetropft
2 EL Zitronensaft
2 EL Wasser
1 Schalotte, gehackt
1 Knoblauchzehe, gehackt
1 kleine Lauchzwiebel, gehackt
¼ Tasse frische Petersilie, feingehackt
1 EL frischer Oregano, feingehackt
110 g Butter oder Margarine
¾ Tasse Semmelbrösel aus Sauerteigbrot oder Weißbrot
geriebener Romano
Zum Servieren:
Cracker

1. Einen Gitterrost in die Mitte des Ofens schieben und den Ofen auf 175 °C vorheizen. Eine 23 x 23 cm große feuerfeste Form leicht einfetten.
2. Muscheln und Zitronensaft in eine Pfanne geben und auf niedriger Stufe unter Rühren in 10–12 Minuten gar kochen. Beiseite stellen.
3. Schalotte, Knoblauch, Lauchzwiebel, Petersilie und Oregano in einer Schüssel mit dem Pürierstab zerkleinern.
4. In einer großen Pfanne die Butter bei mittlerer Hitze zerlassen. Die Schalottenmischung zugeben und 3–4 Minuten köcheln lassen. Muscheln und Semmelbrösel zufügen und alles gut verrühren. Die Masse in die Auflaufform geben, mit Romano bestreuen und 12–15 Minuten backen, bis die Mischung leicht gebräunt und mit einer Kruste überzogen ist. Mit Crackern servieren.

Miesmuschel-Bällchen

Ergibt: *40 Bällchen*

6 Eier, hartgekocht, gehackt
1 EL Zwiebeln, feingehackt
½ Tasse Miesmuscheln, aus der Dose, abgetropft, zerkleinert
60 ml Mayonnaise oder Salat-Dressing
Salz und Pfeffer
⅔ Tasse Walnüsse, gehackt

1. In einer Schüssel Eier, Zwiebeln, Muscheln und Mayonnaise gut mischen. Mit Salz und Pfeffer abschmecken. Aus der Masse olivengroße Kugeln formen.

2. Die Walnüsse in eine flache Schüssel geben und die Bällchen darin wälzen. Auf eine Platte legen und zugedeckt mindestens 1 Stunde kühl stellen.

Tip: Ersetzen Sie die Walnüsse durch Pumpernickelbrösel.

Sardinen-Reis-Bällchen

Ergibt: *30 Bällchen*

120 ml Olivenöl
¼ Tasse Zwiebeln, gehackt
120 g enthäutete und entgrätete Sardinen, aus der Dose, abgetropft, zerdrückt
1 großes Ei, leicht verquirlt
2 EL geriebener Parmesan oder Romano
1 EL Ketchup
2 EL Zitronensaft
1 Msp. Cayennepfeffer
1 Msp. getrockneter Thymian, gehackt
1 Prise Pfeffer
1 Tasse gekochter Reis
1 Eiweiß von einem großen Ei, verquirlt
2 EL Wasser
½ Tasse Semmelbrösel

1. In einer Pfanne 1 Eßlöffel Öl auf mittlerer Stufe erhitzen und die Zwiebeln darin 5 Minuten dünsten. Zum Abkühlen vom Herd nehmen.

2. In einer großen Schüssel Sardinen, Ei, Parmesan, Ketchup, Zitronensaft, Cayennepfeffer, Thymian, Pfeffer, Reis und abgekühlte Zwiebeln vermischen. Abgedeckt mindestens 1 Stunde kühl stellen.

3. In einer kleinen Schüssel verquirltes Eiweiß und Wasser verrühren. Aus der Sardinenmasse walnußgroße Kugeln formen, diese in das Eiweiß tauchen und in den Semmelbröseln wälzen. Auf eine Platte geben und nicht länger als 30 Minuten im Tiefkühlfach sehr fest werden lassen.

4. In einer großen Pfanne das restliche Öl auf mittlerer Stufe erhitzen. Die Bällchen portionsweise 2–3 Minuten unter Wenden braten. Auf Küchenkrepp abtropfen lassen und servieren. Holzspießchen bereitstellen.

Tip: Ersetzen Sie die Sardinen durch zerkleinerten Thunfisch oder Krabbenfleisch.

Sardinen-Tomaten-Omelett

Ergibt: *8 Portionen*

2 EL Butter oder Margarine
2 große Tomaten, enthäutet, in Scheiben (eine ganz dünn in Scheiben geschnitten, die andere in 8 Spalten)
1 Msp. frische Oreganoblätter, gehackt
Salz und Pfeffer
5 große Eier
2 EL Wasser
80 g Sardinen, aus der Dose, abgetropft
½ Tasse geriebener Cheddar
4 Muffins, halbiert, getoastet
Zum Garnieren:
grüne Paprika, in Streifen

1. In einer großen Pfanne die Butter bei mittlerer Hitze zerlassen und die dicken Tomatenspalten zugeben. Mit Oregano und Salz abschmecken und 1–2 Minuten köcheln lassen.

2. Eier in einer Schüssel mit dem elektrischen Handrührgerät auf höchster Stufe zu einer cremigen und hellen Masse rühren. Das Wasser zugeben; dann über die Tomaten in der Pfanne gießen. Zugedeckt bei niedriger Hitze etwa 3 Minuten stocken lassen. Die Sardinen über die Eier geben, mit Cheddar bestreuen und zugedeckt ungefähr weitere 4 Minuten ausbacken, bis die Eimasse fest ist. Vom Herd nehmen.

3. Das Omelette in 8 viereckige Stücke schneiden und auf die Muffin-Hälften geben. Mit Paprikastreifen und den restlichen Tomatenscheiben garnieren.

Thunfisch-Käse-Toast

Ergibt: *6 Toasts*

3 Brötchen, aufgeschnitten, gebuttert
260 g Thunfisch, aus der Dose, abgetropft, zerkleinert
80 g Frischkäse
2 EL Mayonnaise
2 TL Limettensaft
1 ½ TL Schalotten, feingehackt
1 TL Meerrettich, aus dem Glas
450 g geschnittene grüne Bohnen, aus dem Glas, abgetropft
1 Tasse Schmelzkäsezubereitung, zerkleinert

1. Einen Gitterrost 10 cm von der Hitzequelle in den Ofen schieben und den Grill auf 175 °C vorheizen (s. Tip). Die Brötchenhälften etwa 2 Minuten grillen, bis sie leicht getoastet sind. Beiseite stellen.

2. Thunfisch, Frischkäse, Mayonnaise, Limettensaft, Schalotten und Meerrettich zu einer glatten Masse verrühren. Bohnen zugeben, untermischen und dann löffelweise auf die Brötchenhälften geben. Mit Schmelzkäse bestreuen und etwa 10 Minuten backen, bis der Käse geschmolzen ist.

Tip: Bei Back-Grill-Kombinationen den Grill ausschalten und den Ofen vor dem Backen der Brötchen vorheizen.

Thunfisch-Röllchen

Ergibt: *60 Röllchen*

170 g Thunfisch, aus der Dose, abgetropft, zerkleinert
120 ml Mayonnaise
½ Tasse Bleichsellerie, feingehackt
2 EL Essiggurken, gehackt
1 TL scharfer Senf
50 g weiche Butter oder Margarine
50 g Butter, zerlassen
20 Scheiben Weißbrot, ohne Rinde
Paprikapulver

1. Den Grill vorheizen.

2. Thunfisch, Mayonnaise, Bleichsellerie, Essigkurken und Senf gut vermischen.

3. Brot dünn mit der weichen Butter bestreichen und Thunfischmasse darauf geben. Jede Scheibe zu einem Röllchen formen und dritteln. Mit Holzspießchen befestigen und auf ein Backblech legen. Mit geschmolzener Butter bestreichen und mit Paprikapulver bestreuen. In 2–3 Minuten auf oberster Schiene goldgelb grillen. Sofort servieren.

Thunfisch-Röllchen mit Curry

Ergibt: *42 Röllchen*

70 g Thunfisch, aus der Dose, abgetropft, zerkleinert
120 ml Mayonnaise oder Salat-Dressing
½ TL Currypulver
Salz
weiche Butter oder Margarine
14 sehr dünne Brotscheiben, ohne Rinde
Paprikapulver

1. In einer Schüssel Thunfisch, Mayonnaise und Currypulver mit einer Gabel vermischen. Mit Salz abschmecken.

2. Brotscheiben leicht buttern, Thunfischmasse darauf geben und mit Paprikapulver bestreuen. Jede Scheibe zu einer festen Rolle formen, mit Frischhaltefolie umwickeln und mindestens 2 Stunden kühl stellen.

3. Jedes Röllchen dritteln, mit Holzspießchen befestigen und servieren.

Thunfisch-Salat mit Gebäck

Ergibt: *7-12 Portionen*

2 Tassen Makkaroni
240 g Schmelzkäsezubereitung mit Paprika
50 g Oliven mit Paprikafüllung, gehackt
360 g Thunfisch, aus der Dose, abgetropft, zerkleinert
1 Tasse Bleichsellerie, in Scheiben
120 ml Mayonnaise
2 TL Zitronen- oder Limettensaft
Salz und Pfeffer
Petersilie, gehackt
Zum Servieren:
Cornflakes-Gebäck (s. unten)

1. Makkaroni nach Packungsanweisung kochen. Abgießen und noch warm in eine Schüssel geben. Schmelzkäse unterrühren und schmelzen lassen.

2. Oliven, Thunfisch, Bleichsellerie, Mayonnaise und Zitronensaft zugeben und mit Salz und Pfeffer abschmecken. Zugedeckt mindestens 2 Stunden kühl stellen.

3. Mit Petersilie garniert zu dem Gebäck servieren.

Cornflakes-Gebäck

Ergibt: *7-12 Stück*

110 g Butter oder Margarine, zerlassen
1 Tasse Cornflakes, zerbröselt
2 Tassen neutrale Fertigteigmischung
120 ml kaltes Wasser

1. Einen Gitterrost in die Mitte des Ofens schieben und den Ofen auf 220 °C vorheizen. Mit der Hälfte der Butter eine Backform einfetten. Etwa ½ Tasse der Cornflakes auf den Boden der Form streuen.

2. Teigmischung und Wasser mischen und zu einem weichen, glatten Teig verarbeiten. Den Teig eßlöffelweise in die Form geben. Jedes Teighäufchen mit der restlichen Butter übergießen; die restlichen Cornflakes darauf drücken. In 12–15 Minuten goldgelb backen.

Tip: Nehmen Sie für mehr Kekse kleinere Teighäufchen.

Thunfisch-Tortillas

Ergibt: *4 Tortillas*

⅓ Tasse Karotten, geraspelt
⅓ Tasse Lauchzwiebeln, in Ringen
3 EL Mayonnaise
1 EL Salsa
170 g Thunfisch, aus der Dose, abgetropft und zerkleinert
4 Mehl-Tortillas (ca. 18 cm)
½ Tasse Alfalfasprossen

1. Karotten, Lauchzwiebeln, Salsa und Thunfisch in einer Schüssel gut vermischen.

2. Masse portionsweise in die Mitte der Tortillas geben und mit Alfalfasprossen bestreuen. Zusammenrollen und sofort servieren.

Tip: Bereiten Sie die Röllchen im voraus zu und bewahren Sie sie im Kühlschrank auf.

TROPISCHER SALAT

ERGIBT: *4 Portionen*

270 g Hummerschwänze (tiefgekühlt)
8 große rohe Garnelen, in der Schale
1 frische Zitrone, in Scheiben
2 l Wasser
2 frische, reife Papayas
2 Lauchzwiebeln, gehackt
2 EL Olivenöl
1 EL Limettensaft
Salz und Pfeffer
1 große Avocado, geschält, entkernt, in ½ cm dicken Scheiben
Zum Servieren:
1 Kopf Römersalat
1 Tasse Bananen-Dressing (s. Seite 189)

1. In einem großen Topf das Wasser mit Hummerschwänzen, Garnelen und Zitrone bei mittlerer Hitze zum Kochen bringen und etwa 5 Minuten köcheln lassen, bis die Garnelen rot werden. Garnelen herausnehmen, mit kaltem Wasser abschrecken und die Schalen entfernen. Garnelen beiseite stellen.

2. Den Hummer nach Packungsanweisung gar kochen. Abgießen und zum Abkühlen in kaltes Wasser tauchen. Das Hummerfleisch aus der Schale herausnehmen und in knapp 2 cm dicke Stücke schneiden. Zu den Garnelen geben.

3. Papayas schälen, halbieren, die Kerne entfernen und das Fleisch in 2 cm dicke Würfel schneiden. Papayas zusammen mit den Zwiebeln zu Garnelen und Hummer geben.

4. In einer kleinen Tasse Öl und Limettensaft vermischen und mit Salz und Pfeffer abschmecken. Über die Meeresfrüchte geben, mischen und zugedeckt mindestens 4 Stunden kalt stellen.

5. Mit der Avocado mischen und auf dem Salat mit dem Dressing servieren.

ÜBERBACKENER FISCHSTÄBCHEN-TOAST

ERGIBT: *6 Toasts*

420 g Fischstäbchen (tiefgekühlt)
450 g Sauerkraut aus der Dose
fertige Remouladensauce
6 Scheiben Roggenbrot
1 Tasse geriebener Emmentaler
Zum Servieren:
eingelegte rote Bete, kleingeschnitten

1. Fischstäbchen nach Packungsanweisung braten und beiseite stellen.

2. Einen Gitterrost in die Mitte des Ofens schieben und den Ofen auf 220 °C vorheizen.

3. Das Sauerkraut mit einem Messer oder einer Küchenschere zerkleinern. Mit dem Saft in einen Topf geben und bei mittlerer Hitze kochen. Abtropfen lassen und beiseite stellen.

4. Remouladensauce auf den Brotscheiben verteilen und diese auf ein nicht gefettetes Backblech legen. Fischstäbchen auf die Brotscheiben geben und Remouladensauce darüber gießen. Sauerkraut und Emmentaler darauf verteilen und 3–5 Minuten backen, bis der Käse geschmolzen ist. Mit den roten Beten garniert servieren.

Kapitel 9

Gemüse in allen Variationen

Gemüse ist längst nicht mehr nur eine Beilage. Mit rohen Karotten- und Bleichselleriesticks, Brokkoli- und Blumenkohlröschen oder in Scheiben geschnittenen rohen Champignons können vollständige und schmackhafte, leichte Gerichte gezaubert werden. Kaufen Sie Gemüse entsprechend der Saison und, wenn möglich, direkt vom Bauern, um in den vollen Genuß des Geschmacks zu kommen. Gemüse aus der Dose oder tiefgekühlt ist eine gute Alternative und oft einfacher zu verwenden als frisches Gemüse.

Artischocken-Auflauf

Ergibt: *24 Stück*

120 ml und 3 EL Sonnenblumenöl
1 Tasse Champignons, gehackt
¼ Tasse Bleichsellerie, in dünnen Scheiben
1 Knoblauchzehe, feingehackt
370 g Artischockenherzen, aus der Dose, abgetropft, feingehackt
1 Tasse geriebener Gouda
2 große Eier, leicht verquirlt
⅓ Tasse Lauchzwiebeln, gehackt
½ TL getrockneter Majoran, zerrieben
1 Msp. getrockneter Oregano, zerrieben
1 Msp. Cayennepfeffer
1 ½ Tassen Mehl
60 ml Milch

1. Einen Gitterrost in die Mitte des Ofens schieben und den Ofen auf 175 °C vorheizen.

2. 3 Eßlöffel Öl auf mittlerer Stufe in einer Pfanne erhitzen und Champignons, Bleichsellerie und Knoblauch in 8–10 Minuten weich dünsten. Vom Herd nehmen und Artischocken, Gouda, Eier, Lauchzwiebeln, Majoran, Oregano und Cayennepfeffer zugeben und gut vermischen.

3. In eine Schüssel Mehl, restliches Öl und Milch geben, mit einer Gabel gut vermischen und zu einer Kugel formen. In eine 33 x 23 cm große feuerfeste Form drücken und einen 3 ½ cm hohen Rand formen. Etwa 10 Minuten backen, bis der Boden fest ist.

4. Artischockenmasse auf den Boden geben und noch etwa 20 Minuten backen, bis sich die Füllung in der Mitte gesetzt hat. Auf einem Gitterrost etwa 10 Minuten abkühlen lassen, in Stücke schneiden und warm servieren.

Artischocken-Häppchen

Ergibt: *40 Häppchen*

1 EL Sonnenblumenöl
1 Zwiebel, gehackt
200 g Artischockenherzen, aus der Dose, abgetropft und zerkleinert, Flüssigkeit aufgefangen
3 große Eier
1 Tasse geriebener Cheddar
1 Msp. getrockneter Oregano, zerrieben
Salz und Pfeffer
2 EL Semmelbrösel

1. Einen Gitterrost in die Mitte des Ofens schieben und den Ofen auf 160 °C vorheizen. Eine rechteckige 23 cm lange feuerfeste Form leicht einfetten.

2. Öl in einer großer Pfanne auf mittlerer Stufe erhitzen, Zwiebel etwa 5 Minuten darin glasig dünsten. Artischockenherzen zugeben und unterheben.

3. Eier in einer großen Schüssel schaumig schlagen und Zwiebelmasse zugeben. Cheddar, aufgefangene Artischockenflüssigkeit und Oregano zufügen und gut untermischen. Mit Salz und Pfeffer würzen und in die Form füllen. Semmelbrösel darüber streuen und 25–30 Minuten backen. Etwa 10 Minuten abkühlen lassen, dann in kleine Stücke schneiden. Warm oder kalt servieren.

Artischockenherzen

Ergibt: *40 Stück*

60 ml und 2 EL Olivenöl
Salz und Pfeffer
400 g Artischockenherzen, aus der Dose, abgetropft
2 große Eier
1 Tasse Semmelbrösel

1. Öl auf hoher Stufe in einer Pfanne erhitzen.

2. In einer Schüssel Salz und Pfeffer über die Artischockenherzen geben.

3. Eier in einer kleinen Schüssel schaumig schlagen. Semmelbrösel auf einen flachen Teller geben. Artischockenherzen in das Ei tauchen und dann in den Semmelbröseln wenden. Etwa 3 Minuten von jeder Seite goldbraun fritieren. Auf Küchenkrepp abtropfen lassen.

Auberginen mit südländischer Füllung

Ergibt: *4 Portionen*

1 große Aubergine
2 EL Öl
½ Tasse Zwiebeln, gehackt
1 Knoblauchzehe, feingehackt
1 EL weiche Butter oder Margarine
2 EL Mehl
680 g Tomaten, aus der Dose, abgetropft, in Stücken, Saft aufgefangen
1 Msp. getrockneter Oregano
1 Msp. getrockneter Majoran
1 Msp. Pfeffer
120 g Hüttenkäse
Zum Garnieren:
Emmentaler, in Streifen

1. Den Ofen auf 175 °C vorheizen.

2. Aubergine der Länge nach durchschneiden und das Fleisch herauslösen; eine etwa 1 cm dicke Schale stehen lassen. Fruchtfleisch in 1 cm große Würfel schneiden.

3. Öl auf mittlerer Stufe in einer Pfanne erhitzen und Auberginenfleisch, Zwiebeln und Knoblauch etwa 5 Minuten weich dünsten.

4. Butter und Mehl in einem kleinen Topf glattrühren und auf mittlerer Stufe erhitzen.

5. Aufgefangenen Tomatensaft langsam der Mehlmischung zugeben, eventuell mit Wasser auffüllen. Unter Rühren die Flüssigkeit eindicken lassen. Mit der Auberginenmasse mischen. Tomaten, Oregano, Majoran und Pfeffer zugeben und gut vermischen. Die Masse mit einem Löffel in die Auberginenschalen füllen und mit Hüttenkäse bestreuen. Auf ein Backblech legen und mit Alufolie abdecken. 30–35 Minuten auf mittlerer Schiene backen, bis die Schalen weich sind. Garniert mit Emmentalerstreifen servieren.

Auberginen-Salsa

Ergibt: *6-8 Portionen*

2 Auberginen
Salz
220 ml Tomatensauce
2 EL Sonnenblumenöl
1 große Zwiebel, feingehackt
2 Selleriestangen, feingehackt
1 große Knoblauchzehe, feingehackt
10 entkernte grüne Oliven, geviertelt
1 TL Obstessig
Zucker nach Belieben
1 Jalapeño-Chilischote, feingehackt
weißer Pfeffer
Zum Servieren:
Cracker

1. Auberginen schälen, in 2 ½ cm große Stücke schneiden und in einen Topf geben. In Wasser 30 Minuten ziehen lassen. Abgießen und frisches Wasser zugeben. Auf mittlerer Stufe in etwa 15 Minuten weich dünsten, abgießen und Tomatensauce unterrühren.

2. Öl in einer Pfanne erhitzen und Zwiebel, Sellerie, Knoblauch und Oliven in etwa 10 Minuten weich dünsten. Essig, Zucker und Jalapeño zugeben, mit Salz und Pfeffer abschmecken und gut verrühren.

3. Zwiebelmasse zu den Auberginen geben, unterrühren und auf mittlerer Stufe etwa 20 Minuten köcheln lassen, bis das Gemüse sehr weich ist. Zusammen mit Crackern servieren.

Avocado-Ei-Röllchen

Ergibt: *30-36 Röllchen*

2 große hartgekochte Eier, gehackt
2 TL Zitronensaft
2 EL Mayonnaise oder Salat-Dressing
2 EL Avocado, kleingehackt
1 Msp. Senfpulver
Kräutersalz nach Belieben
10–12 Scheiben Weißbrot, ohne Rinde

1. Mit einem elektrischen Handrührgerät auf mittlerer Stufe Eier, Zitronensaft, Mayonnaise, Avocado, Senfpulver und Salz vermischen. Zugedeckt mindestens 1 Stunde kühl stellen.

2. Masse auf das Brot geben und jede Scheibe zu einer festen Rolle formen. Jede Rolle dritteln und mit Holzspießchen befestigen. Sofort servieren.

Avocado-Mousse

Ergibt: *6-8 Portionen*

1 Päckchen Götterspeise mit Zitronengeschmack
500 ml heißes Wasser
1 Päckchen Gelatine
1 Tasse reife Avocado, zerdrückt
120 ml Mayonnaise
120 ml süße Sahne, geschlagen

1. Götterspeise in einer Schüssel mit heißem Wasser mischen und auflösen.

2. Gelatine hinzufügen und umrühren, bis sie sich gelöst hat. Zugedeckt etwa 1 Stunde kühl stellen, bis die Masse zu gelieren beginnt.

3. Avocado, Mayonnaise und Sahne gut unter die Gelatine rühren. In eine Form geben und mindestens 4 Stunden kühl stellen.

4. Mit Hilfe eines warmen, feuchten Handtuchs auf einen Teller stürzen. Bis zum Servieren kühl stellen.

Bohnen-Reis-Frikadellen

Ergibt: *4 Portionen*

1 Tasse Sonnenblumenkerne
2 EL Butter oder Margarine
2 EL Lauchzwiebeln, in Scheiben
¼ Tasse Bleichsellerie, feingehackt
1 Tasse gekochte Sojabohnen, feingehackt
1 Tasse gekochter brauner Reis oder Wildreis
½ Tasse geriebener Cheddar
¼ Tasse Vollkornmehl
2 TL Relish
2 EL Ketchup
2 TL Sojasauce
½ TL frische Basilikumblätter, zerrieben
2 große Eier, leicht verquirlt
Salz und Pfeffer
Zum Garnieren:
Zwiebelringe
Essiggurkenscheiben
Rote-Bohnen-Dip (s. Seite 138)

1. Die Sonnenblumenkerne in einem Behälter mit einem Pürierstab auf hoher Stufe fein mahlen.

2. Butter in einer großen Pfanne bei mittlerer Hitze zerlassen und Lauchzwiebeln und Bleichsellerie 2–3 Minuten darin dünsten. Bohnen, Reis, gemahlene Sonnenblumenkerne, Cheddar, Mehl, Relish, Ketchup, Sojasauce, Basilikum und Eier zugeben und mit Salz und Pfeffer abschmecken. Gut vermischen und 2–3 Minuten kochen. In eine Schüssel geben.

3. Mit einem kleinen Melonen- oder Eisportionierer kleine Kugeln der Masse in die Pfanne geben und mit einem Löffel auf ½ cm flachdrücken. 5–6 Minuten von beiden Seiten braun braten. Auf einer Servierplatte anrichten und mit Zwiebelringen und Essiggurkenscheiben zur Bohnensauce servieren.

Brokkoli-Brot

Ergibt: *8-10 Portionen*

4 große Eier
110 g Butter oder Margarine, zerlassen
1 Tasse geriebener Cheddar
300 g fertige Brotteigmischung
280 g Brokkoliröschen, gedünstet
½ Tasse Zwiebeln, gehackt

1. Einen Gitterrost in die Mitte des Ofens schieben und den Ofen auf 220 °C vorheizen. Eine 23 x 13 cm große Brotform einfetten.

2. Mit dem elektrischen Handrührgerät Eier in einer Schüssel auf mittlerer Stufe schaumig schlagen. Butter und Cheddar zugeben und gut vermischen. Brotteigmischung, Brokkoli und Zwiebeln zugeben, gut mischen und in die Form füllen. 18–20 Minuten backen. Garprobe machen. (An einem in die Mitte gesteckten Messer sollten keine Teigreste hängenbleiben.) Auf einem Gitterrost abkühlen lassen und in Stücke geschnitten servieren.

Brokkoli-Törtchen

Ergibt: *6-8 Portionen*

1 Teigboden (s. unten)
2 TL Senfbutter (s. Seite 176)
280 g Brokkoliröschen (tiefgekühlt)
250 ml süße Sahne
4 große Eier
1 Msp. Cayennepfeffer
1 Msp. Muskatnuß, gemahlen
Salz und Pfeffer
1 ⅓ Tassen geriebener Emmentaler oder Gouda
Zum Garnieren:
¼ Tasse Sonnenblumenkerne
Kräuterdressing (s. unten)

1. Einen Gitterrost in die Mitte des Ofens schieben und den Ofen auf 190 °C vorheizen.

2. Teig in eine Form von 23 cm Durchmesser drücken und mit Senfbutter bestreichen.

3. Brokkoli in einem Topf nach Packungsanweisung dünsten. Abtropfen lassen und Sahne, Eier, Cayennepfeffer und Muskatnuß zugeben, mit Salz und Pfeffer würzen und vermischen. Emmentaler untermischen und unter Rühren vorsichtig erhitzen, bis der Käse zu schmelzen beginnt. Auf den vorbereiteten Teig füllen und mit Sonnenblumenkernen bestreuen. 30–35 Minuten backen, bis die Masse fest ist. Leicht abkühlen lassen und in Stücke geschnitten servieren. Kräuterdressing dazu servieren.

Teigboden

Ergibt: *1 Boden von 23 cm Durchmesser*

1 ½ Tassen Mehl
½ TL Salz
110 g Butter oder Margarine, gekühlt
1 großes Ei, leicht verquirlt
2 EL Eiswasser

1. Mehl und Salz in einer kleinen Schüssel vermischen. Mit einem elektrischen Handrührgerät, einer Gabel oder zwei Messern die Butter in das Mehl einarbeiten, bis sich grobe Krümel bilden. Ei und Eiswasser zugeben und zu einem glatten Teig verarbeiten. Den Teig zu einer Kugel formen und zugedeckt mindestens 2 Stunden kühl stellen.

2. Auf einer leicht bemehlten Arbeitsfläche den Teig auf die gewünschte Größe ausrollen.

Kräuterdressing

Ergibt: *120 ml*

6 TL Sonnenblumenöl
½ TL getrockneter Oregano, zerrieben
½ TL getrocknete Basilikumblätter, zerrieben
1 Msp. getrockneter Kerbel, zerrieben
1 Msp. Senfpulver
1 Msp. Pfeffer
1 Spritzer Worcestersauce
1 kleine Knoblauchzehe, feingehackt
2 EL Weinessig
1 EL Zitronensaft

Alle Zutaten in einer kleinen Schüssel gut mischen. Sofort verwenden oder zugedeckt bis zu 24 Stunden kühl stellen.

Brokkoli-Gratin

Ergibt: *4 Portionen*

700 g Brokkoliröschen
370 ml Wasser
1 TL Zucker
2 EL weiche Butter oder Margarine
2 EL Mehl
250 ml Milch
Salz und Pfeffer
1 Msp. Muskatnuß, gemahlen
2 EL Butter oder Margarine, zerlassen
1 EL Semmelbrösel

1. Einen Gitterrost in die Mitte des Ofens schieben und den Ofen auf 175 °C vorheizen. Eine feuerfeste Form leicht einfetten.

2. Brokkoli, Wasser und Zucker in einen Topf geben und auf hoher Stufe zum Kochen bringen. Die Hitze reduzieren und 5–8 Minuten köcheln lassen, bis der Brokkoli hellgrün und zart ist. Abtropfen lassen.

3. 2 Eßlöffel weiche Butter und Mehl in einem Topf mischen. Milch zugeben und zum Kochen bringen. Unter Rühren in 2–3 Minuten eindicken lassen. Mit Salz, Pfeffer und Muskatnuß abschmecken. Vom Herd nehmen und beiseite stellen.

4. Zerlassene Butter mit den Semmelbröseln in einem Topf vermischen.

5. Brokkoli in die Form legen und die Sauce darüber gießen. Semmelbröselmasse über der Sauce verteilen und in 25–30 Minuten hellbraun backen.

Brunnenkresse-Häppchen

Ergibt: *60 Häppchen*

110 g weiche Butter oder Margarine
60 ml cremige Salatsauce
1 Tasse Brunnenkresse, gehackt
30 dünne Scheiben Weißbrot
Zum Garnieren:
schwarze Oliven oder Essiggurken, gehackt

1. Butter und Salatsauce in einer Schüssel zu einer glatten Masse rühren. Brunnenkresse zugeben und vorsichtig untermischen.

2. Mit einer Ausstechform von knapp 4 cm Durchmesser aus jeder Brotscheibe Kreise ausstechen, aus der Hälfte davon mit einer zweiten Form von 1,25 cm Durchmesser die Mitte ausstechen.

3. Dressing auf die ganzen Kreise streichen und ausgestochene Kringel darüber legen. Häppchen in Klarsichtfolie wickeln und mindestens 2 Stunden kühl stellen.

4. Mit gehackten Oliven oder Essiggurken garniert servieren.

Champignon-Muffins

Ergibt: *12 Muffins*

1 EL Butter oder Margarine
110 g Champignons, aus der Dose, abgetropft, Flüssigkeit aufgefangen, in Stücken
1 Tasse Mehl
¼ Tasse Zucker
1 EL Backpulver
1 TL Salz
1 großes Ei
200 ml Milch
½ Tasse geriebener Emmentaler
60 ml Sonnenblumenöl

1. Einen Gitterrost in die Mitte des Ofens schieben und den Ofen auf 200 °C vorheizen. Eine Backform für 12 Muffins leicht einfetten.

2. In einer Pfanne Champignons in 3–4 Minuten auf mittlerer Stufe gut erhitzen. Mehl, Zucker, Backpulver und Salz zugeben und gut vermischen. Ei zufügen, 60 ml der aufgefangenen Champignon-Flüssigkeit, Milch, Emmentaler und Öl zugeben, vorsichtig unterheben. Vom Herd nehmen.

3. Die Förmchen zu ⅔ mit der Masse füllen und in 20–25 Minuten goldbraun backen. Heiß servieren.

Champignon-Pizza

Ergibt: *8-10 Portionen*

1 fertiger Pizzateig (gekühlt)
2 Tassen frische Champignons, in Scheiben geschnitten
50 g Butter oder Margarine, zerlassen
geriebener Romano
1 Msp. Majoran
1 Msp. Oregano

1. Einen Gitterrost in die Mitte des Ofens schieben und den Ofen auf 190 °C vorheizen.
2. Den Teig auf ein Pizzablech von 30 cm Durchmesser geben und einen kleinen Rand formen.
3. Champignons und Butter in einer kleinen Schüssel vorsichtig vermischen und auf dem Teig verteilen. Romano darüber geben, mit Majoran und Oregano bestreuen. 20–25 Minuten backen, bis der Rand goldbraun ist. In Stücke geschnitten servieren.

Cracker mit Erbsen-Aufstrich

Ergibt: *8 Stück*

280 g Erbsen (tiefgekühlt)
8 Cracker
2 EL weiche Butter oder Margarine
3 EL süße Sahne
24 kleine weiße Cocktailzwiebeln

1. Erbsen nach Packungsanweisung zubereiten und vom Herd nehmen.
2. Die Cracker mit Butter bestreichen.
3. Erbsen mit dem Pürierstab zusammen mit 1 Eßlöffel Sahne auf hoher Stufe pürieren. Restliche Sahne löffelweise zugeben, bis die Mischung eine dicke Paste ergibt. Eine dünne Schicht auf die gebutterten Cracker streichen, die übrige Paste in eine Spritztüte mit mittelgroßer Sterntülle füllen und in einem Kreis darauf spritzen. Darüber mit einem zweiten Kreis ein Nest spritzen und mit 3 Cocktailzwiebeln füllen. Sofort servieren.

Cracker mit roten Bohnen

Ergibt: *24-30 Stück*

20 g italienisches Salat-Dressing (Pulver)
2 EL Obstessig
420 g rote Bohnen, aus der Dose, gewaschen, abgetropft
1 roter Paprika, entkernt, in Würfeln
1 grüner Paprika, entkernt, in Würfeln
4 Lauchzwiebeln, gehackt
1 Msp. Knoblauchpulver
Salz und Pfeffer
Zum Servieren:
Weizencracker

1. Dressing nach Packungsanweisung zubereiten und mit dem Essig vermischen.
2. Bohnen, Paprika und Lauchzwiebeln in einer Schüssel mischen. Dressing und Knoblauchpulver zugeben und gut unterrühren. Mit Salz und Pfeffer abschmecken. Zugedeckt mindestens 8 Stunden kühl stellen. Auf Crackern servieren.

Dinosaurier-Häppchen

Ergibt: *16 Häppchen*

1 kleiner Laib Roggenbrot
270 g Erbsen (tiefgekühlt)
240 g Frischkäse
1 kleine Schalotte, gehackt
1 EL Zwiebelpulver
6–8 grüne Oliven, entkernt, halbiert

1. Brot in Scheiben schneiden.

2. Erbsen nach Packungsanweisung zubereiten und vom Herd nehmen.

3. Mit dem Pürierstab auf mittlerer Stufe Frischkäse, Schalotte und Zwiebelpulver zerkleinern. Erbsen zugeben und zu einer glatten Masse verarbeiten.

4. Auf den Brotscheiben verteilen und mit den Olivenhälften (runde Seite nach oben) garnieren. Brot in knapp 4 cm dicke Stücke schneiden und servieren.

Fritierte Karotten

Ergibt: *40 Stück*

2 ¾ Tassen Mehl
370 ml Milch
½ Tasse Schalotten, gehackt
2 EL Petersilie, feingehackt
2 EL Backpulver
1 ½ TL getrockneter Thymian, zerrieben
Salz und Pfeffer
6 Tassen Karotten, feingerieben
Pflanzenöl

1. Mehl, Milch, Schalotten, Petersilie, Backpulver und Thymian mischen und mit Salz und Pfeffer würzen. Karotten vorsichtig unterheben. Abgedeckt bei Zimmertemperatur mindestens 3 Stunden ruhen lassen.

2. Öl etwa 5 cm hoch in eine Kasserolle oder Friteuse füllen und erhitzen.

3. Karottenmasse mit einem Löffel in das Öl geben. Unter gelegentlichem Wenden in 10–12 Minuten goldbraun backen. Auf Küchenkrepp abtropfen lassen. Sofort servieren.

Fritierter Tofu

Ergibt: *4 Portionen*

450 g fester Tofu
Salz
Erdnußöl
3 große Eier, leicht verquirlt
¼ Tasse Mehl
2 EL Wasser
1 Msp. frischer Ingwer, gerieben
1 Lauchzwiebel, feingehackt
1 EL Sojasauce

1. Tofu quer halbieren, in eine Schüssel geben und mit Salz bestreuen. 10 Minuten ziehen lassen. Mit Küchenkrepp trockentupfen und in 2 ½ x 5 cm große Stücke schneiden.

2. 1 Eßlöffel Erdnußöl in einem Wok oder einer gußeisernen Pfanne auf hoher Stufe stark erhitzen.

3. Eier, Mehl und Wasser in einer Schüssel zu einer glatten Masse rühren. Tofu in die Eimasse tauchen und portionsweise in 3–4 Minuten leicht braun fritieren. Tofu aus dem Wok nehmen, in eine Schüssel geben und zugedeckt warm stellen.

4. Im restlichen Öl Ingwer und Lauchzwiebel unter Rühren kurz anbraten. Tofu wieder in den Wok geben und Sojasauce untermischen. Halb zugedeckt etwa 1 Minute aufkochen lassen. Sofort servieren.

Gebackene Kartoffeln

Ergibt: *4 Portionen*

1 Packung Kartoffelbrei
2 EL Mehl
1 ½ Tassen geriebener Cheddar
8 Streifen knuspriger Frühstücksspeck, kroßgeröstet, zerkleinert
Zum Servieren:
saure Sahne oder Joghurt

1. Den Ofen auf 220 °C vorheizen. Ein Backblech leicht einfetten.

2. Kartoffelbrei nach Packungsanweisung in einer Schüssel zubereiten, dabei 1 Tasse weniger Wasser als angegeben verwenden. Mehl zugeben und gut untermischen. Zugedeckt abkühlen lassen, bis die Masse weiterverarbeitet werden kann.

3. Teig in 16 Teile teilen und jeweils zu einer Kugel formen. Jede Kugel auf einen ½ cm flachdrücken und auf das Backblech legen. Mit der Gabel einstechen und 20–25 Minuten auf mittlerer Schiene backen, bis die Unterseite gebräunt ist. Mit Cheddar und Speck bestreuen; weiter backen, bis der Käse geschmolzen ist. Mit saurer Sahne oder Joghurt servieren.

Gedünstete Birne und Zwiebel

Ergibt: *4 Portionen*

2 EL Butter oder Margarine
1 Zwiebel, in dünnen Scheiben
2 Birnen, geschält, entkernt, dünn geschnitten
Pfeffer
Zum Garnieren:
Petersilie, gehackt
Zitronensaft

1. 1 Eßlöffel Butter auf mittlerer Stufe zerlassen und die Zwiebel in 6–8 Minuten goldbraun dünsten. Auf Küchenkrepp abtropfen lassen.

2. Restliche Butter zerlassen und Birnen etwa 10 Minuten dünsten, bis sie goldbraun aber noch fest sind. Zwiebel wieder zugeben, mit Pfeffer bestreuen und kurz erhitzen. Mit Petersilie garniert und mit Zitronensaft beträufelt servieren.

Gefüllte Tomaten

Ergibt: *20 Stück*

20 Cocktailtomaten
120 g Kräuterschinken, feingehackt
2 TL saure Sahne
2 TL Meerrettich, aus dem Glas

1. Von den Cocktailtomaten einen Deckel abschneiden und mit einem kleinen Portionierer das Fruchtfleisch aushöhlen. Mit der Oberseite nach unten auf Küchenkrepp abtropfen lassen.

2. Kräuterschinken, saure Sahne und Meerrettich gut vermischen. Jede Tomate füllen und zugedeckt mindestens 2 Stunden kühl stellen. Kalt servieren.

Gemüse in Marinade

Ergibt: *12-16 Portionen*

250 ml Sonnenblumenöl
120 ml Apfelessig
1 kleine Knoblauchzehe, feingehackt
1 TL frische Oreganoblätter, zerkleinert
Pfeffer
450 g frische Champignons
2 Tassen Brokkoliröschen
2 Tassen Blumenkohlröschen
3 große rote Paprika, in 2 ½ cm großen Stücken
2 Tassen Karotten, in diagonalen Scheiben

Öl, Essig, Knoblauch, Oregano und Pfeffer in einem großen Glas oder in einer Keramikschüssel gut vermischen. Champignons, Brokkoli, Blumenkohl, Paprika und Karotten unterheben. Zugedeckt mindestens 2 Stunden kühl stellen. Abtropfen lassen und mit Holzspießchen servieren.

Gemüse-Gebäck

Ergibt: *24 Stück*

neutrale Fertigteigmischung für 2 Bleche von 23 cm Durchmesser
240 g Frischkäse
1 EL Milch
½ TL Zwiebelsalz
½ TL Worcestersauce
Zum Garnieren:
Gurken, in Scheiben
Oliven, gehackt
frischer Dill
Lauchzwiebeln, in Scheiben
Rettich, in Scheiben
Karotten, in gewellten Scheiben oder Stiften
Paprika, in Scheiben
kleine gekochte Krabben

1. Einen Gitterrost auf die mittlere Ebene in den Ofen schieben und den Ofen auf 220 °C vorheizen. Die Teigmischung nach Packungsanweisung vorbereiten.

2. Teig auf einer leicht bemehlten Arbeitsfläche ausrollen und mit 6 cm großen Ausstechformen möglichst viele verschiedene Formen ausstechen. Auf ein nicht gefettetes Backblech geben und mit einer Gabel mehrmals einstechen. In 8–10 Minuten goldbraun backen. Auf einem Gitterrost abkühlen lassen.

3. Frischkäse, Milch, Zwiebelsalz und Worcestersauce zu einer glatten Masse verrühren. Auf dem Teig verteilen und mit Gemüse, Kräutern und Krabben garnieren.

Gemüse-Häppchen

Ergibt: *32 Häppchen*

450 g Hefeteig (tiefgekühlt)
300 g Frischkäse
80 ml Mayonnaise oder Salat-Dressing
1 TL getrockneter Dill, zerrieben
1 TL Buttermilch-Salatdressing
Zum Garnieren:
1 Tasse Gouda oder Cheddar, geraspelt
frisches Gemüse, wie Paprika, Brokkoli, Tomaten und Lauchzwiebeln, feingehackt

1. Einen Gitterrost auf die mittlere Ebene des Ofens schieben und den Ofen auf 175 °C vorheizen. Hefeteig nach Packungsanweisung auftauen.

2. Teig kurz durchkneten, ausrollen und eine 40 x 25 x 5 cm große Form damit auslegen. In 12–15 Minuten goldgelb backen. Auf Zimmertemperatur abkühlen lassen.

3. Frischkäse, Mayonnaise, Dill und Salatdressing zu einer glatten Masse verrühren. Auf den abgekühlten Teig geben, mit Gouda und Gemüse bestreuen. In Vierecke schneiden und servieren.

Gemüse-Pizza

Ergibt: *30 Stück*

450 g Hefeteig (tiefgekühlt)
230 ml saure Sahne
1 EL Meerrettich, aus dem Glas
Salz und Pfeffer
2 Tassen frische Champignons, gehackt
1 Tasse Tomaten, gehackt
1 Tasse kleine Brokkoliröschen
½ Tasse grüner Paprika, gehackt
½ Tasse Lauchzwiebeln, gehackt

1. Einen Gitterrost auf die mittlere Ebene in den Ofen schieben und den Ofen auf 190 °C vorheizen. Hefeteig nach Packungsanweisung auftauen.

2. Teig kurz durchkneten, ausrollen und eine nicht gefettete Auflaufform damit auslegen, dabei einen 2 ½ cm hohen Rand formen. In 14–16 Minuten goldbraun backen. Auf einem Gitterrost abkühlen lassen.

3. Saure Sahne und Meerrettich in einer Schüssel mischen, mit Salz und Pfeffer abschmecken und zu einer glatten Masse verrühren. Auf den abgekühlten Teig geben und Champignons, Tomaten, Brokkoli, Paprika und Lauchzwiebeln darauf verteilen. In kleine Stücke geschnitten servieren.

Gemüse-Spieße

Ergibt: *8 Spieße*

12 Knoblauchzehen, feingehackt
120 ml Wasser
2 TL frische Minze, gehackt
½ TL Salz
120 ml Olivenöl
3 EL Zitronensaft
3 EL Limettensaft
16 kleine Zwiebeln
16 frische Champignons, geputzt
1 Fenchelknolle, in 2 ½ cm großen Würfeln
1 roter Paprika, in 2 ½ cm großen Würfeln
16 Cocktailtomaten

1. Knoblauch, Wasser, Minze, Salz, Öl, Zitronen- und Limettensaft mit dem Pürierstab in einem Behälter zu einer glatten Masse verrühren.

2. Zwiebeln in einem Topf mit Wasser bedecken und auf mittlerer Stufe in etwa 2 Minuten weich dünsten. Vom Herd nehmen und abgießen.

3. Zwiebeln, Champignons, Fenchel, Paprika und Cocktailtomaten auf Spieße stecken und in eine flache Backform legen. Marinade über die Spieße gießen und bei Zimmertemperatur 30–40 Minuten ziehen lassen. Gelegentlich mit Marinade bestreichen.

4. Grill vorheizen.

5. Spieße 10-12 Minuten unter gelegentlichem Wenden grillen; zwischendurch mit Marinade bestreichen. Sofort servieren.

Tip: Die Spieße einen Tag im voraus zubereiten und im Kühlschrank aufbewahren. Auf einem Holzkohle-, Gas- oder Elektrogrill zubereiten.

Gewürzte Gurkenstreifen

Ergibt: *28 Streifen*

2 Gurken, geschält, mit einer Gabel eingekerbt
1 EL Zitronen- oder Limettensaft
1 TL grobkörniges Salz
½ TL Chilipulver

Gurken der Länge nach vierteln und die Viertel in 5 cm große Stücke schneiden. Auf einer Platte anrichten und mit Zitronensaft beträufeln. Mit Salz und Chilipulver bestreuen.

Griechische Kartoffeln

Ergibt: *24 Stück*

3 mittelgroße Backkartoffeln, gründlich gewaschen
120 g Feta, zerbröckelt
1 ½ TL getrockneter Oregano, zerrieben
½ TL getrocknetes Basilikum, zerrieben
1 Msp. getrockneter Rosmarin, zerrieben
½ TL Knoblauchsalz
Olivenöl

1. Den Ofen auf 200 °C vorheizen.

2. Kartoffeln mit einer Gabel mehrmals anstechen und in 55–60 Minuten gar backen. Herausnehmen und leicht abkühlen lassen. Temperatur im Backofen auf 230 °C erhöhen.

3. Kartoffeln der Länge nach vierteln und aushöhlen; dabei einen Rand von ½ cm stehen lassen. Ausgehöhlte Kartoffelmenge anderweitig verwenden. Jedes Viertel halbieren und die Hüllen auf ein nicht gefettetes Backblech legen. 5 Minuten auf mittlerer Schiene backen, bis die Haut knusprig wird.

4. Feta, Oregano, Basilikum, Rosmarin und Knoblauchsalz in einer Schüssel mischen, auf den Kartoffelrändern verteilen und mit Olivenöl beträufeln. Noch 2–3 Minuten backen, bis der Käse Blasen wirft.

Tip: Backen Sie die Kartoffeln einige Stunden im voraus.

Gurken-Kronen

Ergibt: *36 Stück*

60 ml Mayonnaise
2 EL und 1 ½ TL Zitronen- oder Limettensaft
1 TL scharfer Senf
1 ½ TL Senfpulver
1 Prise Salz
1 Spritzer Tabasco
½ Tasse gekochtes Krebsfleisch, zerkleinert
1 Tasse Knollensellerie, gerieben
1 EL Petersilie, feingehackt
2 etwa 18 cm lange Gurken, geschält, mit einer Gabel eingekerbt

1. Mayonnaise, Zitronensaft, Senf, Senfpulver, Salz und Tabasco zu einer glatten Masse verrühren. Krebsfleisch, Sellerie und Petersilie zugeben und unterheben. Zugedeckt 24 Stunden kühl stellen.

2. Gurken in 1 cm dicke Scheiben schneiden und auf einer Platte anrichten. Krebsfleischmasse mit einem Löffel darauf verteilen.

Italienische Spinat-Bällchen

Ergibt: *10-12 Bällchen*

2 l Wasser
450 g frischer Spinat, gekocht, abgetropft
¾ Tasse Ricotta
2 Scheiben italienischer Schinken, feingehackt
2 große Eigelb
2 EL Mehl
1 TL Pinienkerne, gehackt
1 TL Rosinen, gehackt
1 Prise Muskatnuß, gemahlen
¼ Tasse geriebener Parmesan
50 g Butter oder Margarine, zerlassen

1. Wasser in einem Topf zum Kochen bringen.

2. Spinat gegen die Seiten eines Siebes pressen, um die Feuchtigkeit herauszudrücken und grob hacken. In eine Schüssel geben und Ricotta, Schinken, Eigelbe, Mehl, Pinienkerne, Rosinen, Muskatnuß und 2 Eßlöffel Parmesan zugeben und gut vermischen.

3. Etwa walnußgroße Kugeln formen und leicht mit Mehl bestäuben. Portionsweise in das kochende Wasser geben, und wenn die Kugeln an die Oberfläche kommen, in etwa 4 Minuten gar ziehen lassen. Aus dem Wasser nehmen und auf einer Platte anrichten. Mit Butter beträufeln und restlichen Parmesan darüber streuen. Warm stellen, bis alle Bällchen fertig sind und servieren.

Jamswurzel in Orangensauce

Ergibt: *4 Portionen*

50 g weißer und brauner Zucker, gemischt
1 EL Butter
2 EL Orangenmarmelade
500 g Süßkartoffeln (Jamswurzeln), aus der Dose, in Würfeln
300 g Mandarinenscheiben, aus der Dose, abgetropft

Zucker und Butter in einer Pfanne auf mittlerer Stufe erhitzen und unter Rühren den Zucker auflösen. Orangenmarmelade und Süßkartoffeln unterheben, bis diese gut mit Saft bedeckt sind. Mandarinenscheiben zufügen und etwa 2 Minuten kochen lassen, bis alles gut erhitzt ist.

Tip: Ersetzen Sie die Süßkartoffeln durch kleine Kartoffeln aus dem Glas.

Karotten-Dill-Quiche

Ergibt: *4-6 Portionen*

neutrale Fertigteigmischung für 1 Teigboden
1 große Karotte, geraspelt
4 Lauchzwiebeln, nur die grünen Teile, in Scheiben
500 ml saure Sahne oder Schmand
2 TL getrockneter Dill
4 große Eier
¼ Tasse geriebener Cheddar
Zum Servieren:
gezogene Buttersauce (s. Seite 130).

1. Einen Gitterrost auf die mittlere Ebene des Ofens schieben und den Ofen auf 220 °C vorheizen. Teigmischung nach Packungsanweisung zubereiten.

2. Teig in eine gerillte Quicheform von 23 cm Durchmesser geben, den Teigboden einstechen und etwa 10 Minuten backen.

3. Karotte, Lauchzwiebeln, Milch, saure Sahne und Dill in einem Topf erhitzen und auf mittlerer Stufe zum Kochen bringen. Vom Herd nehmen und leicht abkühlen lassen.

4. Eier nach und nach unterrühren und die Masse auf dem Teigboden verteilen. Mit Cheddar bestreuen und 25–30 Minuten backen, bis die Quiche leicht braun ist. Auf einem Gitterrost etwa 5 Minuten abkühlen lassen, dann in Stücke schneiden und mit der Sauce servieren.

Kartoffel-Bällchen

Ergibt: *12-15 Bällchen*

Sonnenblumenöl
3 große Kartoffeln, geschält, halbiert
grobkörniges Salz

1. Öl 5 cm hoch in eine Kasserolle oder Friteuse füllen und erhitzen.

2. Mit einem Portionierer möglichst viele Kugeln aus den Kartoffeln stechen. Die Kugeln nacheinander in 5–6 Minuten goldbraun backen. Auf Küchenkrepp abtropfen lassen und mit Salz bestreuen. Heiß servieren.

Kartoffel-Flan

Ergibt: *8-10 Portionen*

3 Backkartoffeln, geschält, gewürfelt
½ Tasse Mehl
¼ Tasse Maismehl
60 ml Olivenöl
½ TL Knoblauchsalz
½ TL Pfeffer
220 ml Salsa (mild)
1 Tasse gekochtes Hähnchen, zerkleinert
1 Tasse geriebener Gouda
½ TL Chilischoten, feingehackt
1 EL Petersilie, gehackt
Zum Garnieren:
saure Sahne oder Guacamole

1. Kartoffeln gut 2 cm mit Wasser bedeckt in einem Topf auf hoher Stufe zum Kochen bringen. Die Hitze reduzieren und etwa 20 Minuten köcheln lassen. Abgießen und wieder in den Topf geben. Mit einer Gabel oder einem Pürierstab zerkleinern.

2. Einen Gitterrost auf die mittlere Ebene des Ofens schieben und den Ofen auf 175 °C vorheizen.

3. Kartoffeln, Mehl, Maismehl, 3 Eßlöffel des Olivenöls, Knoblauchsalz und Pfeffer zugeben und zu einem glatten Teig verarbeiten. Teig in eine Springform von 25 cm Durchmesser geben und einen Rand formen. Salsa über dem Teig verteilen, Hähnchen, Gouda und Chilies darauf verteilen. Mit Petersilie bestreuen und mit dem restlichen Olivenöl beträufeln.

4. 20–25 Minuten backen. Vom Rand lösen, Flan in Teile schneiden und mit der sauren Sahne oder Guacamole servieren.

Tip: Guacamole ist ein mexikanischer Avocado-Dip aus Avocadopüree, feingehackten Tomaten, Zwiebeln und Chilies mit Limettensaft, Korianderkraut, Salz und Knoblauch gewürzt.

Kartoffel-Gratin

Ergibt: *4 Portionen*

4 große Backkartoffeln
50 g Butter oder Margarine, zerlassen
60 ml Sonnenblumenöl
2 Knoblauchzehen, feingehackt
½ TL getrocknete Thymianblätter
Salz und Pfeffer
Zum Servieren:
Brunnenkresse
Paprikasauce (s. Seite 64)

1. Einen Gitterrost auf die mittlere Ebene des Ofens schieben und den Ofen auf 200 °C vorheizen. Eine feuerfeste Form leicht einfetten.

2. Kartoffeln in ½ cm dicke Scheiben schneiden und überlappend in die Form legen.

3. Butter und Öl in einer Schüssel mischen und über die Kartoffeln gießen. Mit Knoblauch und Thymian bestreuen und mit Salz und Pfeffer abschmecken. 35–40 Minuten backen, bis die Kartoffeln weich sind. Mit Brunnenkresse garnieren und mit Sauce servieren.

Kartoffel-Puffer mit Speck

Ergibt: *5-7 Portionen*

6 Streifen Fühstücksspeck
1 Tasse Kartoffelpüree, ungewürzt
1 großes Ei
Salz und Pfeffer
¼ Tasse Mehl

1. Frühstücksspeck in einer Pfanne auf mittlerer Stufe knusprig braten. Auf Küchenkrepp abtropfen lassen, Fett aufheben. Speck grob hacken.
2. Kartoffelpüree und Ei in einer Schüssel mischen, mit Salz und Pfeffer würzen und gut verrühren. 2 Eßlöffel Bratfett zugeben und gut unterrühren. Mehl und Frühstücksspeck gut darunter mischen.
3. In der gleichen Pfanne 1 Eßlöffel Bratfett auf mittlerer Stufe erhitzen und die Kartoffelmasse portionsweise in die Pfanne geben. In 3–4 Minuten von jeder Seite goldbraun backen. Auf Küchenkrepp abtropfen lassen und servieren.

Kartoffeln in Speck

Ergibt: *16 Stück*

½ TL grobkörniges Salz
½ TL Pfeffergewürzzubereitung
1 TL Lorbeerblatt, zerrieben
4 kleine neue Kartoffeln, geviertelt
8 Streifen Frühstücksspeck, halbiert
Zum Servieren:
saure Sahne
Schnittlauch, gehackt

1. Einen Gitterrost auf die mittlere Ebene des Ofens schieben und den Ofen auf 200 °C vorheizen.
2. Salz, Pfeffergewürzzubereitung und Lorbeerblatt in einer Tasse mischen. Die Hälfte davon über die Kartoffeln streuen. Kartoffeln mit Speck umwickeln und mit Holzstäbchen befestigen. Mit dem übrigen Gewürz bestreuen und in eine feuerfeste Form geben. 30–40 Minuten backen, bis der Speck knusprig und die Kartoffeln gar sind. Auf Küchenkrepp abtropfen lassen und mit saurer Sahne und Schnittlauch servieren.

Tip: Die Kartoffeln sollten nicht dicker als knapp 4 cm sein.

Kartoffeln mit Mandarinen-Stückchen

Ergibt: *4 Portionen*

50 g weißer und brauner Zucker, gemischt
2 EL Butter oder Margarine
2 EL Orangenmarmelade
½ TL Salz
500 g Süßkartoffeln (Jamswurzeln), aus der Dose, abgetropft
310 g Mandarinenstücke, aus der Dose, abgetropft

Zucker, Butter, Orangenmarmelade und Salz in einem Topf auf mittlerer Stufe erhitzen und unter Rühren zum Kochen bringen. Süßkartoffeln unterrühren, bis sie mit der Zuckermischung bedeckt und sehr heiß sind. Die Hitze reduzieren, Mandarinenscheiben zugeben und kurz kochen lassen, bis alles erhitzt ist. Heiß servieren.

Tip: Ersetzen Sie die Süßkartoffeln durch kleine Kartoffeln aus dem Glas.

Käsekuchen mit Gemüse

Ergibt: *12-16 Portionen*

2 ½ Tassen Cracker, zerkrümelt
110 g Butter oder Margarine, zerlassen
240 g Frischkäse
220 ml Joghurt
½ Tasse Oliven mit Paprikafüllung
1 grüner Paprika, in 2 ½ cm großen Stücken
1 Schalotte, geviertelt
1 Selleriestange, in Scheiben
1 TL Worcestersauce
1 Msp. Paprikapulver
Salz und Pfeffer
Zum Garnieren:
verschiedene Gemüsesorten

1. Cracker in einer Schüssel mit der Butter gut vermischen. Die Hälfte der Krümel in eine nicht gefettete Springform von 23 cm Durchmesser füllen. Restliche Krümelmischung beiseite stellen.

2. Frischkäse und Joghurt mit einem Pürierstab in einem Behälter zu einer glatten Masse mixen. Oliven, Paprika, Schalotte, Sellerie, Worcestersauce und Paprikapulver zugeben und mit Salz und Pfeffer abschmekken. Erneut pürieren, bis das Gemüse zerhackt ist.

3. Masse auf die Krümel in der Backform geben und mit den restlichen Krümeln bestreuen. Krümel leicht andrücken und zugedeckt mindestens 8 Stunden kühl stellen.

4. Den Rand der Springform abnehmen und den Käsekuchen mit Gemüse servieren.

Kleine Reistörtchen

Ergibt: *48 Törtchen*

3 Tassen gekochter Jasminreis
1 ½ Tassen grob geriebener Emmentaler
4 große Eier
8 Streifen Frühstücksspeck, kroßgeröstet, zerkleinert
110 g grüne Chilies, aus der Dose, gewürfelt
¼ Tasse Paprika, gewürfelt
½ Tasse Petersilie, gehackt
250 ml Milch
1 Msp. Kreuzkümmel, gemahlen
1 Spritzer Tabasco

1. Einen Gitterrost in die Mitte des Ofens schieben und den Ofen auf 200 °C vorheizen. 8 Backformen für je 6 Muffins oder 48 kleine Förmchen leicht einfetten.

2. Reis, 1 Tasse Emmentaler und 2 Eier in einer Schüssel gut mischen. Masse in die Backformen füllen und leicht andrücken. In 12–15 Minuten goldgelb backen.

3. Speck, Chilies, Paprika, Petersilie und die restliche ½ Tasse Emmentaler gut verrühren. Über den Reis in den Förmchen geben.

4. Milch, Kreuzkümmel, Tabasco und die restlichen 2 Eier in einer Schüssel verquirlen. Über die Förmchen gießen und 15 Minuten backen. Leicht abkühlen lassen, Reistörtchen aus den Förmchen nehmen und sofort servieren.

Kohl-Bällchen

Ergibt: *44 Bällchen*

2 EL weiche Butter oder Margarine
80 g Frischkäse
⅓ Tasse Gorgonzola, zerbröckelt
1 EL Rotwein-Essig
2 EL grüner Paprika, feingehackt
2 EL Bleichsellerie, feingehackt
¼ Tasse Pekannüsse, gehackt
¼ Tasse Rotkraut, feingehackt
Pekannüsse, feingehackt

1. Butter, Frischkäse, Gorgonzola, Essig, Paprika, Bleichsellerie, ¼ Tasse gehackte Pekannüsse und Rotkraut in einer Schüssel gut vermischen. Aus der Masse walnußgroße Kugeln formen.

2. Feingehackte Pekannüsse auf einen flachen Teller geben und Kugeln darin wälzen. Auf einer Platte anrichten und zugedeckt mindestens 1 Stunde kühl stellen.

Tip: Ersetzen Sie die Pekannüsse durch Erdnüsse.

Kürbis-Donuts

Ergibt: *20-24 Donuts*

Pflanzenöl
4 ½ Tassen Mehl
1 ½ EL Backpulver
200 g Zucker
1 TL Muskatnuß, gemahlen
¾ TL Salz
1 großes Ei
300 ml Milch
2 EL Butter oder Margarine, zerlassen
2 Tropfen Vanillearoma
¾ Tasse Kürbis, aus der Dose, zerkleinert
Puderzucker

1. Öl 5 cm hoch in eine Kasserolle oder Friteuse füllen und erhitzen.

2. Mehl, Backpulver, Zucker, Muskatnuß und Salz in einer Schüssel gut vermischen.

3. In einer zweiten Schüssel Ei, Milch, Butter, Vanillearoma und Kürbis vermischen. Zu der Mehlmischung geben und gut unterrühren.

4. Teig auf einer leicht bemehlten Arbeitsfläche ½ cm dick ausrollen. Mit runden Formen möglichst viele Donuts ausstechen.

5. Die Kringel von jeder Seite in 2–3 Minuten goldbraun backen. Auf Küchenkrepp abtropfen lassen. Mit Puderzucker bestreuen.

Tip: Donuts sind Teigkringel. Donuts-Ausstechformen gibt es in Haushaltswarengeschäften.

Kürbis-Kebab

Ergibt: *4 Spieße*

4 Kürbisse, der Länge nach halbiert
4 Zwiebelscheiben, 1 cm dick
2 EL Butter oder Margarine, zerlassen
½ TL getrockneter Oregano
½ TL getrockneter Kerbel
½ TL getrocknetes Basilikum
Salz und Pfeffer
Zum Garnieren:
Cocktailtomaten

1. Den Ofen auf 175 °C vorheizen.

2. Zwischen die Kürbishälften jeweils 1 Zwiebelscheibe legen und auf Spieße stecken. Jeden Spieß auf ein Stück Bratfolie legen.

3. Spieße mit Butter beträufeln und mit Oregano, Kerbel, Basilikum, Salz und Pfeffer bestreuen. Folie über den Spießen zusammenlegen und auf ein Backblech geben. 40–45 Minuten auf mittlerer Schiene backen, bis der Kürbis weich ist. Auswickeln und mit den Cocktailtomaten heiß servieren.

Kürbis-Muffins I

Ergibt: *12 Muffins*

1 ½ Tassen Mehl
½ Tasse Vollkornmehl
50 g weißer und brauner Zucker, gemischt
1 TL Backpulver
½ TL Zimt, gemahlen
1 Msp. Muskatnuß, gemahlen
1 Msp. Nelken, gemahlen
2 große Eier
60 ml Sonnenblumenöl
200 ml Milch
½ Tasse Kürbis, gekocht

1. Einen Gitterrost in die Mitte des Ofens schieben und den Ofen auf 200 °C vorheizen. Eine Backform für 12 Muffins oder 12 kleine Förmchen leicht einfetten.

2. Mehl, Vollkornmehl, Zucker, Backpulver, Zimt, Muskatnuß und Nelken gut mischen.

3. Eier in einer großen Schüssel mit dem elektrischen Handrührgerät auf höchster Stufe schaumig schlagen. Öl, Milch und Kürbis zugeben und zu einer glatten Masse verarbeiten. Mehlmischung auf einmal zugeben und nur leicht unterheben. Die Muffin-Förmchen zu ⅔ mit der Masse füllen und 30–35 Minuten backen. Garprobe machen. Auf einem Gitterrost abkühlen lassen.

Kürbis-Rührei

Ergibt: *4 Portionen*

220 g Kürbis, geviertelt
Salz
3 EL Butter oder Margarine
1 milde Zwiebel, in dünnen Scheiben
200 g grüne Chilies, aus der Dose, in Scheiben
4 große Eier
Pfeffer
Petersilie, gehackt
Zum Servieren:
Käsesauce (s. Seite 114)

1. Kürbis leicht salzen und in einem großen Topf gut 2 cm mit Wasser bedeckt auf höchster Stufe zum Kochen bringen. Die Hitze reduzieren und 8–10 Minuten köcheln lassen; abgießen.

2. Einen Gitterrost 15 cm von der Hitzequelle entfernt in den Ofen schieben und den Grill vorheizen. Eine 33 x 23 cm große Backform leicht einfetten.

3. Butter in einer großen Pfanne auf mittlerer Stufe zerlassen und die Zwiebel in etwa 5 Minuten darin hellbraun und weich dünsten. Kürbis und Chilies zugeben, gut mischen und vom Herd nehmen.

4. Eier in einer Schüssel mit dem elektrischen Handrührgerät auf höchster Stufe schaumig schlagen. Über den Kürbis gießen und mit Salz und Pfeffer würzen. In die Backform füllen und 4–6 Minuten backen, bis die Masse fest und goldbraun ist. Mit Petersilie bestreuen und in Vierecke schneiden. Sauce dazu servieren.

Mais-Bohnen-Torte

Ergibt: *6-8 Portionen*

neutrale Fertigteigmischung für 1 Teigboden
280 g Maiskörner, aus der Dose
280 g Kidney-Bohnen, aus der Dose
1 Tasse geriebener Cheddar
3 Lauchzwiebeln, nur die grünen Teile, gehackt
3 große Eier
300 ml saure Sahne oder Crème fraîche
½ TL getrocknete Basilikumblätter, zerrieben
½ TL getrockneter Thymian, zerrieben
1 Msp. getrockneter Kerbel, zerrieben
Salz und Pfeffer

1. Einen Gitterrost in die Mitte des Ofens schieben und den Ofen auf 230 °C vorheizen. Teigmischung nach Packungsanweisung zubereiten. Teig in eine runde Form von 23 cm Durchmesser geben, mit der Gabel einstechen und etwa 10 Minuten backen. Nicht braun werden lassen. Die Hitze auf 175 °C reduzieren.

2. Mais, Kidney-Bohnen, Cheddar und Lauchzwiebeln in einer Schüssel mischen.

3. Eier mit dem elektrischen Handrührgerät auf höchster Stufe schaumig schlagen. Saure Sahne und Kräuter zugeben, mit Salz und Pfeffer abschmecken und schaumig schlagen. Über das Gemüse gießen, vorsichtig unterheben und auf dem Teigboden verteilen. In 30–35 Minuten hellbraun backen. Leicht abkühlen lassen und in Stücke geschnitten servieren.

Mais-Tomaten-Torte

Ergibt: *4-6 Portionen*

neutrale Fertigteigmischung für 1 Teigboden
4 große Eier
120 ml süße Sahne
½ TL getrockneter Kerbel, zerrieben
1 Tasse Cheddar oder Gouda, geraspelt
240 g Maiskörner, aus der Dose
1 große Tomate, gewürfelt
Zum Garnieren:
Tomaten, in Scheiben

1. Einen Gitterrost in die Mitte des Ofens schieben und den Ofen auf 230 °C vorheizen. Teigmischung nach Packungsanweisung zubereiten. Teig in eine Form von 23 cm Durchmesser geben, Boden mehrmals mit einer Gabel einstechen und etwa 10 Minuten backen. Nicht bräunen lassen. Die Hitze auf 220 °C reduzieren.

2. Eier in einer Schüssel mit dem elektrischen Handrührgerät schaumig schlagen. Sahne und Kerbel unterrühren. Cheddar, Mais und gewürfelte Tomate zugeben und auf dem Teigboden verteilen. Etwa 10 Minuten backen, die Hitze auf 175 °C reduzieren und weitere 30 Minuten backen. Leicht abkühlen lassen und mit Tomatenscheiben belegen. In Stücke geschnitten servieren.

Marinierte Jicama

Ergibt: *4-6 Portionen*

450 g Jicama, geschält, sehr dünn geschnitten
1 Spritzer Hoisin-Sauce
2 EL Sonnenblumenöl
2 EL und 1 ½ TL Apfelessig
2 EL und 1 ½ TL Sojasauce
2 EL Zucker
1 EL Sesam- oder Erdnußöl

1. Jicama in einer Schüssel mit kaltem Wasser bedeckt 10 Minuten ziehen lassen.

2. Etwa ½ Liter Wasser in einem Topf zum Kochen bringen. Jicama abgießen und in einem Sieb 10–20 Sekunden in das kochende Wasser tauchen. Sofort in einer Schüssel mit kaltem Wasser abschrecken.

3. Sonnenblumenöl auf mittlerer Stufe in einer Kasserolle erhitzen, Hoisin-Sauce zugeben und 1–2 Minuten unter Rühren erhitzen. Vom Herd nehmen, Essig, Sojasauce, Zucker und Sesamöl untermischen.

4. Jicama abtropfen lassen und in die Sauce geben. Zugedeckt mindestens 2 Stunden ziehen lassen. Marinade dazu servieren.

Tip: Hoisin-Sauce gibt es im Asienladen. Jicama, eine weiße Knollenfrucht, läßt sich durch Kohlrabi ersetzen.

Ofenkartoffeln

Ergibt: *6-8 Portionen*

2 große Eier
2 EL Wasser
1 Prise Salz
1 Prise weißer Pfeffer
1 Msp. Cayennepfeffer
Semmelbrösel
900 g neue Kartoffeln, geschält

1. Ofen auf 175 °C vorheizen. Eine 23 x 33 cm große feuerfeste Form leicht einfetten.

2. Eier, Wasser, Salz, Pfeffer und Cayennepfeffer gut mischen.

3. Semmelbrösel in einen flachen Teller geben. Die Kartoffeln in die Eimasse tauchen und dann in den Semmelbröseln wälzen. In die Form geben und in etwa 30 Minuten unter mehrmaligem Wenden weich backen.

Ofenkartoffeln mit Käse

Ergibt: *6 Portionen*

1 großes Ei
1 EL Kondensmilch
70 g Würzmischung für Hähnchen
1 EL geriebener Romano
450 g ganze neue Kartoffeln, geschält

1. Einen Gitterrost in die Mitte des Ofens schieben und den Ofen auf 175 °C vorheizen. Eine 33 x 23 cm große Backform leicht einfetten.

2. Ei in einer kleinen Schüssel schaumig schlagen. Kondensmilch unterrühren.

3. Würzmischung und Romano in einer niedrigen Schüssel mischen. Kartoffeln zuerst in der Eimasse, dann in der Käsemischung wälzen und in die Backform geben. In 25–30 Minuten goldbraun backen. Sofort servieren.

Paprika mit Maisfüllung

Ergibt: *4 Stück*

4 Streifen Frühstücksspeck, knusprig gebraten, zerkleinert
2 EL Bratfett vom Frühstücksspeck
1 Tasse Hähnchen, gekocht, gewürfelt
4 Lauchzwiebeln, nur die grünen Teile, gehackt
2 Tassen Maiskörner aus der Dose
1 TL Paprikapulver
Salz und Pfeffer
4 große, grüne Paprika
1 Tasse weiches Vollkornbrot, zerkrümelt
2 EL weiche Butter oder Margarine

1. Einen Gitterrost in die Mitte des Ofens schieben und den Ofen auf 175 °C vorheizen. Eine 20 cm lange, rechteckige Form leicht einfetten.

2. Bratfett in einer Kasserolle erhitzen und das Hähnchen 2–3 Minuten darin anbraten. Lauchzwiebeln, Mais und Paprikapulver zugeben und mit Salz und Pfeffer abschmecken. Zugedeckt auf niedriger Stufe etwa 5 Minuten kochen.

3. Von den Paprika einen Deckel abschneiden, Kerne und Trennwände entfernen. Mit der Hähnchenmasse füllen und in die feuerfeste Form geben.

4. Brotkrumen und Butter in einer kleinen Schüssel mischen. Über die Paprika streuen und 25–30 Minuten backen, bis die Schoten zart, aber noch fest sind. Sofort servieren.

Tip: Für mehr Portionen kleinere Paprikaschoten verwenden.

Rosenkohl mit Käsefüllung

Ergibt: *36-40 Stück*

700–900 g Rosenkohl
220 ml italienisches Dressing
110 g Hüttenkäse
½ TL Schalotten, feingehackt
60 g Blauschimmelkäse
Salz und Pfeffer

1. Rosenkohl in einem Einsatz über kochendem Wasser etwa 15 Minuten dünsten. Leicht abkühlen lassen und mit einem Portionierer jedes Röschen in der Mitte aushöhlen. Mit der Oberseite nach unten auf Küchenkrepp abtropfen lassen.

2. Italienisches Dressing, Hüttenkäse, Schalotten und Blauschimmelkäse in einer Schüssel mit dem elektrischen Handrührgerät auf niedriger Stufe verrühren. Mit Salz und Pfeffer würzen, nochmals gut mischen. Rosenkohl mit der Masse füllen und zugedeckt mindestens 1 Stunde kühl stellen. Kalt servieren.

Rote Bete süss-sauer

Ergibt: *6 Portionen*

900 g rote Bete, aus der Dose, abgetropft, in Scheiben
1 kleine milde Zwiebel, in dünnen Scheiben, in Ringe geteilt
80 ml Apfelessig
60 ml Sonnenblumenöl
½ Tasse Zucker
Salz
Pfeffer

1. Rote Bete und Zwiebel in einer Schüssel vermischen.

2. Essig, Öl und Zucker in einer kleinen Schüssel verrühren, bis sich der Zucker auflöst. Mit Salz und Pfeffer würzen und über die rote Bete gießen. Vorsichtig unterheben. Zugedeckt mindestens 4 Stunden kühl stellen.

Rote-Bohnen-Pastete

Ergibt: *12-16 Portionen*

2 Päckchen Gelatine
6 EL kaltes Wasser
160 g Frischkäse
900 g rote Bohnen, aus der Dose, abgetropft
1 Schalotte, geviertelt
2 Knoblauchzehen, geschält
110 ml Salsa (mild)
3 EL Worcestersauce
1 Spritzer Tabasco
<u>Zum Servieren:</u>
½ Tasse Petersilie, gehackt

1. Eine runde Form von 23 cm Durchmesser leicht einfetten.

2. In einem Topf Gelatine mit dem Wasser mischen und 5 Minuten quellen lassen. Unter Rühren auf niedriger Stufe erwärmen, bis sich die Gelatine auflöst.

3. Frischkäse, Bohnen, Schalotte, Knoblauch, Salsa, Worcestersauce und Tabasco in einem Behälter mit dem Pürierstab zu einer glatten Masse verarbeiten. Gelatine zugeben und kurz untermischen.

4. In die Form geben und zugedeckt in mindestens 2 Stunden fest werden lassen. Aus der Form nehmen und mit Petersilie bestreut servieren.

Sauerkraut-Bällchen

Ergibt: *24-30 Bällchen*

1 Tasse Sauerkraut, abgetropft, gehackt
80 g Corned Beef, gehackt
1 Tasse trockenes Roggenbrot, zerbröselt
1 großes Ei, leicht verquirlt
1 kleine Zwiebel, feingehackt
60 ml Wasser
2 EL Petersilie, gehackt
1 TL Meerrettich, aus dem Glas
1 große Knoblauchzehe, gehackt
Salz und Pfeffer
2 große Eier, leicht verquirlt
¼ Tasse Vollkornbrotbrösel
<u>Zum Servieren:</u>
scharfer Senf

1. Sauerkraut, Corned Beef, Roggenbrotbrösel, Ei, Zwiebel, Wasser, Petersilie, Meerrettich und Knoblauch in einer Schüssel mischen und mit Salz und Pfeffer würzen. Gut vermischen. Zugedeckt mindestens 1 Stunde kühl stellen.

2. Den Ofen auf 200 °C vorheizen.

3. Die 2 verquirlte Eier in eine Schale geben, Vollkornbrösel in eine zweite.

4. Sauerkrautmasse zu walnußgroßen Kugeln formen. Jeweils erst in Ei und dann in Vollkornbröseln wälzen. Auf ein nicht gefettetes Backblech geben und auf mittlerer Schiene in 18–20 Minuten hellbraun backen. Heiß mit Senf servieren.

Schmorkürbis

Ergibt: *4-6 Portionen*

1 Kürbis (450 g)
60 ml Sonnenblumenöl
½ Porreestange, gehackt
1 Prise Zucker
120 ml Wasser

1. Kürbis mit einem scharfen Messer schälen und Samen entfernen. Fruchtfleisch in 5 cm große Würfel schneiden.

2. Öl auf mittlerer Stufe in einer Kasserolle erhitzen und Kürbis darin in 10–12 Minuten weich dünsten. Porree, Zucker und Wasser zugeben; abgedeckt etwa 15 Minuten köcheln lassen. Heiß servieren.

Spargel in Schinken

Ergibt: *24 Stück*

24 dünne Spargelstangen
Salz
70 g geriebener Gouda
2 EL frisches Basilikum, gehackt
1 EL geröstete Pinienkerne, gehackt
1 EL Wasser
1 TL geriebene unbehandelte Orangenschale
Salz und Pfeffer
60 g Schinken, in 24 dünnen, 10 cm langen Streifen

1. Spargel gut mit gesalzenem Wasser bedeckt in einem Topf auf mittlerer Stufe zum Kochen bringen und etwa 1 Minute dünsten. Abgießen.

2. Gouda, Basilikum, Pinienkerne, Wasser und Orangenschale in einer Schüssel vermischen. Mit Salz und Pfeffer würzen. Auf die Schinkenstreifen geben und die Spargelstangen damit einwickeln. Enden festdrücken. Auf einer Platte anrichten und zugedeckt mindestens 1 Stunde kühl stellen.

Spargel-Auflauf

Ergibt: *4-6 Portionen*

450 g frischer Spargel, in 2 ½ cm langen Stücken
6 große Eier
200 ml Milch
2 EL Senf
1 TL Senfpulver
¼ Tasse Zwiebeln, gehackt
2 Tassen Schinken, gewürfelt
2 Tassen geriebener Emmentaler oder fester Ziegenkäse
Zum Garnieren:
Spargelspitzen
Schinken, in feinen Streifen

1. Einen Gitterrost in die Mitte des Ofens schieben und den Ofen auf 200 °C vorheizen. Eine 23 cm lange, rechteckige feuerfeste Form leicht einfetten.

2. Spargelstücke in einem Korbeinsatz über kochendem Wasser in 5–7 Minuten weich dünsten. Abtropfen lassen und beiseite stellen.

3. Eier in einer Schüssel schaumig schlagen. Milch, Senf und Senfpulver zugeben und zu einer glatten Masse verarbeiten. Zwiebeln, Schinkenwürfel und Emmentaler untermischen. Gedünsteten Spargel zugeben und vorsichtig unterheben.

4. In die Form füllen und mit Spargelspitzen und Schinkenstreifen garnieren. 30–35 Minuten backen. Leicht abkühlen lassen und in Stücke geschnitten servieren.

SPARGEL-SPEISE

ERGIBT: *8-10 Portionen*

300 ml konzentrierte Spargelcremesuppe
80 g Götterspeise mit Zitronengeschmack
240 g Frischkäse
250 ml kaltes Wasser
120 ml Mayonnaise
½ Tasse Bleichsellerie, gehackt
¼ Tasse grüner Paprika, feingehackt
1 EL Zwiebeln, feingehackt

1. Spargelcremesuppe auf mittlerer Stufe in einem Topf zum Kochen bringen. Götterspeise zugeben und unter Rühren auflösen. Vom Herd nehmen, Frischkäse zugeben und rühren, bis er schmilzt. Wasser, Mayonnaise, Bleichsellerie, Paprika und Zwiebeln zugeben und unterrühren.

2. In eine Form geben und zugedeckt mindestens 4 Stunden kühl stellen.

SPINAT IN BLÄTTERTEIG

ERGIBT: *70 Stück*

12 Scheiben Blätterteig (tiefgekühlt)
700 g Spinat (tiefgekühlt)
170 g Feta, zerbröckelt
Salz und Pfeffer
1 Msp. Muskatnuß, gerieben
½ Tasse Petersilie, gehackt
½ Tasse getrockneter Dill, zerrieben
4 EL Crème fraîche
2 Eier

1. Einen Gitterrost in die Mitte des Ofens schieben und den Ofen auf 200 °C vorheizen. Eine 40 x 25 cm große, feuerfeste Form leicht einfetten. Blätterteig und Spinat auftauen.

2. 6 Scheiben Blätterteig und in die Form drücken. Spinat mit Feta, Salz, Pfeffer, Muskatnuß, Petersilie und Dill mischen. Crème fraîche und Eigelbe unterrühren. Die Eiweiße steif schlagen und vorsichtig unterheben. Die Spinatmasse auf dem Teigboden verteilen.

3. Die restlichen 6 Teigscheiben zu einem Boden verarbeiten und über die Spinatmasse legen. Kleine Vierecke in den Deckel ritzen und den Teig in 25–30 Minuten goldgelb backen. Leicht abkühlen lassen, an den eingekerbten Stellen in Stücke schneiden und servieren.

TIP: Aufgetauten Blätterteig bis zum Verwenden mit einem feuchten Handtuch abdecken.

Spinat-Bällchen

Ergibt: *72 Bällchen*

6 große Eier
2 Tassen Spinat, gekocht, abgetropft, gehackt
2 Tassen neutrale Fertigteigmischung
1 große milde Zwiebel, feingehackt
1 Tasse frisch geriebener Parmesan oder Romano
60 g weiche Butter oder Margarine
1 TL Hähnchengewürz
Salz und Pfeffer

1. Den Ofen auf 175 °C vorheizen. Zwei Backbleche leicht einfetten.

2. Eier in einer großen Schüssel schaumig schlagen. Spinat, Teigmischung, Zwiebel, Parmesan, Butter und Hähnchengewürz zugeben, mit Salz und Pfeffer abschmecken und alles gut mischen. Eventuell 1–2 Teelöffel Wasser zugeben.

3. Aus der Masse walnußgroße Kugeln formen. Auf das Backblech legen und in 18–20 Minuten auf mittlerer Schiene goldbraun backen. Heiß servieren.

Tip: Die Bällchen schmecken besonders gut mit Kräuter- oder Käsedips.

Spinat-Quiche

Ergibt: *4-6 Portionen*

neutrale Fertigteigmischung für 1 Teigboden
1 EL Kräuterbutter (s. Seite 67)
3 EL Butter oder Margarine
2 EL Lauchzwiebeln, nur die grünen Teile, feingehackt
280 g Spinat (tiefgekühlt), gekocht, abgetropft, gehackt
1 Tasse Ricotta oder Hüttenkäse
1 Prise Muskatnuß, gemahlen
Salz und Pfeffer
3 große Eier, leicht verquirlt
120 ml süße Sahne
¼ Tasse geriebener Emmentaler oder Gouda

1. Einen Gitterrost in die Mitte des Ofens schieben und den Ofen auf 230 °C vorheizen. Teigmischung nach Packungsanweisung zubereiten. Eine gerillte Quiche-Form mit dem Teig auslegen, Teigboden mehrmals mit einer Gabel einstechen und etwa 10 Minuten backen. Nicht bräunen lassen. Die Hitze auf 190 °C reduzieren.

2. Teigboden mit Kräuterbutter bestreichen und beiseite stellen.

3. 2 Eßlöffel Butter in einer Pfanne auf mittlerer Stufe erhitzen und Lauchzwiebeln in etwa 5 Minuten goldbraun braten. Spinat zugeben und etwa 1 Minute kochen lassen. Vom Herd nehmen, Ricotta und Muskat untermischen, mit Salz und Pfeffer würzen. Eier und Sahne zugeben und gut unterrühren. Auf dem Teigboden verteilen, mit Emmentaler bestreuen und restliche Butter in Flöckchen darübergeben. 25–30 Minuten backen.

Spinat-Rührei-Schnitten

Ergibt: *24 Schnitten*

3 große Eier, leicht verquirlt
1 Tasse Mehl
250 ml Milch
1 TL Backpulver
450 g geriebener Gouda
2 Tassen frischer Spinat, gehackt
2 EL Butter oder Margarine

1. Einen Gitterrost in die Mitte des Ofens schieben und den Ofen auf 175 °C vorheizen. Eine 33 x 23 cm große Backform leicht einfetten.

2. Eier, Mehl, Milch, Backpulver, Gouda und Spinat in einer Schüssel gut verrühren. In die Form geben, mit Butterflöckchen bestreuen und 30–35 Minuten backen. 5 Minuten auf einem Gitterrost abkühlen lassen und in kleine Rechtecke geschnitten servieren.

Spinat-Sandwiches mit Emmentaler

Ergibt: *16 Sandwiches*

1 ½ Tassen geriebener Emmentaler
½ Tasse roter Paprika, feingehackt
1 Tasse frischer Spinat, gehackt
60 ml Mayonnaise
8 Bagels, halbiert

1. Emmentaler, Paprika, Spinat und Mayonnaise in einer Schüssel gut vermischen.

2. Auf den Bagelhälften verteilen, auf ein Backblech legen und im vorgeheizten Ofen bei 200 ° C 15–20 Minuten backen. Sofort servieren.

Süsskartoffeln mit Ahornsirup

Ergibt: *6 Portionen*

6 Süßkartoffeln, gekocht
60 g Butter oder Margarine
110 ml Ahornsirup
½ TL geriebene unbehandelte Orangenschale

1. Einen Gitterrost in die Mitte des Ofens schieben und den Ofen auf 190 °C vorheizen. Eine 33 x 23 cm große, feuerfeste Form leicht einfetten.

2. Süßkartoffeln der Länge nach halbieren und in die Form geben.

3. Butter in einem kleinen Topf auf mittlerer Stufe zerlassen. Ahornsirup und Orangenschale zugeben und unter Rühren 4–5 Minuten köcheln lassen, bis alles leicht eingedickt ist. Über die Kartoffeln gießen und 18–20 Minuten backen. Häufig übergießen, damit die Kartoffeln schön glasiert sind. Sofort servieren.

Tomaten mit Käse-Füllung

Ergibt: *30 Stück*

240 g Hüttenkäse
¼ Tasse Gorgonzola, zerbröckelt
1 TL Selleriesalz
1 TL scharfer Senf
1 Msp. Zwiebelgewürz
30 Cocktailtomaten, Deckel abgeschnitten, entkernt

Hüttenkäse, Gorgonzola, Selleriesalz, Senf und Zwiebelgewürz in einer Schüssel mischen. In die Cocktailtomaten füllen und bis zum Servieren zugedeckt kühl stellen.

Tomaten-Puffer

Ergibt: *16 Puffer*

1 Tasse Mehl
1 Tasse Vollkornmehl
1 TL Backpulver
½ TL getrockneter Oregano, zerrieben
¼ Tasse geriebener Parmesan
1 Prise Salz
170 ml Tomatensaft
80 g Butter oder Margarine, zerlassen
Butter zum Bestreichen

1. Den Ofen auf 230 °C vorheizen.

2. Mehl, Vollkornmehl, Backpulver, Oregano, Parmesan und Salz in einer Schüssel gut vermischen. Tomatensaft und 50 g Butter zugeben und zu einem glatten Teig verarbeiten.

3. Teig auf einer leicht bemehlten Arbeitsfläche kurz durchkneten und 1 cm dick ausrollen. Mit einer Ausstechform von 5 cm Durchmesser runde Puffer ausstechen und auf ein nicht gefettetes Backblech legen. Mit 2 Eßlöffeln zerlassener Butter bestreichen und in 10–12 Minuten auf mittlerer Schiene goldbraun backen. Auf einem Gitterrost abkühlen lassen.

Zucchini-Häppchen

Ergibt: *48 Häppchen*

3 Tassen Zucchini, in dünnen Scheiben
1 Tasse neutrale Fertigteigmischung
½ Tasse Zwiebeln, feingehackt
½ Tasse geriebener Parmesan oder Romano
2 TL Petersilie, gehackt
1 Msp. getrockneter Oregano, zerrieben
1 Msp. getrockneter Kerbel, zerrieben
1 Knoblauchzehe, gehackt
1 Msp. rote Pfefferschoten, zerstoßen
120 ml Sonnenblumenöl
4 große Eier, leicht verquirlt
Salz und Pfeffer

1. Einen Gitterrost in die Mitte des Ofens schieben und den Ofen auf 175 °C vorheizen. Eine 33 x 23 cm große, feuerfeste Form leicht einfetten.

2. Zucchini, Teigmischung, Zwiebeln, Parmesan, Petersilie, Oregano, Kerbel, Knoblauch, rote Pfefferschoten, Öl und Eier mischen. Mit Salz und Pfeffer abschmecken. In die Form füllen und in 20–25 Minuten hellbraun backen. In Rechtecke geschnitten sofort servieren.

Zucchini-Muffins

Ergibt: *12 Muffins*

1 Tasse Mehl
50 g Zucker
1 TL Backpulver
2 EL frisches Basilikum, feingehackt
2 große Eier
200 ml Milch
170 ml Sonnenblumenöl
2 Tassen Zucchini, kleingeschnitten
¼ Tasse geriebener Romano

1. Einen Gitterrost in die Mitte des Ofens schieben und den Ofen auf 220 °C vorheizen. Eine Form für 12 Muffins oder 12 kleine Förmchen leicht einfetten.

2. Mehl, Zucker, Backpulver und Basilikum in einer Schüssel gut vermischen.

3. Eier mit dem elektrischen Handrührgerät in einer großen Schüssel auf hoher Stufe schaumig schlagen. Milch und Öl zugeben und unterschlagen. Mehlmischung auf einmal unterrühren. Zucchini zugeben und unterheben. Masse zu ⅔ in die Muffin-Formen füllen. Mit Romano bestreuen und 20–25 Minuten backen. Auf einem Gitterrost abkühlen lassen.

Zucchini-Pfannkuchen

Ergibt: *24-30 Pfannkuchen*

1 Zucchino, kleingeschnitten
2 EL Zwiebeln, feingehackt
2 EL Mehl
1 Msp. getrockneter Oregano
1 EL Petersilie, gehackt
1 großes Ei, leicht verquirlt
Salz und Pfeffer
Butter
Zum Garnieren:
Petersilie
Petersilienbutter (s. unten)

1. Zucchino und Zwiebeln in einer Schüssel mischen. Mehl, Oregano und Petersilie darauf streuen und unterheben. Ei zugeben, mit Salz und Pfeffer würzen und gut mischen.

2. Eine große Pfanne auf mittlerer Stufe stark erhitzen. Soviel Butter zugeben, daß der Boden bedeckt ist. Für jeden Pfannkuchen 2 Eßlöffel der Masse in die Pfanne geben und von jeder Seite in 2–3 Minuten hellbraun backen. Pfannkuchen nacheinander backen, mit Petersilie und Petersilienbutter garniert servieren.

Petersilienbutter

Ergibt: *60 g*

60 g Butter
2 EL Petersilie, gehackt

Butter und Petersilie in einer kleinen Schüssel mit dem Pürierstab zu einer glatten Masse verarbeiten.

Zucchini-Puffer

Ergibt: *6 Puffer*

⅔ Tasse neutrale Fertigteigmischung
¼ Tasse Weizenkeime
2 große Eier
120 ml Milch
1 Prise Pfeffer
1 Zucchino, kleingeschnitten
½ Tasse geriebener Parmesan
1 Tasse geriebener Cheddar

1. Eine leicht gefettete Grill- oder Bratpfanne erhitzen.
2. Teigmischung, Weizenkeime, Eier, Milch und Pfeffer in einer Schüssel gut mischen. Zucchino, Parmesan und Cheddar unterrühren.
3. Masse in die heiße Pfanne geben und von jeder Seite in 2–3 Minuten hellbraun braten. Sofort servieren.

Zucchini-Schiffchen

Ergibt: *6 Schiffchen*

3 mittelgroße Zucchini
70 ml Estragon-Dressing (s. Seite 56)
60 ml fettarme Milch
1 EL scharfer Senf
1 EL Zitronen- oder Limettensaft
½ EL kandierter Ingwer, zerkleinert
240 g gekochter Schinken, feingeschnitten
110 g Edamer oder fester Cheddar, in Stiften
2 Tassen Senfblätter, feingehackt
⅔ Tasse kleine Makkaroni, gekocht
¼ Tasse Lauchzwiebeln, feingehackt
Salz und Pfeffer

1. Fruchtfleisch aus den Zucchini herausschneiden; dabei eine ½ cm dicke Wand stehen lassen. Fruchtfleisch anderweitig verwenden. Zucchini bißfest garen.

2. Estragon-Dressing, Milch, Senf, Zitronensaft, Ingwer, Schinken, Edamer, Senfblätter, Makkaroni und Lauchzwiebeln in einer großen Schüssel mischen und mit Salz und Pfeffer abschmecken.

3. Zucchini gleichmäßig damit füllen und zugedeckt mindestens 1 Stunde kühl stellen. Kalt servieren.

Zucchini-Sülze

Ergibt: *4 Portionen*

400 g geschälte Tomaten, aus der Dose, abgetropft, Saft aufgefangen
1 Päckchen Gelatine
1 TL Zucker
1 TL frische Petersilie, gehackt
1 kleine Knoblauchzehe, feingehackt
1 EL frischer Oregano, feingehackt
1 Spritzer Tabasco
1 kleine Zucchino, kleingeschnitten
<u>Zum Garnieren:</u>
Senfblätter, zerkleinert
Kräutermayonnaise (s. Seite 95)

1. Tomatensaft und Gelatine in einem Topf mischen und etwa 5 Minuten quellen lassen. Unter Rühren auf niedriger Stufe aufkochen, bis sich die Gelatine auflöst. Vom Herd nehmen. Zucker, Petersilie, Knoblauch, Oregano und Tabasco zugeben und gut unterrühren.

2. Tomaten grob hacken. Mit Zucchino zur Gelatine geben und 4 Förmchen damit füllen. Zugedeckt in mindestens 2 Stunden fest werden lassen.

3. Senfblätter auf Tellern anrichten und die Zucchini-Sülze darauf stürzen. Mit Mayonnaise servieren.

Zwiebel-Quiche

Ergibt: *4-6 Portionen*

neutrale Fertigteigmischung für 1 Teigboden
50 g Butter oder Margarine
5 milde Zwiebeln, in dünnen Scheiben
4 dicke Streifen Frühstücksspeck, gebraten, in 2 ½ cm großen Stücken
3 große Eier, leicht verquirlt
120 ml süße Sahne
½ TL Salz
½ TL Kümmelkörner
Zum Garnieren:
Petersilie, gehackt

1. Einen Gitterrost in die Mitte des Ofens schieben und den Ofen auf 230 °C vorheizen. Teigmischung nach Packungsanweisung zubereiten. Teig in kleine Backförmchen oder in eine gerillte Quiche-Form von 23 cm Durchmesser geben, mit einer Gabel mehrmals einstechen und etwa 10 Minuten backen. Nicht bräunen lassen.

2. Butter auf mittlerer Stufe in einer großen Pfanne zerlassen und Zwiebeln unter Rühren in etwa 10 Minuten weich und hellbraun dünsten. Vom Herd nehmen und Frühstücksspeck, Eier, Sahne und Salz unterrühren.

3. Eimasse auf den vorbereiteten Teigboden füllen und mit Kümmelkörnern bestreuen. In 12–15 Minuten fertig backen. Leicht abkühlen lassen, mit Petersilie garnieren und in Stücke geschnitten servieren.

Zwiebel-Röllchen

Ergibt: *8 Röllchen*

2 EL Butter oder Margarine
4 Zwiebeln, in dünnen Scheiben
1 TL und Msp. Salz
1 Prise Cayennepfeffer
2 Tassen Mehl
1 EL Backpulver
60 g Margarine
160 ml Milch
1 großes Ei, leicht verquirlt
80 ml Kondensmilch

1. Den Ofen auf 200 °C vorheizen. Ein Backblech leicht einfetten.

2. Butter auf mittlerer Stufe in einer Pfanne zerlassen und Zwiebeln 8–10 Minuten bräunen. Vom Herd nehmen, Msp. Salz und Cayennepfeffer zugeben und gut unterrühren.

3. Mehl, Backpulver und den restlichen Teelöffel Salz in einer großen Schüssel gut mischen. Margarine mit einem Handrührgerät oder zwei Messern untermischen, so daß ein krümeliger Teig entsteht. Milch zugeben und zu einem glatten Teig verarbeiten.

4. Teig auf einer leicht bemehlten Arbeitsfläche 30 x 20 cm breit ausrollen. Zwiebelmasse darauf verteilen, dabei einen gut 1 cm breiten Rand lassen. Von der kurzen Seite her aufrollen. In 8 etwa 2 ½ cm dicke Scheiben schneiden und auf das Backblech legen.

5. Ei und Kondensmilch in einer Tasse verquirlen. Über die Röllchen gießen und in 20–25 Minuten auf mittlerer Schiene goldbraun backen.

KAPITEL 10

Gebäck

Dieses Kapitel enthält Rezepte für verschiedenstes Backwerk: Früchte-, Nuß- und Maisbrote, Küchlein und Muffins. Alle Rezepte kommen ohne Hefe aus; statt dessen wird zum Aufgehen Backpulver und Natron verwendet. Die Zubereitung ist einfach und nimmt nicht viel Zeit in Anspruch. Der Teig kann nach der Zubereitung gleich verarbeitet werden, damit das Gebäck so schnell wie möglich in den Ofen kommt. Mit Fertigteig, der in einigen Rezepten Verwendung findet, geht es noch schneller.

Aprikosen-Muffins

Ergibt: *12 Muffins*

12 Aprikosenhälften, getrocknet
50 g brauner Zucker
2 EL Butter oder Margarine
3 Tassen Mehl
1 ½ EL Backpulver
½ TL Salz
4 EL Pflanzenfett
2 große Eier
160 ml Milch
50 g weißer Zucker

1. Die Aprikosen in eine Schüssel geben, mit Wasser übergießen, vorsichtig mischen und etwa 2 Stunden an einem warmen Ort quellen lassen.

2. Einen Gitterrost in die Mitte des Ofens schieben und den Ofen auf 200 °C vorheizen. Eine Muffinform für 12 Muffins oder 12 Backförmchen leicht einfetten.

3. Aprikosen abgießen und die 12 Aprikosenhälften mit der Vertiefung nach oben in die Muffinform geben. Auf jede Aprikosenhälfte 1 Teelöffel braunen Zucker und ½ Teelöffel Butter geben.

4. Mehl, Backpulver und Salz in einer Schüssel mit einem Schneebesen gut mischen. Das Pflanzenfett über das Mehl schneiden und mit 2 Messern oder mit den Knethaken des Handrührgeräts unterarbeiten, bis eine krümelige Masse entstanden ist.

5. Eier, Milch und weißen Zucker in einer Schüssel mit einem elektrischen Handrührgerät auf mittlerer Stufe zu einer glatten Masse rühren. Die Mischung unter die Mehlmasse heben. Die Muffinform oder die Backförmchen zu zwei Drittel mit der Masse füllen. Die Muffins 15–20 Minuten backen. Garprobe machen. Ein in die Mitte des Teiges gestochenes Holzspießchen darf beim Herausholen keine Teigreste aufweisen. Die Muffins auf einem Gitterrost etwas abkühlen lassen; noch warm servieren.

Aprikosenbrot

Ergibt: *1 Brot*

4 EL Aprikosen-Brandy oder -Likör
1 Tasse getrocknete Aprikosen, gewürfelt
1 Tasse Mehl
1 Tasse Vollkornmehl
1 Tasse Haferkleie
1 TL Natron
1 Tasse Mandeln, gehackt
4 EL Pflanzenfett
100 g Zucker
1 großes Ei
240 ml Buttermilch

1. Brandy und Aprikosen in eine Schüssel geben, mischen und etwa 30 Minuten an einem warmen Ort quellen lassen.

2. Einen Gitterrost in die Mitte des Ofens schieben und den Ofen auf 175 °C vorheizen. Eine Brotbackform oder eine Kastenform leicht einfetten und mit Mehl bestäuben.

3. Mehl, Haferkleie, Natron und Mandeln in einer Schüssel mischen.

4. Den Brandy von den Aprikosen abgießen und auffangen.

5. Pflanzenfett und Zucker in einer Schüssel mit einem elektrischen Handrührgerät auf höchster Stufe schaumig schlagen. Ei und aufgefangenen Brandy zufügen und gut mischen. Aprikosen unterrühren. Buttermilch und die anderen Zutaten nach und nach untermischen. Den Teig nicht zu kräftig rühren.

6. Die Masse in die Form füllen und 60–70 Minuten backen. Garprobe machen. Das Aprikosenbrot in der Form etwa 10 Minuten abkühlen lassen, aus der Form stürzen und vollständig abkühlen lassen.

Bananen-Bier-Brot

Ergibt: *1 Brot*

150 g Zucker
70 g weiche Butter oder Margarine
2 große Eier
1 Tasse Bananen, zerdrückt
½ Tasse Walnüsse oder Pekannüsse, gehackt
1 ¾ Tassen Mehl
1 ¼ TL Backpulver
½ TL Natron
½ TL Salz
60 ml Bier

1. Einen Gitterrost in die Mitte des Ofens schieben und den Ofen auf 175 °C vorheizen. Eine Brotbackform oder Kastenform einfetten.

2. Zucker und Butter in einer Schüssel mit einem elektrischen Handrührgerät auf mittlerer Stufe schaumig schlagen. Die Eier nacheinander unterrühren, bis eine glatte Masse entstanden ist. Bananen und Walnüsse zufügen und gut mischen.

3. Mehl, Backpulver, Natron und Salz in einer Schüssel mischen. Bier, Mehl- und Buttermischung miteinander verrühren. Den Teig nicht zu kräftig rühren.

4. Teig in die Form füllen und 50–55 Minuten backen. Garprobe machen. Das Bananen-Bier-Brot in der Form etwa 10 Minuten abkühlen lassen, aus der Form stürzen und vollständig abkühlen lassen.

Bananenbrot

Ergibt: *1 Brot*

1 ¾ Tassen Mehl
2 TL Backpulver
1 Msp. Natron
½ TL Salz
100 g Zucker
70 g weiches Pflanzenfett
2 große Eier
1 Tasse Bananen, zerdrückt

1. Einen Gitterrost in die Mitte des Ofens schieben und den Ofen auf 175 °C vorheizen. Eine Brotbackform oder Kastenform einfetten.

2. Mehl, Backpulver, Natron und Salz in einer Schüssel mischen.

3. Zucker und Pflanzenfett in einer Schüssel mit einem elektrischen Handrührgerät auf höchster Stufe schaumig rühren. Die Eier nacheinander unterrühren, bis eine glatte Masse entstanden ist. Die Mehlmischung und die Bananen unterheben. Den Teig nicht zu kräftig mischen.

4. Den Teig in die Form füllen und 50–55 Minuten backen. Garprobe machen. Das Bananenbrot in der Form etwa 10 Minuten abkühlen lassen. Dann aus der Form stürzen und vollständig abkühlen lassen. Das Brot in Frischhaltefolie wickeln und mindestens 24 Stunden kühl stellen, bevor Sie es anschneiden.

Bananen-Muffins

Ergibt: *32 Muffins*

1 ¾ Tassen Mehl
2 TL Backpulver
1 Msp. Natron
¾ TL Salz
1 großes Ei
80 ml Sonnenblumenöl
100 g Zucker
2 Bananen, mit der Gabel zerdrückt

1. Einen Gitterrost in die Mitte des Ofens schieben und den Ofen auf 200 °C vorheizen. Zwei Muffinformen für je 8 Muffins oder 16 Backförmchen leicht einfetten.

2. Mehl, Backpulver, Natron und Salz in einer Schüssel gut mischen.

3. Ei, Öl, Zucker und Bananen in einer anderen Schüssel mit einem elektrischen Handrührgerät auf mittlerer Stufe zu einer glatten Masse rühren. Die Mehlmischung locker unterheben.

4. Die Muffinform oder die Backförmchen zu zwei Drittel mit der Masse füllen. Muffins 15–20 Minuten backen. Garprobe machen. Den Teig in 2 Arbeitsgängen backen. Muffins auf einem Gitterrost leicht abkühlen lassen und noch warm servieren.

Bier-Gebäck

Ergibt: *12-14 Stück*

4 Tassen neutrale Fertigteigmischung
3 EL Zucker
180 ml Bier

1. Den Ofen auf 190 °C vorheizen.

2. Teigmischung, Zucker und Bier in einer Schüssel mischen.

3. Den Teig auf einer bemehlten Arbeitsfläche 1 cm dick ausrollen. Aus dem Teig mit einer Ausstechform von etwa 5 cm Durchmesser Kreise ausstechen. Die Kreise im Abstand von 1 cm auf ein nicht gefettetes Backblech legen und in 12–15 Minuten auf mittlerer Schiene goldbraun backen; auf einem Gitterrost abkühlen lassen.

Bier-Muffins

Ergibt: *16 Muffins*

4 Tassen neutrale Fertigteigmischung
3 EL Zucker
180 ml Bier

1. Einen Gitterrost in die Mitte des Ofens schieben und den Ofen auf 175 °C vorheizen. Zwei Muffinformen für je 8 Muffins oder 16 Backförmchen leicht einfetten.

2. Teigmischung, Zucker und Bier in einer Schüssel mischen. Die Muffinformen oder die Backförmchen zu zwei Drittel mit der Mischung füllen. Muffins 15–20 Minuten backen. Garprobe machen. Die Muffins auf einem Gitterrost leicht abkühlen lassen und noch warm servieren.

Bischofsbrot

Ergibt: *1 Brot*

2 Tassen Mehl
200 g Zucker
1 EL Backpulver
1 TL Salz
5 EL Pflanzenfett
1 großes Ei
1 EL geriebene unbehandelte Orangenschale
360 ml Orangensaft
3 EL Sonnenblumenöl
½ Tasse Weizenkeime
170 g halbbittere Schokolade, kleingehackt
¼ Tasse Rosinen
¼ Tasse kandierte Kirschen
¼ Tasse Walnüsse, gehackt

1. Einen Gitterrost in die Mitte des Ofens schieben und den Ofen auf 175 °C vorheizen. Eine Brotbackform oder eine Kastenform leicht einfetten.

2. Mehl, Zucker, Backpulver und Salz in einer Schüssel gut mischen. Das Pflanzenfett über das Mehl schneiden und mit 2 Messern oder mit Knethaken des Handrührgeräts mit dem Mehl verarbeiten, bis eine krümelige Masse entstanden ist.

3. Ei, Orangenschale, Orangensaft und Öl in einer anderen Schüssel gut mengen. Die Mehlmasse untermischen. Weizenkeime, Schokolade, Rosinen, Kirschen und Nüsse zufügen und unterrühren. Die Mischung nicht zu kräftig rühren.

4. Den Teig in die Form füllen und 55–60 Minuten backen. Garprobe machen. Das Bischofsbrot in der Form etwa 10 Minuten abkühlen lassen. Dann aus der Form stürzen und vollständig abkühlen lassen.

Bostoner-Grahambrot

Ergibt: *4 kleine Brote*

1 Tasse Mehl
1 Tasse Grahammehl (Reformhaus)
1 Tasse Maismehl
1 ½ TL Natron
1 TL Salz
¾ Tasse Melasse
500 ml Buttermilch

1. Einen Gitterrost in die Mitte des Ofens schieben und den Ofen auf 175 °C vorheizen. 4 kleine Brotbackformen oder Kastenformen leicht einfetten.

2. Mehl, Grahammehl, Maismehl, Natron und Salz in einer Schüssel gut mischen.

3. Melasse und Buttermilch in einer Schüssel mit einem elektrischen Handrührgerät auf höchster Stufe schaumig schlagen. Die Mehlmasse locker untermischen. Den Teig nicht zu kräftig rühren.

4. Teig in die Formen füllen und 55–60 Minuten backen. Garprobe machen. Das Bostoner Grahambrot in der Form etwa 5 Minuten abkühlen lassen. Dann aus der Form stürzen und vollständig abkühlen lassen.

Bostoner-Teigtaschen

Ergibt: *12 Stück*

1 Tasse Mehl
1 Msp. Salz
240 ml Milch
1 großes Ei, getrennt, Eigelb leicht verquirlt
Ahornsirup oder Honig

1. Den Ofen auf 220 °C vorheizen. 12 feuerfeste Backförmchen aus Keramik leicht einfetten und auf ein Backblech setzen. Das Backblech in den Ofen schieben, um die Förmchen zu erwärmen.

2. Mehl und Salz in einer Schüssel mischen. 120 ml Milch zufügen und locker untermischen. Die restliche Milch und das Eigelb zufügen und unterrühren.

3. Das Eiweiß in einer Schüssel mit einem elektrischen Handrührgerät auf höchster Stufe steif schlagen, bis sich Spitzen bilden. Das Eiweiß nicht zu fest werden lassen; locker unter den Teig heben. Mischung in die Backförmchen füllen und in 15–18 Minuten auf mittlerer Schiene goldbraun backen. Aus dem Ofen nehmen und mit einer Gabel die Oberfläche mehrmals einstechen; weitere 5 Minuten backen. Sofort mit Ahornsirup oder Honig servieren.

Tip: Es ist wichtig, daß die Keramikförmchen heiß sind, wenn sie mit dem Teig gefüllt werden. Die Förmchen nicht zu lange ungefüllt im Ofen lassen, damit sie keine Risse bekommen. Den Ofen während des Backvorgangs nicht öffnen.

Brasilianisches Brot

Ergibt: *1 Brot*

¾ Tasse geriebene unbehandelte Orangenschale
3 Tassen Mehl
200 g Zucker
2 ½ EL Backpulver
1 TL Salz
1 Tasse Paranüsse, gehackt
2 große Eier
360 ml Milch
2 EL Butter oder Margarine, geschmolzen

1. Einen Gitterrost in die Mitte des Ofens schieben und den Ofen auf 175 °C vorheizen. Eine Brotbackform oder Kastenform leicht einfetten.

2. Die Orangenschale in einen Topf geben, mit Wasser bedecken und bei starker Hitze zum Kochen bringen. Die Hitze reduzieren und die Orangenschale 10 Minuten köcheln lassen, bis sie weich ist. Das Wasser abgießen und die Schale mit Küchenkrepp abtrocknen.

3. Mehl, Zucker, Backpulver und Salz in einer Schüssel gut mischen. Orangenschale und Nüsse untermischen.

4. Die Eier in einer Schüssel mit einem elektrischen Handrührgerät auf mittlerer Stufe zu einer cremigen Masse rühren. Milch und Butter zufügen und untermischen. Die Mehlmischung unterrühren. Teig in die Form füllen und 55–60 Minuten backen. Garprobe machen. Das brasilianische Brot in der Form etwa 10 Minuten abkühlen lassen. Dann aus der Form stürzen und auskühlen lassen.

Brokkoli-Pumpernickel, überbacken

Ergibt: *6 Stück*

1 Tasse frische Brokkoliröschen, gehackt
6 Scheiben Pumpernickel
3 EL Dijonsenf
240 g gekochtes Putenfleisch, in dünnen Scheiben
¼ Tasse Lauchzwiebeln, gehackt
240 g Mais, aus der Dose
4 EL Mayonnaise
170 g Mozzarella oder Provolone, in Scheiben

1. Den Ofen auf 190 °C vorheizen.

2. Den Brokkoli in eine Schüssel geben und mit kochendem Wasser übergießen. 10 Minuten ziehen lassen und abgießen.

3. Die Pumpernickelscheiben mit Senf bestreichen und mit Putenfleisch belegen.

4. Brokkoli, Lauchzwiebeln, Mais und Mayonnaise in einer Schüssel mischen. Die Pumpernickelscheiben mit der Masse bestreichen und mit Mozzarella belegen, auf ein Backblech legen und 30–35 Minuten auf mittlerer Schiene backen, bis der Käse geschmolzen ist.

Butter-Gebäck

Ergibt: *24 Stück*

70 g Butter oder Margarine
2 Tassen neutrale Fertigteigmischung
120 ml kaltes Wasser

1. Einen Gitterrost in die Mitte des Ofens schieben und den Ofen auf 190 °C vorheizen.

2. Die Butter in eine Auflaufform geben und im Ofen zerlassen. Die geschmolzene Butter gut in der Form verteilen.

3. Teigmischung und Wasser in einer Schüssel zu einem geschmeidigen Teig rühren. Den Teig zu einer Kugel formen und auf einer bemehlten Arbeitsfläche mehrmals gut durchkneten, zu einem Rechteck formen und der Länge nach halbieren. Jede Hälfte in 12 Streifen von 7–8 cm Länge schneiden.

4. Die Streifen in die Auflaufform geben und mehrmals wenden, um sie mit Butter zu überziehen. Die Streifen nebeneinander in die Form legen und in 12–15 Minuten goldbraun backen. Das Buttergebäck auf einem Gitterrost abkühlen lassen und warm oder bei Zimmertemperatur servieren.

Cheddar-Bier-Brötchen

Ergibt: *12-14 Brötchen*

5 Tassen neutrale Fertigteigmischung
4 Tassen geriebener Cheddar
½ Tasse Lauchzwiebeln, feingehackt

1. Den Ofen auf 220 °C vorheizen.

2. Teigmischung, Cheddar und Lauchzwiebeln in einer Schüssel mischen. In die Mitte der Mischung eine Vertiefung drücken, das Bier hineingeben und mit einer Gabel untermischen.

3. Den Teig auf einer bemehlten Arbeitsfläche kräftig durchkneten, bis er nicht mehr klebt. Teig auf etwa 2–3 cm flachdrücken. Mit einer Ausstechform von 7–8 cm Durchmesser 12–14 Kreise ausstechen. Die Kreise auf ein Backblech legen und in 10–12 Minuten auf mittlerer Schiene goldbraun backen. Die Brötchen warm servieren.

Cheddar-Küchlein

Ergibt: *8 Küchlein*

4 Tassen Mehl
1 ½ EL Backpulver
½ TL getrocknetes Basilikum, zerrieben
1 Msp. getrockneter Thymian, zerrieben
1 Msp. roter Pfeffer, gemahlen
1 TL Salz
140 g Pflanzenfett
1 Tasse geriebener Cheddar
1 TL Dijonsenf
300 ml Milch

1. Den Ofen auf 220 °C vorheizen. Ein Backblech leicht einfetten.

2. Mehl, Basilikum, Thymian, roten Pfeffer und Salz in einer Schüssel mischen. Das Pflanzenfett über das Mehl schneiden und mit 2 Messern oder mit Knethaken unter das Mehl mischen, bis eine krümelige Masse entstanden ist. ¾ Tasse Cheddar, Senf und Milch zufügen und mit einer Gabel zu einem weichen Teig verarbeiten.

3. Den Teig auf einer bemehlten Arbeitsfläche kräftig durchkneten, bis er geschmeidig ist. Den Teig halbieren und auf ein Backblech geben. Jede Hälfte zu einem Kreis von 18 cm Durchmesser flachdrücken und in 4 Teile schneiden. Die Oberfläche mit einer Gabel mehrmals einstechen, mit Wasser bestreichen und mit dem restlichen Cheddar bestreuen. In 15–20 Minuten auf mittlerer Schiene goldbraun backen und warm servieren.

Cheddar-Teigtaschen

Ergibt: *12 Teigtaschen*

1 Tasse Mehl
½ TL Backpulver
1 Prise Salz
1 großes Ei
240 ml Milch
½ Tasse geriebener Cheddar

1. Den Ofen auf 230 °C vorheizen. 12 runde Keramik-Auflaufförmchen auf ein Backblech setzen und das Backblech in den Ofen schieben, um die Förmchen zu erwärmen.

2. Mehl, Backpulver und Salz in einer Schüssel mischen.

3. Das Ei in einer anderen Schüssel mit einem elektrischen Handrührgerät zu einer cremigen Masse rühren. Milch zufügen und unterrühren, dann die Mehlmischung unterrühren.

4. Die Förmchen zu zwei Drittel mit dem Teig füllen und Cheddar darüber streuen. Auf mittlerer Schiene 25 Minuten backen, bis der Teig aufzugehen beginnt. Die Hitze auf 175 °C reduzieren und weitere 5 Minuten backen, bis die Oberfläche fest ist. Die Teigtaschen etwa 5 Minuten im abgeschalteten Backofen lassen. Die Oberfläche mit einer Gabel einstechen und weitere 5 Minuten im Ofen lassen. Sofort servieren.

Tip: Es ist wichtig, daß die Förmchen heiß sind, wenn die Mischung eingefüllt wird. Die Förmchen nicht länger als unbedingt nötig im Ofen lassen, damit sie keine Sprünge bekommen. Den Ofen während des Backvorganges nicht öffnen.

Dill-Thymian-Muffins

Ergibt: *12 Muffins*

10 EL Haferkleie
10 EL Mehl
10 EL Vollkornmehl
1 EL Backpulver
1 TL Magermilchpulver
1 ½ TL getrockneter Dill, zerrieben
½ TL getrockneter Thymian, zerrieben
½ TL Salz
1 Msp. Knoblauchsalz
240 ml Milch
110 g Hüttenkäse oder Ricotta
50 g weiche Butter oder Margarine
2 Eiweiß von 2 großen Eiern
1 TL Sonnenblumenöl

1. Einen Gitterrost in die Mitte des Ofens schieben und den Ofen auf 200 °C vorheizen. Eine Muffinform für 12 Muffins oder 12 Backförmchen leicht einfetten.

2. Haferkleie, Mehl, Vollkornmehl, Backpulver, Magermilchpulver, Dill, Thymian, Salz und Knoblauchsalz in einer Schüssel mischen.

3. Milch, Hüttenkäse, Butter, Eiweiße und Öl in einer Schüssel mit einem elektrischen Handrührgerät auf höchster Stufe glattrühren. Die Mehlmischung unterrühren. Muffinform oder die Backförmchen zu zwei Drittel mit der Masse füllen. Die Muffins 20–25 Minuten backen. Garprobe machen. Muffins auf einem Gitterrost leicht abkühlen lassen und warm servieren.

Gorgonzola-Gebäck

Ergibt: *40 Stück*

10 Scheiben Blätterteig (tiefgekühlt)
50 g Butter oder Margarine
3 EL Gorgonzola, zerkrümelt

1. Einen Gitterrost in die Mitte des Ofens schieben und den Ofen auf 200 °C vorheizen. Zwei runde Backformen von 20 cm Durchmesser einfetten. Den Blätterteig auftauen.

2. Die Blätterteigscheiben trennen und in je 4 Teile schneiden. Die Backformen mit den Teigscheiben auslegen.

3. Butter und Gorgonzola in einem Topf bei geringer Hitze unter Rühren schmelzen, bis Käse und Butter gut vermischt sind. Die Mischung über den Blätterteig gießen und in 12–15 Minuten goldbraun backen.

Graham-Muffins

Ergibt: *12 Muffins*

1 ½ Tassen Grahammehl
1 Tasse Mehl
50 g Zucker
1 TL Natron
1 TL Backpulver
½ TL Salz
2 große Eier
3 EL weiche Butter oder Margarine
360 ml Buttermilch

1. Einen Gitterrost in die Mitte des Ofens schieben und den Ofen auf 200 °C vorheizen. Eine Muffinform für 12 Muffins leicht einfetten.

2. Grahammehl, Mehl, Zucker, Natron, Backpulver und Salz gut mischen.

3. Die Eier in einer anderen Schüssel mit einem elektrischen Handrührgerät auf höchster Stufe zu einer cremigen Masse rühren. Butter und Buttermilch unterrühren. Die Mehlmischung unterheben. Nicht zu kräftig rühren. Die Muffinform zu zwei Drittel mit dem Teig füllen. Die Muffins 15–20 Minuten backen. Garprobe machen. Muffins auf einem Gitterrost leicht abkühlen lassen und noch warm servieren.

Hush Puppies

Ergibt: *24 Stück*

Pflanzenöl
1 ½ Tassen Maismehl
½ Tasse Mehl
1 TL Backpulver
½ TL Natron
1 TL Salz
1 großes Ei
1 kleine Zwiebel, gehackt
220 ml Buttermilch
1 Jalapeño-Chilischote, feingehackt

1. Öl 5 cm hoch in eine schwere Pfanne gießen und auf mittlerer Stufe erhitzen oder eine Friteuse auf 190 °C erhitzen.

2. Maismehl, Mehl, Backpulver, Natron und Salz in einer Schüssel gut mischen.

3. Ei, Zwiebel und Buttermilch in einer anderen Schüssel mit einem Rührbesen mischen. Die Mehlmischung gut unterrühren. Die Jalapeño-Chilischote unterheben. Die Masse eßlöffelweise in das heiße Öl geben und von jeder Seite in 1 Minute goldbraun fritieren. Die Hush Puppies heiß servieren.

Jalapeño-Käse-Gebäck

Ergibt: *6 Stück*

1 Tasse und 2 EL Mehl
1 ½ TL Backpulver
½ TL Salz
½ Tasse Gouda, feingehackt
2 EL Tomaten, gehackt
1 TL Jalapeño-Chilischote, entkernt, kleingehackt
120 ml Milch

1. Den Ofen auf 200 °C vorheizen. Ein Backblech leicht einfetten.

2. Mehl, Backpulver und Salz in einer Schüssel mischen. Gouda, Tomaten und Jalapeño-Chilischote untermischen. Die Milch langsam unterkneten, bis ein weicher Teig entsteht.

3. Den Teig zu 6 Kugeln formen und auf ein Backblech legen. Jede Kugel zu einem Kreis von 7–8 cm Durchmesser flachdrücken und in 12–15 Minuten auf mittlerer Schiene goldbraun backen. Warm servieren.

Kalifornisches Früchtebrot

Ergibt: *1 Brot*

½ Tassen Mehl
1 ½ TL Backpulver
½ TL Natron
½ TL Salz
5 EL brauner Zucker
50 g weiche Butter oder Margarine
2 TL geriebene unbehandelte Orangenschale
2 TL geriebene unbehandelte Zitronenschale
1 großes Ei
220 g Hüttenkäse
½ Tasse getrocknete Backpflaumen
½ Tasse getrocknete Aprikosen
¼ Tasse Walnüsse oder Pekannüsse, gehackt

1. Einen Gitterrost in die Mitte des Ofens schieben und den Ofen auf 175 °C vorheizen. Eine Brotbackform oder eine runde Auflaufform leicht einfetten.

2. Mehl, Backpulver, Natron und Salz in einer Schüssel gut mischen.

3. Zucker, Butter, Orangen- und Zitronenschale in einer Schüssel mit einer Gabel mischen. Ei und Hüttenkäse gleichmäßig unterrühren. Backpflaumen, Aprikosen und Pekannüsse zufügen und gut mischen. Die Mehlmischung unterheben. Nicht zu kräftig rühren. Den Teig in die Form füllen und 55–60 Minuten backen. Garprobe machen. Das Aprikosenbrot in der Form etwa 10 Minuten abkühlen lassen. Dann aus der Form stürzen und vollständig abkühlen lassen. Das Brot in Frischhaltefolie wickeln und vor dem Servieren mindestens 4 Stunden kühl stellen.

Karotten-Küchlein

Ergibt: *8 Portionen*

1 ½ Tassen Mehl
¼ Tasse Weizenkeime
2 TL Backpulver
½ TL Natron
100 g brauner Zucker
1 Prise Salz
1 Msp. Zimt, gemahlen
1 Msp. Muskat, gemahlen
50 g Butter oder Margarine, gekühlt, in Stücken
1 großes Ei
60 ml Joghurt oder saure Sahne
2 Tropfen Vanillearoma
1 Tasse Karotten, gerieben
10 EL Rosinen
½ Tasse Pekan- oder Haselnüsse, gehackt

1. Den Ofen auf 200 °C vorheizen. Ein Backblech leicht einfetten.

2. Mehl, Weizenkeime, Backpulver, Natron, braunen Zucker, Salz, Zimt und Muskatblüte in einer Schüssel mischen. Die Butter über die Mehlmischung schneiden und mit 2 Messern oder mit Knethaken unterarbeiten, bis die Masse krümelig ist.

3. Die Eier in einer Schüssel mit einem elektrischen Handrührgerät schaumig schlagen. Joghurt und Vanillearoma zufügen und zu einer glatten Masse rühren. Die Mehlmischung unterrühren. Karotten, Rosinen und Pekannüsse unterheben. Der Teig hat eine klebrige Konsistenz.

4. Den Teig mit bemehlten Händen auf das Backblech legen und zu einem Kreis von 20 cm Durchmesser flachdrücken. 18–20 Minuten auf mittlerer Schiene goldbraun backen. Auf einem Gitterrost abkühlen lassen.

Karotten-Muffins

Ergibt: *24 Muffins*

3 Tassen Mehl
2 TL Backpulver
1 TL Natron
½ TL Salz
400 g Zucker
280 ml Sonnenblumenöl
4 große Eier, leicht verquirlt
2 Tassen Karotten, gerieben
½ Tasse Walnüsse oder Pekannüsse, gehackt
½ Tasse Rosinen

1. Einen Gitterrost in die Mitte des Ofens schieben und den Ofen auf 175 °C vorheizen. 2 Muffinformen für je 12 Muffins leicht einfetten.

2. Mehl, Backpulver, Natron und Salz in einer Schüssel gut mischen.

3. Zucker und Öl in einer anderen Schüssel mit einem Schneebesen gut verrühren. Die Eier nacheinander zufügen. Die Masse gut mischen, bevor das nächste Ei zugefügt wird. Die Mehlmischung unterrühren. Karotten, Walnüsse und Rosinen gleichmäßig unterheben.

4. Die Muffinform oder die Backförmchen zu zwei Drittel mit der Masse füllen. Muffins 35–40 Minuten backen. Garprobe machen. Muffins auf einem Gitterrost leicht abkühlen lassen und noch warm servieren.

Käse-Brötchen

Ergibt: *12 Brötchen*

1 Tasse Mehl
½ TL getrockneter Dill, zerrieben
2 groOe Eier, leicht verquirlt
220 ml Milch
1 Prise Salz
⅓ Tasse geriebener Gouda

1. Einen Gitterrost in die Mitte des Ofens schieben und den Ofen auf 230 °C vorheizen. Eine Muffinform für 12 Muffins leicht einfetten.

2. Mehl, Dill, Eier, Milch, Salz und Gouda in einer Schüssel zu einer glatten Masse rühren. Die Muffinform zu zwei Drittel mit der Masse füllen. Die Brötchen etwa 20 Minuten backen, die Hitze auf 175 °C reduzieren und weitere 25 Minuten backen. Die Brötchen an der Oberfläche mit einer Gabel einstechen und weitere 5 Minuten backen, damit sie austrocknen können. Heiß servieren.

Knoblauch-Muffins

Ergibt: *8 Muffins*

4 Muffins, halbiert und getoastet
80 g Knoblauchbutter (s. Seite 88)
geriebener Parmesan

1. Einen Gitterrost 10 cm von den Heizstäben entfernt in den Grill schieben und den Grill vorheizen.

2. Die Muffinhälften mit der Knoblauchbutter bestreichen, mit Parmesan bestreuen und 2–3 Minuten grillen, bis der Käse geschmolzen und gebräunt ist.

Knoblauch-Stangen

Ergibt: *24 Stück*

110 g Knoblauchbutter (s. Seite 88)
6 Scheiben Fladenbrot
¼ Tasse geriebener Parmesan
geröstete Sesamsamen

1. Den Ofen auf 230 °C vorheizen. Ein Backblech leicht einfetten.

2. Die Knoblauchbutter bei geringer Hitze in einem Topf zerlassen und auf die Brotscheiben streichen. Die Scheiben auf das Backblech legen, mit Parmesan und Sesamsamen bestreuen und in 6–8 Minuten auf mittlerer Schiene hellbraun backen. Heiß servieren.

Kokosnuss-Schnitten

Ergibt: *24 Stück*

120 ml Kondensmilch
6 Scheiben Toastbrot, ohne Rinde, geviertelt
½ Tasse Kokosraspel

1. Den Ofen auf 175 °C vorheizen.

2. Kondensmilch in einem Topf erhitzen. Die Brotscheiben mit Hilfe eines Backpinsels mit der Kondensmilch bestreichen, mit Kokosraspel bestreuen und auf ein Backblech legen. 8–10 Minuten auf mittlerer Schiene backen, bis die Kokosraspel zu bräunen beginnen. Heiß oder warm servieren.

Kümmel-Brötchen

Ergibt: *10-14 Brötchen*

2 ½ Tassen Mehl
1 ½ EL Backpulver
1 EL Zucker
1 TL Kümmel
½ TL Salz
70 g weiche Butter oder Margarine
1 großes Ei, verquirlt
240 ml süße Sahne
geschmolzene Butter zum Bestreichen

1. Den Ofen auf 200 °C vorheizen. Ein Backblech leicht einfetten.

2. Mehl, Backpulver, Zucker, Kümmel und Salz in einer Schüssel mischen. Butter über das Mehl schneiden und mit 2 Messern oder mit Knethaken alles zu einer krümeligen Masse verarbeiten. Ei und Sahne hinzufügen; den Teig so lange bearbeiten, bis er sich von den Seiten der Schüssel löst.

3. Den Teig auf einer leicht bemehlten Arbeitsfläche 1 cm dick ausrollen, mit einer Ausstechform Kreise von etwa 5 cm Durchmesser ausstechen und auf das Backblech legen. Die Kreise mit zerlassener Butter bestreichen und in 15–20 Minuten auf mittlerer Schiene goldbraun backen. Heiß servieren.

Kümmel-Gebäck

Ergibt: *12 Stück*

2 ½ Tassen Vollkornmehl
2 TL Backpulver
120 ml Sonnenblumenöl
2 große Eier
1 ⅓ Tassen Zwiebeln, gerieben
2 EL Kümmel

1. Den Ofen auf 220 °C vorheizen. Ein Backblech leicht einfetten

2. Vollkornmehl und Backpulver in einer Schüssel mischen.

3. Öl, Eier und Zwiebeln in einer anderen Schüssel mischen. Die Mehlmischung gut unterrühren.

4. Den Teig auf einer bemehlten Arbeitsfläche etwa 4 cm dick ausrollen. Mit einer Ausstechform von 5–6 cm Durchmesser Kreise aus dem Teig ausstechen und auf das Backblech legen. In 8–10 Minuten auf mittlerer Schiene goldbraun backen. Heiß servieren.

KÜRBIS-MUFFINS II

ERGIBT: *8 Muffins*

2 Tassen Mehl
2 EL Zucker
2 ½ TL Backpulver
1 TL Salz
1 großes Ei, verquirlt
240 ml Milch
⅔ Tasse Kürbismus (Butternußkürbis)
50 g Butter, geschmolzen

1. Einen Gitterrost in die Mitte des Ofens schieben und den Ofen auf 200 °C vorheizen. Eine Muffinform für 8 Muffins oder 8 Backförmchen leicht einfetten.

2. Mehl, Zucker, Backpulver und Salz in einer Schüssel mischen.

3. In einer anderen Schüssel Eier, Milch, Kürbismus und Butter gut vermengen. Die Mehlmischung zufügen und unterrühren. Die Muffinform oder die Backförmchen zu zwei Drittel mit der Masse füllen. Die Muffins 15–20 Minuten backen. Garprobe machen. Muffins auf einem Gitterrost leicht abkühlen lassen und noch warm servieren.

TIP: Für Kürbismus einen Kürbis an mehreren Stellen mit einem scharfen Messer einstechen und im Ofen bei 200 °C 45 Minuten backen. Den Kürbis abkühlen lassen und schälen. Die Kerne und die inneren Fasern entfernen. Das Kürbisfleisch durch ein Sieb drücken. Ein Kürbis ergibt mindestens 1 ½–2 Tassen Kürbismus.

KÜRBISBROT

ERGIBT: *3 Brote*

3 ½ Tassen Mehl
2 TL Natron
1 ½ TL Salz
4 große Eier
400 g Zucker
220 ml Sonnenblumenöl
1 ½ Tassen Kürbismus (Butternußkürbis)
240 ml Wasser
8 EL Honig
1 ½ TL Muskatnuß, gerieben
1 ½ TL Zimtpulver
1 TL Muskat, gemahlen
1 Tasse Rosinen

1. Einen Gitterrost in die Mitte des Ofens schieben und den Ofen auf 175 °C vorheizen. Drei Brotbackformen oder Kastenformen leicht einfetten.

2. Mehl, Natron und Salz in einer Schüssel mischen.

3. Eier, Zucker und Öl in einer Schüssel mit einem elektrischen Handrührgerät auf höchster Stufe zu einer glatten Masse rühren. Kürbismus, Wasser, Honig, Muskatnuß, Zimtpulver und Muskatblüte in einer Schüssel gut mischen. Die Rosinen unterheben. Die Mehl- und Eiermischung locker unterrühren. Den Teig in die Formen füllen und 55–60 Minuten backen. Garprobe machen. Das Brot in den Formen 10 Minuten abkühlen lassen, auf einen Gitterrost stürzen und vollständig abkühlen lassen.

TIP: Das Rezept für Kürbismus finden Sie unter Kürbis-Muffins II.

Mais-Chips

Ergibt: *40-60 Chips*

240 ml Wasser
1 knappe Tasse Maismehl
1 Prise Salz
40 g Pflanzenfett

1. Einen Gitterrost in die Mitte des Ofens schieben und den Ofen auf 175 °C vorheizen. Ein Backblech leicht einfetten.

2. Das Wasser in einem Topf bei starker Hitze zum Kochen bringen. Das Maismehl unter Rühren langsam zufügen, bis eine glatte Masse entstanden ist. Die Hitze reduzieren, Salz und Pflanzenfett zufügen und weiterrühren, bis die Zutaten gleichmäßig vermischt sind.

3. Die Masse auf einem Backblech gleichmäßig verteilen. (Dies geht am einfachsten mit einem Metallschaber, der vorher in kaltes Wasser getaucht wurde). In 18–20 Minuten goldbraun backen, in der Form abkühlen lassen und dann in Stücke brechen oder schneiden.

Mais-Muffins

Ergibt: *12 Muffins*

1 ½ Tassen Maismehl
1 ½ Tassen Mehl
3 EL Zucker
1 ½ EL Backpulver
1 ½ TL Salz
1 ½ TL Pfeffer
1 TL Cayennepfeffer
½ Tasse roter Paprika, gewürfelt
½ Tasse grüner Paprika, gewürfelt
¼ Tasse Zwiebeln, gehackt
2 große Eier
330 g Butter oder Margarine
4 EL Sonnenblumenöl

1. Einen Gitterrost in die Mitte des Ofens schieben und den Ofen auf 200 °C vorheizen. Eine Muffinform für 12 Muffins oder 12 Backförmchen leicht einfetten.

2. Maismehl, Mehl, Zucker, Backpulver, Salz, Pfeffer und Cayennepfeffer in einer Schüssel gut mischen. Paprika und Zwiebeln untermischen.

3. Eier, Butter und Öl in einer anderen Schüssel mit einem elektrischen Handrührgerät auf höchster Stufe zu einer glatten Masse rühren. Die Mehlmasse zufügen und untermischen. Die Muffinform oder die Backförmchen zu zwei Drittel mit der Masse füllen. Die Muffins 18–20 Minuten backen. Garprobe machen. Muffins auf einem Gitterrost leicht abkühlen lassen und noch warm servieren.

Maisbrot

Ergibt: *1 Brot*

4 Tassen Maisteig (s. Seite 41)
320 ml Wasser
70 g Zucker
1 Ei

1. Einen Gitterrost in die Mitte des Ofens schieben und den Ofen auf 220 °C vorheizen. Eine Auflaufform leicht einfetten.

2. Maisteig, Wasser, Zucker und Ei in einer Schüssel kräftig rühren, bis die Zutaten gut gemischt sind. Den Teig in die Auflaufform füllen und in 20–25 Minuten goldbraun backen. Das Maisbrot in der Form auf einem Gitterrost abkühlen lassen.

Maismehl-Fladen

Ergibt: *12-14 Stück*

½ Tasse Mehl
1 Tasse Maismehl
1 Msp. Natron
120 ml Milch
3 EL Sonnenblumenöl
1 Spritzer Worcestersauce
1 Spritzer Tabasco
Butter oder Margarine, geschmolzen
Kümmel oder Mohnsamen

1. Den Ofen auf 200 °C vorheizen. 2 Backbleche leicht einfetten.

2. Mehl, Maismehl und Natron in einer Schüssel gut mischen.

3. Milch, Öl, Worcestersauce und Tabasco in einer Schüssel mit einem Schneebesen gut verrühren. Die Mehlmasse zufügen. Die Mischung zu einem weichen Teig rühren.

4. Den Teig auf einer leicht bemehlten Arbeitsfläche gut durchkneten, bis ein glatter Teig entstanden ist. Den Teig mit einem Eßlöffel auf die Backbleche geben und zu 0,5 cm dicken Kreisen von 10 cm Durchmesser flachdrücken. Die Kreise in 6–7 Minuten auf mittlerer Schiene goldbraun backen. Noch warm mit geschmolzener Butter bestreichen und mit Kümmel bestreuen. Auf einem Gitterrost vollständig abkühlen lassen.

Mayonnaise-Muffins

Ergibt: *12 Muffins*

2 Tassen Mehl
1 TL Zucker
3 EL Mayonnaise
240 ml Milch

1. Einen Gitterrost in die Mitte des Ofens schieben und den Ofen auf 175 °C vorheizen. Eine Muffinform für 12 Muffins oder 12 Backförmchen leicht einfetten.

2. Mehl, Zucker, Mayonnaise und Milch in einer Schüssel mit einem Rührbesen glatt rühren. Die Muffinform zu zwei Drittel mit dem Teig füllen. Die Muffins in 15–20 Minuten goldbraun backen. Heiß servieren.

Mozzarella-Stromboli

Ergibt: *32 Scheiben*

450 g Brotteig (tiefgekühlt)
450 g gekochter Schinken, in Scheiben
220 g italienische Salami, in Scheiben
220 g scharfe Salami, in Scheiben
3 Tassen Mozzarella, in Stücken
340 ml Pizzasauce oder Tomatensauce mit Basilikum

1. Den Ofen auf 175 °C vorheizen. Ein Backblech leicht einfetten.

2. Den Teig in 2 Teile teilen und jede Hälfte zu einem ½ cm dicken Rechteck ausrollen. Schinken und beide Salamiarten auf den Teig legen.

3. Mozzarella und Pizzasauce in einer Schüssel mischen und auf die Rechtecke geben. Die Rechtecke von der Längsseite her aufrollen. Die Seiten dabei einstekken und den Teig festdrücken. Die Rollen auf das Backblech legen und in 55–60 Minuten auf mittlerer Schiene hellbraun backen. Zum Servieren in Scheiben schneiden.

Tip: Um der Salami Fett zu entziehen, die Scheiben 2–3 Sekunden in kochendes Wasser tauchen und auf Küchenkrepp abtropfen lassen.

Muffins ohne Zucker

Ergibt: *30 Muffins*

1 Tasse Datteln, entsteint, gehackt
½ Tasse Rosinen
½ Tasse Backpflaumen, entsteint, gehackt
240 ml Wasser
110 g weiche Butter oder Margarine
1 Tasse Mehl
½ Tasse Walnüsse oder Pekannüsse, gehackt
1 TL Natron
2 große Eier, leicht verquirlt
1 TL Vanille- oder Bittermandelaroma

1. Einen Gitterrost in die Mitte des Ofens schieben und den Ofen auf 200 °C vorheizen. Eine Muffinform für 10 Muffins oder 10 Backförmchen leicht einfetten.

2. Datteln, Rosinen, Backpflaumen und Wasser in einem Topf bei starker Hitze zum Kochen bringen. Die Mischung etwa 5 Minuten kochen lassen, bis die Flüssigkeit etwas verdampft ist. Butter zufügen und unterrühren. Den Topf vom Herd nehmen und zur Seite stellen.

3. Mehl, Walnüsse und Natron in einer Schüssel mischen.

4. Eier und Vanillearoma in einer anderen Schüssel verrühren. Die Eier- und Fruchtmischung unter die Mehlmasse heben. Die Muffinform oder die Backförmchen zu zwei Drittel mit der Masse füllen. Muffins 12–15 Minuten backen. Den Teig in 3 Arbeitsgängen backen. Muffins auf einem Gitterrost leicht abkühlen lassen und noch warm servieren.

Muffins Spezial

Ergibt: *12 Muffins*

1 ½ Tassen geriebener Gouda
1 Tasse schwarze Oliven, entsteint, gehackt
½ Tasse Lauchzwiebeln, dünn geschnitten
120 ml Mayonnaise
½ TL Currypulver
6 Muffins, halbiert, getoastet

1. Einen Gitterrost etwa 10 cm von den Heizstäben entfernt in den Grill schieben und den Grill vorheizen.

2. Gouda, Oliven, Lauchzwiebeln, Mayonnaise und Currypulver in einer Schüssel gut mischen. Die Muffins damit belegen und 2–3 Minuten grillen, bis der Käse schmilzt.

Naturreis-Muffins

Ergibt: *12 Muffins*

1 ¼ Tassen Vollkornmehl
1 EL brauner Zucker
1 EL weißer Zucker
2 TL Backpulver
2 große Eier
200 ml fettarme Milch
60 ml Sonnenblumenöl
2 Tropfen Bittermandelaroma
1 Tasse gekochter Naturreis

1. Einen Gitterrost in die Mitte des Ofens schieben und den Ofen auf 200 °C vorheizen. Eine Muffinform für 12 Muffins oder 12 Backförmchen leicht einfetten.

2. Vollkornmehl, weißen und braunen Zucker und Backpulver in einer Schüssel gut mischen.

3. Eier, Milch, Öl und Bittermandelaroma in einer anderen Schüssel mit einem elektrischen Handrührgerät auf höchster Stufe zu einer glatten Masse rühren. Die Mehlmischung unterrühren. Die Muffinform oder die Backförmchen zu zwei Drittel mit der Masse füllen. Muffins 15–20 Minuten backen. Garprobe machen. Muffins auf einem Gitterrost leicht abkühlen lassen und noch warm servieren.

Nussbrot

Ergibt: *6-8 Portionen*

2 ½ Tassen Mehl
200 g Zucker
1 EL und 1 TL Backpulver
1 TL Salz
¼ Tasse Haselnüsse, gehackt
¼ Tasse Pekannüsse, gehackt
¼ Tasse Erdnüsse, gehackt
¼ Tasse Paranüsse, gehackt
1 großes Ei
3 EL Sonnenblumenöl
380 ml Milch
Zum Servieren:
Roquefort-Aufstrich (s. unten) oder Frischkäse

1. Einen Gitterrost in die Mitte des Ofens schieben und den Ofen auf 175 °C vorheizen. Eine Brotbackform oder eine Kastenform leicht einfetten.

2. Mehl, Zucker, Backpulver, Salz und Nüsse in einer Schüssel gut mischen.

3. Das Ei in einer anderen Schüssel mit einem elektrischen Handrührgerät auf mittlerer Stufe schaumig schlagen. Öl und Milch zufügen und gut unterrühren. Die Mehlmischung unterheben. Den Teig in die Form füllen, glattstreichen und 55–60 Minuten backen. Garprobe machen. Auf einem Gitterrost abkühlen lassen. Den Roquefort-Aufstrich dazu servieren.

Tip: Um das Aroma zu verstärken, ½ Teelöffel Bittermandel- oder Haselnußaroma in die Milch geben.

Roquefort-Aufstrich

Ergibt: *3 Tassen*

170 g Frischkäse
80 g Roquefort
480 ml süße Sahne
1 Prise Salz

1. Frischkäse, Roquefort und 240 ml Sahne in einer Schüssel mit einem Pürierstab auf mittlerer Stufe zu einer glatten Masse verarbeiten. Das Salz zufügen und die Masse 1–2 Minuten kräftig rühren.

2. Die übrige Sahne in einer anderen Schüssel mit einem elektrischen Handrührgerät auf höchster Stufe steif schlagen. Die Sahne zu der Käsemischung geben und locker unterheben. Abdecken und mindestens 1 Stunde kühl stellen.

Pfirsich-Gebäck

Ergibt: *14 Stück*

2 Tassen Mehl
2 EL Zucker
1 EL Backpulver
½ TL Salz
60 g Pflanzenfett
1 Tasse Pfirsiche, aus der Dose, abgegossen, gehackt
180 ml Milch
1 TL Orangenschale, gehackt
Zum Servieren:
Orangenbutter (s. unten)

1. Den Ofen auf 220 °C vorheizen. Ein Backblech leicht einfetten.

2. Mehl, Zucker, Backpulver und Salz in einer Schüssel mischen. Das Pflanzenfett über das Mehl schneiden und mit 2 Messern oder mit Knethaken unter das Mehl arbeiten, bis eine krümelige Masse entstanden ist. Pfirsiche, Milch und Orangenschale zufügen und die Zutaten zu einem weichen Teig verrühren.

3. Den Teig auf einer bemehlten Arbeitsfläche leicht durchkneten und 1,5 cm dick ausrollen. Mit einer runden Ausstechform von 4–5 cm Durchmesser Kreise aus dem Teig ausstechen und auf ein Backblech legen. Die Kreise in 10–12 Minuten auf mittlerer Schiene goldbraun backen. Das Pfirsichgebäck auf einem Gitterrost abkühlen lassen.
Mit Orangenbutter servieren.

Orangenbutter

Ergibt: *110 g*

110 g weiche Butter
1 EL Orangenschale, feingerieben

Butter und Orangenschale in einer Schüssel gut mischen. Die Masse abdecken und bei Zimmertemperatur mindestens 2 Stunden ruhen lassen; nochmals durchrühren, abdecken und bis zum Servieren kühl stellen.

Pflaumen-Küchlein mit Brandy

Ergibt: *6-8 Küchlein*

1 Tasse Backpflaumen, entsteint, gehackt
80 ml Brandy
2 Tassen Mehl
2 TL Backpulver
3 EL brauner Zucker
2 EL weißer Zucker
70 g Butter, gekühlt, gewürfelt
1 großes Ei
80 ml Milch
1 TL Vanillearoma
½ Tasse Pekannüsse oder Walnüsse, gehackt
80 g zartbittere Schokolade, feingehackt

1. Den Ofen auf 175 °C vorheizen. Ein Bachblech leicht einfetten.

2. Backpflaumen und Brandy in einem Topf bei mittlerer Hitze zum Kochen bringen. Den Topf vom Herd nehmen.

3. Mehl, Backpulver, braunen und weißen Zucker in einer Schüssel mischen. Die Butter über das Mehl schneiden und mit 2 Messern oder mit Knethaken unter das Mehl mischen, bis eine krümelige Masse entstanden ist.

4. Backpflaumen, Ei, Milch und Vanillearoma in einer Schüssel gut vermengen. Die Mehlmischung unterrühren. Pekannüsse und Schokolade zufügen und untermischen.

5. Aus dem Teig mit einem Eßlöffel 6–8 Küchlein abstechen und im Abstand von 5 cm auf das Backblech legen. Die Pflaumenküchlein in 18–20 Minuten auf mittlerer Schiene goldbraun backen, auf einem Gitterrost abkühlen lassen und warm servieren.

Preiselbeer-Muffins

Ergibt: *12 Muffins*

1 Tasse Preiselbeeren
110 g Butter oder Margarine, geschmolzen
50 g brauner Zucker
60 g weißer Zucker
2 Tassen Mehl
1 EL Backpulver
½ TL Salz
¼ Tasse Rosinen
1 großes Ei
240 ml Milch

1. Einen Gitterrost in die Mitte des Ofens schieben und den Ofen auf 200 °C vorheizen. Eine Muffinform für 12 Muffins oder 12 Backförmchen leicht einfetten.

2. Die Preiselbeeren in der Muffinform verteilen und jeweils 1 Teelöffel Butter und 2 Teelöffel braunen Zucker auf die Preiselbeeren geben. Die Muffinform zur Seite stellen.

3. Mehl, weißen Zucker, Backpulver, Salz und Rosinen in einer Schüssel gut mischen.

4. Ei, Milch und übrige Butter in einer anderen Schüssel mit einem elektrischen Handrührgerät auf mittlerer Stufe rühren. Mehlmischung unterheben. Die Muffinform oder die Backförmchen zu zwei Drittel mit der Masse füllen. Muffins 25–30 Minuten backen. Garprobe machen. Die Muffins auf eine Platte stürzen und mit der unteren Seite nach oben warm servieren.

Rhabarber-Muffins

Ergibt: *16 Muffins*

2 Tassen frischer Rhabarber, gehackt
100 g Zucker
1 TL geriebene unbehandelte Zitronenschale
2 ½ Tassen Mehl
1 ½ TL Backpulver
1 TL Natron
2 große Eier
3 EL Butter oder Margarine, geschmolzen
180 ml Buttermilch

1. Einen Gitterrost in die Mitte des Ofens schieben und den Ofen auf 190 °C vorheizen. Eine Muffinform für 16 Muffins oder 16 Backförmchen leicht einfetten.

2. Den Rhabarber mit ¼ Tasse Zucker und der Zitronenschale in einer Schüssel mischen.

3. Mehl, Backpulver, Natron und den übrigen Zucker in einer anderen Schüssel gut mischen.

4. Eier, Butter und Milch in einer Schüssel mit einem elektrischen Handrührgerät auf höchster Stufe zu einer glatten Masse rühren. Unter die Mehlmischung heben. Den Rhabarber zufügen und locker unterheben. Die Muffinform oder die Backförmchen zu zwei Drittel mit der Masse füllen. Die Muffins 20–25 Minuten backen. Garprobe machen. Die Muffins auf einem Gitterrost leicht abkühlen lassen und warm servieren.

Roggen-Gebäck

Ergibt: *8-10 Stück*

½ Tasse Mehl
½ Tasse Roggenmehl
1 TL Backpulver
1 Msp. Natron
1 TL Kakaopulver
1 Msp. Salz
3 EL Butter oder Margarine, gekühlt
5 EL Buttermilch
2 TL Melasse
½ TL Anissamen, gemahlen

1. Den Ofen auf 230 °C vorheizen.

2. Mehl, Roggenmehl, Backpulver, Natron, Kakaopulver und Salz in einer Schüssel mischen. Die Butter über das Mehl schneiden und mit 2 Messern oder mit den Knethaken des Handrührgeräts zu einer krümeligen Masse verarbeiten.

3. Buttermilch und Melasse in einer kleinen Schüssel oder einer Tasse gut mischen. Die Anissamen zufügen und gut unterrühren.

4. Den Teig auf einer leicht bemehlten Arbeitsfläche kurz durchkneten und ½ cm dick flachdrucken. Mit einer Ausstechform von 4–5 cm Durchmesser Kreise ausstechen und auf ein nicht gefettetes Backblech legen. In 12–15 Minuten auf mittlerer Schiene goldbraun backen. Warm servieren.

Roggen-Küchlein

Ergibt: *8-10 Küchlein*

1 Tasse Mehl
¾ Tasse Roggenmehl
2½ TL Backpulver
½ TL Natron
2 EL Zucker
2 TL Kümmel
70 g Butter oder Margarine, gekühlt, gewürfelt
160 ml Buttermilch
½ Tasse Korinthen

1. Den Ofen auf 230 °C vorheizen. Ein Backblech leicht einfetten.

2. Mehl, Roggenmehl, Backpulver, Natron, Zucker und Kümmel in einer Schüssel gut mischen. Die Butter über die Mehlmischung schneiden und mit 2 Messern oder mit den Knethaken des Handrührgeräts zu einer krümeligen Masse verarbeiten. Die Buttermilch zufügen und unterrühren. Die Korinthen unterheben.

3. Den Teig auf einer leicht bemehlten Arbeitsfläche ½ cm dick flachdrücken. Mit einer Ausstechform von 5 cm Durchmesser Kreise aus dem Teig ausstechen und auf das Backblech legen. In 15–18 Minuten auf mittlerer Schiene goldbraun backen, auf einem Gitterrost abkühlen lassen und warm servieren.

Schinken-Stromboli

Ergibt: *16 Scheiben*

220 g Hefeteig (tiefgekühlt)
1 Msp. getrockneter Oregano
1 Msp. getrocknetes Basilikum
1 Msp. getrockneter Dill
1 Msp. Knoblauchpulver
½ Tasse geriebener Gouda
¼ Tasse gekochter Schinken, feingehackt

1. Den Ofen auf 200 °C vorheizen. Ein Backblech leicht einfetten. Hefeteig nach Packungsanweisung auftauen lassen.

2. Den Teig kurz durchkneten, auf einer leicht bemehlten Arbeitsfläche ½ cm dick ausrollen und zu einem Rechteck formen.

3. Oregano, Basilikum, Dill und Knoblauchpulver in einer kleinen Schüssel gut mischen. Die Mischung über den Teig streuen. Gouda und Schinken über den Teig streuen. Den Teig von der Längsseite her aufrollen. Die Seiten einschlagen und den Teig festdrücken. Die Rollen auf das Backblech legen und in 40–45 Minuten auf mittlerer Schiene hellbraun backen. Zum Servieren in Scheiben schneiden.

Schnittlauch-Muffins

Ergibt: *12 Muffins*

2 Tassen Mehl
2 TL Backpulver
1 Msp. Natron
1 TL Salz
2 EL Pflanzenfett
1 großes Ei
10 EL Buttermilch
¼ Tasse Schnittlauch, gehackt

1. Einen Gitterrost in die Mitte des Ofens schieben und den Ofen auf 200 °C vorheizen. Eine Muffinform für 12 Muffins oder 12 Backförmchen leicht einfetten.

2. Mehl, Backpulver, Natron und Salz in einer Schüssel mit einem Schneebesen mischen.

3. Das Pflanzenfett in einer anderen Schüssel mit einem elektrischen Handrührgerät auf mittlerer Stufe schaumig rühren. Ei und Milch zufügen und zu einer glatten Masse rühren. Die Mehlmischung und den Schnittlauch unterheben.

4. Die Muffinform oder die Backförmchen zu zwei Drittel mit der Masse füllen. Die Muffins 12–15 Minuten backen. Garprobe machen. Muffins auf einem Gitterrost leicht abkühlen lassen.

Teigtaschen

Ergibt: *6 Teigtaschen*

2 große Eier
240 ml Milch
2 EL Mehl
3 EL Butter oder Margarine, geschmolzen
2 EL Petersilie, feingehackt

1. Einen Gitterrost in die Mitte des Ofens schieben und den Ofen auf 220 °C vorheizen. Eine Muffinform für 6 Muffins oder 6 Backförmchen leicht einfetten.

2. Die Eier in einer Schüssel mit einem elektrischen Handrührgerät auf höchster Stufe schaumig rühren. Milch und Mehl gut unterrühren. Butter und Petersilie zufügen und untermischen.

Die Muffinform zur Hälfte mit der Masse füllen und 35–40 Minuten backen, bis die Teigtaschen gebräunt und aufgegangen sind. Den Ofen während des Backvorgangs nicht öffnen. Die Teigtaschen heiß servieren.

ÜBERBACKENE EIERSALAT-BRÖTCHEN

ERGIBT: *5 Brötchen*

3 große Eier, hartgekocht
2 EL Mayonnaise
1 EL Lauchzwiebeln, gehackt
1 EL Paprika, gehackt
½ TL Kräutersalz
½ TL Dijonsenf
140 g Blätterteig (tiefgekühlt)
½ Tasse geriebener Cheddar

1. Den Ofen auf 220 °C vorheizen. Den Blätterteig auftauen.

2. Eier, Mayonnaise, Lauchzwiebeln, Paprika, Kräutersalz und Senf in einer Schüssel gut mischen.

3. Den Blätterteig in 5 Teile teilen und jeden zu einem Kreis von 9 cm Durchmesser ausrollen. Die Kreise auf ein Backblech legen und jeden Kreis mit der Eimischung belegen, dabei einen 1 cm breiten Rand frei lassen. Die Brötchen mit Cheddar bestreuen und in 12-18 Minuten auf mittlerer Schiene goldbraun backen. Heiß servieren.

VOLLKORN-GEBÄCK

ERGIBT: *55 Stück*

1 ½ Tassen Mehl
9 Tassen Vollkornmehl
1 EL Backpulver
1 EL Natron
350 g brauner Zucker
1 großes Ei
240 g Butter oder Margarine
480 ml Wasser

1. Mehl, Vollkornmehl, Backpulver, Natron und Zucker in einer Schüssel mit einem Schneebesen mischen.

2. Ei, Butter und Wasser in einer Schüssel mit einem elektrischen Handrührgerät auf niedriger Stufe zu einer glatten Masse rühren. Die Mehlmischung zufügen und alles zu einem Teig rühren. Den Teig abdecken und mindestens 4 Stunden kühl stellen.

3. Den Ofen auf 160 °C vorheizen.

4. Den Teig auf einer leicht bemehlten Arbeitsfläche 3–5 mm dünn ausrollen, halbieren und auf ein nicht gefettetes Backblech legen. Den Teig eventuell etwas dehnen, damit er das Backblech ausfüllt. In 4 cm große Quadrate schneiden und in 10–13 Minuten auf mittlerer Schiene goldbraun backen. Das Vollkorngebäck auf dem Blech abkühlen lassen und dann in die Quadrate zerteilen.

TIP: Das Gebäck ist noch weich, wenn es aus dem Ofen kommt. Wenn es abkühlt, wird es fest und knusprig.

Vollkorn-Muffins

Ergibt: *12 Muffins*

⅔ Tasse Mehl
2 Tassen Vollkornmehl
140 g brauner Zucker
2 TL Natron
1 Msp. Ingwer, gemahlen
1 Msp. Zimt, gemahlen
1 Msp. Nelken, gemahlen
480 ml Buttermilch
¾ Tasse Rosinen

1. Einen Gitterrost in die Mitte des Ofens schieben und den Ofen auf 200 °C vorheizen. Eine Muffinform für 12 Muffins oder 12 Backförmchen leicht einfetten.

2. Mehl, Vollkornmehl, Zucker, Natron, Ingwer, Zimt und Nelken in einer Schüssel mit einem Schneebesen mischen. Buttermilch zufügen und unterrühren. Rosinen unterheben. Die Muffinform oder die Backförmchen zu zwei Drittel mit der Masse füllen. Die Muffins 35–40 Minuten backen. Garprobe machen. Muffins auf einem Gitterrost leicht abkühlen lassen und warm servieren.

Walnuss-Küchlein

Ergibt: *8 Küchlein*

2 Tassen Mehl
1 ½ TL Backpulver
½ TL Natron
2 EL brauner Zucker
1 EL weißer Zucker
1 ½ TL Kümmel
½ TL Salz
70 g Butter oder Margarine, gekühlt, gewürfelt
1 großes Ei
120 ml Buttermilch
¼ Tasse Rosinen
¼ Tasse Korinthen
½ Tasse Walnüsse oder Pekannüsse

1. Den Ofen auf 200 °C vorheizen. Ein Backblech leicht einfetten.

2. Mehl, Backpulver, Natron, braunen und weißen Zucker, Kümmel und Salz in einer Schüssel mischen.

3. Die Butter über das Mehl schneiden und mit 2 Messern oder mit den Knethaken des Handrührgeräts zu einer krümeligen Masse verarbeiten.

4. Das Ei in einer anderen Schüssel mit einem elektrischen Handrührgerät auf niedriger Stufe schaumig schlagen. Buttermilch zufügen und unterrühren, bis eine gleichmäßige Masse entstanden ist. Die Mehlmischung unterrühren. Rosinen, Korinthen und Walnüsse unterheben. Den Teig mit bemehlten Händen zu 8 Kugeln formen und in 20–25 Minuten auf mittlerer Schiene goldbraun backen. Auf einem Gitterrost abkühlen lassen.

Zitronenpfeffer-Cracker

Ergibt: *6-8 Stück*

180 ml Sonnenblumenöl
1 Päckchen Kräuter-Salatfix
½ TL Dill, gehackt
1 Msp. Zitronenpfeffer
1 Msp. Knoblauchpulver
450 g Cracker, ohne Salz

1. Den Ofen auf 135 °C vorheizen.
2. Öl, Kräuter Salatfix, Dill, Zitronenpfeffer und Knoblauchpulver in einer Schüssel mit einem Schneebesen mischen.
3. Die Cracker in eine Schüssel geben, Ölmischung darüber verteilen und gut mischen. Die Cracker auf ein Backblech legen und 15–20 Minuten auf mittlerer Schiene backen, bis sie warm sind. Sofort servieren.

Tip: 1 Tasse Salzstangen und ½ Tasse gehackte Walnüsse oder Mandeln hinzufügen. 1 Tasse Knuspermais dazugeben, um die Mischung trockener zu machen und die Geschmacksrichtung zu ändern.

Kapitel 11

Fruchtige Verführung

Reife, saftige Früchte sind der beste Snack, den die Natur zu bieten hat. Deshalb darf ein Kapitel für Rezepte mit Früchten in diesem Buch nicht fehlen! Zwar wird Obst in vielen Gerichten verwendet; in diesem Kapitel stellt es aber die Hauptzutat. Das hier verwendete Obst ist entweder frisch, aus der Dose oder tiefgekühlt – je nach Rezept. Wenn Sie frische Früchte kaufen, achten Sie darauf, was gerade Saison hat. Dann können Sie den vollen Geschmack genießen.

Ananas-Pizza

Ergibt: *8 Portionen*

1 ½ Tassen fertige Pizzasauce
1 Baguette, der Länge nach halbiert
6 Streifen Frühstücksspeck, gebraten, zerkrümelt
1 kleiner grüner Paprika, in Streifen
550 g Ananas, aus der Dose, abgegossen, in Stücken
2 Tassen Mozzarella, in kleinen Stücken

1. Einen Grillrost etwa 10 cm von den Heizstäben entfernt in den Grill schieben und den Grill vorheizen.

2. Die Baguettehälften mit der Pizzasauce bestreichen und mit Frühstücksspeck, Paprikastreifen und Ananas belegen. Den Mozzarella auf den Baguettehälften verteilen und die Brothälften 5 Minuten grillen, bis der Mozzarella geschmolzen ist.

Äpfel im Blätterteig

Ergibt: *12 Apfeltaschen*

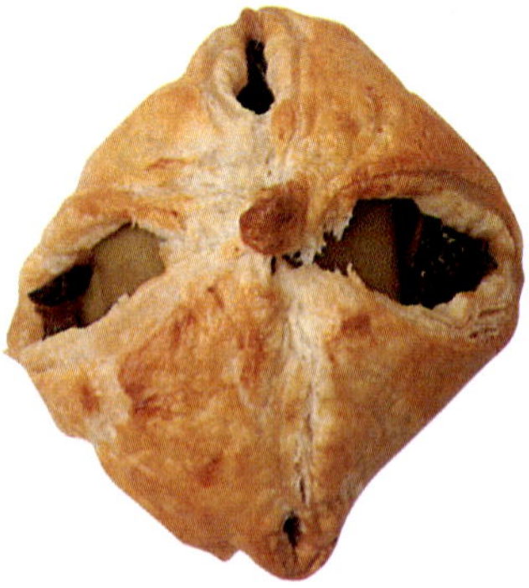

900 g Blätterteig (tiefgekühlt)
2 Eiweiß von 2 großen Eiern
1 EL Milch
1 Tasse Rosinen
200 g Zucker
¼ Tasse und 2 EL Semmelbrösel
1 EL Zimtpulver
6 kleine Äpfel, geschält, halbiert, Gehäuse entfernt

1. Den Ofen auf 200 °C vorheizen. Ein Backblech leicht einfetten. Den Blätterteig auftauen.

2. Den Blätterteig in 12 Quadrate (10 x 10 cm) schneiden.

3. Eiweiße und Milch in einer Schüssel mit einem Schneebesen verquirlen. Die Mischung zu zwei Drittel auf den Blätterteig streichen.

4. Rosinen, Zucker, Semmelbrösel und Zimtpulver in einer Schüssel gut mischen. Je 1 Eßlöffel der Mischung und einen halben Apfel auf ein Blätterteigquadrat geben. Die Apfelhälften nochmals mit etwas Semmelbrösel-Mischung bestreuen und den Blätterteig über den Äpfeln schließen, indem die gegenüberliegenden Ecken übereinander gelegt werden. Den Blätterteig mit der restlichen Eiweißmischung bestreichen.

5. Die Apfeltaschen auf das Backblech setzen und etwa 15 Minuten auf mittlerer Schiene backen, bis der Blätterteig zu bräunen beginnt. Die Hitze auf 175 °C reduzieren und die Taschen weitere 25–30 Minuten backen, bis die Äpfel gar sind. Die Apfeltaschen auf einem Gitterrost abkühlen

Apfel-Schnitten

Ergibt: *30 Schnitten*

2 Tassen Mehl
2 TL Backpulver
½ TL Muskatnuß, gerieben
½ TL Salz
2 TL geriebene unbehandelte Zitronenschale
4 große Eier
400 g Zucker
1 ½ Tassen Äpfel, geschält, gewürfelt
1 Tasse Walnüsse, gehackt
Puderzucker zum Bestreuen

1. Einen Gitterrost in die Mitte des Ofens schieben und den Ofen auf 175 °C vorheizen. Eine Auflaufform leicht einfetten.

2. Mehl, Backpulver, Muskatnuß und Salz in einer Schüssel gut vermengen. Die Zitronenschale untermischen.

3. Eier und Zucker in einer Schüssel mit einem elektrischen Handrührgerät auf höchster Stufe zu einer hellen cremigen Masse rühren. Die Mehlmischung nach und nach unterrühren. Äpfel und Walnüsse unterheben.

4. Den Teig in die Auflaufform füllen und 15–20 Minuten backen. Die Auflaufform auf einen Gitterrost setzen und den Teig in der Form abkühlen lassen. In schmale Streifen schneiden und mit Puderzucker bestreuen.

Apfel-Törtchen mit Hüttenkäse

Ergibt: *6 Törtchen*

5 große Äpfel, geschält, Gehäuse entfernt, in Scheiben
240 g Hüttenkäse
150 g Zucker
60 ml Milch
60 ml süße Sahne
2 große Eier
5 Tropfen Vanillearoma
½ TL Zimtpulver
1 Msp. Kardamom
<u>Zum Garnieren:</u>
süße Sahne, geschlagen

1. Einen Gitterrost in die Mitte des Ofens schieben und den Ofen auf 175 °C vorheizen. 6 kleine Backformen leicht einfetten.

2. Die Apfelscheiben gleichmäßig in die Formen schichten.

3. Hüttenkäse, Zucker, Milch, Sahne, Eier, Vanillearoma und Zimtpulver mit einem Handrührgerät zu einer glatten Masse rühren. Die Mischung über die Äpfel gießen und mit Kardamom bestreuen. 55–60 Minuten backen, bis die Äpfel gar und oben gebräunt sind. Warm servieren. Die geschlagene Sahne dazu reichen.

Aprikosen-Kleie-Kekse

Ergibt: *24-36 Kekse*

1 Tasse getrocknete Aprikosen, gewürfelt
½ Tasse Weizenkleie
120 ml Orangensaft
1 ½ Tassen Mehl
1 TL Backpulver
¾ TL Zimtpulver
½ TL Salz
110 g Pflanzenfett
100 g brauner Zucker
100 g weißer Zucker
1 großes Ei
5 Tropfen Vanillearoma
5 EL Walnüsse, gehackt

1. Den Ofen auf 190 °C vorheizen. Zwei Backbleche leicht einfetten.

2. Die Aprikosen in eine Schüssel geben, mit kochendem Wasser bedecken und 15–20 Minuten quellen lassen.

3. Weizenkleie und Orangensaft in einer Schüssel gut verrühren.

4. Mehl, Backpulver, Zimtpulver und Salz in einer Schüssel mischen.

5. Das Pflanzenfett und den weißen und braunen Zucker in einer Schüssel mit einem elektrischen Handrührgerät auf höchster Stufe zu einer glatten Masse rühren. Ei und Vanillearoma untermischen. Die Mehlmischung nach und nach unterheben. Weizenkleie und Orangensaft unterrühren. Die Aprikosen abgießen und unter den Teig heben.

6. Den Teig eßlöffelweise im Abstand von 4 cm auf die Backbleche geben. Die Kekse in 8–10 Minuten auf mittlerer Schiene goldbraun backen. Auf Gitterrosten abkühlen lassen.

Backobst-Kompott

Ergibt: *4-6 Portionen*

280 g schwarze Johannisbeer-Marmelade
450 g Birnen, aus der Dose, abgegossen, Saft aufgefangen, halbiert
450 g Pfirsiche, aus der Dose, Saft aufgefangen, halbiert
6 frische Pflaumen, entsteint, halbiert

1. Einen Gitterrost in die Mitte des Ofens schieben und den Ofen auf 175 °C vorheizen.

2. Die Johannisbeer-Marmelade, 2 Eßlöffel Birnensaft und 2 Eßlöffel Pfirsichsaft in einem Topf bei mittlerer Hitze unter Rühren zum Kochen bringen. Den Topf vom Herd nehmen.

3. Die Früchte mit der Schnittfläche nach unten in eine Auflaufform legen. Die Marmeladen-Mischung darüber gießen und 18–20 Minuten backen; dabei das Obst öfter mit der Flüssigkeit beträufeln, bis der größte Teil verdampft ist. Warm servieren. Eiscreme dazu reichen.

Tip: Statt der Eiscreme können Sie auch geschlagene Sahne dazu servieren. Die Sahne nach Geschmack aromatisieren.

Beeren-Cocktail

Ergibt: *2-4 Portionen*

¼ Tasse frische Himbeeren, Erdbeeren oder Brombeeren
1 EL Kakaopulver
1 ½ EL Zucker
360 ml Milch
120 ml Mineralwasser, gekühlt
220 ml süße Sahne, geschlagen
Zum Garnieren:
frische Beeren

Himbeeren, Kakaopulver und Zucker in einer Schüssel mit einem Pürierstab zu einer glatten Masse pürieren. Die Milch und das Mineralwasser zufügen und alles zu einer glatten Mischung mixen. Den Cocktail in hohe Gläser füllen, ein Häubchen Sahne darauf geben und mit einer Beere garnieren.

Die beste Pizza der Welt

Ergibt: *8 Portionen*

1 ¼ Tassen Mehl
150 g weiche Butter oder Margarine
3 EL brauner Zucker
120 g weißer Zucker
3 EL Puderzucker
340 g Frischkäse
5 Tropfen Vanille- oder Bittermandelaroma
1 ½ Tassen Bananen, in Scheiben
1 Tasse frische Erdbeeren, in Scheiben
3 Kiwis, in dünnen Scheiben
220 g Ananas, in Stücken
1 Sternfrucht, dünn geschnitten

1. Einen Gitterrost in die Mitte des Ofens schieben und den Ofen auf 175 °C vorheizen. Eine Backform leicht einfetten.

2. Mehl, Butter, braunen Zucker, 2 Eßlöffel weißen Zucker und Puderzucker in einer Schüssel mit einer Gabel zu einer krümeligen Masse verarbeiten. Die Mischung in die Backform drücken und 8–10 Minuten backen, bis der Teig leicht gebräunt ist.

3. Frischkäse, ½ Tasse weißen Zucker und Vanillearoma in einer Schüssel mit einem elektrischen Handrührgerät zu einer glatten Masse rühren. Die Mischung über den vorgebackenen Teig geben und die Früchte über der Frischkäsemischung verteilen. Die Sternfrucht auf den Fruchtkuchen legen. Zum Servieren in Stücke schneiden.

ERDBEEREN MIT SCHOKOSAHNE

ERGIBT: *4 Portionen*

120 ml süße Sahne
1 ½ EL Kakaopulver
3 ½ EL Puderzucker
4 Tassen frische Erdbeeren

1. Die Sahne in einer Schüssel mit einem elektrischen Handrührgerät auf höchster Stufe schaumig schlagen.

2. Kakaopulver und Zucker in einer Schüssel gut mischen. Auf niedriger Stufe unter die Sahne rühren. Die Kakao-Sahne auf höchster Stufe steif schlagen, abdecken und mindestens 1 Stunde kühl stellen.

3. Die Kakao-Sahne zu den Erdbeeren servieren.

ERDBEEREN MIT VANILLESAUCE

ERGIBT: *8 Portionen*

1 fertiger Biskuitboden
5 EL Erdbeermarmelade
5 EL Sherry
3 Tassen frische Erdbeeren, in Scheiben
Vanillesauce (s. unten)
180 ml süße Sahne
2 EL Puderzucker
5 Tropfen Vanillearoma
Zum Garnieren:
2 EL geröstete Mandelsplitter

1. Den Biskuitboden mit einem großen Messer der Länge nach in 3 gleiche Scheiben schneiden. Diese mit Erdbeermarmelade bestreichen. Den Biskuitboden wieder zusammensetzen und in 5 cm breite Würfel schneiden.

2. Die Biskuitwürfel auf 8 Glasschälchen verteilen, mit Sherry beträufeln und die Erdbeeren darauf anrichten. Die Vanillesauce über die Erdbeeren und den Biskuit gießen und mindestens 1 Stunde kühl stellen, bis die Vanillesauce fest ist.

3. Die Sahne in einer Schüssel mit einem elektrischen Handrührgerät schaumig schlagen. Puderzucker und Vanillearoma zugeben und die Sahne weiter schlagen, bis sie steif ist. Jedes Schälchen mit einer Sahnehaube garnieren. Mit Mandelsplitter bestreuen, abdecken und mindestens 2 Stunden kühl stellen.

Tip: Verwenden Sie statt des Biskuitbodens Löffelbiskuits.

VANILLESAUCE

ERGIBT: *360 ml*

2 EL Speisestärke
300 ml Milch
¼ Tasse Zucker
2 Tropfen Vanillearoma
3 Eigelb von 3 großen Eiern, leicht verquirlt

1. Speisestärke und 120 ml Milch in einer Schüssel mit einem Schneebesen mischen.

2. Die übrigen 180 ml Milch und den Zucker in einem Topf zum Kochen bringen. Den Topf vom Herd nehmen, die Speisestärke zugeben und zu einer glatten Masse rühren. Den Topf wieder auf den Herd stellen und die Masse unter ständigem Rühren erhitzen, bis sie eindickt; weitere 3 Minuten köcheln lassen. Den Topf vom Herd nehmen, etwas abkühlen lassen, Vanillearoma und Eigelbe mit einem Schneebesen gut unterrühren. Die Sauce abdecken und bis zum Servieren kühl stellen.

Fritierte Feigen

Ergibt: *8 Stück*

8 feste Feigen
120 ml brauner Rum
120 ml Wasser
5 EL Mehl
2 Tropfen Vanillearoma
¼ Tasse Pekannüsse oder Walnüsse
Sonnenblumenöl
Puderzucker zum Bestreuen

1. Feigen und Rum in einer Schüssel mischen und bei Zimmertemperatur mindestens 2 Stunden ziehen lassen.

2. Wasser, Mehl und Vanillearoma in einer anderen Schüssel mit einem Schneebesen zu einer glatten Masse rühren. Die Pekannüsse vorsichtig unterheben.

3. Öl etwa 5 cm hoch in eine Pfanne füllen und auf mittlerer Stufe stark erhitzen

4. Die Feigen aus dem Rum nehmen, im Teig wälzen, bis sie gleichmäßig überzogen sind, und in etwa 3 Minuten von allen Seiten goldbraun fritieren. Auf Küchenkrepp abtropfen lassen und mit Puderzucker bestreuen. Heiß servieren.

Frucht-Käse-Stange

Ergibt: *8-10 Portionen*

220 g Frischkäse
230 g Ananas, aus der Dose, abgegossen, zerkleinert
2 Tassen geriebener Cheddar
½ Tasse getrocknete Preiselbeeren
1½ TL kandierter Ingwer, gehackt
Pekannüsse, grobgehackt
Zum Servieren:
Cracker

1. Frischkäse und Ananas in einer Schüssel mit einem Pürierstab zu einer glatten Masse verarbeiten. Cheddar, Preiselbeeren und Ingwer unterrühren. Die Mischung abdecken und mindestens 4 Stunden kühl stellen.

2. Die Pekannüsse in einer flachen Schale verteilen. Die Frischkäsemischung zu einer Rolle formen, in den gehackten Nüssen wälzen und auf einer Servierplatte anrichten. Abdekken und mindestens 1 Stunde kühl stellen, bis die Stange fest ist. Cracker dazu reichen.

Tip: Dekorieren Sie die Käsestange mit Pekannusshälften.

Früchte-Kekse

Ergibt: *60-70 Kekse*

4 Tassen Mehl
1 TL Backpulver
1 TL Natron
340 g Pflanzenfett
100 g Tasse brauner Zucker
100 g Tasse weißer Zucker
2 große Eier
1 Tasse Rosinen
1 Tasse Walnüsse, gehackt
1 Tasse Zitronat, gehackt
1 Tasse Backpflaumen, entsteint, gehackt
½ Tasse Kokosraspel
Zucker zum Bestreuen
Mandeln, feingemahlen, zum Bestreuen

1. Den Ofen auf 175 °C vorheizen. Zwei Backbleche leicht einfetten.

2. Mehl, Backpulver und Natron in einer Schüssel mit einem Schneebesen gut mischen

3. Das Pflanzenfett, braunen und weißen Zucker in einer anderen Schüssel mit einem elektrischen Handrührgerät auf höchster Stufe zu einer glatten Masse rühren. Die Eier nacheinander zugeben. Die Mehlmischung nach und nach unterrühren. Rosinen, Walnüsse, Zitronat, Backpflaumen und Kokosraspel unterheben.

4. Den Teig auf einer leicht bemehlten Arbeitsfläche sehr dünn ausrollen und mit einer runden Ausstechform Kreise ausstechen. Die Kreise im Abstand von 2–3 cm auf ein Backblech legen und 12–15 Minuten auf mittlerer Schiene backen. Die Kekse noch warm mit Zucker und gemahlenen Mandeln bestreuen und auf einem Gitterrost abkühlen lassen.

Früchte-Pizza

Ergibt: *8 Portionen*

2 Bananen, in Längsstreifen
300 g Mandarinen, aus der Dose, abgegossen, Saft aufgefangen
2 Kiwis, geschält, in dünnen Scheiben
1 Tasse Erdbeeren, in dünnen Scheiben
300 g Ananas, aus der Dose, abgegossen, Saft aufgefangen, in Stücken
1 Tasse frische Heidelbeeren
480 g Plätzchenteig (gekühlt)
240 g Frischkäse
5 EL Zucker
5 Tropfen Vanillearoma
½ Tasse Aprikosenmarmelade
2 EL Wasser

1. Einen Gitterrost in die Mitte des Ofens schieben und den Ofen auf 190 °C vorheizen. Eine runde Backform leicht einfetten.

2. Bananen, Mandarinen, Kiwis, Erdbeeren, Ananas und Heidelbeeren in eine flache Schale geben. Mandarinen- und Ananassaft mischen und über die Früchte gießen.

3. Den Plätzchenteig zu einer Kugel formen und in die Backform drücken. 15–20 Minuten backen, bis der Teig leicht gebräunt ist; auf einem Gitterrost abkühlen lassen.

4. Frischkäse, Zucker und Vanillearoma in einer Schüssel mit einem elektrischen Handrührgerät auf mittlerer Stufe zu einer glatten Masse rühren. Die Frischkäse-Mischung auf dem Teig verteilen und mit den Früchten garnieren.

5. Aprikosenmarmelade und Wasser in einer Schüssel verrühren und über die Früchte streichen. Die Früchte-Pizza mit Alufolie abdecken und vor dem Servieren mindestens 1 Stunde kühl stellen.

Gefüllte Backpflaumen

Ergibt: *24 Stück*

½ Tasse Walnüsse oder Pekannüsse, feingehackt
½ Tasse gemischte kandierte Früchte, feingehackt
1 EL Sherry oder weißer Portwein
1 EL Honig
24 große Backpflaumen, entsteint

Walnüsse, kandierte Früchte, Sherry und Honig in einer Schüssel gut mischen. Die Backpflaumen mit der Mischung füllen und auf eine Platte legen, abdekken und mindestens 1 Stunde kühl stellen.

Tip: Die Backpflaumen sollten weich sein, wenn sie gefüllt werden. Sie können dazu in Rotwein eingeweicht werden.

Heidelbeer-Butterkekse

Ergibt: *6 Stück*

1 Tasse Mehl
110 g weiche Butter oder Margarine
3 EL Puderzucker
600 g Heidelbeeren
110 ml süße Sahne, geschlagen
<u>Zum Garnieren:</u>
Pekannüsse oder Mandeln, gehackt

1. Mehl, Butter und Puderzucker in einer Schüssel zu einer glatten Masse rühren. Die Heidelbeeren gut untermischen. Den Teig in 6 Stücke teilen; jedes Stück zu einem Kreis von 7–8 cm Durchmesser formen. Die Kreise auf ein nicht gefettetes Backblech legen, mit Alufolie abdecken und mindestens 1 Stunde kühl stellen.

2. Den Ofen auf 175 °C vorheizen.

3. Die Butterkekse in 15–20 Minuten auf mittlerer Schiene goldbraun backen. Auf einem Gitterrost abkühlen lassen. Kekse mit Schlagsahne garnieren und mit Nüssen bestreuen.

Hüttenkäse-Bällchen

Ergibt: *4 Portionen*

SAUCE
2 Tassen frische Erdbeeren
50 g Zucker
60 ml süße Sahne

BÄLLCHEN
6 große Eier, getrennt
480 g Hüttenkäse
½ Tasse Mehl
1 EL Zucker
½ TL geriebene unbehandelte Orangenschale
1 Msp. Backpulver
Zum Garnieren:
Erdbeeren, in Scheiben

1. Zubereitung der Sauce: Erdbeeren und Zucker in einem Topf erhitzen. Die Erdbeeren zerdrücken und mit dem Zucker mischen, bis sich der Zucker auflöst. Zum Kochen bringen, den Topf vom Herd nehmen und die Sauce 15 Minuten abkühlen lassen.

2. Die Sahne in einer Schüssel mit einem elektrischen Handrührgerät auf höchster Stufe steif schlagen. Die geschlagene Sahne vorsichtig unter die Erdbeermischung heben. Zur Seite stellen.

3. Eine gußeiserne Pfanne stark erhitzen.

4. Zubereitung der Bällchen: Eigelbe, Hüttenkäse, Mehl, Zucker und Orangenschale in einer Schüssel mit einem elektrischen Handrührgerät auf niedriger Stufe mischen.

5. Die Eiweiße in einer anderen Schüssel mit einem elektrischen Handrührgerät schaumig schlagen. Backpulver zufügen und die Eiweiße steif schlagen. Den Hüttenkäse unterheben. Die Masse eßlöffelweise in die heiße Pfanne geben und von jeder Seite in 2–3 Minuten goldbraun backen. Die Hüttenkäse-Bällchen mit der Sauce und den Erdbeerscheiben servieren.

Hüttenkäse-Salat auf Birnen

Ergibt: *8 Portionen*

220 g Hüttenkäse
¼ Tasse Bleichsellerie, dünn geschnitten
¼ Tasse Haselnüsse oder Walnüsse, grobgehackt
8 Birnenhälften, aus der Dose
Salatblätter
60 ml French Dressing

1. Den Hüttenkäse in einer Schüssel mit einer Gabel cremig rühren. Bleichsellerie und Haselnüsse zufügen und gut mischen.

2. Je 1 Birnenhälfte auf ein Salatblatt setzen. Etwas Hüttenkäsemischung in die Vertiefung jeder Birnenhälfte füllen und French Dressing darüber gießen. Das Dressing an der Seite herunter laufen lassen.

Kirsch-Mandel-Plätzchen

Ergibt: *36-48 Plätzchen*

150 g weiche Butter oder Margarine
¼ Tasse Reismehl
½ TL Amaretto
1 ½ EL Orangenlikör
280 g Frischkäse
2 Tassen Mehl
1 Tasse glasierte Kirschen, halbiert
220 ml warmes Wasser

1. Butter und Reismehl in einer Schüssel mit einem elektrischen Handrührgerät auf mittlerer Stufe zu einer glatten Masse rühren. Amaretto und 1 Teelöffel Orangenlikör zufügen und gut untermischen. Den Frischkäse unterrühren. Das Mehl nach und nach untermischen. Die Masse abdekken und mindestens 4 Stunden kühl stellen.

2. Kirschen, Wasser und 1 Eßlöffel Orangenlikör in einer Schüssel mischen und bei Zimmertemperatur mindestens 1 Stunde ziehen lassen.

3. Den Ofen auf 175 °C vorheizen.

4. Die Kirschen abgießen, die Flüssigkeit anderweitig verwenden.

5. Den Teig auf einer bemehlten Arbeitsfläche 1 cm dick ausrollen. Mit einer runden Ausstechform von 5–6 cm Durchmesser Kreise ausstechen. Die Kreise im Abstand von 2–3 cm auf ein nicht gefettetes Backblech legen und je eine Kirschhälfte in die Mitte eines Kreises drücken. 10–15 Minuten backen, bis die Plätzchen goldgelb sind. Auf einem Gitterrost abkühlen lassen.

Melone mit Erdbeeren

Ergibt: *4 Portionen*

1 Honigmelone
240 ml weißer Portwein oder Sherry, gekühlt
60 ml Kirschlikör
1 Tasse Erdbeeren, in Scheiben
Puderzucker
<u>Zum Garnieren:</u>
frische Erdbeeren, ganz
frische Pfefferminze

1. Mit einem scharfen Messer einen Kreis von 7–8 cm Durchmesser in die obere Hälfte der Melone schneiden. Die Kerne entfernen und mit einem kleinen Löffel oder einem Portionierer möglichst viel Melonenfleisch aus der Melone stechen, dabei den Saft auffangen. Den unteren Teil der Melone abschneiden, damit sie aufgestellt werden kann.

2. Den Saft der Melone, Portwein und Kirschlikör in einer Schüssel gut mischen.

3. Die Melone abwechselnd mit einer Schicht Erdbeeren und einer Schicht Melonenfleisch füllen. Jede Obstschicht mit Puderzucker bestreuen. Die gefüllte Melone vorsichtig mit der Saftmischung übergießen. Die Melone abdecken und mindestens 3 Stunden kühl stellen.

4. Die Melone mit den ganzen Erdbeeren und frischer Pfefferminze garniert kalt servieren.

Tip: Die gefüllte Melone kann im Kühlschrank bis zu 24 Stunden ziehen.

OBST-SALAT-SCHÄLCHEN

ERGIBT: *6 Portionen*

220 g Ananas, aus der Dose, abgegossen, gehackt
310 g Mandarinen, aus der Dose, abgegossen, gehackt
¼ Tasse Kokosraspel
1 Tasse Mini-Marshmallows
1 große Banane, gewürfelt
280 ml süße Sahne, geschlagen
6 Eiswaffeltüten mit flachem Boden
Zum Garnieren:
rote oder grüne Maraschino-Kirschen

1. Ananas, Mandarinen, Kokosraspel, Marshmallows und Banane in einer Schüssel gut mischen. Die geschlagene Sahne zufügen und mischen, bis die Früchte und die Marshmallows damit überzogen sind. Die Mischung abdecken und mindestens 2 Stunden kühl stellen.

2. Die Früchtemischung in die Eiswaffeltüten oder in gekühlte Glasschalen füllen, mit den Maraschino-Kirschen garnieren und servieren.

TOASTBROT MIT KIRSCHEN

ERGIBT: *8-10 Portionen*

110 g Butter oder Margarine
4 Scheiben Vollkorntoastbrot, getoastet
4 Scheiben weißes Toastbrot, getoastet
4 EL brauner Zucker
4 EL weißer Zucker
600 g Kirschmarmelade
2 EL Mandeln, gemahlen
Zum Garnieren:
240 ml süße Sahne, geschlagen

1. Den Ofen auf 220 °C vorheizen.

2. Die Butter in einer großen Pfanne bei mittlerer Hitze zerlassen. Eine Seite der Vollkorntoastscheiben in die Butter tauchen und mit der gebutterten Seite nach unten auf ein nicht gefettetes Backblech legen. Jede Toastscheibe mit 1 Eßlöffel braunem und 1 Eßlöffel weißem Zucker bestreuen, mit der Kirschmarmelade bestreichen und mit den Mandeln bestreuen.

3. Eine Seite der weißen Toastscheiben in die Butter tauchen, mit der gebutterten Seite nach oben auf die Kirschmarmelade und die Mandeln legen. Den restlichen weißen und braunen Zukker auf die Toastscheiben streuen und die Toasts in 12–15 Minuten auf mittlerer Schiene hellbraun backen. Die fertigen Toasts in 4 Teile schneiden und mit geschlagener Sahne garnieren.

Tropische Früchte-Spiesschen

Ergibt: *20 Spießchen*

240 ml Orangensaft
¼ Tasse und 2 EL Guavenpaste
¼ Tasse mittelscharfer Senf
1 TL Currypulver
1 TL Zitronensaft
1 TL Limettensaft
20 Sternfruchtscheiben, 1 cm breit
20 Mangowürfel, 1 cm breit
20 Papayawürfel, 1 cm breit
20 Loquatwürfel, 1 cm breit
20 Holzspießchen

1. Orangensaft, Guavenpaste, Senf und Currypulver in einem Topf bei mittlerer Hitze zu einer glatten Masse rühren. Die Mischung zum Kochen bringen, die Hitze reduzieren und 20 Minuten köcheln lassen, bis die Masse leicht eingedickt ist. Den Topf vom Herd nehmen und Zitronen- und Limettensaft unterrühren.

2. Den Grill vorheizen.

3. Von jeder Frucht je einen Würfel auf die Holzspießchen stecken. Die Früchte mit der Sauce bestreichen und auf ein Backblech legen. Die Spießchen von jeder Seite 2–4 Minuten auf oberster Schiene grillen, bis die Früchte leicht gebräunt sind. Mit der restlichen Sauce warm servieren.

Tip: Guavenpaste gibt es in Delikatessenläden. Loquats sind chinesische Früchte, die in einem Großteil Asiens, in Zentral- und Südamerika und in den wärmeren Gegenden der USA angebaut werden.

Vanilleeis „Royal"

Ergibt: *4 Portionen*

70 g Butter oder Margarine
5 EL brauner Zucker
1 Msp. Zimtpulver
1 Msp. Muskatnuß, gerieben
4 Bananen, der Länge nach halbiert
4 EL süße Sahne
4 EL Milch
1 l Vanilleeiscreme
5 EL Brandy

1. Die Butter bei mittlerer Hitze in einer tiefen Pfanne zerlassen. Zucker, Zimtpulver und Muskatnuß zufügen und rühren, bis sich der Zucker aufgelöst hat. Die Bananen zufügen und in 3–4 Minuten weich braten.

2. Sahne und Milch zufügen und unter vorsichtigem Rühren 2–3 Minuten kochen lassen, bis die Flüssigkeit eindickt.

3. Die Eiscreme auf 4 Schalen oder auf 4 Teller verteilen; je 2 Bananenhälften darauf legen.

4. Den Brandy bei geringer Hitze in einem kleinen Topf erhitzen. Den Topf vom Herd nehmen und den Brandy vorsichtig anzünden. Den brennenden Brandy über die Bananen gießen.

Tip: Richten Sie Vanilleeis „Royal" in einer großen Schüssel an.

WEINTRAUBEN-SALSA

ERGIBT: *6 Portionen*

2 Tassen grüne Weintrauben, entkernt, feingehackt
½ Tasse Lauchzwiebeln, gehackt
½ Tasse Chilischoten, gehackt
2 EL Koriandergrün, gehackt
2 EL Rotwein-Essig
1 große Knoblauchzehe, zerdrückt
1 Spritzer Tabasco

Trauben, Lauchzwiebeln, Chilies, Koriandergrün, Rotwein-Essig, Knoblauch und Tabasco in einer Schüssel gut mischen. Abdecken und bei Zimmertemperatur mindestens 1 Stunde ziehen lassen. Überschüssigen Saft abgießen und servieren.

KAPITEL 12

Nicht nur fürs Frühstück

Eigentlich ist das Frühstück eine Mahlzeit und kein Snack. Da aber die Rezepte in diesem Kapitel gut zu den Kategorien der anderen Kapitel passen, wurden sie hier aufgenommen. Ein Frühstück ist in der Regel schnell und einfach zubereitet. Viel zu oft jedoch frühstücken wir in Eile – statt langsam zu essen und zu genießen. Dabei liefert das Frühstück die Energie für den ersten Teil des Tages.

Aloha-Küchlein

Ergibt: *8 Küchlein*

2 Tassen Mehl
50 g Zucker
2 TL Backpulver
1 Msp. Salz
70 g Butter oder Margarine, gekühlt, gewürfelt
1 großes Ei
120 ml süße Sahne
7 Tropfen Vanillearoma
½ Tasse getrocknete Papaya, gehackt
½ Tasse getrocknete Ananas, gehackt
½ Tasse Macadamia-Nüsse, gehackt
½ Tasse Kokosraspel
80 g weiße Schokolade, feingehackt

1. Einen Gitterrost in die Mitte des Ofens schieben und den Ofen auf 190 °C vorheizen. Ein Backblech leicht einfetten.

2. Mehl, Zucker, Backpulver und Salz in einer Schüssel gut mischen. Die Butter über die Mischung schneiden und mit 2 Messern oder mit den Knethaken des Handrührgeräts zu einer krümeligen Masse verarbeiten.

3. Das Ei in einer Schüssel mit einem elektrischen Handrührgerät auf niedriger Stufe schaumig rühren. Sahne und Vanillearoma untermischen. Papaya, Ananas, Macadamia-Nüsse, Kokosraspel und Schokolade unterheben.

4. Den Teig mit bemehlten Händen auf das Backblech geben und zu einem Kreis von 20 cm Durchmesser formen. In 8 Teile schneiden und in 18–20 Minuten goldbraun backen. Auf einem Gitterrost abkühlen lassen. Zum Servieren die Teile auseinanderbrechen

Apfel-Küchlein mit Pekannüssen

Ergibt: *8 Küchlein*

1 ¾ Tassen Mehl
60 g Zucker
1 TL geriebene unbehandelte Zitronenschale
½ TL Backpulver
1 Msp. Natron
50 g Butter oder Margarine, gekühlt, gewürfelt
¾ Tasse Äpfel, gehackt
60 ml Joghurt
¼ Tasse Pekannüsse, gehackt
1 Msp. Zimtpulver

1. Einen Gitterrost in die Mitte des Ofens schieben und den Ofen auf 175 °C vorheizen. Ein Backblech leicht einfetten.

2. Mehl, 50 g Zucker, geriebene Zitronenschale, Backpulver und Natron in einer Schüssel mischen. Die Butter über die Mischung schneiden und mit 2 Messern oder mit den Knethaken des Handrührgeräts zu einer krümeligen Masse verarbeiten. Äpfel, Joghurt und Pekannüsse gut unterheben.

3. Den Teig mit bemehlten Händen auf das Backblech geben, zu einem Kreis von 20 cm Durchmesser flachdrücken und in 8 Teile schneiden.

4. Den restlichen Zucker und das Zimtpulver in einer Schüssel mischen und über den Teig streuen. In 15–20 Minuten goldbraun backen. Die Küchlein auf einem Gitterrost abkühlen lassen und in Teile brechen.

Aprikosen-Omelett

Ergibt: *4 Omeletts*

8 große Eier, getrennt
50 g Zucker
60 g Butter oder Margarine
220 g Aprikosenhälften, abgegossen
8 EL Aprikosenmarmelade
¼ Tasse Mandeln, feingehackt
Zum Garnieren:
Puderzucker

1. Einen Gitterrost in die Mitte des Ofens schieben und den Ofen auf 175 °C vorheizen.

2. Die Eiweiße in einer Schüssel mit einem elektrischen Handrührgerät auf höchster Stufe schaumig schlagen. Den Zucker unter Rühren zufügen und das Eiweiß steif schlagen, bis es Spitzen bildet.

3. Die Eigelbe in einer anderen Schüssel zu einer hellen cremigen Masse rühren und unter das Eiweiß heben.

4. 2 Eßlöffel Butter in einer Pfanne bei mittlerer Hitze zerlassen. Die Hälfte der Eimischung in die Pfanne geben und von einer Seite goldbraun braten. Das Omelett in der Pfanne in den Ofen schieben und 8 Minuten backen. Die Pfanne aus dem Ofen nehmen und das Omelett mit der Hälfte der Aprikosen, der Aprikosenmarmelade und mit Mandeln belegen, auf eine Servierplatte gleiten lassen und zusammenlegen. Den restlichen Teig auf die gleiche Weise verarbeiten. Die Omeletts zum Servieren in der Mitte durchschneiden.

Aprikosen-Quiche

Ergibt: *8 Portionen*

450 g Mürbeteig (gekühlt)
2 große Eier
180 ml Milch
180 ml süße Sahne
2–3 EL Zucker
1 EL Speisestärke
1 Msp. Muskatnuß, gerieben
¼ Tasse blättrige Mandeln
2 Tropfen Bittermandelaroma
450 g Aprikosenhälften, aus der Dose, abgegossen

1. Einen Gitterrost in die Mitte des Ofens schieben und den Ofen auf 175 °C vorheizen.

2. Eine Quicheform von 22 cm Durchmesser mit dem Mürbeteig auslegen, dabei einen Rand formen.

3. Eier, Milch und Sahne in einer Schüssel mit einem Schneebesen gut verrühren.

4. Zucker, Speisestärke und Muskatnuß in einer kleinen Schüssel mischen. Zuckermischung mit der Eimasse verrühren, die Mandeln und das Bittermandelaroma unterheben. Die Masse auf dem Mürbeteigboden verteilen; 15 Minuten backen, bis sich die Füllung teilweise gesetzt hat. Die Aprikosenhälften kreisförmig um den Rand legen und die Aprikosen-Quiche in weiteren 15–20 Minuten goldbraun backen. Auf einem Gitterrost abkühlen lassen.

Bier-Pfannkuchen

Ergibt: *4-6 Pfannkuchen*

1 ½ Tassen Mehl
1 ½ TL Zucker
1 ½ TL Backpulver
½ TL Salz
1 großes Ei, getrennt
180 ml Milch
120 ml Bier
2 EL Butter oder Margarine, geschmolzen

1. Eine große, gußeiserne Pfanne erhitzen.

2. Mehl, Zucker, Backpulver und Salz in einer Schüssel mischen.

3. Das Eigelb in einer anderen Schüssel mit einem elektrischen Handrührgerät auf höchster Stufe schaumig schlagen. Milch, Bier und Butter zufügen und zu einer glatten Masse verrühren. Mit der Mehlmischung verrühren.

4. Das Eiweiß in einer sauberen, trockenen Schüssel mit einem elektrischen Handrührgerät auf höchster Stufe steif schlagen, bis sich Spitzen bilden, das Eiweiß jedoch nicht schnittfest ist. Unter die Teigmischung heben. Den Teig eßlöffelweise in die Pfanne geben und von jeder Seite 2–3 Minuten goldbraun braten. Die Pfannkuchen warm oder bei Zimmertemperatur servieren.

Tip: Die Größe der Pfannkuchen nach Belieben variieren.

Blätterteig mit Honig-Butter

Ergibt: *10-12 Stück*

BLÄTTERTEIG
1 Tasse Mehl
1 ½ TL Backpulver
1 Prise Salz
120 ml süße Sahne
3 EL Butter oder Margarine, geschmolzen

BUTTER
110 g weiche Butter oder Margarine
3 EL Honig

1. Den Ofen auf 220 °C vorheizen. Ein Backblech leicht einfetten.

2. Mehl, Backpulver und Salz in einer Schüssel mischen. Die Sahne zufügen und mit einer Gabel verrühren, bis die Mischung krümelig ist. Alles zu einem glatten Teig verarbeiten.

3. Den Teig auf einer leicht bemehlten Arbeitsfläche gut durchkneten und 1 cm dick ausrollen. Mit einer runden Ausstechform von 5 cm Durchmesser Kreise aus dem Teig ausstechen und auf das Backblech legen. Die Kreise mit der geschmolzenen Butter bestreichen und in 12–15 Minuten auf mittlerer Schiene goldbraun backen.

4. In der Zwischenzeit die weiche Butter mit dem Honig zu einer glatten Masse rühren.

5. Den Blätterteig heiß servieren. Die Honig-Butter dazu reichen.

Blaubeer-Küchlein

Ergibt: *8 Küchlein*

2 Tassen Mehl
2 ½ EL Backpulver
2 EL Zucker
1 Msp. Salz
2 große Eier, leicht verquirlt
170 g Butter oder Margarine, geschmolzen
60 ml Milch
10 EL Blaubeeren

1. Einen Gitterrost in die Mitte des Ofens schieben und den Ofen auf 175 °C vorheizen. Ein Backblech leicht einfetten.

2. Mehl, Backpulver, Zucker und Salz in einer Schüssel gut mischen.

3. Eier in einer anderen Schüssel mit einem elektrischen Handrührgerät auf niedriger Stufe schaumig schlagen. Geschmolzene Butter und Milch untermischen. Die Mehlmischung zufügen und unterrühren. Blaubeeren unterheben.

4. Den Teig mit bemehlten Händen auf ein Backblech legen und zu einem Kreis von 20 cm Durchmesser flachdrücken. Den Teig in 8 Teile schneiden und in 15–20 Minuten goldbraun backen. Auf einem Gitterrost abkühlen lassen und in Stücke brechen.

Champignon-Omelett

Ergibt: *4 Portionen*

2 große Kartoffeln, gewürfelt
60 ml Sonnenblumenöl
½ Tasse frische Champignons, in Scheiben
½ Tasse Zwiebeln, geschnitten
8 große Eier
120 ml süße Sahne
Salz und Pfeffer
½ Tasse geriebener Emmentaler

1. Einen Gitterrost in die Mitte des Ofens schieben und den Ofen auf 175 °C vorheizen. Eine Auflaufform leicht einfetten.

2. Kartoffeln in einen Topf geben, mit Wasser bedecken und zum Kochen bringen. Die Hitze reduzieren und die Kartoffeln 12 Minuten köcheln lassen. Sie sollten noch fest sein. Das Wasser abgießen.

3. Öl in einer großen Pfanne erhitzen und die Kartoffeln bei mittlerer Hitze etwa 3 Minuten braten. Champignons und Zwiebeln zufügen und weitere 3 Minuten braten, bis die Kartoffeln weich sind. Die Mischung in die Auflaufform füllen.

4. Eier in einer Schüssel auf mittlerer Stufe zu einer cremigen, hellen Masse rühren. Sahne untermischen, mit Salz und Pfeffer würzen. Die Mischung über die Kartoffeln gießen und gleichmäßig verteilen. 20 Minuten backen, bis die Eier gestockt sind. Den Emmentaler über das Omelett streuen und weitere 5 Minuten backen, bis der Käse geschmolzen ist. In Quadrate schneiden und servieren.

Donuts

Ergibt: *20-24 Donuts*

Pflanzenöl zum Fritieren
4 Tassen Mehl
1 ½ EL Backpulver
1 Msp. Muskatnuß, gerieben
1 Prise Salz
2 große Eier
270 g Zucker
2 EL Butter, geschmolzen
240 ml Milch
1 Spritzer Zitronensaft
<u>Zum Servieren:</u>
Puderzucker zum Bestreuen

1. Mehl, Backpulver, Muskatnuß und Salz in einer Schüssel mit einem Schneebesen mischen.

2. Eier in einer anderen Schüssel mit einem elektrischen Handrührgerät auf mittlerer Stufe zu einer cremigen, hellen Masse rühren. Zucker und geschmolzene Butter unterrühren. Mit der Mehlmischung und der Milch zu einem glatten Teig verrühren. Zitronensaft unterrühren, die Mischung abdecken und mindestens 2 Stunden kühl stellen.

3. Öl 5–6 cm hoch in eine tiefe Pfanne füllen und stark erhitzen oder eine Friteuse auf 190 °C erhitzen. Einen Topf mit Wasser bei starker Hitze zum Kochen bringen, die Hitze leicht reduzieren und das Wasser kochend halten.

4. Den Teig auf einer leicht bemehlten Arbeitsfläche etwa 1 cm dick ausrollen. Mit einer runden Ausstechform von 6–7 cm Durchmesser möglichst viele Kreise ausstechen. Dann mit einer kleinen runden Ausstechform einen Kreis von etwa 1 cm aus der Mitte ausstechen. Die Donuts in das heiße Öl geben und von jeder Seite in 2–3 Minuten goldbraun fritieren. Die Donuts aus dem Öl nehmen und sofort in das leicht kochende Wasser tauchen; dann auf Küchenkrepp abtropfen lassen. Die Donuts mit oder ohne Puderzucker bestreut servieren.

Frischkäse-Röllchen

Ergibt: *16 Röllchen*

240 g Frischkäse
100 g Zucker
2 große Eier, getrennt
16 ScheibenToastbrot, ohne Rinde
220 g Butter oder Margarine, geschmolzen
Zimt und Zucker
Zum Servieren:
saure Sahne, aufgeschlagen
Erdbeermarmelade

1. Den Ofen auf 200 °C vorheizen. Ein Backblech leicht einfetten.

2. Frischkäse und Zucker in einer Schüssel zu einer glatten Masse rühren. Die Eigelbe zufügen und gut untermischen.

3. Die Toastscheiben auf einer Arbeitsfläche dünn ausrollen. Die Toastscheiben mit Frischkäsemischung bestreichen, zusammenrollen und in die geschmolzene Butter tauchen. Auf das Backblech legen, mit Zimt und Zucker bestreuen und in 8–10 Minuten auf mittlerer Schiene goldbraun backen. Die Röllchen mit saurer Sahne und Erdbeermarmelade servieren.

Fritierte Zimt-Bällchen

Ergibt: *10-12 Bällchen*

Pflanzenfett zum Fritieren
2 Tassen neutrale Fertigteigmischung
1 Tasse Reis, gekocht
250 g Zucker
2 EL und 2 TL geriebene unbehandelte Orangenschale
½ TL Muskatnuß, gerieben
½ TL Zimtpulver
120 ml Wasser
1 großes Ei
5 Tropfen Vanille- oder Bittermandelaroma
Zum Servieren:
Himbeer- oder Erdbeermarmelade

1. Öl 5 cm hoch in eine große, schwere Pfanne füllen und stark erhitzen.

2. Teigmischung, Reis, 5 Eßlöffel Zucker, 2 Teelöffel geriebene Orangenschale, Muskatnuß und Zimtpulver in einer Schüssel mischen.

3. Wasser, Ei und Vanillearoma in einer Tasse mit einem Schneebesen mischen und zur Teigmischung geben. Alles zu einem festen Teig rühren.

4. Den Teig mit einem Teelöffel in das heiße Öl geben und von jeder Seite in 2–2 ½ Minuten goldbraun fritieren. Die Zimt-Bällchen auf Küchenkrepp abtropfen lassen.

5. Den restlichen Zucker und 2 Eßlöffel geriebene Orangenschale in einer flachen Schale mischen. Die warmen Bällchen in der Zuckermischung wälzen, bis sie vollständig überzogen sind. Sofort servieren. Die Himbeer- oder Erdbeermarmelade dazu reichen.

Frühstücks-Quiche

Ergibt: *6 Portionen*

3 große Eier
110 g Butter, geschmolzen
360 ml Milch
½ Tasse neutrale Fertigteigmischung
Salz und Pfeffer
½ Tasse Wiener Würstchen, gewürfelt
Käse nach Wahl zum Bestreuen

1. Einen Gitterrost in die Mitte des Ofens schieben und den Ofen auf 175 °C vorheizen.

2. Eier, Butter und Milch in einer Schüssel mit einem elektrischen Handrührgerät verquirlen. Die Teigmischung zufügen und zu einer glatten Masse rühren. Mit Salz und Pfeffer würzen. Die Masse in eine runde Auflaufform oder Quicheform füllen, mit den Würstchen belegen und 40–45 Minuten backen, bis die Masse fest ist. Die Form aus dem Ofen nehmen und vor dem Servieren auf einem Gitterrost 5 Minuten abkühlen lassen.

Gebäck mit Speck

Ergibt: *9-12 Stück*

2 Tassen Mehl
1 EL Backpulver
1 TL Salz
50 g Pflanzenfett
6 Streifen Frühstücksspeck, knusprig gebraten, zerkrümelt
240 ml Milch

1. Den Ofen auf 220 °C vorheizen. Ein Backblech leicht einfetten.

2. Mehl, Backpulver und Salz in einer Schüssel mit einem Schneebesen gut mischen. Das Pflanzenfett über die Mischung schneiden und mit 2 Messern oder mit den Knethaken des Handrührgeräts zu einer krümeligen Masse verarbeiten. Den Frühstücksspeck untermischen; so viel Milch unterrühren, daß ein weicher Teig entsteht. Den Teig nicht zu kräftig rühren. Je 1 Eßlöffel vom Teig auf das Backblech geben und in 10–12 Minuten auf mittlerer Schiene goldbraun backen. Heiß servieren.

Gemüse-Omelett

Ergibt: *4 Portionen*

280 g Brokkoliröschen (tiefgekühlt)
¼ Tasse Karotten, geraspelt
¼ Tasse Spiralnudeln, ungekocht
6 große Eier, leicht verquirlt
2 EL Butter oder Margarine
½ grüner Paprika, gehackt
3 Lauchzwiebeln, gehackt, nur vom weißen Teil
½ TL getrocknetes Basilikum, zerrieben
Salz und Pfeffer
Zum Servieren:
2 EL geriebener Parmesan

1. Brokkoli, Karotten und Spiralnudeln in einen Topf geben, mit Wasser bedecken und bei starker Hitze zum Kochen bringen. Die Hitze reduzieren, den Topf abdecken und alles 6–8 Minuten köcheln lassen, bis die Nudeln weich sind. Den Topf vom Herd nehmen, abgießen, abkühlen lassen. Unter die lauwarme Masse die Eier unterrühren.

2. Die Butter in einer großen Pfanne bei mittlerer Hitze zerlassen, Paprika und Lauchzwiebeln in 5 Minuten darin weich dünsten. Die Eimischung in die Pfanne gießen, mit Basilikum, Salz und Pfeffer würzen, abdecken und 2–3 Minuten braten. Die Seiten anheben, damit die Eimischung nach unten laufen kann; braten, bis die Eier gestockt sind. Mit Parmesan bestreuen und servieren.

Hüttenkäse-Röllchen

Ergibt: *12 Röllchen*

100 g brauner Zucker
50 g weiche Butter oder Margarine
¼ Tasse Pekannüsse, gehackt
1 ¾ Tassen Mehl
100 g weißer Zucker
1 ½ TL Backpulver
1 Msp. Natron
1 Msp. Salz
1 TL Zimtpulver
1 großes Ei
240 g Hüttenkäse
60 g Butter oder Margarine, geschmolzen

1. Den Ofen auf 175 °C vorheizen. Ein Backblech leicht einfetten.

2. Braunen Zucker und weiche Butter in einer Schüssel mit einer Gabel zu einer krümeligen Masse rühren. Die Pekannüsse zufügen und gut untermischen. Die Masse auf einem Teller oder einer flachen Schale verteilen.

3. Mehl, ¼ Tasse weißen Zucker, Backpulver, Natron und Salz in einer Schüssel gut mischen.

4. Den übrigen weißen Zucker und das Zimtpulver in einer kleinen Schüssel vermengen.

5. Ei und Hüttenkäse in einer Schüssel verrühren. Mit der Mehlmischung zu einem zähen Teig verarbeiten. Den Teig zu einer Kugel formen und auf eine leicht bemehlte Arbeitsfläche legen, mit geschmolzener Butter bestreichen und mit dem Zimt-Zucker bestreuen. Die Kugel in 12 Teile schneiden, die Stücke zu Rollen formen und in der Pekannuß-Zucker-Mischung wälzen, bis sie vollständig überzogen sind. Die Röllchen auf das Backblech legen und 20–25 Minuten auf mittlerer Schiene backen, bis sie goldgelb sind. Warm servieren.

Kartoffel-Eintopf

Ergibt: *4 Portionen*

4 rote Kartoffeln, in 1 cm großen Würfeln
1 Zwiebel, gewürfelt
1 grüner Paprika, gewürfelt
1 roter Paprika, gewürfelt
4 Debreziner, in 1 cm großen Würfeln

Kartoffeln und Debreziner in einen Topf geben und mit Wasser bedecken; zum Kochen bringen und bei mittlerer Hitze abgedeckt 10 Minuten köcheln lassen, bis die Kartoffeln gar sind. Abgießen; Zwiebeln und Paprika untermischen und weitere 10 Minuten abgedeckt dämpfen lassen, bis die Paprika gar sind. Gelegentlich umrühren. Sofort servieren.

Käse-Wurst-Bällchen

Ergibt: *6 Portionen*

450 g Wurstbrät
1 Zwiebel, gehackt
3 Tassen neutrale Fertigteigmischung
450 g geriebener Cheddar
180 ml Milch

1. Den Ofen auf 175 °C vorheizen. Ein Backblech leicht einfetten.

2. Wurstbrät und Zwiebel in einer Schüssel gut mischen. Teigmischung, Cheddar und Milch zufügen und gut unterrühren. Den Teig mit einem Teelöffel auf das Backblech geben und 10–15 Minuten auf mittlerer Schiene backen, bis die Bällchen gebräunt sind. Warm servieren.

Kirsch-Kokosnuss-Schnitten

Ergibt: *32 Stück*

280 g Maraschino-Kirschen, abgegossen, Saft aufgefangen, geviertelt
2 Tassen Mehl
½ Tasse Kokosraspel
50 g Zucker
2 TL Backpulver
1 Prise Salz
70 g Butter oder Margarine, gekühlt, gewürfelt
1 großes Ei
120 ml Buttermilch
130 g Puderzucker

1. Den Ofen auf 200 °C vorheizen.

2. Maraschino-Kirschen, Mehl, Kokosraspel, Zucker, Backpulver und Salz in einer Schüssel mischen. Butter über die Mischung schneiden und mit 2 Messern oder mit den Knethaken des Handrührgeräts zu einer krümeligen Masse verarbeiten.

3. Das Ei in einer Schüssel zu einer cremigen, hellen Masse rühren. Die Buttermilch zugeben. Die Mehlmischung zufügen und untermischen.

4. Den Teig auf einer bemehlten Arbeitsfläche mehrmals gut durchkneten und 1 cm dick ausrollen. Mit einer runden Ausstechform 8 Kreise von 10 cm Durchmesser ausstechen und auf ein nicht gefettetes Backblech legen. Die Kreise in 4 Teile schneiden und in 10–12 Minuten auf mittlerer Schiene goldbraun backen. Auf einem Gitterrost 5 Minuten abkühlen lassen.

5. Puderzucker und 2 Eßlöffel Kirschsaft in einer Schüssel zu einer glatten Masse rühren. Die Schnitten mit der Mischung bestreichen und servieren.

Lachs-Ei-Schnitten

Ergibt: *24 Stück*

50 g Butter oder Margarine
110 g Räucherlachs, grobgehackt
2 EL Zwiebeln, gehackt
1 Msp. schwarzer Pfeffer
6 große Eier, leicht verquirlt
Zum Garnieren:
10 Stengel Petersilie, feingehackt

1. Einen Gitterrost in die Mitte des Ofens schieben und den Ofen auf 160 °C vorheizen. Butter in einer Auflaufform im Ofen zerlassen.

2. Räucherlachs, Zwiebeln und Pfeffer in der Auflaufform mit der geschmolzenen Butter mischen.

3. Eier in einer Schüssel schaumig schlagen, über den Räucherlachs gießen und vorsichtig mischen. 20–25 Minuten backen, bis die Eier gestockt sind. Mit Petersilie garnieren. Zum Servieren in 2,5 cm große Quadrate schneiden.

Mandarinen-Sandwiches

Ergibt: *8 Sandwiches*

120 g Frischkäse
4 EL Honig
4 EL Sonnenblumenkerne
8 Scheiben Vollkorntoastbrot
1 Pfirsich, entsteint, in dünnen Scheiben
1 Birne, Gehäuse entfernt, in dünnen Scheiben
2 kleine Aprikosen, entsteint, in dünnen Scheiben

Frischkäse, Honig und Sonnenblumenkerne in einer Schüssel verrühren. 4 Toastscheiben mit der Mischung bestreichen, die Früchte auf die Toastscheiben legen und mit den restlichen 4 Toastscheiben abdecken. Die Scheiben diagonal durchschneiden und servieren.

Nuss-Ecken

Ergibt: *8 Ecken*

2 ¼ Tassen Mehl
100 g brauner Zucker
2 TL Backpulver
½ TL Salz
120 g Butter oder Margarine, gekühlt, gewürfelt
2 große Eier
120 ml Milch
5 Tropfen Vanillearoma
½ Tasse Mandeln, gehackt
½ Tasse Pekannüsse, gehackt
¼ Tasse Walnüsse, gehackt
¼ Tasse Cashewkerne, gehackt
½ Tasse getrocknete Aprikosen, gehackt
½ Tasse Kokosraspel, gehackt

1. Einen Gitterrost in die Mitte des Ofens schieben und den Ofen auf 175 °C vorheizen. Ein Backblech leicht einfetten.

2. Mehl, Zucker, Backpulver und Salz in einer Schüssel mischen. Die Butter über die Mischung schneiden und mit 2 Messern oder mit den Knethaken des Handrührgeräts zu einer krümeligen Masse verarbeiten.

3. Die Eier in einer Schüssel mit dem elektrischen Handrührgerät auf niedriger Stufe schaumig schlagen. Milch und Vanillearoma zufügen und gut mischen. Die Mehlmischung unterrühren. Der Teig hat eine klebrige Konsistenz.

4. Mandeln, Pekannüsse, Walnüsse, Cashewkerne, getrocknete Aprikosen und Kokosraspel mit bemehlten Händen unter den Teig kneten. Den Teig auf ein Backblech legen und zu einem Kreis von 20 cm Durchmesser flachdrücken. Den Kreis in 8 Teile schneiden und in 20–25 Minuten goldbraun backen. Auf einem Gitterrost abkühlen lassen und in Stücke brechen.

Rührei-Tortillas

Ergibt: *6 Tortillas*

6 Maistortillas (Fertigprodukt)
6 große Eier
120 ml Milch
1 Tasse geriebener Cheddar
1 Tasse geriebener Gouda
¼ Tasse roter Paprika, gehackt
110 g Peperoni, aus dem Glas, abgegossen, gehackt
1 EL Öl
1 ¼ Tassen frische Champignons, in Scheiben
½ grüner Paprika, in 2,5 cm langen Streifen
280 ml Salsa

1. Einen Gitterrost in die Mitte des Ofens schieben und den Ofen auf 175 °C vorheizen. Eine Auflaufform leicht einfetten.

2. Die Tortillas nach Packungsanweisung aufwärmen und in die Auflaufform legen. Die Kanten überlappen lassen.

3. Die Eier in einer Schüssel mit einem elektrischen Handrührgerät auf höchster Stufe schaumig schlagen; Milch unterrühren. Cheddar, Gouda, roten Paprika und Peperoni zufügen und mit einer Gabel gut mischen. Die Mischung auf die Tortillas geben und 25–35 Minuten backen. Garprobe machen.

4. Das Öl in einer Pfanne auf mittlerer Stufe erhitzen. Champignons und grünen Paprika zufügen und unter Rühren in 5 Minuten weich dünsten. Die Salsa unterrühren und erhitzen. Die Mischung über das Rührei gießen und servieren.

Sauerrahm-Gebäck

Ergibt: *8 Portionen*

TEIG
2 Tassen Mehl
2 EL Zucker
1 EL Backpulver
1 Msp. Natron
1 TL frischer Rosmarin, gehackt
1 Prise Salz
70 g Butter oder Margarine
240 ml saure Sahne oder Joghurt
1 EL süße Sahne
2 EL Milch

BUTTER
110 g weiche Butter oder Margarine
3 EL Pfirsichmarmelade

1. Den Ofen auf 220 °C vorheizen.

2. Mehl, Zucker, Backpulver, Natron, Rosmarin und Salz in einer Schüssel mischen. Butter über die Mischung schneiden und mit 2 Messern oder mit den Knethaken des Handrührgeräts zu einer krümeligen Masse verarbeiten. Saure Sahne, süße Sahne und 1 Teelöffel Milch zufügen und untermischen. Falls nötig, einen weiteren Teelöffel Milch zufügen.

3. Den Teig auf einer leicht bemehlten Arbeitsfläche durchkneten und 1 cm dick ausrollen. Mit einer runden Ausstechform von etwa 6 cm Durchmesser Kreise aus dem Teig ausstechen. Die Kreise im Abstand von etwa 2,5 cm auf ein nicht gefettetes Backblech legen. Mit Milch bestreichen und in 8–12 Minuten auf mittlerer Schiene goldbraun backen. Auf einem Gitterrost abkühlen lassen.

4. Weiche Butter und Pfirsichmarmelade in einer Schüssel mit einer Gabel zu einer glatten Masse streichen. Die Pfirsichbutter zum Gebäck servieren.

Schottisches Eibrot

Ergibt: *4 Brote*

220 g Schweinefleisch, gehackt
2 ½ TL Semmelbrösel
½ TL Salz
1 kleines Ei, leicht verquirlt
4 große Eier, hartgekocht
110 g fertiger Hefeteig (tiefgekühlt)

1. Den Ofen auf 230 °C vorheizen. Ein Backblech leicht einfetten.

2. Hackfleisch, Semmelbrösel, Salz und das verquirlte Ei in einer Schüssel gut mischen. Die Masse in 8 Teile teilen und zu Frikadellen formen.

3. Die hartgekochten Eier halbieren, in die Frikadellen wickeln, auf ein nicht gefettetes Backblech legen und 12–15 Minuten auf mittlerer Schiene backen, bis das Hackfleisch gar ist. Auf Küchenkrepp abtropfen lassen und mindestens 10 Minuten abkühlen lassen.

4. Die Ofentemperatur auf 190 °C reduzieren.

5. Den aufgetauten Hefeteig in 4 Quadrate teilen; jedes Quadrat etwas breitdrücken. Je eine Frikadelle in ein Teigstück wickeln: Die Teigecken festdrücken, damit der Teig um die Frikadelle herum verschlossen ist. Die Brötchen auf ein nicht gefettetes Backblech legen und in 12–15 Minuten goldbraun backen. Jedes Brötchen in 4 Stücke schneiden und warm servieren.

Scotch-Eier

Ergibt: *8 Eier*

8 große Eier, hartgekocht, nicht geschält
3 EL Sojasauce
3 ganze Sternanise
2 Beutel schwarzer Tee
2 große Eier
1 EL Senf
2 Tassen Semmelbrösel
2 EL Sesamsamen
450 g Wurstbrät
2 TL frischer Ingwer, gehackt
2 Knoblauchzehen, zerdrückt
Sonnenblumenöl

1. Die gekochten Eier vorsichtig zerklopfen, aber nicht abschälen. Eier in einen Topf geben, mit Wasser abdecken, Sojasauce, Sternanise und Teebeutel zufügen; bei mittlerer Hitze zum Kochen bringen. Die Eier mindestens 25 Minuten köcheln lassen; dann 24 Stunden bei Zimmertemperatur ziehen lassen.

2. Die 2 rohen Eier und den Senf in einer Schüssel gut mischen.

3. Semmelbrösel und Sesamsamen in einer anderen Schüssel gut mischen.

4. Wurstbrät, Ingwer und Knoblauch in einer weiteren Schüssel mischen.

5. Gekochte Eier schälen. Mit Wurstbrät umhüllen, in die Ei-Senf-Mischung tauchen und in Semmelbröseln wälzen. Abdekken und mindestens 4 Stunden kühl stellen.

6. Öl 6–7 cm hoch in eine große, schwere Pfanne füllen und bei hoher Temperatur erhitzen. Die Eier nacheinander in 10–15 Minuten von allen Seiten braun fritieren; gelegentlich wenden. Auf Küchenkrepp abtropfen lassen. Zum Servieren in Viertel schneiden. Senf dazu reichen.

Speck-Muffins

Ergibt: *12 Muffins*

8 Streifen Frühstücksspeck, knusprig gebraten, gehackt
1 ⅓ Tassen Mehl
1 EL Zucker
1 EL Backpulver
1 TL Salz
1 großes Ei
180 ml Milch

1. Einen Gitterrost in die Mitte des Ofens schieben und den Ofen auf 175 °C vorheizen. Eine Muffinform für 12 Muffins oder 12 Backförmchen leicht einfetten.

2. Frühstücksspeck, Mehl, Zucker, Backpulver und Salz in einer Schüssel gut mischen.

3. Das Ei in einer Schüssel mit einem elektrischen Handrührgerät auf mittlerer Stufe zu einer cremigen, hellen Masse rühren. Milch zufügen und die Mehlmischung unterrühren. Die Muffinform oder die Backförmchen zur Hälfte mit der Mischung füllen und 15–20 Minuten backen. Garprobe machen. Die Muffins auf einem Gitterrost leicht abkühlen lassen und noch warm servieren.

Tip: Die Muffins nach 13 oder 14 Minuten, wenn sie fast fertig sind, mit Käse bestreuen, um ihnen eine zusätzliche Geschmacksnote zu geben.

Speck-Omelett mit Apfel

Ergibt: *2 Portionen*

1 Tasse Äpfel, gehackt
1 EL brauner Zucker
60 ml und 1 EL Wasser
4 Streifen Frühstücksspeck, knusprig gebraten, zerkrümelt
4 große Eier, getrennt
½ TL Backpulver
½ TL Salz
1 EL Speck-Bratfett
½ Tasse geriebener Cheddar
<u>Zum Garnieren:</u>
1 Apfel, Gehäuse entfernt, in Scheiben

1. Einen Gitterrost in die Mitte des Ofens schieben und den Ofen auf 175 °C vorheizen.

2. Gehackte Äpfel, braunen Zucker und 1 Eßlöffel Wasser in einem kleinen Topf bei mittlerer Hitze zum Kochen bringen. Abdecken und 4–5 Minuten dünsten. Den Frühstücksspeck unterrühren und zur Seite stellen.

3. Eiweiße, 60 ml Wasser und Backpulver in einer Schüssel mit einem elektrischen Handrührgerät steif, jedoch nicht schnittfest schlagen.

4. Eigelbe und Salz in einer anderen Schüssel mit einem elektrischen Handrührgerät auf höchster Stufe zu einer cremigen, hellen Masse schlagen. Das Eiweiß unterheben.

5. Das Speckfett in einer Pfanne auf mittlerer Stufe erhitzen. Die Eimischung in die Pfanne geben, die Hitze reduzieren und die Eimischung 5 Minuten braten, bis die Unterseite gebräunt ist.

6. Die Pfanne in den Ofen stellen und die Masse 10–12 Minuten backen. Garprobe machen. Das Omelett auf eine Servierplatte geben, die Apfel-Speck-Mischung darauf verteilen, mit Cheddar bestreuen und zusammenlegen. Mit Apfelscheiben garnieren. Zum Servieren in Stücke schneiden.

SPECK-SCHNITTEN

ERGIBT: *21 Schnitten*

120 ml Mayonnaise
1 TL Worcestersauce
1 Msp. Paprikapulver, edelsüß
1 Tasse geriebener Cheddar
4 Streifen Frühstücksspeck, knusprig gebraten, zerkrümelt
2 ½ EL ungesalzene Erdnüsse, gehackt
2 EL Lauchzwiebeln, gehackt, nur vom grünen Teil
7 Scheiben Toastbrot

1. Den Ofen auf 175 °C vorheizen.

2. Mayonnaise, Worcestersauce und Paprikapulver in einer Schüssel gut mischen. Cheddar, Frühstücksspeck, Erdnüsse und Lauchzwiebeln untermischen.

3. Die Toastscheiben mit der Mayonnaisemischung bestreichen, auf ein nicht gefettetes Backblech legen und 8–10 Minuten auf mittlerer Schiene backen, bis der Käse geschmolzen ist. Die Toastscheiben vierteln und servieren.

ÜBERBACKENE SCHINKEN-TASCHEN

ERGIBT: *4 Taschen*

8 Tassen Blattspinat, leicht zusammengedrückt
50 g Butter oder Margarine
3 EL Mehl
Salz und Pfeffer
210 ml Milch
210 ml süße Sahne
½ Tasse geriebener Emmentaler
170 g gekochter Schinken, in Scheiben
½ TL Senf
1 Prise Muskatnuß, gerieben
4 große Eier, hartgekocht, grobgehackt
2 EL geriebener Parmesan

1. Einen Gitterrost in die Mitte des Ofens schieben und den Ofen auf 175 °C vorheizen. 4 Keramikbackförmchen (350 ml) leicht einfetten.

2. Spinat in einem Dünsteinsatz über kochendem Wasser bei mittlerer Hitze etwa 5 Minuten dünsten, bis er zusammenfällt. Den Spinat trocken schütteln, grob hacken und in eine Schüssel geben.

3. 3 Eßlöffel Butter in einer großen Pfanne bei mittlerer Hitze zerlassen.

4. Mehl, Salz und Pfeffer in einer Schüssel mischen. Zur Butter geben und unter Rühren erhitzen, bis die Masse schäumt. Die Pfanne vom Herd nehmen und gesamte Milch und Sahne unterrühren. Die Pfanne wieder auf die Herdplatte stellen und unter Rühren weitere 3–4 Minuten kochen, bis die Masse eindickt.

5. ½ Tasse der Milch-Sahne-Mischung zu dem Spinat geben und unterrühren.

6. Emmentaler, Senf und Muskatnuß mit der übrigen Milch-Sahne-Mischung unter Rühren 4–5 Minuten kochen lassen, bis der Käse schmilzt und die Mischung glatt ist. Die Pfanne vom Herd nehmen und die Eier zufügen. Gut mischen.

7. 1 Eßlöffel Butter in einer kleinen Pfanne bei mittlerer Hitze zerlassen und den Schinken darin anbraten. Schinken in die Keramikförmchen legen, die Spinatmischung darüber geben und mit der Eiermischung übergießen. Überhängenden Schinken über dem Spinat schließen. Die Förmchen in eine große Auflaufform setzen und die Auflaufform mit Wasser füllen; die Förmchen sollten zu zwei Drittel im Wasser stehen. Den Schinken mit Parmesan bestreuen. Die Taschen 8–10 Minuten backen, bis die Eier gestockt sind.

Wurst-Bällchen scharf

Ergibt: *24 Bällchen*

1 ½ Tassen neutrale Fertigteigmischung
140 g geriebener Cheddar
220 g Wurstbrät

1. Einen Gitterrost in die Mitte des Ofens schieben und den Ofen auf 175 °C vorheizen. Eine Auflaufform leicht einfetten.

2. Teigmischung und Cheddar in einer Schüssel gut mischen. Das Wurstbrät zufügen und mit den Händen unterkneten.

3. Die Fleischmischung zu walnußgroßen Kugeln formen. Die Kugeln in die Auflaufform legen und in 40–45 Minuten goldbraun backen. Auf Küchenkrepp abtropfen lassen und heiß servieren.

Wurst-Muffins

Ergibt: *12 Muffins*

450 g Wurstbrät
½ Tasse geriebener Cheddar
Butter, geschmolzen
2 Tassen Mehl
2 EL Zucker
1 EL Backpulver
1 Prise Salz
1 großes Ei
240 ml Milch

1. Einen Gitterrost in die Mitte des Ofens schieben und den Ofen auf 190 °C vorheizen. Eine Muffinform für 12 Muffins oder 12 Backförmchen leicht einfetten.

2. Wurstbrät in einem Topf bei mittlerer Hitze unter Rühren braten, bis es krümelig ist. Das Fett in eine Schüssel abgießen. Den Cheddar untermischen. Fett in eine Tasse gießen und mit Butter auf ¼ Tasse auffüllen. Fett und Wurstbrät zur Seite stellen.

3. Mehl, Zucker, Backpulver und Salz in einer Schüssel gut mischen.

4. Ei, Milch und Buttermischung in einer anderen Schüssel mit einem elektrischen Handrührgerät auf höchster Stufe zu einer glatten Masse rühren. Die Mehlmischung unterrühren. Wurstbrät-Masse zufügen und gut mischen. Die Muffinform oder die Backförmchen zur Hälfte mit der Masse füllen und 15–18 Minuten backen. Garprobe machen. Auf einem Gitterrost leicht abkühlen lassen und noch warm servieren.

KAPITEL 13

Süsse Genüsse

Es gibt nur wenige Menschen, die frisch gebackenen Plätzchen oder selbstgemachtem Schokoladenpudding widerstehen können. Die meisten von uns genießen Süßigkeiten zu jeder Tageszeit und nicht nur nach einer Mahlzeit. Die Rezepte in diesem Kapitel eignen sich gut als Nachtisch, sind aber noch viel besser als Snack zwischendurch. Gönnen Sie sich diese Leckerbissen unabhängig von der Uhrzeit.

Aprikosen-Schnitten

Ergibt: *30-36 Schnitten*

2 Tassen Mehl
2 TL Backpulver
½ TL Muskatnuß, gerieben
½ TL Salz
2 TL geriebene unbehandelte Orangenschale
4 große Eier
100 g Zucker
1 ½ Tassen getrocknete Aprikosen, gewürfelt
1 Tasse Walnüsse, gehackt
Zum Garnieren:
Puderzucker

1. Einen Gitterrost in die Mitte des Ofens schieben und den Ofen auf 175 °C vorheizen. Eine Auflaufform leicht einfetten.

2. Mehl, Backpulver, Muskatnuß und Salz in einer Schüssel mischen. Die Orangenschale unterrühren.

3. Eier und Zucker in einer Schüssel mit einem elektrischen Handrührgerät auf mittlerer Stufe zu einer dickflüssigen, hellen Masse verrühren. Die Mehlmischung nach und nach unterrühren. Aprikosen und Walnüsse unterheben.

4. Den Teig in die Auflaufform füllen und in 15–20 Minuten goldbraun backen. Garprobe machen. (An einem in den Teig gestochenen Holzspießchen sollten beim Herausziehen keine Teigreste kleben.) Die Schnitten in der Form abkühlen lassen und in große oder kleine Stücke schneiden. Zum Servieren mit Puderzucker bestreuen.

Arme Ritter

Ergibt: *2 Portionen*

2 Scheiben Baguette, 2,5 cm dick
40 g halbbittere Schokolade, gerieben oder feingehackt
1 großes Ei
60 ml Milch
1 EL Puderzucker
½ TL Kakaopulver
1 Msp. Zimtpulver
1 ½ EL Butter oder Margarine
Zum Garnieren:
Puderzucker
Süßer Schokoladensirup (s. Seite 395) oder Eiscreme

1. Die Baguettescheiben mit einem großen Brotmesser halbieren, an einer Seite jedoch nicht ganz durchschneiden. Die geriebene Schokolade in die Öffnungen füllen und die Baguettescheiben in eine Schüssel geben, die gerade groß genug ist, daß beide Scheiben nebeneinander Platz haben.

2. Ei, Milch, Puderzucker, Kakaopulver und Zimtpulver in einer Schüssel mit einem elektrischen Handrührgerät auf mittlerer Stufe rühren, bis sich der Zucker aufgelöst hat. Die Baguettescheiben mit der Mischung übergießen und ziehen lassen, bis der größte Teil der Eimischung aufgesogen ist. Die Scheiben einmal wenden.

3. Butter bei mittlerer Hitze in einer Pfanne zerlassen. Die Baguettescheiben in der Butter von beiden Seiten etwa 10 Minuten goldbraun backen, dabei mehrmals wenden. Auf eine warme Servierplatte legen und mit Puderzucker bestreuen. Den Schokoladensirup oder die Eiscreme dazu reichen.

Bananen mit Schokolade

Ergibt: *12 Stück*

6 Bananen, quer halbiert
2 EL Butter oder Margarine
1 Tasse halbbittere Schokolade, feingehackt
½ Tasse Pekannüsse, feingehackt
12 Holzstäbchen von Stieleis

1. Je ein Holzstäbchen an der Schnittstelle in die Bananenhälfte stecken und die Bananenhälften auf ein mit Alufolie ausgelegtes Backblech legen. Die Bananen zum Festwerden mindestens 2 Stunden ins Gefrierfach legen.

2. Butter und Schokolade in einen Topf geben und im Wasserbad bei mittlerer Hitze unter Rühren schmelzen lassen, bis eine glatte Masse entstanden ist.

3. Die Pekannüsse in einer flachen Schale verteilen. Die Bananen in die Schokolade tauchen, in den Nüssen wälzen und wieder in das Gefrierfach legen, bis die Schokolade fest ist.

Bananen-Kuchen

Ergibt: *12-15 Portionen*

KRUSTE
1 ⅔ Tassen Grahamcracker, zerkrümelt
50 g Zucker
5 EL Pflanzenfett

FÜLLUNG
4 Bananen, in Scheiben
170 g halbbittere Schokolade, feingehackt
1 l Schokoladeneiscreme, weich

ÜBERZUG
320 ml Kondensmilch
170 g halbbittere Schokolade, feingehackt
110 g Butter oder Margarine
2 Tropfen Vanille- oder Schokoladenaroma
240 ml süße Sahne

1. Einen Gitterrost in die Mitte des Ofens schieben und den Ofen auf 175 °C vorheizen. Eine Auflaufform leicht einfetten.

2. Grahamcrackerkrümel und Zucker in einer Schüssel mischen. Das Pflanzenfett über die Mischung schneiden und mit 2 Messern oder mit den Knethaken eines Handrührgeräts zu einer krümeligen Masse verarbeiten. Die Masse in die vorbereitete Auflaufform drücken und in 5–10 Minuten goldbraun backen. Auf einem Gitterrost abkühlen lassen.

3. Die Bananen in einer Lage auf die Kruste schichten und mit 170 g Schokoladenstückchen bestreuen. Die Eiscreme darauf geben und glattstreichen. Alles 1 Stunde zum Festwerden ins Gefrierfach stellen.

4. Kondensmilch, 170 g Schokoladenstückchen und Butter in einen Topf geben und bei mittlerer Hitze zum Kochen bringen. Die Hitze reduzieren und weitere 5 Minuten köcheln lassen, bis die Masse leicht eindickt. Den Topf vom Herd nehmen und das Vanillearoma unterrühren. Die Masse vollständig abkühlen lassen und über die Eiscremeschicht gießen. Erneut 1 Stunde ins Gefrierfach stellen, bis der Kuchen fest ist.

5. Sahne in einer Schüssel mit einem elektrischen Handrührgerät steif schlagen, auf dem Kuchen verteilen und glattstreichen.

Bananen-Kugeln

Ergibt: *36-48 Kugeln*

1 ½ Tassen Mehl
200 g Zucker
½ TL Backpulver
¾ TL Zimtpulver
1 Msp. Muskatnuß, gerieben
1 TL Salz
170 g Pflanzenfett
1 großes Ei
2–3 Bananen, zerdrückt
1 ¾ Tassen grobe Haferflocken
340 g halbbittere Schokolade, feingehackt

1. Den Ofen auf 200 °C vorheizen.

2. Mehl, Zucker, Backpulver, Zimtpulver, Muskatnuß und Salz in eine große Schüssel sieben. Das Pflanzenfett über die Mischung schneiden. Ei und Bananen zufügen und untermischen, bis ein glatter Teig entstanden ist. Haferflocken und Schokoladenstückchen unterheben.

3. Den Teig im Abstand von etwa 4 cm mit einem Löffel auf ein nicht gefettetes Backblech geben.

4. 12–15 Minuten backen, bis die Kugeln eine helle Farbe haben. Die Bananenkugeln zum Abkühlen auf einen Gitterrost legen.

Tip: **Zusammen mit den Schokoladenstückchen Rosinen unterheben. Statt der halbbitteren Schokolade Milchschokolade, weiße Schokolade oder Buttertrüffelschokolade verwenden.**

Bananen-Schiffchen

Ergibt: *6 Schiffchen*

6 Bananen, nicht geschält
½ Tasse halbbittere Schokolade, feingehackt
Zum Garnieren:
½ Tasse Mini-Marshmallows

1. Einen Gitterrost in die Mitte des Ofens schieben und den Ofen auf 180 °C vorheizen.

2. Einen 7–10 cm langen Schlitz in jede Bananenschale schneiden. Die Enden der Banane leicht zusammendrücken, um den Schlitz auseinanderklaffen zu lassen, so daß das Bananenfleisch zu sehen ist.

3. Die Schokoladenstückchen in die Öffnung geben und die Bananen in eine feuerfeste Form setzen. Die Bananen im Ofen erhitzen, bis die Schokolade zu schmelzen beginnt.

4. Bananen leicht abkühlen lassen und mit Mini-Marshmallows bestreuen. Die Bananen mit einem Löffel direkt aus der Schale essen.

Bananen-Schokoladen-Pudding

Ergibt: *4 Portionen*

80 g Schokoladenpuddingmischung
1 l und 120 ml Milch
12–15 Schokoladenkekse
3 Bananen, in Scheiben
Zum Servieren:
240 ml süße Sahne

1. Den Schokoladenpudding mit der Milch nach Packungsanweisung zubereiten und zur Seite stellen, bis er fest wird.

2. Den Boden einer Servierschale mit Schokoladenkeksen auslegen und die Bananenscheiben darauf schichten. Eine Schicht Pudding auf die Bananen streichen. Eine weitere Lage Kekse auf den Pudding legen und wiederum Bananen und Schokoladenpudding darauf verteilen. Alle Zutaten auf diese Weise verarbeiten. Abdecken und mindestens 30 Minuten kühl stellen.

3. Die Sahne in einer Schüssel mit einem elektrischen Handrührgerät auf höchster Stufe steif schlagen. Den Pudding mit der Sahne zusammen servieren.

Dattel-Törtchen mit Pekannüssen

Ergibt: *16 Törtchen*

480 g fertiger Mürbeteig (gekühlt)
¼ Tasse Maismehl
3 Eigelb von 3 großen Eiern
50 g Zucker
1 EL Reismehl
1 Prise Salz
300 ml süße Sahne
5 Tropfen Vanillearoma
1 Tasse Datteln, entsteint, gehackt
1 Tasse Pekannüsse, gehackt
geschlagene Sahne oder Vanilleeis
Zum Garnieren:
16 Pekannußhälften

1. Einen Gitterrost in die Mitte des Ofens schieben und den Ofen auf 175 °C vorheizen. Zwei Muffinformen für 8 Muffins oder 16 Backförmchen leicht einfetten.
2. Den Mürbeteig mit dem Maismehl verkneten. Den Teig in 16 gleich große Stücke teilen und jedes zu einer Kugel formen. Die Kugeln auf einer leicht bemehlten Arbeitsfläche zu Kreisen von 10 cm Durchmesser ausrollen und die Muffinformen oder die Backförmchen damit auslegen.
3. Die Eigelbe in einer Schüssel mit einem elektrischen Handrührgerät auf mittlerer Stufe zu einer cremigen, hellen Masse schlagen. Zucker, Reismehl und Salz zufügen und untermischen. Sahne, Vanillearoma, Datteln und gehackte Pekannüsse unterheben.
4. Den Teig gleichmäßig auf die Förmchen verteilen und in 45–50 Minuten goldbraun backen. Die geschlagene Sahne auf die Muffins geben und mit den Pekannußhälften garniert servieren.

Eisbecher mit Schokoladenmilch

Ergibt: *1 Portion*

180 ml Milch
1 große Kugel Schokoladen- oder Vanilleeis
1 ½ TL süßer Schokoladensirup (s. unten)
1 Msp. Muskatnuß, gerieben
1 Msp. Nelke, gemahlen
1 Msp. Zimtpulver,

Milch, Eiscreme, Schokoladensirup, Muskatnuß, Nelken und Zimtpulver mit einem Pürierstab etwa 30–40 Sekunden pürieren, bis eine glatte Masse entstanden ist. Die Schokoladenmilch in ein hohes Glas füllen und servieren.

Süsser Schokoladensirup

Ergibt: *300-350 ml*

80 g Bitterschokolade, in Stücken
160 ml Wasser
½ Tasse Zucker
8 EL Ahornsirup
2 Tropfen Vanillearoma

1. Schokolade und Wasser in einen Topf geben und bei schwacher Hitze unter Rühren schmelzen lassen, bis eine dicke, glatte Masse entstanden ist. Zucker unterrühren. Die Temperatur erhöhen und die Mischung zum Kochen bringen, bei reduzierter Hitze 2 Minuten köcheln lassen.
2. Ahornsirup zufügen und die Mischung zum Kochen bringen. Den Topf vom Herd nehmen und den Sirup leicht abkühlen lassen. Das Vanillearoma unterrühren. Den Sirup vollständig abkühlen lassen.

Erdbeeren mit Schokoladenüberzug

Ergibt: *36 Stück*

110 g halbbittere Schokolade, gerieben oder feingehackt
60 g Butter oder Margarine
1 EL Honig
36 frische Erdbeeren, gewaschen, mit Stiel

1. Ein Backblech mit Alufolie auslegen.
2. Schokolade und Butter in einen Topf geben und im Wasserbad bei mittlerer Hitze unter Rühren schmelzen. Den Topf vom Herd nehmen und in einen größeren Topf mit warmem Wasser setzen.
3. Die Erdbeeren am Stiel halten, schräg in die Schokoladenmischung tauchen und auf das Backblech legen. Den Schokoladenüberzug bei Zimmertemperatur fest werden lassen.

Tip: Die Erdbeeren können auch mit einem Holzspießchen in die Schokolade getaucht werden. Wichtig ist, die Erdbeeren schräg einzutauchen.

Erdnussbutter-Schnitten

Ergibt: *6-7 Tassen*

110 g Butter oder Margarine, geschmolzen
16 EL Erdnußbutter, mit Erdnußstücken
260 g Puderzucker
340 g Puffreiswaffeln, zerbröselt
170 g halbbittere Schokolade, feingehackt
170 g Vollmilch-Schokolade, feingehackt

1. Butter, Erdnußbutter und Puderzucker in einer Schüssel mit einem elektrischen Handrührgerät auf mittlerer Stufe zu einer glatten Masse rühren.
2. Puffreiswaffeln und Schokoladenstückchen in einer Schüssel mischen. Die Buttermischung zufügen und gleichmäßig unterrühren. Die Masse in einen luftdicht verschließbaren Behälter geben. Festgewordene Masse in Stücke schneiden. Die Schnitten halten sich im Kühlschrank bis zu 1 Woche.

Erdnussbutter-Stangen

Ergibt: *8-10 Portionen*

1 Tasse Mehl
½ TL Salz
140 g Pflanzenfett
170 g Frischkäse
8 EL Erdnußbutter

1. Den Ofen auf 175 °C vorheizen. Ein Backblech leicht einfetten.
2. Mehl und Salz in einer Schüssel mischen. Das Pflanzenfett über die Mischung schneiden, Frischkäse zufügen und mit den Knethaken des Handrührgeräts zu einem weichen Teig verarbeiten. Die Hälfte des Teiges auf einer leicht bemehlten Arbeitsfläche 0,5 cm dick ausrollen und mit Erdnußbutter bestreichen.
3. Den restlichen Teig ausrollen und auf die Erdnußbutter legen. Die beiden Lagen 0,5 cm dick ausrollen und in 10–15 cm lange Streifen schneiden. Die Streifen auf das Backblech legen und einmal um sich selbst drehen. 4–6 Minuten auf mittlerer Schiene backen, bis die Stangen leicht bräunen. Auf einem Gitterrost abkühlen lassen.

Erdnuss-Schokoladen-Dip

Ergibt: *8-10 Portionen*

8 EL Erdnußbutter
600 ml Kondensmilch
100 g Schokoladenpuddingpulver
<u>Zum Servieren:</u>
ungesalzene Cracker oder Kekse

Die Erdnußbutter in einer Schüssel mit einem elektrischen Handrührgerät auf mittlerer Stufe cremig rühren. Die Kondensmilch einrühren; dann das Schokoladenpuddingpulver untermischen. Sofort servieren. Die Cracker oder Kekse dazu reichen.

Erdnuss-Schokoladen-Riegel

Ergibt: *8-12 Portionen*

400 g Cornflakes
2 Tassen Erdnüsse, gehackt
50 g Butter oder Margarine
450 g Vollmilchschokolade, gehackt
32 EL Erdnußbutter
220 g Puderzucker, gesiebt

1. Cornflakes und Erdnüsse in einer Schüssel gut mischen.

2. Die Butter in einem Topf bei schwacher Hitze zerlassen. Schokolade und Erdnußbutter zufügen und rühren, bis eine glatte Masse entstanden ist. Den Topf vom Herd nehmen. Die Masse sofort über die Cornflakes-Mischung gießen und gut untermischen. Die Masse leicht abkühlen lassen und in einen großen Gefrierbeutel geben. 110 g Puderzucker zufügen und den Beutel kräftig schütteln. Den restlichen Puderzucker zufügen und schütteln, bis alle Zutaten gut gemischt sind. Sofort servieren oder fest verschlossen aufbewahren.

Falscher Kalter Hund

Ergibt: *12-15 Portionen*

40 g Schokoladenpuddingmischung
40 g Vanillepuddingmischung
1 l und 120 ml Milch
450 g Graham-Cracker

1. Schokoladen- und Vanillepudding mit Milch nach Packungsanweisung zubereiten.

2. Den Boden einer Auflaufform mit Graham-Crackern auslegen. Die Cracker mit einer dünnen Schicht Schokoladenpudding bedecken. Eine weitere Lage Cracker darauf legen und mit einer Schicht Vanillepudding bedecken. Auf diese Weise den gesamten Pudding aufbrauchen. Die Lagen mit einer Schicht Pudding abschließen.

3. Die übrigen Grahamcracker zerbröseln und über die letzte Puddingschicht streuen. Abdecken und mindestens 3 Stunden kühl stellen.

Gebackene Birne

Ergibt: *6 Stück*

3 große Birnen
2 TL Zitronensaft
5 EL brauner Zucker
5 EL weißer Zucker
2 EL Butter
<u>Zum Garnieren:</u>
frische Pfefferminze

1. Einen Gitterrost in die Mitte des Ofens schieben und den Ofen auf 150 °C vorheizen. Eine Auflaufform leicht einfetten.

2. Die Birnen schälen, das Gehäuse entfernen und die Birnen halbieren. Die Hälften mit Zitronensaft bestreichen und dekorativ in die Auflaufform legen. Mit 1 Eßlöffel weißem und 1 Eßlöffel braunem Zucker bestreuen, 1 Eßlöffel Butter über den Birnen verteilen und die Birnen mit Alufolie abdecken. 25–30 Minuten backen, bis die Birnen weich sind. Den restlichen Zucker und die restliche Butter darüber geben.

3. Die Ofentemperatur auf 250 °C erhöhen und die Birnen 1–2 Minuten aufgedeckt backen, bis die Birnen zu bräunen beginnen. Mit Pfefferminze garniert servieren.

Geröstete Walnüsse

Ergibt: *2 Tassen*

200 g Zucker
120 ml Wasser
1 TL Zimtpulver
½ TL Muskatnuß, gemahlen
½ TL Nelken, gemahlen
2 Tassen Walnußhälften

1. Zucker, Wasser, Zimtpulver, Muskatnuß und Nelken in einem Topf bei mittlerer Hitze unter Rühren zum Kochen bringen. Ein Küchenthermometer in den Topf stecken und die Masse auf 110 °C erhitzen. Den Topf vom Herd nehmen, die Walnüsse zufügen und untermischen, bis sie gleichmäßig mit der Zuckermasse überzogen sind.

2. Etwas Backpapier auf eine Arbeitsfläche legen und die Walnüsse zum Abkühlen darauf ausbreiten. Sofort servieren oder in einem luftdicht verschließbaren Behälter bis zu einer Woche aufbewahren.

Gestürzter Schoko-Pudding

Ergibt: *8-10 Portionen*

50 g Butter oder Margarine
½ Tasse Kakaopulver
1 Tasse Mehl
150 g Zucker
3 EL löslicher Mokkakaffee
1 ½ TL Backpulver
1 großes Ei
120 ml Milch
300 ml Wasser, kochend
Zum Garnieren:
süße Sahne, geschlagen

1. Einen Gitterrost in die Mitte des Ofens schieben und den Ofen auf 175 °C vorheizen. Eine Auflaufform leicht einfetten.

2. Butter in einem kleinen Topf bei niedriger Hitze unter Rühren zerlassen. Den Topf vom Herd nehmen, das Kakaopulver zufügen und gleichmäßig unterrühren.

3. Mehl, ½ Tasse Zucker, löslichen Mokkakaffee und Backpulver in einer Schüssel mischen.

4. Das Ei in einer Schüssel mit einem elektrischen Handrührgerät auf höchster Stufe schaumig schlagen. Milch unterrühren. Die Kakaobutter auf niedriger Stufe untermischen. Nach und nach die Mehlmischung gut unterrühren, bis ein gleichmäßiger Teig entstanden ist. Masse in die Auflaufform füllen.

5. Die restliche ¼ Tasse Zucker über den Teig streuen und das kochende Wasser vorsichtig über den Teig gießen. Die Auflaufform in eine größere Form setzen und auf den Gitterrost stellen. Kochendes Wasser in die größere Form gießen, bis die Auflaufform zur Hälfte im Wasser steht. 30–35 Minuten backen, bis die Mitte des Puddings elastisch ist. Auf einem Gitterrost 15–30 Minuten abkühlen lassen und auf eine Servierplatte stürzen. Die geschlagene Sahne dazu servieren.

Haferflocken-Kekse

Ergibt: *24-36 Kekse*

1 ¼ Tassen Mehl
½ TL Backpulver
½ TL Natron
½ TL Salz
220 g Pflanzenfett
100 g brauner Zucker
150 g weißer Zucker
2 große Eier
60 ml Milch
3 Tropfen Bittermandelaroma
3 Tassen grobe Haferflocken
170 g halbbittere Schokolade, gehackt

1. Den Ofen auf 175 °C vorheizen.

2. Mehl, Backpulver, Natron und Salz in einer Schüssel mischen.

3. Pflanzenfett und Zucker in einer großen Schüssel mit einem elektrischen Handrührgerät auf mittlerer Stufe zu einer glatten Masse rühren. Eier, Milch und Bittermandelaroma zufügen. Die Mehlmischung nach und nach unterrühren. Haferflocken und Schokoladenstückchen unterheben.

4. Den Teig im Abstand von 4 cm mit einem Teelöffel auf ein nicht gefettetes Backblech geben und in 10–12 Minuten goldbraun backen. Auf einem Gitterrost abkühlen lassen.

Tip: Verwenden Sie auch Vollmilchschokolade, weiße Schokolade, Schokolade mit Erdnüssen oder Buttertrüffelschokolade. Sie können die Schokolade ganz weglassen und statt dessen in jeden Keks ein Schokoladendrop drücken.

Haferflocken-Plätzchen

Ergibt: *36-48 Plätzchen*

220 g Butter
2 Tassen feine Haferflocken
100 g brauner Zucker
100 g weißer Zucker
2 Eiweiß von 2 großen Eiern

1. Den Ofen auf 190 °C vorheizen. 2 Backbleche leicht einfetten.

2. Butter in einem Topf bei mittlerer Hitze zerlassen. Haferflocken, braunen und weißen Zucker gut unterrühren. Die Masse in eine Schüssel geben und leicht abkühlen lassen.

3. Die Eiweiße in einer Schüssel mit einem elektrischen Handrührgerät auf höchster Stufe steif, jedoch nicht schnittfest schlagen und unter die Haferflockenmischung heben.

4. Den Teig im Abstand von 5 cm mit einem Löffel auf die Backbleche geben. Die Häufchen mit der Rückseite eines bemehlten Löffels flachdrücken und 7–10 Minuten backen, bis die Ränder bräunen. Auf einem Gitterrost abkühlen lassen.

Tip: Fügen Sie dem Plätzchenteig getrocknete Mango oder Papaya zu, um eine fruchtige Geschmacksnote zu erhalten.

Heisse Schokolade mit Marshmallows

Ergibt: *1 Portion*

240 ml Milch
1 EL Kakaopulver
1 EL Zucker
<u>Zum Garnieren:</u>
Mini-Marshmallows

Milch in einem Topf erhitzen, bis sie zu schäumen beginnt. Die Milch aber nicht kochen. Kakaopulver und Zucker zugeben und rühren, bis sich der Zucker aufgelöst hat. Die Schokoladenmilch in eine Tasse füllen, mit Marshmallows garnieren und servieren.

Heisse Schokolade mit Pfefferminze

Ergibt: *4 Portionen*

480 ml Milch
50 g Zucker
8 EL Kakaopulver
100 g Schokoladenpuddingpulver (kalt anzurühren)
5 Tropfen Vanillearoma
8 Eiswürfel
<u>Zum Garnieren:</u>
frische Pfefferminze

Milch, Zucker, Kakaopulver und Schokoladenpuddingpulver in einer Schüssel mit einem Pürierstab gut vermixen. Vanillearoma und zerstoßene Eiswürfel zufügen und pürieren, bis die Eiswürfelstücke ganz klein sind. Die Schokolade sofort in gekühlte Gläser füllen und mit etwas Pfefferminze garnieren.

Ingwer-Plätzchen

Ergibt: *36-48 Plätzchen*

2 ¼ Tassen Mehl
1 TL Ingwer, gerieben
1 TL Zimtpulver
1 TL Nelken, gerieben
1 TL Salz
100 g brauner Zucker
100 g weißer Zucker
170 g Pflanzenfett
1 großes Ei
¼ Tasse Melasse
weißer Zucker

1. Den Ofen auf 190 °C vorheizen. Zwei Backbleche leicht einfetten.

2. Mehl, Gewürze und Salz in einer Schüssel gut mischen.

3. Braunen und weißen Zucker und Pflanzenfett in einer anderen Schüssel mit einem elektrischen Handrührgerät auf mittlerer Stufe zu einer glatten Masse rühren. Ei und die Melasse zufügen und unterrühren. Die Mehlmischung nach und nach zufügen.

4. Aus dem Teig walnußgroße Kugeln formen. Die Kugeln in weißem Zucker wälzen und im Abstand von 5 cm auf die Backbleche legen. Die Kugeln 10–12 Minuten backen, bis sie leicht gebräunt sind. Auf einem Gitterrost abkühlen lassen.

Kleie-Plätzchen mit Rosinen

Ergibt: *36-48 Plätzchen*

¼ Tasse Rosinen
1 Tasse Kleieflocken
100 g Zucker
1 Apfel, geschält, Gehäuse entfernt, gerieben
120 ml Milch
5 Tropfen Vanillearoma

1. Den Ofen auf 175 °C vorheizen. Zwei Backbleche leicht einfetten.

2. Rosinen, Kleieflocken, Zucker und Apfel in einer Schüssel mischen. Milch und Vanillearoma zufügen und untermischen.

3. Den Teig im Abstand von 5 cm mit einem Löffel auf die Backbleche geben. Die Plätzchen 12–15 Minuten backen, bis sie leicht gebräunt sind. Auf einem Gitterrost abkühlen lassen.

Knusper-Mischung

Ergibt: *11-12 Tassen*

16 EL Erdnußbutter
340 g Buttertrüffelschokolade, gehackt
8 Tassen Knusperweizen
340 g Vollmilchschokolade, gehackt

1. Erdnußbutter und Buttertrüffelschokolade in einem Topf bei geringer Hitze verrühren, bis die Schokolade geschmolzen ist. Den Knusperweizen zufügen und untermischen.

2. Die Mischung auf einem nicht gefetteten Backblech verteilen und glattstreichen. Die Vollmilchschokolade darüber streuen, abdecken und zum Festwerden mindestens 4 Stunden ins Gefrierfach stellen. Die Knusper-Mischung mit einem scharfen Messer in Stücke schneiden und servieren.

Kokos-Makronen mit Mandeln

Ergibt: *36-48 Makronen*

4 Eiweiß von 4 großen Eiern
1 Prise Salz
300 g Zucker
3 Tropfen Bittermandelaroma
1 Tasse Kokosraspel
½ Tasse Mandeln, feingemahlen
3 Tassen Cornflakes

1. Den Ofen auf 175 °C vorheizen. Zwei Backbleche mit Pergamentpapier auslegen.

2. Eiweiße und Salz in einer Schüssel mit einem elektrischen Handrührgerät auf höchster Stufe steif schlagen. Zucker und Bittermandelaroma unterheben. Kokosraspel und Mandeln zufügen und unterheben. Die Cornflakes untermischen.

3. Den Teig im Abstand von 4 cm auf die Backbleche geben und 12–15 Minuten backen, bis die Makronen leicht gebräunt sind. Auf einem Gitterrost abkühlen lassen und dann vom Pergamentpapier abziehen.

Mandel-Plätzchen

Ergibt: *48-60 Plätzchen*

100 g brauner Zucker
100 g weißer Zucker
70 g Pflanzenfett
1 Tasse Mandeln, gemahlen
1 Tasse Reismehl (Bioladen)

1. Den Ofen auf 175 °C vorheizen.

2. Braunen und weißen Zucker und Pflanzenfett in einer Schüssel mit einem elektrischen Handrührgerät auf mittlerer Stufe zu einer glatten Masse rühren. ¾ Tasse Mandeln zufügen und unterheben. Das Reismehl nach und nach untermischen.

3. Aus dem Teig walnußgroße Kugeln formen. Die Kugeln in den restlichen Mandeln wälzen und im Abstand von 2,5 cm auf ein nicht gefettetes Backblech legen. Jede Kugel mit der bemehlten Rückseite eines Löffels flachdrücken. Die Plätzchen 10–12 Minuten backen, bis die Ränder zu bräunen beginnen. Auf einem Gitterrost abkühlen lassen.

Tip: Ersetzen Sie die Hälfte des Reismehls durch Weizenmehl, falls Ihnen die Plätzchen zu kernig sind.

Mandeln in Schokolade

Ergibt: *340 g*

200 g Zucker
80 g Bitterschokolade, gerieben oder feingehackt
5 Tropfen Vanillearoma
1 Tasse Mandelsplitter

1. Ein Backblech mit Pergamentpapier auslegen.

2. Zucker in einen Topf geben und im Wasserbad bei geringer Hitze unter Rühren schmelzen lassen. Bitterschokolade und Vanillearoma zufügen und unter Rühren zerlassen, bis eine glatte Masse entstanden ist. Den Topf vom Herd nehmen und die Mandelsplitter unterheben. Die Mischung sofort auf das Backblech füllen und gleichmäßig verteilen. Bei Zimmertemperatur abkühlen lassen, bis die Masse fest ist. In Stücke brechen und servieren.

Mokka-Milchshake

Ergibt: *2-4 Portionen*

480 ml Milch
10 EL Schokoladenpulver
1 TL löslicher Bohnenkaffee
2 Tassen Schokoladen-Eiscreme, weich

Die Zutaten in einer Schüssel mit einem Pürierstab gut mischen. Den Milchshake in gekühlte Gläser füllen und servieren.

Orangen-Plätzchen

Ergibt: *36-48 Plätzchen*

1 ½ Tassen Mehl
½ Tasse Vollkornmehl
½ TL Backpulver
120 ml Sonnenblumenöl
4 große Eier
120 ml Orangensaft, frisch gepreßt, mit Fruchtfleisch, 20 Minuten im Gefrierfach gekühlt
60 ml Brandy
1 EL geriebene unbehandelte Orangenschale

1. Den Ofen auf 190 °C vorheizen. Zwei Backbleche leicht einfetten.

2. Mehl und Backpulver in einer Schüssel gut mischen.

3. Öl und Eier in einer anderen Schüssel mit einem elektrischen Handrührgerät auf mittlerer Stufe zu einer dickflüssigen, hellen Masse rühren. Orangensaft und Brandy untermischen. Geriebene Orangenschale kräftig unterrühren. Nach und nach die Mehlmischung zufügen.

4. Den Teig im Abstand von 4 cm mit einem Löffel auf die Backbleche geben und 6–8 Minuten backen, bis die Plätzchen zu bräunen beginnen. Auf einem Gitterrost abkühlen lassen.

Plätzchen mit Schokoladenstücken

Ergibt: *50-60 Plätzchen*

2 ¼ Tassen Mehl
1 TL Natron
100 g Vanillepuddingmischung
150 g brauner Zucker
50 g weißer Zucker
220 g Pflanzenfett
2 große Eier
5 Tropfen Vanillearoma
250 g halbbittere Schokolade, gehackt
1 Tasse Walnußhälften, feingehackt

1. Den Ofen auf 190 °C vorheizen.

2. Mehl, Natron und Vanillepuddingmischung in einer Schüssel gut mischen.

3. Braunen und weißen Zucker und Pflanzenfett in einer Schüssel mit einem elektrischen Handrührgerät auf mittlerer Stufe zu einer glatten Masse rühren. Eier und Vanillearoma unterrühren. Nach und nach die Mehlmischung zufügen. Schokolade und Walnüsse unterheben.

4. Den Teig im Abstand von 4 cm mit einem Teelöffel auf ein nicht gefettetes Backblech geben und 8–10 Minuten backen, bis die Plätzchen leicht gebräunt sind. Auf einem Gitterrost abkühlen lassen.

Tip: Verwenden Sie statt der Vanillepuddingmischung Schokoladenpuddingpulver.

Rosinen-Plätzchen

Ergibt: *36-48 Plätzchen*

2 Tassen Mehl
1 TL Natron
1 TL Zimtpulver
1 TL Salz
200 g Zucker
170 g Pflanzenfett
2 große Eier
1 Tasse grobe Haferflocken
1 Tasse Rosinen

1. Den Ofen auf 175 °C vorheizen.

2. Mehl, Natron, Zimtpulver und Salz in einer Schüssel mit einem Schneebesen gut mischen.

3. Zucker und Pflanzenfett in einer anderen Schüssel mit einem elektrischen Handrührgerät auf mittlerer Stufe zu einer glatten Masse rühren. Eier nacheinander unterrühren. Haferflocken und Rosinen unterheben.

4. Den Teig im Abstand von 4 cm mit einem Löffel auf ein nicht gefettetes Backblech geben und 10–12 Minuten backen, bis die Plätzchen leicht gebräunt sind. Auf einem Gitterrost abkühlen lassen.

Tip: Geben Sie dem Teig mit Vanille- oder Bittermandelaroma eine besondere Geschmacksnote.

Rosinen-Sirup-Plätzchen

Ergibt: *60 Plätzchen*

2 ¼ Tassen Mehl
2 TL Natron
1 TL Zimtpulver
1 TL frischer Ingwer, gerieben
½ TL Nelken, gerieben
½ TL Salz
200 g brauner Zucker
170 g Pflanzenfett
1 großes Ei
¼ Tasse Melasse
1 Tasse Rosinen
weißer Zucker zum Bestreuen

1. Den Ofen auf 175 °C vorheizen.

2. Mehl, Natron, Zimtpulver, Ingwer, Nelken und Salz in einer Schüssel gut mischen.

3. Braunen Zucker und Pflanzenfett in einer Schüssel mit einem elektrischen Handrührgerät auf mittlerer Stufe schaumig schlagen. Das Ei unterrühren. Melasse zufügen und untermischen. Nach und nach die Mehlmischung unterrühren. Die Rosinen unterheben.

4. Den Teig zu walnußgroßen Kugeln formen. Die Kugeln in weißem Zucker wälzen und im Abstand von etwa 4 cm auf ein nicht gefettetes Backblech geben. Jede Kugel mit dem Boden eines Glases, das in Wasser getaucht wurde, flachdrücken und mit weißem Zucker bestreuen. 10–12 Minuten backen, bis die Plätzchen zu bräunen beginnen. Auf einem Gitterrost abkühlen lassen.

Schoko-Pudding

Ergibt: *4 Portionen*

50 g Zucker
2 EL Speisestärke oder Pfeilwurzelmehl
1 Prise Salz
50 g Bitterschokolade, in Stücken
480 ml Milch
2 Tropfen Vanillearoma
5 EL Vollmilchschokolade, feingehackt
½ Tasse Schokoladensirup (s. Seite 408)
Zum Garnieren:
Himbeeren

1. Zucker, Speisestärke und Salz in einer Schüssel gut mischen.

2. Bitterschokolade und Milch in einen Topf geben und im Wasserbad unter Rühren schmelzen. Zuckermischung zufügen und unterrühren. Die Masse weitere 10 Minuten kochen und gelegentlich umrühren. Vanillearoma zufügen, die Masse unter Rühren kochen lassen, bis sie eindickt. Den Topf vom Herd nehmen, die Masse leicht abkühlen lassen und Vollmilchschokoladenstückchen rasch unterrühren. Den Pudding in 4 Schälchen füllen und mindestens 30 Minuten kühl stellen.

3. Schokoladensirup in Linien über 4 kleine Teller gießen und je 1 Pudding auf die Teller stürzen. Mit Himbeeren garnieren.

Schoko-Törtchen

Ergibt: *24 Törtchen*

50 g halbbittere Schokolade, in Stücken
50 g Bitterschokolade, in Stücken
2 Tassen Mehl
1 ½ TL Backpulver
1 Msp. Salz
220 g weiche Butter oder Margarine
350 g weißer Zucker
4 große Eier
360 ml Buttermilch
1 ½ EL Brandy
24 große Maraschino-Kirschen, entstielt

1. Einen Gitterrost in die Mitte des Ofens schieben und den Ofen auf 160 °C vorheizen. Zwei Muffinformen für je 12 Muffins oder 24 Backförmchen leicht einfetten.

2. Die beiden Schokoladensorten in einen Topf geben und bei geringer Hitze im Wasserbad unter Rühren schmelzen. Die Schokolade nicht zu heiß werden lassen. Den Topf zur Seite stellen.

3. Mehl, Backpulver und Salz in einer Schüssel gut mischen.

4. Butter und Zucker in einer anderen Schüssel mit einem elektrischen Handrührgerät auf höchster Stufe schaumig schlagen. Eier nacheinander zufügen und jeweils gut untermischen. Die Mehlmischung abwechselnd mit der Buttermilch zufügen und zu einer glatten Masse rühren. Brandy und geschmolzene Schokolade unterrühren. Die Förmchen mit einem Löffel zu zwei Drittel mit der Mischung füllen. Je eine Maraschino-Kirsche in die Mitte des Teiges drücken.

5. 15–20 Minuten backen. Garprobe machen. Die Törtchen in der Form auf einem Gitterrost etwa 5 Minuten leicht abkühlen lassen. Dann auf den Rost stürzen und vollständig abkühlen lassen.

Schokolade-Eiskaffee

Ergibt: *2-4 Portionen*

240 ml süße Sahne oder 120 ml süße Sahne und 120 ml Milch
50 g Zucker
30 g Bitterschokolade, in Stücken
720 ml kalter Kaffee
Eiswürfel

1. Sahne, Zucker und Bitterschokolade in einem Topf bei mittlerer Hitze unter Rühren zum Kochen bringen. Den Topf vom Herd nehmen und in einen größeren Topf mit Eis und kaltem Wasser stellen.

2. Die abgekühlte Schokoladenmischung zusammen mit dem kalten Kaffee in eine Karaffe füllen, Eiswürfel zufügen und servieren.

Schokoladen-Fondue

Ergibt: *8-10 Portionen*

170 g Bitterschokolade, in Stücken
300 g Zucker
240 ml süße Sahne
110 g Butter oder Margarine
3 EL Crème de Cacao
Zum Servieren:
Brotwürfel, Kuchenstückchen oder frische Früchte

1. Bitterschokolade, Zucker, Sahne und Butter in einen Topf geben und im Wasserbad bei mittlerer Hitze unter Rühren 10–12 Minuten erhitzen, bis die Schokolade schmilzt und der Zucker sich auflöst. Den Topf vom Herd nehmen und Crème de Cacao unterrühren.

2. Die Mischung in einen Fonduetopf füllen und warm servieren. Brotwürfel, Kuchenstückchen oder frische Früchte dazu reichen.

Tip: Falls die Schokoladenmischung zu dickflüssig ist, 1 Eßlöffel Milch unterrühren.

Schokoladen-Kuchen mit Marshmallows

Ergibt: *8 Portionen*

400 g Zucker
400 ml Kondensmilch
220 g Butter
250 g halbbittere Schokolade, feingehackt
400 g Marshmallows, feingehackt
5 Tropfen Vanillearoma
1 Tasse Walnüsse, gehackt

1. Eine Auflaufform leicht einfetten.

2. Zucker, Kondensmilch und Butter in einen Topf geben, ein Küchenthermometer in den Topf stecken, und die Masse auf mittlerer Stufe auf 110 °C erhitzen. Die Mischung häufig und vorsichtig rühren. Den Topf vom Herd nehmen. Schokolade, Marshmallows und Vanillearoma zufügen und gleichmäßig untermischen. Die Walnüsse zufügen und vorsichtig unterheben. Die Masse in die Auflaufform füllen und leicht abkühlen lassen, bis sie sich gesetzt hat. Dreiecke in die Oberfläche ritzen und den Kuchen vollständig abkühlen lassen. Zum Servieren in Dreiecke schneiden.

Schokoladen-Milchshake I

Ergibt: *2 Portionen*

½ l Schokoladeneiscreme
180 ml Milch
3 EL Schokoladensirup (s. unten)

Zum Garnieren:
frische Erdbeeren oder Kiwis, in Scheiben

Schokoladeneiscreme, Milch und Schokoladensirup in einer Schüssel mit einem elektrischen Pürierstab aufschlagen, bis die Zutaten gleichmäßig gemischt sind. In Gläser füllen und mit einer Scheibe Erdbeere oder Kiwi garnieren.

Tip: Ersetzen Sie für eine andere Geschmacksrichtung die Schokoladeneiscreme durch eine andere Sorte Eiscreme. Einige Tropfen Bittermandelaroma oder Pfefferminzaroma zufügen.

Schokoladensirup

Ergibt: *360-480 ml*

140 g Bitterschokolade, in Stücken
320 ml Wasser, kochend
200 g Zucker
5 Tropfen Vanillearoma

Bitterschokolade und kochendes Wasser in einen Topf geben und im Wasserbad bei mittlerer Hitze unter Rühren schmelzen lassen, bis eine glatte Masse entstanden ist. Den Zucker zufügen und 3–5 Minuten unter Rühren kochen, bis sich der Zucker aufgelöst hat. Den Topf vom Herd nehmen und das Vanillearoma untermischen.

Schokoladen-Milchshake II

Ergibt: *4 Portionen*

½ l Schokoladeneiscreme
480 ml Milch
60 ml Orangenlikör

Zum Garnieren:
Schokoladen-Schlagsahne (s. unten)
Schokolade, gerieben oder in Splittern

Eiscreme, Milch und Orangenlikör in einer Schüssel mit einem Pürierstab mixen, bis alle Zutaten gleichmäßig gemischt sind. Den Milchshake in 4 gekühlte Gläser füllen, mit einem Klecks Schokoladen-Schlagsahne und Schokoladensplitter garnieren.

Tip: Um eine dickflüssigere Masse zu erhalten, mehr Eiscreme verwenden.

Schokoladen-Schlagsahne

Ergibt: *360-480 ml*

3 EL Puderzucker, gesiebt
2 EL Kakaopulver
240 ml süße Sahne

1. Puderzucker und Kakaopulver in einer Tasse gut mischen.
2. Die Sahne in einer Schüssel mit einem elektrischen Handrührgerät steif schlagen. Kakaopulvermischung zufügen und unterrühren. Die Schokoladensahne abdecken und 30 Minuten kühl stellen.

Schokoladen-Mousse

Ergibt: *4 Portionen*

1 großes Ei
1 Päckchen weiße Gelatine, gemahlen
1 EL Speisestärke oder Pfeilwurzelmehl
1 EL Wasser
240 ml Wasser, kochend
2 EL löslicher Mokkakaffee
110 g Ricotta
120 ml fettarme Milch, gekühlt
2 EL Kakaopulver
100 g Zucker
1 Msp. Salz

1. Ei, Gelatine, Speisestärke und 1 Eßlöffel Wasser in einer Schüssel mit einem Pürierstab zu einer glatten Masse mixen. Das kochende Wasser zufügen und kurz untermischen. Löslichen Mokkakaffee, Ricotta, fettarme Milch, Kakaopulver, Zucker und Salz zufügen und vermischen, bis eine glatte Masse entstanden ist.

2. Das Schokoladen-Mousse in gekühlte Schälchen füllen und mindestens 8 Stunden kühl stellen, bis es fest ist.

Tip: Das Schokoladen-Mousse nicht länger als 3 Tage im Kühlschrank aufbewahren (wegen des rohen Eies).

Schokoladen-Parfait

Ergibt: *8 Portionen*

480 ml fettarme Milch
200 g Zucker
4 EL Kakaopulver
2 EL Speisestärke
1 EL Pflanzenfett
5 Tropfen Vanillearoma
1 EL geriebene unbehandelte Orangenschale
120 ml süße Sahne
1 TL Crème de Cacao
Zum Garnieren:
1 Orange, in dünnen Scheiben

1. Milch, Zucker, Kakaopulver und Speisestärke in einem Topf bei mittlerer Hitze unter Rühren zum Kochen bringen. Den Topf vom Herd nehmen. Pflanzenfett und Vanillearoma zufügen und zu einer glatten Masse rühren. Die Orangenschale unterheben. Die Mischung in eine Schale geben und mit Frischhaltefolie abdecken. Die Folie auf die Masse pressen. Mindestens 3 Stunden kühl stellen.

2. Sahne in einer Schüssel mit einem elektrischen Handrührgerät auf höchster Stufe schlagen, bis sich Spitzen bilden. Crème de Cacao unterziehen. Die Hälfte der Mischung unter den gekühlten Pudding heben.

3. Pudding und restliche Sahne abwechselnd in 8 gekühlte Schälchen schichten. Das Schokoladen-Parfait bis zum Servieren kühl stellen. Mit je 1 Orangenscheibe garnieren.

Schokoladen-Plätzchen

Ergibt: *50-70 Plätzchen*

2 Tassen Mehl
½ Tasse Kakaopulver
½ TL Natron
1 Prise Salz
100 g Zucker
60 g Pflanzenfett
1 großes Ei
120 ml Buttermilch
½ Tasse Melasse
5 Tropfen Vanillearoma
¾ Tasse Walnüsse, gehackt

1. Den Ofen auf 175 °C vorheizen. 2 Backbleche leicht einfetten.

2. Mehl, Kakaopulver, Natron und Salz in einer Schüssel gut mischen.

3. Zucker und Pflanzenfett in einer Schüssel mit einem elektrischen Handrührgerät auf mittlerer Stufe zu einer glatten Masse rühren. Buttermilch, Ei, Melasse und Vanillearoma unterrühren. Nach und nach die Mehlmischung zugeben. Die Walnüsse unterheben.

4. Den Teig im Abstand von 4 cm mit einem Löffel auf die Backbleche geben und 12–15 Minuten backen, bis die Plätzchen an der Oberseite fest sind und bei Berührung nicht nachgeben. Auf Gitterrosten abkühlen lassen.

Tip: Verwenden Sie statt Buttermilch Joghurt.

Schokoladen-Pralinen

Ergibt: *700 g*

170 g halbbittere Schokolade, in Stücken
170 g Buttertrüffelschokolade, in Stücken
200 g ungesalzene Erdnüsse, feingehackt
1 Tasse Reiswaffeln, zerkrümelt

1. 2 Backbleche mit Backpapier auslegen.

2. Die Schokolade in einen Topf geben und im Wasserbad bei mittlerer Hitze zu einer glatten Masse rühren. Erdnüsse und Reiswaffeln zufügen und untermischen.

3. Die Masse mit einem Teelöffel in Form von kleinen Kugeln auf die Backbleche geben und mindestens 1 Stunde kühl stellen, bis die Pralinen fest sind. In einem luftdichten Behälter aufbewahren

Schokoladen-Schnitten I

Ergibt: *12-16 Schnitten*

1 Tasse Mehl
½ Tasse Walnüsse, feingehackt
1 TL Backpulver
1 Prise Salz
100 g brauner Zucker
100 g weißer Zucker
50 g Pflanzenfett
1 großes Ei
5 Tropfen Vanillearoma

1. Den Ofen auf 175 °C vorheizen. Eine Auflaufform leicht einfetten.

2. Mehl, Walnüsse, Backpulver und Salz in einer Schüssel gut mischen.

3. Zucker und Pflanzenfett in einer anderen Schüssel mit einem elektrischen Handrührgerät auf mittlerer Stufe cremig rühren. Ei und Vanillearoma unterrühren. Nach und nach die Mehlmischung zugeben. Den Teig in die Auflaufform füllen und 20–25 Minuten backen. Garprobe machen. Den Teig in große oder kleine Rechtecke schneiden und auf einem Gitterrost in der Form abkühlen lassen.

Schokoladen-Schnitten II

Ergibt: *12-24 Schnitten*

1 Tasse Mehl
1 Msp. Backpulver
1 Prise Salz
170 g halbbittere Schokolade, in Stücken
50 g Pflanzenfett
150 g Zucker
2 große Eier
2 Tropfen Vanillearoma
½ Tasse Walnüsse, gehackt
Zum Garnieren:
Schokoladenglasur

1. Den Ofen auf 175 °C vorheizen. Eine Auflaufform leicht einfetten.

2. Mehl, Backpulver und Salz in einer Schüssel gut mischen.

3. Die Schokolade und das Pflanzenfett in einen Topf geben und bei mittlerer Hitze im Wasserbad unter Rühren schmelzen. Den Topf vom Herd nehmen und den Zucker untermischen. Die Eier nacheinander unterrühren. Das Vanillearoma unterheben. Nach und nach die Mehlmischung zufügen. Zum Schluß die Walnüsse unterziehen. Die Masse in die Backform füllen.

4. Den Teig 20–25 Minuten backen. Garprobe machen. In der Form abkühlen lassen. Zum Servieren in große oder kleine Schnitten schneiden. Nach Belieben mit Schokoladenglasur überziehen.

Schokoladen-Soda

Ergibt: *1 Portion*

60 ml Schokoladensirup (s. Seite 408)
1 EL Milch
2 große Kugeln Schokoladeneiscreme
180–240 ml Mineralwasser mit Kohlensäure, gekühlt
Zum Garnieren:
süße Sahne, geschlagen
Haselnüsse oder Walnüsse, gemahlen
1 Maraschino-Kirsche

1. Schokoladensirup und Milch in ein hohes Glas füllen und kräftig verrühren. Die Eiscreme vorsichtig in das Glas geben. Das Glas bis zum Rand mit Mineralwasser füllen.

2. Das Schokoladen-Soda mit geschlagener Sahne, Nüssen und der Maraschino-Kirsche garnieren.

Schokoladentraum

Ergibt: *6-8 Portionen*

110 g Bitterschokolade, in Stücken
4 große Eier, getrennt
100 g Zucker
120 ml süße Sahne
2 EL Crème de Cacao
60 ml Kaffeelikör
Zum Servieren:
süße Sahne, geschlagen

1. Die Bitterschokolade in einen Topf geben und bei niedriger Hitze im Wasserbad schmelzen, bis eine glatte Masse entstanden ist. Die Schokolade nicht zu heiß werden lassen; zur Seite stellen und etwas abkühlen lassen.

2. Eigelbe und 50 g Zucker in einen Topf geben. Die Mischung im heißen Wasserbad mit einem elektrischen Handrührgerät auf mittlerer Stufe zu einer cremigen Masse schlagen. Die Schokolade auf niedriger Stufe unterrühren. Die Sahne zufügen und rühren, bis die Mischung eindickt. Den Topf aus dem Wasserbad nehmen und Crème de Cacao und Kaffeelikör unterrühren.

3. Eiweiße in einer Schüssel mit einem elektrischen Handrührgerät auf höchster Stufe steif schlagen; wenn sich Spitzen bilden, die restlichen 50 g Zucker gut unterrühren. Die Schokoladenmischung zufügen und vorsichtig unterheben, bis eine gleichmäßige Masse entstanden ist. Abdecken und mindestens 30 Minuten kühl stellen, bis sich die Mischung gesetzt hat.

4. Die Mischung in gekühlte Glasschälchen füllen und servieren. Geschlagene Sahne dazu reichen.

Tip: Den Schokoladentraum im Kühlschrank aufbewahren, jedoch nicht länger als 3 Tage (wegen der rohen Eier).

Schwarz-Weiss-Schnitten

Ergibt: *35 Schnitten*

110 g Butter oder Margarine
50 g Bitterschokolade, in Stücken
2 Eiweiß von 2 großen Eiern
400 g Puderzucker
2 ½ Tassen Kokosraspel
3 Tropfen Bittermandelaroma
1 Tasse Vollkorn-Flakes

1. Eine Auflaufform mit Frischhaltefolie auslegen.

2. Butter und Bitterschokolade in einen Topf geben und im Wasserbad bei mittlerer Hitze unter Rühren schmelzen, bis eine glatte Masse entstanden ist. Den Topf vom Herd und aus dem Wasserbad nehmen.

3. Die Eiweiße in einer Schüssel schaumig schlagen.

4. Puderzucker, Kokosraspel, Eiweiße, Bittermandelaroma und geschmolzene Schokolade in einer Schüssel zu einer glatten Masse rühren. Die Hälfte der Masse auf dem Boden der Auflaufform verteilen.

5. Vollkorn-Flakes in die Schüssel zur restlichen Schokoladenmasse geben, unterrühren und ebenfalls in die Auflaufform füllen. Die Masse glattstreichen. Ein Stück Frischhaltefolie auf die Masse legen und mit rohem Reis beschweren. Mindestens 1 Stunde kühl stellen, bis die Masse fest ist. Den Reis entfernen und die Masse in Schnitten schneiden.

Sesam-Plätzchen

Ergibt: *36-48 Plätzchen*

1 ½ Tassen Mehl
1 Msp. Backpulver
1 Prise Salz
150 g brauner Zucker
150 g weißer Zucker
170 g weiche Butter oder Margarine
2 große Eier
5 Tropfen Vanillearoma
½ Tasse Sesamsamen, geröstet

1. Den Ofen auf 175 °C vorheizen. Zwei Backbleche leicht einfetten.

2. Mehl, Backpulver und Salz in einer Schüssel mit einem Schneebesen gut mischen.

3. Zucker und Butter in einer anderen Schüssel mit einem elektrischen Handrührgerät auf mittlerer Stufe rühren, bis eine cremige Masse entstanden ist. Eier, Vanillearoma und Sesamsamen unterrühren. Nach und nach die Mehlmischung zufügen.

4. Den Teig im Abstand von 4 cm mit einem Löffel auf das Backblech geben. 10–12 Minuten backen, bis die Ränder zu bräunen beginnen.

Tip: Die Sesamsamen in einer trockenen Pfanne bei starker Hitze etwa 1 Minute rösten, bis sie duften und leicht zu bräunen beginnen; dann sofort zum Abkühlen auf eine Platte geben.

Soufflé

Ergibt: *8-10 Portionen*

110 g halbbittere Schokolade, in Stücken
2 EL Wasser
4 große Eier, getrennt
2 Eiweiß von 2 großen Eiern
5 EL Zucker und etwas Zucker für die Pfanne
1 TL löslicher Mokkakaffee
1 TL Kaffeelikör
1 Prise Salz
1 EL Butter oder Margarine
Zum Servieren:
süße Sahne, geschlagen

1. Den Ofen auf 190 °C vorheizen.

2. Die Schokolade in einen Topf geben und im Wasserbad bei niedriger Hitze schmelzen. Die Schokolade nicht zu heiß werden lassen. Das Wasser zufügen, unterrühren und den Topf vom Herd nehmen.

3. Die 6 Eiweiße in einer Schüssel mit einem elektrischen Handrührgerät auf höchster Stufe steif, jedoch nicht schnittfest schlagen.

4. Die 4 Eigelbe in einer Schüssel mit einem elektrischen Handrührgerät auf mittlerer Stufe zu einer cremigen, hellen Masse rühren. 5 Eßlöffel Zucker, geschmolzene Schokolade, in etwas Wasser gelösten Mokkakaffee, Kaffeelikör und Salz zufügen und unterrühren. Das Eiweiß mit einem Löffel nach und nach vorsichtig, aber gründlich unterheben.

5. Die Butter in einer Pfanne bei mittlerer Hitze zerlassen. Die Pfanne schwenken, damit sich die Butter auf dem Boden und an den Seiten verteilt. Mit Zucker bestreuen und die Eimischung in die Pfanne geben. Die Pfanne in den Ofen stellen.

6. 12–15 Minuten backen. Garprobe machen. Das Soufflé in der Pfanne etwa 10 Minuten abkühlen lassen. Die geschlagene Sahne dazu servieren.

Tip: Sobald das Soufflé aus dem Ofen kommt, mit fein gemahlenen Nüssen, Kokosraspel, Schokoladenstreuseln oder etwas frisch geriebener Muskatnuß bestreuen.

Vanille-Plätzchen

Ergibt: *40 Plätzchen*

1 ½ Tassen Mehl
1 ½ TL Backpulver
1 Prise Salz
150 g Zucker
30 g Pflanzenfett
1 großes Ei
2 EL Milch
2 Tropfen Vanillearoma

1. Den Ofen auf 190 °C vorheizen. Zwei Backbleche leicht einfetten.

2. Mehl, Backpulver und Salz in einer Schüssel gut mischen.

3. Zucker und Pflanzenfett in einer anderen Schüssel mit einem elektrischen Handrührgerät auf mittlerer Stufe schaumig schlagen. Das Ei unterrühren, dann Milch und Vanillearoma untermischen. Nach und nach die Mehlmischung zufügen.

4. Den Teig im Abstand von 4 cm mit einem Löffel auf das Backblech geben. 10–12 Minuten backen, bis die Ränder zu bräunen beginnen. Auf einem Gitterrost abkühlen lassen.

Tip: Dieses Grundrezept kann auf vielfältige Weise variiert werden. Nüsse, Rosinen, Kokosraspel, Schokoladenstückchen, Erdnußbutter oder kandierte Früchte zufügen, um eine andere Geschmacksrichtung zu erhalten. Zimtpulver und/oder Muskatnuß oder andere Gewürze zufügen.

Walnuss-Schnitten

Ergibt: *50-60 Schnitten*

4 ½ Tassen Mehl
1 Tasse Walnüsse, feingehackt
250 g brauner Zucker
250 g weißer Zucker
450 g Pflanzenfett
10 Tropfen Vanillearoma

1. Den Ofen auf 175 °C vorheizen.

2. Mehl und Walnüsse in einer Schüssel mischen.

3. Zucker und Pflanzenfett in einer anderen Schüssel mit einem elektrischen Handrührgerät auf mittlerer Stufe verrühren, bis eine glatte Masse entstanden ist. Das Vanillearoma unterrühren. Die Mehlmischung nach und nach zufügen.

4. Den Teig zu walnußgroßen Kugeln formen. Die Kugeln im Abstand von 2,5 cm auf ein nicht gefettetes Backblech legen und mit der bemehlten Rückseite eines Löffels flachdrücken. 10–15 Minuten backen, bis die Plätzchen leicht gebräunt sind. Auf einem Gitterrost abkühlen lassen.

Weizenkeim-Plätzchen

Ergibt: *36 Plätzchen*

1 Tasse Weizenkeime
½ Tasse Mehl
2 TL Backpulver
½ TL Natron
1 Prise Meersalz
100 g brauner Zucker
100 g weißer Zucker
110 g Pflanzenfett
1 großes Ei, leicht verquirlt
2 Tropfen Vanillearoma
1 ½ Tassen Cornflakes
½ Tasse Kokosraspel
½ Tasse grobe Haferflocken

1. Den Ofen auf 175 °C vorheizen. 2 Backbleche leicht einfetten.

2. Weizenkeime, Mehl, Backpulver, Natron und Meersalz in einer Schüssel gut mischen.

3. Zucker und Pflanzenfett in einer anderen Schüssel mit einem elektrischen Handrührgerät auf höchster Stufe zu einer hellen Masse verrühren. Ei und Vanillearoma gut unterrühren. Die Mehlmischung zufügen. Cornflakes, Kokosraspel und Haferflocken gleichmäßig untermischen.

4. Den Teig mit einem Teelöffel im Abstand von 4 cm auf das Backblech geben und in 12–15 Minuten goldbraun backen. Die Plätzchen auf Gitterrosten abkühlen lassen.

Zimtschokolade

Ergibt: *4-6 Portionen*

¼ Tasse Kakaopulver
50 g Zucker
1 Msp. Zimtpulver
1 Msp. Salz
240 ml Wasser
720 ml Milch
5 Tropfen Vanillearoma

1. Kakaopulver, Zucker, Zimtpulver, Salz und Wasser in einem Topf bei mittlerer Hitze zu einer dickflüssigen Masse rühren. Die Mischung nicht zum Kochen bringen. Milch und Vanillearoma zufügen und gut unterrühren. Den Topf vom Herd nehmen.

2. Die Schokoladenmilch mit einem elektrischen Handrührgerät auf mittlerer Stufe schaumig rühren, in vorgewärmte Tassen füllen und sofort servieren.

Tip: Die Zimtschokolade wird cremiger, wenn Sie die Hälfte der Milch durch Sahne ersetzen. Das Zimtpulver durch Muskatnuß oder Piment ersetzen oder ganz weglassen. Die Schokoladenmilch dann nur mit einer Stange Zimt in jeder Tasse servieren.

Zitronen-Plätzchen

Ergibt: *12-24 Plätzchen*

2 ¼ Tassen Mehl
2 TL Backpulver
1 TL Salz
200 g Zucker
170 g Pflanzenfett
2 große Eier
5 Tropfen Zitronenaroma
1 EL geriebene unbehandelte Zitronenschale
Zucker zum Bestreuen

1. Mehl, Backpulver und Salz in einer Schüssel gut mischen.

2. Zucker und Pflanzenfett in einer Schüssel mit einem elektrischen Handrührgerät auf mittlerer Stufe zu einer glatten Masse verrühren. Die Eier nacheinander unterrühren. Zitronenaroma und Zitronenschale untermischen. Die Mehlmischung zufügen.

3. Den Teig halbieren. Jede Hälfte zu einer Rolle von etwa 5 cm Durchmesser formen, in Frischhaltefolie wickeln und mindestens 4 Stunden kühl stellen.

4. Den Ofen auf 200 °C vorheizen. 2 Backbleche leicht einfetten.

5. Den Teig auf einer leicht bemehlten Arbeitsfläche etwa 1 cm dick ausrollen und mit einer Ausstechform von 7–8 cm Durchmesser Kreise aus dem Teig ausstechen. Die Kreise im Abstand von 2–3 cm auf das Backblech legen, mit Zucker bestreuen und 6–8 Minuten backen, bis sie leicht gebräunt sind. Auf Gitterrosten abkühlen lassen.

Tip: Für Orangen-Plätzchen die Zitronenschale und das Zitronenaroma durch Orangenschale und Orangenaroma ersetzen.

Zitronen-Schnitten

Ergibt: *12-36 Schnitten*

2 Tassen Mehl
1 TL Natron
1 TL Zimtpulver
½ TL Muskatnuß, gerieben
½ TL Salz
150 g brauner Zucker
150 g weißer Zucker
170 g Pflanzenfett
2 große Eier
3 EL Zitronensaft
3 EL geriebene unbehandelte Zitronenschale
1 Tasse Rosinen

1. Den Ofen auf 175 °C vorheizen. Eine Auflaufform leicht einfetten.

2. Mehl, Natron, Gewürze und Salz in einer Schüssel gut mischen.

3. Braunen und weißen Zucker und Pflanzenfett in einer anderen Schüssel mit einem elektrischen Handrührgerät auf mittlerer Stufe zu einer glatten Masse rühren. Die Eier nacheinander unterrühren. Zitronensaft und -schale zufügen und untermischen. Die Rosinen unterheben und den Teig gleichmäßig in der Auflaufform verteilen. 25–30 Minuten backen, bis der Teig leicht gebräunt ist. In der Form auf einem Gitterrost abkühlen lassen; dann in kleine oder große Schnitten schneiden.

Zucker-Plätzchen

Ergibt: *36-40 Plätzchen*

3 Tassen Mehl
2 TL Backpulver
½ TL Natron
½ TL Salz
200 g Zucker
140 g weiche Butter
2 große Eier
60 ml Buttermilch
½ TL Brandy
Milch zum Bestreichen
Zucker zum Bestreuen

1. Den Ofen auf 190 °C vorheizen. Zwei Backbleche leicht einfetten.

2. Mehl, Backpulver, Natron und Salz in einer Schüssel gut mischen.

3. Zucker und Butter in einer anderen Schüssel mit einem elektrischen Handrührgerät auf mittlerer Stufe zu einer glatten Masse rühren. Die Eier nacheinander unterrühren. Buttermilch und Brandy zufügen und untermischen. Nach und nach die Mehlmischung zufügen.

4. Den Teig auf einer bemehlten Arbeitsfläche 1 cm dick ausrollen, mit einer runden oder herzförmigen Ausstechform von etwa 5 cm Durchmesser Kreise bzw. Herzchen aus dem Teig ausstechen und im Abstand von 4 cm auf die Backbleche setzen. Die Plätzchen mit Milch bestreichen und großzügig mit Zucker bestreuen. 10–12 Minuten backen, bis sie leicht gebräunt sind. Die Plätzchen auf Gitterrosten abkühlen lassen.

MASSE UND GEWICHTE

Maßangaben in Tassen beziehen sich auf Tassen mit 240 ml Fassungsvermögen.

VOLUMEN

1 Spritzer	2-3 Tropfen (weniger als ⅛TL)
1,25 ml	¼ TL
2,50 ml	½ TL
5 ml	1 TL
15 ml	1 EL
30 ml	2 EL
60 ml	¼ Tasse
80 ml	⅓ Tasse
120 ml	½ Tasse
180 ml	¾ Tasse
240 ml	1 Tasse oder 16 EL

OFENTEMPERATUR

sehr schwache Hitze	120-140° C
schwache Hitze	140-160° C
Mittelhitze	160-180° C
starke Mittelhitze	180-200° C
starke Hitze	200-220° C
sehr starke Hitze	220-250° C

Brot, Semmelbrösel und Cracker

60 g frische Brotkrumen	1 Tasse
1 Scheibe Brot mit Rinde	½ Tasse Brotkrumen
110 g trockene oder geröstete Semmelbrösel	1 Tasse
450 g Toastbrot	14-20 Scheiben oder 1 Paket
110 g Cracker, zerkrümelt	1 Tasse
110 g Vanillewaffeln, zerkrümelt	1 Tasse
170 g oder 24 Scheiben Zwieback, zerkrümelt	2 Tassen

Milchprodukte

KÄSE

15 g Frischkäse	1 EL
80 g Frischkäse	6 EL
225 g Frischkäse	1 Tasse oder 16 EL
450 g Frischkäse	2 Tassen
450 g Käse	4 Tassen geriebener Käse

SÜSSE SAHNE

1 Tasse süße Sahne (30 %)	2-2 ½ Tassen geschlagene Sahne

MILCH

1 Tasse Magermilchpulver	knapp 1 l Magermilch
240 ml Vollmilch	1 Tasse
160 ml Kondensmilch	⅔ Tasse
240 ml Kondensmilch	1 Tasse
400 ml Kondensmilch	1 ⅔ Tassen
⅓ Tasse Milchpulver plus 6 EL Wasser	⅓ Tasse Kondensmilch

SAURE SAHNE

240 ml saure Sahne	1 Tasse

Eier

1 großes Ei	3 EL oder 60 g
1 Eigelb von 1 großen Ei	1 EL
12 Eigelb von großen Eiern	1 Tasse
1 Eiweiß von 1 großen Ei	2 EL oder ⅛ Tasse
2 große Eier	knapp ½ Tasse, 3 Eier oder 180 g
4-5 große Eier	1 Tasse
5-6 mittelgroße Eier	1 Tasse
12-14 große Eigelb	1 Tasse
7-10 große Eiweiß	1 Tasse
1 großes, frisches Ei	½ EL Trockenei plus 2 ½ EL Wasser
3 große Eiweiß, steif geschlagen	3 Tassen Baiser (Meringe)

Fette

15 g Butter	1 EL
30 g Butter	2 EL
55 g Butter	4 EL
450 g Butter	2 Tassen oder 32 EL
225 g Butter	1 Tasse oder 16 EL
110 g Butter	½ Tasse oder 8 EL
225 g gehärtetes Fett	1 Tasse
30 g gehärtetes Fett	2 EL

Trockene Zutaten

PFEILWURZELMEHL

1 TL Pfeilwurzelmehl	1 TL Mehl oder 1 TL Speisestärke
1 EL Pfeilwurzelmehl	1 EL Mehl oder 1 EL Speisestärke
1 EL Pfeilwurzelmehl	1 EL Mehl mit 1 TL Speisestärke

BACKPULVER UND NATRON

2 EL Backpulver oder Natron	28 g
1 ½ TL Backpulver oder Natron	7 g
1 EL Backpulver oder Natron	14 g
1 TL Backpulver oder Natron	5 g

MAISMEHL

85-110 g Maismehl	1 Tasse
1 Tasse Maismehl, ungekocht	4 Tassen Maismehl, gekocht

SALZ

5 TL Salz	30 g
1 ¼ TL Salz	7 g
1 TL Salz	6 g
1 Prise Salz	1,5 g

Trockene Zutaten (Fortsetzung)

SPEISESTÄRKE

450 g Speisestärke, gesiebt	4 Tassen
110 g Speisestärke, gesiebt	1 Tasse
30 g Speisestärke, gesiebt	4 EL oder ¼ Tasse
8 g Speisestärke, gesiebt	1 EL
450 g Speisestärke, ungesiebt	3 ½ Tassen
130 g Speisestärke, ungesiebt	1 Tasse
30 g Speisestärke, ungesiebt	3 ½ EL
6 g Speisestärke, ungesiebt	1 EL

MEHL

3 EL Mehl	¼ Tasse
6 EL Mehl	⅓ Tasse
9 EL Mehl	½ Tasse
12 EL Mehl	⅔ Tasse
15 EL Mehl	¾ Tasse
18 EL Mehl	1 Tasse
450 g Mehl	4 Tassen
1 Tasse Mehl (Type 405)	1 Tasse Vollkornmehl
1 Tasse Mehl (Type 405)	⅞ Tasse Vollkornschrot

Obst und Gemüse

ÄPFEL

1 mittelgroßer Apfel	1 Tasse, geschält, in Scheiben
450 g Äpfel	2 ganze Äpfel oder 3 Tassen Äpfel, in Scheiben

APRIKOSEN

450 g Aprikosen	3 Tassen getrocknete Aprikosen

BANANEN

450 g Bananen	3 mittelgroße Bananen oder 1 ⅓-2 Tassen Banane, zerdrückt

BEEREN

450 g frische Beeren	1 ¾ Tassen frische Beeren

KAROTTEN

2 mittelgroße Karotten, in Scheiben	1 Tasse
1 ½ Karotten, gerieben	1 Tasse

KOKOSNUSS

100 g Kokosraspel	1 ½ Tassen

KIRSCHEN

450 g kandierte Kirschen	3 Tassen

DATTELN

450 g Datteln, entsteint	2-2 ½ Tassen Datteln, gehackt

FEIGEN

450 g ganze Feigen	2 ⅔ Tassen Feigen, gehackt

Obst und Gemüse (Fortsetzung)

ZITRONEN

1 mittelgroße Zitrone	2 EL Zitronensaft oder 2 TL Zitronenschale
1 TL Zitronensaft	2 Tropfen Zitronenaroma

LIMETTEN

1 große Limette	2 EL Limettensaft

ORANGEN

1 mittelgroße Orange	⅓ Tasse Orangensaft oder 2 EL Orangenschale

KARTOFFELN

450 g Kartoffeln	3 mittelgroße Kartoffeln
450 g neue Kartoffeln	10 kleine neue Kartoffeln

BACKPFLAUMEN

450 g Backpflaumen, mit Stein	2 ¼ Tassen Backpflaumen, entsteint

ROSINEN

450 g Rosinen	2 ¾ Tassen

ERDBEEREN

900 g frische Erdbeeren	4 Tassen Erdbeeren, in Scheiben

Gelatine

1 Päckchen weiße Gelatine	1 EL, ausreichend für 2 Tassen Flüssigkeit zum Gelieren
3 EL weiße Gelatine	30 g
2 ¼ TL weiße Gelatine	7 g
1 EL weiße Gelatine	9 g
1 TL weiße Gelatine	3 g

Getreide

HAFERFLOCKEN

140 g Haferflocken	1 Tasse
1 Tasse Haferflocken, ungekocht	1 ¾ Tassen Haferflocken, gekocht

REIS

210 g Reis, ungekocht	1 Tasse
1 Tasse Reis, ungekocht	2 Tassen Reis, gekocht

Nüsse

MANDELN

450 g Mandeln mit Schale	1 ¼ Tassen Mandeln, gemahlen
450 g Mandeln, geschält	3 Tassen Mandeln, gemahlen
115 g Mandeln, geschält	1 Tasse Mandeln, gemahlen
450 g Mandelsplitter	5 ⅔ Tassen Mandeln, gemahlen

Nüsse (Fortsetzung)

PARANÜSSE	
450 g Paranüsse mit Schale	1 ½ Tassen Paranüsse, gemahlen
450 g Paranüsse, geschält	3 ¼ Tassen Paranüsse, gemahlen
CASHEWKERNE	
125 g Cashewkerne, geschält	1 Tasse Cashewkerne, gemahlen
WASSERKASTANIEN	
450 g Wasserkastanien mit Schale	1 ½ Tassen Wasserkastanien
HASELNÜSSE	
450 g Haselnüsse mit Schale	1 ½ Tassen Haselnüsse, gemahlen
450 g Haselnüsse, geschält	3 ½ Tassen Haselnüsse, gemahlen
125 g Haselnüsse, geschält	1 Tasse Haselnüsse, gemahlen
MACADAMIA-NÜSSE	
110 g Macadamia-Nüsse mit Schale	1 Tasse Macadamia-Nüsse, gemahlen
ERDNÜSSE	
450 g Erdnüsse mit Schale	2-2 ½ Tassen Erdnüsse, gemahlen
450 g Erdnüsse, geschält	3 Tassen Erdnüsse, gemahlen
5 EL Erdnussbutter	⅓ Tasse
16 EL Erdnussbutter	1 Tasse
PEKANNÜSSE	
450 g Pekannüsse mit Schale	2 ¼ Tassen Pekannüsse, gemahlen
450 g Pekannüsse, geschält	4 Tassen Pekannüsse, gemahlen
PISTAZIEN	
140 g Pistazien	1 Tasse Pistazien, gemahlen
WALNÜSSE	
450 g Walnüsse mit Schale	2 Tassen Walnüsse, gemahlen

Zucker

BRAUNER ZUCKER	
450 g brauner Zucker	2 ½ Tassen
WEISSER ZUCKER (KRISTALLZUCKER)	
450 g weißer Zucker	2 ¼ Tassen
200 g weißer Zucker	1 Tasse
1 Tasse weißer Zucker	1 Tasse brauner Zucker
1 Tasse weißer Zucker	1 ¾ Tassen Puderzucker
PUDERZUCKER	
450 g Puderzucker	4 Tassen
110 g Puderzucker, gesiebt,	1 Tasse
130 g Puderzucker, ungesiebt	1 Tasse
MELASSE	
310 g Melasse	1 Tasse

HONIG

16 EL oder 340 g Honig	1 Tasse

SÜSSTOFF

1 Stück Süßstoff oder ¼ TL Aspartame	1 TL bzw. 1 Stück Zucker (4,5g)
1 ½ Stück Süßstoff oder ½ TL Aspartame	1 EL Zucker
6 Stück Süßstoff oder 1 ¾ TL Aspartame	¼ Tasse Zucker
12 Stück Süßstoff oder 3 ½ TL Aspartame	½ Tasse Zucker
24 Stück Süßstoff oder 7 ¼ TL Aspartame	1 Tasse Zucker

GLOSSAR

Abschmecken Die Würzung des Gerichts überprüfen und mit Pfeffer und Salz, bisweilen auch mit anderen Gewürzen oder Kräutern nachwürzen.

Abschrecken Gekochte Zutaten mit kaltem Wasser übergießen, auch nach dem Blanchieren angeraten.

Al dente Italienisch; bißfester Garzustand von Teigwaren und Gemüsen.

Anbraten Zutaten in heißem Fett bräunen.

Andünsten Zutaten in Fett bei niedriger bis mittlerer Temperatur glasig oder leicht gebräunt werden lassen.

Angießen Flüssigkeit behutsam zu dem garenden Gericht hinzufügen.

Anschwitzen Gemüse, insbesondere Zwiebeln, bei niedriger Hitze in Butter oder anderem Fett garen, aber nicht bräunen.

Aspik Gelee aus Brühe und Geliermittel, in das andere Zutaten eingelegt werden.

Aufwallen Die Hitze kurzfristig erhöhen, bis die Flüssigkeit kocht.

Ausbacken In Teig oder Mehl gewendete Zutaten werden in heißem Fett schwimmend gebraten und gebräunt.

Auslassen Bei Speck oder anderen Zutaten unter Hitze das feste Fett zum Schmelzen bringen.

Begießen Fleisch oder Geflügel beim Braten oder Grillen mit Bratensaft oder anderer Flüssigkeit – wiederholt – übergießen, damit es nicht trocken wird.

Beizen, marinieren Insbesondere Wild in ein Bad aus Essig, Wein und Gewürzen einlegen.

Bestäuben Zutaten meist mit Mehl - oder bei Desserts mit Puderzucker - fein bestreuen.

Binden Andicken von Flüssigkeiten durch Mehl oder Stärkemehl, Mehlschwitzen oder Legieren mit Eigelb und Sahne.

Blanchieren Zutaten, vor allem Gemüse, für wenige Minuten in kochendes Wasser geben und vorgaren.

Braten Garen von Fisch und Fleisch auf hoher Temperatur in der Pfanne oder im Ofen.

Buttern Eine feuerfeste Form oder ein Blech mit Butter gleichmäßig einreiben.

Croûtons Geröstete Brotwürfel.

Dämpfen Garen von Speisen über Wasserdampf in einem speziellen Topfeinsatz oder Sieb.

Dünsten Speisen im eigenen Saft oder mit sehr wenig zusätzlicher Flüssigkeit garen.

Einweichen Getrocknete Gemüse oder Früchte in Wasser oder anderer Flüssigkeit quellen lassen.

Filetieren Fische von Haut, Gräten, Kopf und Schwanz befreien bzw. aus Fleisch Filetstücke herauslösen.

Flambieren Gerichte mit hochprozentigem Alkohol übergießen und anzünden, um sie mit dessen Aroma zu verfeinern.

Fond Saft, der nach dem Garen von Fleisch oder Fisch zurückbleibt und die Basis für Saucen bildet.

Fritieren Zutaten in heißem Öl oder Fett schwimmend garen und bräunen.

Garnieren Um die Hauptzutat Beilagen anrichten oder das Gericht verzieren.

Gratinieren Gerichte unter dem Grill durch starke Oberhitze überkrusten, oft mit Käse oder Semmelbröseln.

Grillen Entweder unter Strahlungshitze oder auf dem Rost über Glut garen und bräunen.

Karamelisieren Im engeren Sinn das Innere einer (Back-) Form mit Karamelzucker überziehen; allgemeiner das Überbräunen mit Zucker und Butter.

Köcheln Auf kleiner Flamme garen, wobei die Flüssigkeit Blasen wirft.

Marinieren, beizen Zutaten in einer Sauce aus Öl, Essig oder Zitronensaft sowie Gewürzen und Kräutern einlegen und für einige Zeit ziehen lassen.

Mehlschwitze Verrühren von Mehl in zerlassener Butter oder anderem Fett zu einer homogenen Mischung, die dann nach und nach aufgegossen wird, um eine Flüssigkeit oder Sauce zu binden.

Panieren Zutaten in einer Mischung aus Mehl, Ei und Semmelbröseln (Paniermehl) wenden, um sie anschließend zu braten oder zu fritieren.

Parfait Halbgefrorenes.

Passieren Zubereitungen durch ein Sieb oder Tuch streichen.

Pochieren Behutsames Garen in Flüssigkeiten, die nicht kochen.

Pürieren Rohe oder gegarte Zutaten mit weicher Konsistenz zu einer homogenen Masse zerkleinern.

Reduzieren Verringern einer Flüssigkeitsmenge durch Einkochen bei starker Hitze.

Rösten Bräunen von Zutaten mit wenig oder ohne Fett.

Schmoren	Zunächst Zutaten anbraten, dann etwas Flüssigkeit zugeben und garen.
Stocken	Festwerden von Eimassen durch Hitzezufuhr oder von Flüssigkeiten, in die Geliermittel gegeben wurden.
Sud	Gewürzte Kochbrühe zum Garen von Fisch oder Siedfleisch.
Unterheben	Zutaten in eine homogene Zubereitung oder Mischung geben und mit ihr verbinden, ohne kräftiges Rühren.
Wasserbad	Schonendes Garen in einem Topf, der in einem anderen Topf mit kochendem Wasser hängt, oder in speziellen doppelwandigen Töpfen, wodurch ein Anbrennen vermieden wird.
Ziehen lassen	Auf niedrigster Hitze in Flüssigkeit zu Ende garen.
Ziselieren	Einschneiden von Fisch oder Fleisch, damit die Stücke gleichmäßig garen und sich dabei nicht wölben, auch aus dekorativen Gründen.

REZEPT-REGISTER

GRUNDREZEPTE-REGISTER

ZUTATEN-REGISTER